本书是浙江省哲学社会科学规划常规性立项课题

"概念的寻绎：中国当代课程研究的历史回顾（1978－2008）"（项目号：08CGJY006ZQ）成果

课／程／政／策／与／课／程／史／研／究／丛／书

顾问　钟启泉

主编　田正平
　　　刘正伟

概念的寻绎：

中国当代课程研究的历史回顾

刘徽 著

山东教育出版社

图书在版编目(CIP)数据

概念的寻绎:中国当代课程研究的历史回顾/刘徽
著.—济南:山东教育出版社,2015
(课程政策与课程史研究丛书)
ISBN 978－7－5328－9211－2

Ⅰ.①概… Ⅱ.①刘… Ⅲ.①课程—研究—中国
Ⅳ.①G423.04

中国版本图书馆 CIP 数据核字(2015)第 289020 号

概念的寻绎:中国当代课程研究的历史回顾

刘徽 著

主　管:山东出版传媒股份有限公司
出版者:山东教育出版社
　　　　(济南市纬一路 321 号　邮编:250001)
电　话:(0531)82092664　传真:(0531)82092625
网　址:www.sjs.com.cn
发行者:山东教育出版社
印　刷:山东新华印刷厂潍坊厂
版　次:2015 年 12 月第 1 版第 1 次印刷
规　格:787mm×1092mm　16 开本
印　张:20.25 印张
字　数:308 千字
书　号:ISBN 978－7－5328－9211－2
定　价:53.00 元

(如印装质量有问题,请与印刷厂联系调换)
印厂电话:0536－2116806

丛书编委会

顾　问　钟启泉　田正平
主　编　刘正伟
编　委　（以姓氏笔画为序）
　　　　王文智　刘正伟　刘　徽
　　　　岳刚德　屠莉娅　潘洪建

总　序

一

　　课程研究是一个充满活力、面向未来的研究领域,无论是课程概念的发展,还是课程理论体系的建构,抑或是课程的实践改革,课程领域的专业工作者对课程理论和实践的重审、批判与建构从来都没有停息过。他们深知,"若要在价值日渐多元的社会形势下担负起价值整合和理想重建的使命,就必须成为理性的行动者"①,而要成为理性的行动者,就需要将课程同儿童幸福、社会进步与人类文化的发展联系起来,不断地更新关于课程理论与实践的认识,构建一个开放而常新的领域。这就意味着,课程不可能是某种社会规定的固化结构、某种外在于学习者的存在,而必须根植于学习者所生存的社会情境,并作为历史的产物给学习者提供一种不断变化的、能够被理解和超越的现实。

　　从16世纪开始,以科技革命为先导的社会革新与发展就从未停息过,从蒸汽机到电力的广泛应用,再到新能源和信息技术的革新,人类社会经历了从前工业社会到工业社会再到后工业社会的变迁。科学技术的发展带来的不仅仅是生产方式与生产关系的变革,更带来了人类认知方式的变革。从传统社会中口耳相传、偶发式的学习,到现代工业社会中的集体授课、系统批量的学习,再到后工业社会中合作对话、注重参与和生成的学习,人类学习的方式不断演化,尤其是新媒介的发展,公共的、虚拟的、互动的信息传播与沟通方式的出现,促使"人的思维从实体思维进入关系思维"。人们开始关注事物之间的关系,"关心人的存在方式、存在状态及其相互关系,而不只

---

　　① 施良方:《课程理论——课程的基础、原理与问题》,教育科学出版社2011年版,第285页。

是在普遍的理性抽象中去探寻某种永恒的、客观的本质或规律"①。这就意味着，学习不再是对封闭的实体文化的被动复制或适应，而是一个在共同关系中拥有、体验、分享和创造新文化的过程，学习者和教学者的身份与关系被重新塑造。因此，科学技术的革命通过改变人类生活方式与相互关系，间接地塑造着学校课程与教学的内涵。

社会分工的扩大化和精细化促使知识进一步分化，学科门类不断增加。一方面，在层出不穷的新领域和新知识面前，斯宾塞的"什么知识最有价值"、杜威的"什么经验最有价值"成为学校选择与组织课程时重要的价值依据；另一方面，有关教育和学习的研究也分化为专业性更强的领域，尤其是20世纪50年代以来脑科学、神经科学和心理学的发展，促使新的认知理论、智力理论和学习科学的研究向纵深发展，不仅加深了人类对自身的认识，也更新着教育理论与实践的科学依据，改变了教与学的理念与方式。与此同时，儿童研究成为专门的领域。人类社会从"没有儿童""儿童成人化"和"童年消逝"的时代，进入到"发现儿童"的时代。② 学校课程也告别了以知识为本位、以客体化了的学习对象为中心的时代，步入了真正关心和尊重学习者的时代。

迅速变更的社会现实也带动着文化的多维发展，从前现代文明关注系统内部的完整、稳定与内在平衡，到现代文明的注重理性、逻辑、科学与效率，以及后现代文明对丰富性、开放性、多元性、对话与体验的追求，都推动着课程形态与文化的更迭。从最初学会与自然相处，到如今需要学会与更为复杂的社会文化相融，再到构建与他人、与自然共生的关系，从关注传统的"3R"的读、写、算等基础能力，到"3C"的"关怀、关心、关联"，③以及数字时代对视觉和信息素养、跨文化能力和全球意识的关注，学校课程被赋予了更多的职责。当下真正能够践诺并推进社会历史进程的人，是需要关心变化与革新、能够反思自我、不断学习与创造、敢于发现、敢于批判、乐于合作、勤

---

① 靳玉乐、罗生全：《课程论研究三十年：成就、问题与展望》，载《课程·教材·教法》2009年第1期。

②〔美〕尼尔·波兹曼：《童年的消逝》，吴燕莛译，广西师范大学出版社2012年版，第161、301页。

③ 钟启泉：《开发新时代的课程——关于我国课程改革政策与策略的若干思考》，载《全球教育展望》2001年第1期。

于实践,同时具有道德感、审美情趣、社会责任感与使命感的自主的人,要体现这种社会价值观念的转型无疑需要新的课程体系的支撑。

因此,作为社会变革敏锐的感应器,在不断变迁的社会现实中,课程研究必须与时俱进,不仅要直接地反映特定社会阶段人才培养的现实要求与具体条件,更要不断地建构社会发展的理想形态与未来价值。从这个意义上说,课程研究的领域自新具有重要的意义。

首先,作为一个独立的学科研究领域,课程研究同其他学科领域一样,都是"以特定的学术知识作为通向社会的通道",进而理解并建构其结构与关系。从最早的运用知觉经验和哲学思辨方法来认识课程问题,到实证分析的范式、实践探究范式,以及人文理解的范式和社会批判的范式,课程探究在方法论上的突破不断地打破思维界限和理论疆域,促使我们能够运用不同的信念、理论和方法,提出不同的课程问题,以特定的方式进行审视和解读。因此,从学科发展的内在规律来看,课程研究这个领域自身的理论疆域和研究方法处在不断演进之中。其次,课程研究还是一个现实的社会领域,它不仅关注当下人才培养的问题,也关心如何为未来培养社会公民的问题,需要在不断变迁的社会现实中做出"为什么教""为什么学"的价值判断,将社会现实与人的发展相互关联。因此,从社会演进的现实来看,课程研究总是要对现有社会的价值选择进行反思,重新塑造能够引领社会发展的课程观念与体系。最后,课程研究更是一个具体的实践场域,正因为我们都有学校,都需要教学,也因此会去思考"学什么""怎么学""如何评价"等基本的课程问题。课程研究总是同现实的学校教育相关联的,课程问题也是在实践中不断生成和创造的,是一个动态变更的实践领域。因此,课程研究是一个需要不断发展的领域,它需要我们关注课程领域的过去、现状以及可能的未来。

二

课程研究作为独立的学科领域真正进入研究视域始于 20 世纪初,并在博比特等人倡导的"课程科学化运动"中得到发展壮大。从那时起,课程的理论和实践就经历着研究视域和向度的不断拓展。首先,在实践领域,从 20世纪 50 年代开始,发端于英美、波及全球的"新课程运动"带来了课程领域的系统变革。无论是 20 世纪 50 年代末到 60 年代末以"教育内容现代化"为主旨的课程改革运动，还是 60 年代末至 70 年代人本主义的课程改革运动，抑或是 80 年代以后新学科主义课程改革运动，以及世纪之交关于人的全面发展的国际课程变革，都推动着课程实践不断从"数量上的渐进的改革"（incremental reform）向"重建运动"（restructuring）乃至"系统变革"或"整体变革"（system-wide changes）发展，促使我们对课程的思考从传统的结构性、功能性和局部性理解发展到从一个系统或者一种文化的角度去思考课程变革的整体意义。其次，在理论建构层面，以西方发达国家为代表的课程研究在经历了科学化的课程开发阶段、课程概念重建阶段以后，开始进入课程研究的国际化和学科化发展的阶段。在这个过程中，课程研究也从传统的强调课程体系的规范组织、目标达成与效率控制的科学实证主义的取向发展到多元主义和多学科研究的阶段，从功能实证主义的理论假设转向解释性、批判性、激进人文主义的理论范型。应该说，从课程开发、课程实践走向课程理解与课程批判的学科建构路径，代表了课程研究取向的多样化，也拓展了课程研究的空间与方法，促使课程研究从"指令性、规定性、程序性的科学语言"走向"诗性语言"和"社会语言"，更为关注描述性、阐释性、情境性和体验性的课程理解，探索从政治的、种族的、性别的、现象学的、审美的、神学的、人文的、存在的、制度的、社会学的等多元的视角进行课程问题与现象的诠释与反思，同时关心课程的政治与社会属性，"将课程理论化同课程的社会基础结合起来"①。

正是伴随着课程实践的丰富和理论的多元发展，以及课程研究同社会现实的紧密相关，课程研究正日益成为一个重要的学术领域。特别是当课程研究已经进入到一个高度自由、创造性发展、多元化发展和多学科整合的阶段时，继续关注这个领域的持续创新和突破，保持课程研究内在的科学性、批判性、连贯性和清晰度，成为新时期课程研究确立其合法化地位、回应课程领域中理论和实践危机的重要课题。也就是说，在课程研究极大丰富和疆域不断拓展的过程中，如何在课程研究异彩纷呈的局面背后寻找课程研究未来发展的内核，赋予课程研究以新的内涵与方向，变得至关重要，其中有几个重要的向度是值得我们关注的。

---

① 〔美〕艾伦·C.奥恩斯坦、费朗西斯·P.汉金斯：《课程：基础、原理和问题》，柯森主译，江苏教育出版社 2002 年版，第 146 页。

　　一是联结课程研究中的历史视角与现实观照。学科领域的建构与发展必然是建立在对该领域的一些基本事实的共识之上,如果丢弃了一个领域的历史,那么任何多元化的发展都是缺乏根基的,是将现实与历史相分割的散漫的研究。因此,无论在国内还是国外,当下的课程研究特别注重对课程学术史和实践史的追溯,在强调课程问题的当下情境的同时,注重将课程现实与过去建立联系,希望通过了解过去来获得对现在的更好理解。要把课程研究"当作是一个回归性的过程,确立对过去的不间断的关注"①,把课程体系的建构看作是一个连续关联的过程,把课程研究的过去和现在视为共同的基础。

　　二是关注课程研究的本土建构与国际对话。任何的课程研究都置身于具体的文化、政治与社会现实之中,并不存在某种抽离社会历史情境和具体关系的课程研究。随着课程理论与实践在具体情境中的扎根与发展,那些一开始以吸收与借鉴发达国家课程研究体系为主要模式的国家与地区,也开始发出在国际课程领域中摆脱依附性的研究身份和确立本土化学科体系的诉求。从本土传统与现实出发,结合课程实践的需要,确立原生性的课程理论体系,积累独特的课程实践经验,以此打破同一性的课程话语体系,在国际课程研究中确立自己的身份。一方面,课程研究的本土建构是进行平等的国际课程对话和交流的基础,只有认识了自身课程研究的特质与价值,才能在课程的专业对话中立足本土、彰显个性;另一方面,凭借课程研究的本土品性的发展,才能真正促成多元的思维体系、价值取向与实践经验的相互碰撞与融合,在相互比较与激励中实现对本土课程研究的批判与反思,更好地理解所在国家和地区课程研究的过去、现在和未来,也同时尊重他国的课程历史、现实与价值。

　　三是注重课程研究中的多学科的会通与整合。课程研究发展到今天,对课程的探究与理解已经不可能仅仅依托某种单一的模式或方法,而是进入了"需要具有多样的概念和理论的工具箱,寻求一元化和复杂化之间的多元化发展"②的阶段,综合不同的哲学基础、理论范型、方法体系和学科依据,

5

---

① William F. Pinar. *Intellectual Advancement through Disciplinarity：Verticality and Horizontality in Curriculum Studies*. Sense Publisher, 2007,13—14.

② Ball S. J. *Politics and Policy Making in Education：Explorations in Policy Sociology*. London：Routledge,1990,43.

发展出课程的多元化认识，突破研究的思维定势与习惯，为课程研究提供新的洞察力与深刻性。一方面，课程研究不断超越传统的哲学、心理学、社会学的学科视角，从更广泛的政治学、文化学、语言学、人类学、艺术等多学科和跨学科的维度出发研究课程问题，一些研究甚至"做到同时运用几个不同的理论视角"①；另一方面，在研究范式的选择和方法的应用上，课程研究也主张确立开放的边界，寻求"应然与实然的谋和"，整合"实证分析""实践探索""人文理解"和"社会批判"等不同的研究取向。应该说，课程研究的多学科和跨学科的特性，已经成为课程领域学科建构过程中的重要特征。正如比彻姆等人所说的那样，人类行为领域中优秀的理论不管它怎样坚定地扎根于一门学科之中，它必然是跨学科的。② 也正是在这个意义上，课程研究是一个开放的领域，依据这个领域发展的自然规律、学科传统和具体处境，不断拓展新的研究空间和方法，而不是人为地限制研究的潜在可能。这种开放的学科建构的框架，已经成为课程研究综合化发展的一种重要趋势，将课程研究引入到更为细致和深刻的层次。

四是强调课程研究与实践的联结。马克思说，"哲学家只是用各种方式解释世界，而问题是要改造世界"。课程研究同课程实践具有天然的联系。一方面，课程研究是建立在课程现实与实践的基础之上对课程内在规律的探索；另一方面，课程研究又是以解决现实的课程问题、引领课程实践发展为使命的。课程研究的实践观照及其对实践的规范，一直是课程研究发展中的重要课题。在当下，课程研究同实践的关联尤为密切，主要表现为以下几个方面。其一，以课程改革为焦点的课程研究大量出现。世界范围内的课程改革浪潮，掀起了对课程体系的系统反思和整体变革，也推动了同改革相关的课程研究的发展，为优化改革实践、探索改革规律提供了重要的理论依据。其二，为了弥补课程政策研究缺位、课程政策运作缺少有效引导的不足，开始加强课程政策的基础性研究，以提升对政策运作的预见、调整与修正的能力，使课程政策成为联结课程理论与课程实践的有效媒介。其三，强调课程活动的社会建构性，关注课程在"广义的政治、经济、社会和文化过程

---

① 〔美〕保罗·A.萨巴蒂尔：《政策过程理论》，彭宗超等译，生活·读书·新知三联书店2004年版，第3页。

② 〔美〕乔治·A.比彻姆：《课程理论》，黄明皖译，人民教育出版社1989年版，第10页。

中的运作"①,也同样关注课程研究的情境性与复杂性,强调从课程发生的现场出发、从课程运作的情境与脉络出发、从现实的课程问题出发,注重个体的意义阐释与认识的解放。最后,当下的课程研究超越了课程本身的技术性或功能性的意义,特别注重检视课程的道德意义、社会价值、伦理与精神的内涵,彰显课程作为个体和社会的文化引导与价值规范的意义。从这个角度说,课程研究不仅在微观组织的层面上,更在广义的公共领域对现实产生影响,体现着同实践具体而实质性的关联。

总而言之,随着课程研究的自身发展以及课程改革实践的逐步深化,课程研究已经从关注外显的现象形态走向聚焦内部过程与本体特征,从事实性分析走向价值的追索和规范的探讨,从发现问题走向问题分析和问题解决,研究不断趋向深入。无论课程研究发展到什么阶段,如果一个学科没有对领域发展历程和未来走向的深入认同,没有对它植根其中的社会文化情境的深切体验,没有对其他学科丰富学术资源的开放态度,没有对它所服务的相关实践活动的责任担当,就无法获得成功。

三

面对 21 世纪世界范围内的课程与教学革新的挑战,以及中华民族伟大复兴的机遇,如何在新的历史起点上实现教育的可持续发展,需要我们在系统的理论研究与实践探索的基础上,追本溯源,立足现实,放眼未来,为中国课程改革与发展、课程领域的建构与国际身份的确立提供平台与支点。《课程政策与课程史研究丛书》体现的正是这样的努力。丛书包括《危机与变革:民族主义与近代课程改革》(刘正伟)、《颠覆与重构:现代学校德育课程变革》(岳刚德)、《概念的寻绎:中国当代课程研究的历史回顾》(刘徽)、《从概念化到审议:课程政策过程研究》(屠莉娅)、《多重记忆:美国课程史学的话语变迁》(王文智)和《致知与致思:课程改革的知识论透视》(潘洪建)等六个分册,主要遵循狄尔泰人文科学研究的逻辑,在历时性和共时性视域内对课程与教学问题展开历史、理论与实践的多维度研究,从政治、文化、学术、政策和哲学的视角对领域内的重点与难点问题进行深度探究与系统思考,

---

① 谢少华:《试论教育政策研究分类的理论基础》,见《教育政策评论》,袁振国主编,教育科学出版社 2001 年版,第 297 页。

以寻找课程领域未来发展的新路向和支撑点。

研究秉持了一以贯之的历史关怀。历史探究已经成为课程领域最重要的研究方式之一，对共同历史的认同是研究多样化发展的基础。尤其在当前的中国语境里，源自西方的理论在课程改革实践中的适用性遭受着质疑，课程专业工作者普遍意识到需要提防不顾社会文化情境简单"移植"西方理论的倾向。该丛书尝试将理论研究的新取向与新观点放置在具体的社会历史脉络之中把握，并尝试反映理论探索与政策实践等不同场域当中"鲜活"的中国经验，在历史研究提供的纵深中挖掘掩藏于课程变革背后的社会动因和文化价值。

这样的研究反映了本土学科建构的迫切愿望。研究带着广阔的国际视野和开放的研究思路，着力对中国的课程经验和特征进行探讨。对国外前沿研究及改革实践进行的系统梳理和提炼，均源自于对本土问题的反思。研究关注中国课程改革与发展的内在动力、本体矛盾、结构性要素和复杂性关系等问题，强调研究内生化特征和本土意义，寻求国际化与本土化之间张力的平衡，探索本土课程研究话语创生和理论建构的可能路径。

无论是《危机与变革：民族主义与近代课程改革》从文化分析视角对我国近代以来课程改革在思想理论、经验教训上的回顾与总结，《颠覆与重构：现代学校德育课程变革》对学校德育课程的现代化历程中历史逻辑特征的提炼与概括，还是《概念的寻绎：中国当代课程研究的历史回顾》以课程概念史的视角追溯改革开放三十年来课程思想史的变迁，《多重记忆：美国课程史学的话语变迁》对美国课程史研究发展历程和演变趋势所作的整体把握，抑或是《从概念化到审议：课程政策过程研究》在理论分析和跨文化比较的基础上对新时期我国课程政策过程的一般框架和本土意义的提炼与建构，以及《致知与致思：课程改革的知识论透视》以知识论分析为依据为课程开发所确立的理论基础和实践策略，都从不同向度拓展了课程研究的领域空间和认识视域，联结了课程理论与实践，打通了课程变迁的历史与现实，展望了课程发展的未来可能与趋向。

诚然，作为一个开放的领域，课程研究如何有效地整合研究的学术性、前沿性和应用性，实现当前与未来课程理论与实践的永续发展，不仅是本土的研究课题，也是国际课程领域发展的重要方面，需要每一个有责任感的课程专业工作者和对此感兴趣的人们共同为这个领域的智力突破和实践优化做出勇敢而务实的努力。

　　《课程政策与课程史研究丛书》是在山东教育出版社的组织策划下问世的,钟启泉先生、田正平先生慨允担任丛书顾问,他们对丛书的编撰提出了许多重要建议及支持。2011 年 4 月,山东教育出版社与教育部浙江大学基础教育课程研究中心联合举办丛书专题研讨会,田正平、肖朗、刘力、张文军等教授出席了研讨活动,并提出了许多宝贵意见,为丛书体例的确立与内容的修改提供了重要参考,在此一并表示由衷的感谢!

刘正伟

2014 年 10 月 7 日于浙江大学西溪校区

Contents

目 录 ■

引　论

一、问题提出

《概念的寻绎：中国当代课程研究的历史回顾》实际上蕴含了两个问题：问题一，为什么要对当代课程研究进行历史梳理？问题二，为什么要用概念寻绎的方法对当代课程研究进行历史梳理？这种方法何以可能？

第一个问题尚是好回答的。对当代课程研究领域进行历史梳理，实际上隶属于当代课程史研究，即转换为"为什么课程史研究在当代是必要的和可能的？"

课程史是教育史和课程论交叉重叠的一个下位概念，无论是对于教育史来说，还是课程论来说，课程史都是一个较新的研究领域，甚至可以说，课程史研究直到当代才为学界所重视。造成这种状况，一方面和我国以往对课程论的学科地位不够重视有关，"长期以来，我们对课程历史和课程理论的研究都不够重视。课程论未曾被当作教育学的下位理论之一，因而在科学研究中未曾被置于同教学论一样重要的地位。……近年来，我国的课程研究工作重新受到了重视。……相比之下，对我国学校课程历史的研究，远远跟不上深化教育改革的需要。"①

另一方面，还有更深层的原因，即与课程研究的范式有关。综观世界范围内的课程研究，对课程史的忽视并不是我们国家独有的问题，正如美国课程史研究的鼻祖克莱巴德（Kliebard，H. M.）在他的《打造美国课程》（Forging the American Curriculum）（1992）中所讲到的那样，"当我还是研究生的时候，并不存在任何课程史之类的东西"。② 课程史在当代才取得了

---

① 吕达：《中国近代课程史论》，人民教育出版社 1994 年版，引言。

② 〔美〕威廉 F·派纳等：《理解课程》（上），张华等译，教育科学出版社 2003 年版，第 41 页。

长足的发展，实际上，"课程史研究会"（Society for the Study of Curriculum History）创办于 1977 年，和其他研究会相比历史很短。在美国，课程史的研究作为当代课程论研究的一个部分，出现于 20 世纪 80 年代并在之后迅速发展，取得了大量的成果。

为什么传统的课程领域中课程史研究不被重视？派纳（Dinar，W.）等人分析了其中的原因，他们认为，80 年代以前是"课程开发"的时代，强调的是"高效、科学"，随着技术的进步、经验的验证，课程开发是"不断进步"的。由此，对于课程开发而言，未来是重要的，过去因为是"落后"的而被不断舍弃，因而"回顾过去的课程史"是没有价值的。泰勒（Tyler，R.）式技术性旨趣决定了课程研究无需考虑历史，所以，传统的课程研究从根本上说并没有产生课程史研究的强烈需要，甚至还有本能的抵触倾向，如瑞德（Reid，W. A.）所言，"课程研究不仅倾向于不理会，甚至积极反对历史研究，因为过去通常是被作为一个黑暗的时期而展现的，为了更光明的未来，在研究中最好把它遗忘"。①

随着课程实践的不断深入，人们渐渐领悟到，课程领域绝对不是一个简单的技术实践领域，而是一个复杂多重的实践领域，同时也是一个多维的理论领域，这种有别于技术旨趣的深刻反省，要求人们从更加宽广、更加纵深的视野来看待课程领域。所以，从当前国际上的趋势来看，当代课程研究的目的在于激发自我反思、自我理解，在这种反省的基础上进行深度的教育变革。"学者们敏锐地意识到，课程工作的发生是有时间性、历史性的，这种关于课程历史性的自我意识，从理论上和制度上帮助支持了对课程历史研究的不断增加的兴趣。"②派纳坦言，如果说传统课程领域是以反理论、反历史为特征的，那么经过概念重建的当代课程领域的一个明显特征就是其深远的历史性。

当然，派纳的这个说法也有些极端，事实上，即便是课程开发取向也有反思总结的需要，"课程史是课程领域的全部记忆。没有它我们就不可能对当代的问题有一个全面的了解；如果没有人能够查明从前发生的事情，我们

---

① 〔美〕威廉 F·派纳等：《理解课程》（上），张华等译，教育科学出版社 2003 年版，第41 页。

② 〔美〕威廉 F·派纳等：《理解课程》（上），张华等译，教育科学出版社 2003 年版，第42 页。

只好重新发明教育之轮(pedagogical wheel),而无法认识到过去已有的成功和不成功的教育模式。"①从实用的角度,坦纳(Tanner, D.)提出了课程史的两种作用,其一,历史能给我们提供视角和方向。现在是过去积累的结果。课程史是一种个人记忆的延伸,一种教育者能够共同分享的延伸,其结果成为一种专业领域的记忆。②其二,历史给我们提供一种认同感和集体良知。它帮助我们理解那些限定我们专业和生活的各种传统。这种功能不仅仅是一种实用的东西,它还是一种情感上的事情。我们以此发展一种对我们祖先的责任感,而且也许我们会激起一种抱负去继续他们的事业。③

但是,课程开发取向下的课程史和课程理解取向下的课程史的书写方式是不同的,如果说后者的目的在于寻求多元的课程意义,将课程的历史发展看作是可供解释的文本,其写作方式是综合和比较的话,前者的目的始终在于寻找更有效的、更佳的,这就决定了其课程史的书写方式是不断地否弃,即将过去作为落后的、低效的反面例证来叙述。换言之,课程理解取向下的课程史不仅关注是什么,更加关心何以如此,如古德森(Goodson,I. F.)所言,"不同于行为主义研究倾向,历史研究应着力于探求思想和行为在过去的社会环境中是如何形成的。透过历史的视角,洞悉那些眼前这些被我们认为理所当然、习以为常的作为'事实'的课程是如何协商、建构和再建构的。"④

改革开放三十多年来,一方面,课程理论随着我国课程改革的实践推动取得了很大的进展,课程研究近年来上升为教育学中最为活跃的研究领域之一,越来越多的学者被吸引到课程研究中来,相关论著层出不穷。对这些理论成果进行梳理和总结,能更有效地指导解决课程改革中出现的种种问题。另一方面,尽管我国课程研究可能并没有产生像美国课程研究领域那

---

① 〔美〕丹尼尔·坦纳、劳雷尔·坦纳:《学校课程史》,崔允漷等译,教育科学出版社2006年版,第7页。

② 〔美〕丹尼尔·坦纳、劳雷尔·坦纳:《学校课程史》,崔允漷等译,教育科学出版社2006年版,第11页。

③ 〔美〕丹尼尔·坦纳、劳雷尔·坦纳:《学校课程史》,崔允漷等译,教育科学出版社2006年版,第8页。

④ Goodson, I. F. *Studying Curriculum behind the Schoolhouse Door*: The *Historical Study of the Curriculum* [M]. New York and London: Teacher College, Columbia University,1995.51—62.

样明显的范式转换，但改革开放以来，随着中外学术交流的日渐增多，国外的各种思潮和流派影响了我们原有的课程理解，虽然许多研究者都指出，目前在我国课程开发研究尚不成熟，但由于从一开始就伴随着对课程开发范式的反省，所以，在我国当代课程研究中，也存在带有自我反思性质课程史研究的需求与可能。进入新世纪之初，回顾总结这种历史进程，不仅是课程理论本身发展和学科建设的需要，也是进一步更好地发挥其对课程改革实践指导作用的需要。

问题二，为什么要用概念寻绎的方法对当代课程论问题进行研究，这种方法何以可能？

1992 年高达（Gundem，B.）指出课程史的范围包括以下几个方面：课程理论、课程思想和课程运动史；课程"法规"及其潜在的课程原则的发展史；学校学科发展史；课程指导思想和大纲的管理史；课程实践和课程改革史。从题目不难看出，本研究属于课程思想史的范畴。目前，无论从国内还是从国外的研究现状来看，学术界的课程史研究大都集中在课程实践和课程改革史上，对课程思想史的研究较为匮乏。课程思想史的研究不同于课程实践和课程改革史，因为它并不直接指向课程实践中的现象，而是将课程理论作为研究对象。从这个角度可以说，课程思想史实际上是对"课程实践和课程改革史"的"元研究"，即对"课程实践和课程改革研究"的研究，毫无疑问，这一路向对于我们反省课程研究中的方向、问题和方法会有很大的助益，如布列钦卡（Brezinka，W.）所说，"对元教育理论的研究不能直接增加我们的教育知识。但是，它可以帮助我们对是否存在一些实现这些目的的教育理论形成清楚的理解，还可以帮助我们在形成有用的教育理论中对有利的规则做出判断"。① 所以应当给予课程思想史研究以足够的重视。

课程思想史可以通过何种方法来研究呢？以往的课程思想史乃至教育思想史的研究，往往重点关注"经典思想家"的"经典文本"的诠释，这当然是一种重要的研究方法，但是也有缺陷。以斯金纳（Skinner，Q.）为代表的"剑桥学派"认为，这种人为的"观念连续性"是非历史的，会因此而抹杀思想演进中的不断变化和无数的偶然。

---

① 〔德〕沃尔夫冈·布列钦卡：《教育知识的哲学》，杨明全、宋时春译，华东师范大学出版社 2006 年版，第 27—28 页。

如果放弃经典文本的路径取向，又能通过什么路径来研究思想史呢？斯金纳认为要回到历史的语境之中，从而开辟了概念史的思想史研究路径。

什么是"概念"？"概念"这个概念本身似乎就很难把握。英文 concept 一词源于拉丁语 conceptus，在拉丁语中的意思为"受孕"，引申为萌芽、构思和把握。1903 年，在《新尔雅》中，汪荣宝等人称"若干个物公性之总合，谓之概念"。① 而陈文则进一步明确了"概念"一词——悬比多数观念之性而综合之也。如由梅、桃、樱等诸花悬比其通有之性，以构成非梅、非桃、非樱之一新观念，曰花。此新观念即为概念。② 陈嘉映通过概念和名称的对照，将"概念"表述为"概念是一些事实的结晶，结晶为一种较为稳定的理解图式，概念里包含着我们对世界的一般理解"。③

概念是通过语词以明确的形式表达出来，可以说，语词是概念的最终形式或最明确的形式。通常，语词的区别等同于概念的区别，但也有例外，举个明显的例子，洁面乳、洗面奶、洁面凝露等等，这些词语的变化不影响概念，因为单纯地从字面上更新一些新名词并不牵涉我们对世界的理解，不会导致语言的深层变化，语言的深层变化来自概念的更新。理论的发展依赖于对概念的重构，反过来也可以说，概念的重构反映了理论的发展。如斯金纳所言，"概念有自己的历史，或者更进一步说，我们所用来表达概念的名词包含着历史，即指这些名词的出现和废弃，以及在某种场合它们的最终消失。"④概念会被取代或者重新定义，这种突然转换往往意味着重大的历史转型时刻，相对于对经典文本解读的"观念史"所具有的前后承接性、连续性，概念史则更突出了思想演进中的断裂性和历史性。

5

实际上，库恩（Kuhn，T.）在《科学革命是什么？》一文中也曾提到过概念的变化往往会成为理论变化的核心，成为科学革命的重要标志，因为语义的变化之大会导致理论间的不可通约性。不可通约性在语词上表现为不可翻译性，即革命前后两套理论中，术语的意义无法互通。究其原因，库恩认为，

---

① 汪荣宝、叶澜编纂：《新尔雅》，上海明权社 1903 年版，第 75 页。

② 陈文：《名学教科书》，科学编译部 1911 年编，第 1—4 页。

③ 陈嘉映：《哲学科学常识》，东方出版社 2007 年版，第 129 页。

④ Skinner, Q. *Vision of Politics. Cambridge*：Cambridge University Press, 2002. 180. 转引自〔英〕昆廷·斯金纳《霍布斯哲学思想中的理性和修辞》，王加丰、郑菘译，华东师范大学出版社 2005 年版，中文版序。

不同理论的语言，是不同世界的语言。我们从一个理论世界转变到另一个，是格式塔式的转换，而不是经由任何解释的过程，科学革命其实就是科学家观察世界的观念网路（conceptual network）的更新，涉及到世界观的层面，意味着范式转换前后的科学家以完全不一样的方式来看待世界。

劳丹（Ludan，L.）对这个问题也有类似的论述，他把科学研究中所遭遇的"问题"区分为"经验问题"和"概念问题"两大类。"经验问题"是指理论对外在世界的解释。而劳丹认为，科学史上对理论产生怀疑，往往不是因为无法解决经验问题，而是在概念问题上发生争执。他指出，概念问题是理论的特征。比如，哥白尼（Copernicus，N.）与托勒密（Ptolemaeus，C.）在天文学上的争论（1540—1600），光的波动说和粒子说的争论（1810—1850），原子论和反原子论的争论（大约1814—1880），在这些科学史上的重要争论里，对立双方获得的经验支持不相上下，它们之间所引起的争议，很难用实证主义的观点来加以解释。劳丹进一步把概念问题分为"内在"和"外在"两类。所谓"内在概念问题"，是指理论使用的概念有某种内在的不一致性，比如，模糊、歧异、矛盾、循环。而当一个理论在逻辑上与另一个被合理接受的理论不一致时，即产生"外在概念问题"，本研究关注的正是劳丹所说的"外在概念"问题。值得一提的是，劳丹认为概念之争并不像库恩所说只在科学危机产生的短时期内发生，而是会维持一个很长时间的历史过程，这是因为两个相对立的理论之间的竞争也不是朝夕之间的突变。①

可以看出，库恩和劳丹都认为，概念的变迁最直观地反映了新旧理论间的范式转换，因为概念涉及人们看待世界的不同方式，只是前者认为这种变迁是"激变式"的②，而后者则认为这种变迁是"渐变式"的。反过来看，我们当然可将概念的变迁作为一种历史研究的角度，从中整理我们的认知进步和前景，这就支持了斯金纳"用概念寻绎的方法来研究思想史"的观点。"寻绎"一词引自唐刘知几《史通·惑经》："经既不书，传又缺载，缺略如此，寻绎

---

① 以上参考黄光国《社会科学的理路》，中国人民大学出版社2006年版，第127—180页。

② 库恩在其所提的"不可通约性"遭到诸多批评后，也意识到了这个问题，以"部分交流"（partial communication）来代替"不可通约性"，也就是说，新的理论范式也可能承袭部分的旧理论范式下的概念，只不过，这些"老概念"在使用上以及与别的概念的关系上有了新的变化。

难知。"寻绎之意为抽引推求,即从繁琐复杂的事物关系中求得头绪,借以形容对学问的追求。比起探索、发现、研究这些词汇,寻绎这个词更为形象和传神,更为重要的是,寻绎比起上述各词,多了一层"相互"的意义,即语言是与行动相互推进的,晋陶潜有诗云:"万化相寻绎,人生岂不劳。"

至于下一个问题,即我们去哪里寻找概念,这个问题涉及的前提问题是"我们要寻找什么样的概念"。概念可以分为两种,即科学概念(理论概念)和自然概念(实践概念)。科学概念和自然概念不同,自然概念是以人的日常生活为基准的,科学概念则以理论为基准,比如,水(自然概念)和 H_2O(科学概念)。尽管科学概念有些的确来自于自然概念,即两者有一定的连续性,但也有些科学概念是科学理论所创造的,比如虚数、力矩、夸克等等,而且即便是那些来自于日常语汇的科学术语,在科学理论的整体构架中也和日常用法有很大的不同,比如运动、力、空间、时间等等,它提供一套新的系统描述事物及其之间关系的方式。

那么教育学作为一门学科,是否只存在着理论概念呢?恐怕不是,其实许多学科内部都同时存在着自然概念和理论概念。因为,理论往往起源于实践之中,换言之,实践比理论更古老。就好比畜牧、农作、手工和贸易等等比经济理论本身古老,权力争斗、阶级压迫在政治理论形成之前业已存在一样。教育实践也先于教育理论,所以,理论概念往往起源于实践概念,在学科内部不可避免地保留了大量的实践概念。

在布列钦卡看来,这两类概念是需要严格加以区分的,他认为,教育学同时表现出科学、哲学和实践的特征,这三种视角关注的问题、探讨的方式各有不同,有各自独特的研究任务、侧重点和概念系统。教育学按上述视角至少可以分为三大领域,即教育科学(science of education 或 educational science)、教育哲学(philosophy of education)、实践教育学(practical pedagogics 或 praxiology of education)。这其中,教育科学是描述性的,即关心"是什么",而后两者则是规范性的,关心"应该是什么"。教育科学对应的是科学概念(理论概念),而实践教育学对应的是自然概念(实践概念)。布列钦卡指出了两者的不同,语言的功能有三种,即表达思想、表达愿望和表达感觉,相应地,语言也就具有信息功能、要求功能和情感功能。布列钦卡说,在实践教育学里,语言的这三种功能同时具备,也就是说,实践教育学的语言不仅表达着信息,而且饱含人们的感情和要求。而对于教育科学来说,语言的信息功能凸显,因为无论是问题表述,还是检验假设,都需要尽可能清晰精确地描述认识对象和事实,教育理论需要使用概念将认知对象从众多对象中区分出来,即涉及质的规定性问题,概念体现了我们对某一问题和对象的认知水平。语言的情感和要求功能的介入会阻碍"清晰精确"的表述,而且会分散人们对信息内容的注意力。同时布列钦卡承认,教育科学的理论基础框架在很大程度上来源于实践教育学。所以,在接受实践教育学基本观念的同时,自然沿承了实践教育学中的许多专业术语。实践教育学的语言大部分又来自口语和日常语言,夹杂了语言的三种功能,往往带有多义性和模糊性两大通病。所以,科学语言是对实践语言的一种归类、解释、整理,科学概念建构的任务是尽可能客观、正确地表述每一个概念,在此基础上形成一个富有层级的概念框图。

但是否如布列钦卡所言,实践概念兼具信息功能、要求功能和情感功能,而理论概念只凸现信息功能呢?完全客观、中性、单一、清晰的理论概念恐怕在实证主义框架下才能得以成立。其实,在教育学中,理论概念和实践概念未必是这样泾渭分明的,我们还是要从概念的来源和功用上来作区分,实践概念是以教育实践的日常活动为基准的,科学概念则以理论为基准。

本研究考察的领域是课程研究领域,也可以说,关注的是理论概念,即从课程研究者的研究成果中提取理论概念,描绘当代的课程领域。正如派纳在收集《理解课程》写作素材时的出发点一样,"让我们明确,我们并不是通过调查我们在公立和私立小学工作的同事们所阅读的课程著作而做到这一点的。这可能是一桩有趣的调查,但却不能构成对课程领域的准确描写。如果认为通过这样的调查就构成了对课程领域的准确描写,这就暗示了这样的事实:通过调查政治家和选民们阅读了哪些政治学家的著作和哪些政治学理论研究的流派,就能够准确描述政治学领域本身;或者,通过调查居民的健康习惯就能够准确描写医学领域。课程理论家、政治学家和医学家,这三类人可能都希望去影响我们的民众。但是,却没有人宣称我们的民众所阅读的书籍、所做出的行为表现必然反映了我们各自的学术领域。"[1]在日常的教育实践中,教师和父母以解决实际问题为基准,使用的多是实践概

---

① 〔美〕威廉 F·派纳等:《理解课程》(上),张华等译,教育科学出版社 2003 年版,前言与致谢。

念,当然教师、家长在阅读、讨论甚至写作的过程中也会运用大量的理论概念,但这些理论概念往往是间接引用的,不能及时准确地反映课程研究领域的新进展。所以,尽管课程领域的研究大部分都是指向学校中的具体实践的,但是一个不争的事实是:课程领域是由课程学者的研究成果支撑的,而不是直接来自课程实践领域的,如果要描绘课程研究领域的概念史,就需要到课程研究成果中去提炼具有代表性的理论概念。因此,本研究主要关注的是课程领域中的理论概念,与这些理论概念密切关联的实践概念也会进入研究的视野。

综上所述,课程概念史既是必须的,也是可能的。事实上,课程概念史近年来在课程领域已经引起了国内外学者的极大关注,台湾白亦方教授曾总结出课程史研究的八个主题①,其中有一类就是"某一课程理念的概念分析"。②

那么紧接下来的问题是,为什么要研究 1978—2013 这三十多年的课程概念史?在概念史研究中,考泽莱克(Koselleck,R.)提及一个很关键的概念,叫作"鞍型期"(saddle time)③,后也称为"临界期"(threshold time)④,这个概念很形象地描绘了两个大时代之间的过渡阶段,好比两个山峰之间的凹谷。在他看来,欧洲正是经历了两个山峰之间的起伏后,实现了现代知识的转换。鞍型期这段时间是各种概念更变的活跃期,既包括概念名称的更迭(例如新增概念,共产主义、阶级、帝国主义等),也包括概念内涵的变化(例如国家、民族、市民、家庭等)。鞍型期的概念一般有四个特征,即时间

---

① 八个主题分别为:第一,某一学科在台湾或大陆的源起与发展,也就是强调某一学科的历史变化;第二,以量化、质化方式来探讨课程实务的对照与呼应,比如课程发展委员会之功能与现状的普查等;第三,某一课程学者的思想与影响;第四,探讨某一时期的课程政策演进与影响,分析和揭示政策制定过程中各种人员、利益集团等之间的博弈;第五,某一组织对于课程内涵及实施策略的主张及影响;第六,新科目出现的时代背景与教育界的回应;第七,某一课程运动的兴起与当地的解读或批判;第八,某一课程理念的概念分析。

② 白亦方:《课程史研究的理论与实践》,台北高等教育出版社 2008 年版,第 16—17页。

③ Koselleck, R. *Richtlinlen für das Lexlkon polilsch − sozlaler Begrlffe der Neuzelt*[M]. In Archlv für Bearlffsaeschlchte,1967. 91.

④ Koselleck, R. *A Response to Comments on the Geschlchtlche Grundbegriffe*, *in The Meaning of Historical Terms and Concepts*;*New Studies on Begrlffsgeschlchte*,ed [M]. Hartmut Lehmann and Melvin Richter, German Historical Institure,1996.69.

化,概念因为嵌入历史实践而变化,在时间进程中与历史和社会互相影响和磨合,为理解断裂的事件和制度提供了内在的脉络;民主化,随着媒体、书籍、言论等的传播,这些概念由精英阶级渗入大众群体之中;意识形态化,随着意识形态的丰富多元,概念从语法形式上发生了从复数到单数的变化,新词得以大量塑造以指代新的意识形态;政治化,概念成为各种群体、团体斗争、宣传和教化的武器和工具。① 改革开放以来,中国引进了大量国外课程研究的著作,伴随着几次课程改革,课程研究领域的成果层出不穷,在这三十多年间我国的课程研究经历了深刻的变化,这种变化的一个重要方面,就是使用概念的变化,可以说,中国课程研究在这三十多年经历了"鞍型期"。三十多年间,中国课程领域的概念经历了巨大的变化,既包括原有概念内涵的变化,也包括一些旧有概念的淡出和一些新概念的面世,这些概念的变化一方面缘于外部环境的变动,同时也作用于外部环境,从中也反映了各种课程思想的交锋和融汇,并影响了课程实践。此外,与教育的其他领域相比,课程研究领域引入了更多的外来词汇,因此,这些词汇在中国也经历了一个本土化的过程,如金观涛在《观念史研究》一书中提到中国当代政治观念的形成经历了三个阶段,即第一阶段(19世纪中叶至洋务运动)为选择性的吸收阶段,在这一阶段中,对那些符合中国传统观念的加以引进,而不符合的则拒斥。第二阶段(甲午战争到新文化运动前的二十年,1895—1915)为学习阶段,大量引入西方的各种现代观念,并对前一时期选择性吸收的那些概念进行修正,更接近西方的原意。第三阶段(新文化运动时期,特别是1919年以后)为重构阶段,对第二阶段引进的概念进行消化、整合和重构,定型为中国自己的观念,其意义大都与第二阶段时有了较大差异,有些甚至看起来像是回到了第一阶段。② 课程研究领域概念的变化和更迭,给我们提供了审视当代中国课程研究历史演变路向的极好视角。因此,对这些概念做一个历史的梳理,无论是对课程论的学科建设,还是对课程改革的实践来说,都有极为重要的价值和意义。

① 参见 Melvin Richter. *The History of Political and Social Concepts：a Critical Introduction*[M]. Oxford University Press Inc,1995.37—38.
② 参见金观涛、刘青峰:《观念史研究》,法律出版社 2009 年版,第 8 页。

二、研究方法

回答了"为什么要做这样一项研究"的问题后,下面的问题是"如何做这样一项研究",即研究方法。对于本研究来说,也就是回答"如何进行概念史的研究"的问题。

关于概念史,史学界众说纷纭,但一般来说,人们普遍达成共识的是,目前概念史研究主要有两大流派,即英国剑桥学派的概念史研究,代表人物是斯金纳和德国的概念史研究,代表人物是考泽莱克。另外也有学者将法国史学界的"历史视角的话语分析"与两者并称,代表人物是纪约莫。①

尽管一些学者认为剑桥学派和海德堡学派的"概念史"研究因为文化传统、指导哲学及研究习惯等不同在方法论上存在着差异,"源于互有差异的民族政治经验和政治实践,源于存在着重大不同的历史书写、哲学和哲学史的传统。"②主要表现为剑桥学派突出语言行动的"主体"活动,最为典型的就是政治领域的语言性行动,概念的嬗变在于不同语言主体之间的权力竞争或政治协商,具体如谈判、辩论、斗争、妥协、动员、劝诫、宣传等。由此,剑桥学派认为概念的历时性是无法脱离语境而单独生拉硬拽出来的,它必须憩息于历史现实和历史语境之中,即追溯概念使用者的意图和线索。而海德堡学派则更强调语言/概念领域和社会/物质领域之间的二元张力,强调虽然概念是在社会中形成的,然而概念也在一定程度上影响社会和历史的发展。因此,概念的演变在一定程度上具有"独立性",即有自身发展的现象、过程、规律和结构。概念史研究可以甚至必须将概念从应用其中的历史语境中剥离出来,换言之,把各个概念从共时性语境中挖掘出来并得以汇集,形成一个新的整体来映照历史。但是如里克特(Richter, M.)所说,"德语世界和英语世界研究思想和语言的这些历史学家,在研究方法,或在如何考虑之前为人所忽视的资料类型等方面是能够互相学习的"。③ 两者的一个基本

---

① 方维规:《概念史研究方法要旨——兼谈中国研究中存在的问题》,载黄兴涛主编《新史学》第三卷《文化史研究的再出发》,中华书局 2009 年版。

②〔英〕梅尔文·里克特:《政治和社会概念史研究》,张智译,华东师范大学出版社 2010 年版,第 184 页。

③〔英〕梅尔文·里克特:《政治和社会概念史研究》,张智译,华东师范大学出版社 2010 年版,第 185 页。

共识是，概念的本质特征是历史性，而非具有超越历史的本质界定。在德国，最早使用"概念史"这一术语的是黑格尔（Hegel，G. W. F.），他在《历史哲学讲演录》一书中提到"概念史方式在我们的时代有所发展，而且引人瞩目"。① 然而，黑格尔所提及的"概念史"是"规范性概念史"，更偏重于哲学和精神学，强调概念本身的逻辑结构和实质内容。考泽莱克所提的概念史相对于规范性概念史，是一种"描述性概念史"，即将概念置于其所指涉的经验世界来看，是一个动态的过程，而不仅仅将概念看作是一个静态的名词。与此相似，斯金纳以洛夫乔伊的"观念史"为靶子建立了"概念史"体系，在他看来根本不存在洛夫乔伊（Lovejoy，A. O.）所说的"基本的、持续不变的或重复出现的能动的单元"，针对"观念史"的研究对象，即恒在的、不变的"观念"，斯金纳提出了概念史的研究对象，即历史的、偶在的、易变的。

因此，概念史研究很重要的部分就是将概念"碎片化"，即"去自然化"和"去常规化"的过程。如波普克维茨（Popkewitz，T. S.）所言，"'碎片'就是指玻璃破碎之后，你发现原来所看到的整体的东西不再是之前的那个样子了，这是一种敦促你寻找新的可能性的思维方式。当你觉察到那些所谓情理之中的观念并不是自然形成的，而是被'历史地生产出来的'，那你就会试图去探索是否还存有其他可能的选择呢！"②因此，概念史研究意味着以一种新奇的眼光来打量具体时代情境中的每一个概念及概念群，保持高度的敏感性。思考如下问题：这些概念从何而来？每一时期，概念的名称和内涵发生了哪些变化？这些变化是如何为人所察觉的？这些变化如何产生，且为何产生的？与政治、社会等外部环境的何种重大变化相关？是否与具体的文化事件相关？是谁促成了这种变化，出于何种目的，使用了什么修辞策略或手段？概念变化是否与外来文化交流相关，受到了何种影响？这种概念变化是否具有能动性，对社会发展起了什么作用？③

按照斯金纳的说法，概念史的研究有两条线索：其一，概念内涵的变化；

---

① 〔德〕黑格尔：《历史哲学》，王造时译，上海书店出版社1999年版，第7页。转引自孙云龙《德语地区社会史研究的语言学转向：概念史研究刍议》，载《学海》2011年第5期。

② 赵婧：《"碎片化"思维与教育研究——托马斯·波克维茨教授访谈录》，载《全球教育展望》2012年第10期。

③ 才凤伟、刘彤：《概念史：语言和社会现实的互动实践》，载《长沙大学学报》2012年第5期。

其二,概念名称的变换。其中,"概念内涵的变化"是指同一概念在不同时期内涵发生的演变。选取哪些概念研究它们内涵的变化呢? 每一个研究领域都有属于本领域的相对固定的基本概念,从这些基本概念的演变中能大致勾勒出研究领域发展的一个轮廓。但是,除了这些最基本的概念之外,作为一个研究领域还有大量的其他概念,而这些概念是相对不固定的,也就是说,在某一个时间段,有些概念成了课程研究的热门词汇,有些概念则慢慢在淡出,从这种新旧概念的更替中也能反映出课程研究在不同时段的特点。当然,这两条线索也是密切相关的,比如,有许多概念是依附于基本概念的,基本概念内涵的演变会带出新的概念等等。通过对课程领域若干基本概念的考察,以及不同时段概念的更迭这两个维度,能比较全面地反映课程领域的概念变迁状况。

而在具体对课程研究领域的概念分析过程中,要注意以下问题:

首先,要在一定的理论框架之中考察课程领域的概念。

为什么概念要在理论框架之中加以考察? 如前所述,理论概念是在理论中创生的,因此也是在理论的整体构架中才得以理解的,概念不是孤立地被理解,而是在关系中被理解的。比如,在牛顿力学中,"力"和"质量"两个词是需要同时在对牛顿第二定律的理解过程中被学习的。(实际上,不仅理论概念如此,实践概念也有这种属性,因为人类在认识外在世界时,有一个基本特征,就是从关系中认识事物,就是库恩所说的"局部整体性"(local holism)。)所以,概念的转换往往不是单个概念的转换,而涉及一个概念群,由于概念和概念之间构成一个互相联系的网络,这种改变通常是整体性的。如斯金纳所说,"我研究概念变化不在于关注使用一些特定的词汇来表达这些概念的'意义',而是通过追问运用这些概念能做什么和考察它们相互关系以及更宽广的信仰体系之间的关系。"①

课程实践的复杂性和多维性决定了人们从不同的角度和层次来讨论课程领域的问题,造成了课程领域概念纷多的现象,如果不放入具体的语境和理论中加以思考,就无法对不同的概念进行辨析。就拿"课程"概念来说,"课程定义因研究者或实践者在其课程思考和工作中对概念的使用而有所

13

① 〔英〕昆廷·斯金纳:《霍布斯哲学思想中的理性和修辞》,王加丰、郑崧译,华东师范大学出版社 2005 年版,中文版序。

不同，因此，没有超出特定的研究、论文、看法或值得讨论的政策文件等背景的特殊地给课程下定义的方式。"①派纳在《理解课程》一书中就将课程领域的概念放入其理论背景之下进行研究。杰克逊（Jackson，P. W.）主张将课程领域的定义嵌于"修辞结构"，也就是指对概念的解释应放入具体的语境中加以考察。

其次，对课程概念史的研究要和对其他学科的考察紧密结合。

霍加特（Hoggart，R.）说，每一段历史都是特殊的，因为每一段历史都是被历史学家心目中的特殊兴趣所统合的故事。意思是说，历史探究是以问题为中心，对那一历史时期的各种线索进行统合。对于课程史来说，我们要对课程史与其他历史的相互联系保持警觉，"课程领域的发展并不是在真空中发生的，也不应该在真空中发生"。② 从教育学学科内部来说，与课程史关系最密切的恐怕要算教学史了，作为教育学的并列的两个分支，两者的关系既密切又错综复杂，对课程论和教学论关系的探讨一直是热点，两者的研究也是并行交错发展的。此外，教育社会学、教育管理学的发展也直接影响课程史。从教育学学科外部来看，政治史、行为科学史、物理学史、技术史、哲学史都与课程史密切相关。如扬（Young，M. F. D.）所说，"课程史的发展有赖于我们对政治、经济、社会、教育的综合性影响的认识和研究。这也是社会科学发展的一个方面，尤其是教育社会学和知识社会学的发展将直接促进课程史的发展。"③

再次，课程概念史要构建概念网络，而非用"种加属差"的逻辑学方法关注概念界定的唯一性。

坦纳指出，课程史存在的一个普遍问题是，许多课程专家都习惯于线性的思维方式，即只关注主流的课程思想，而实际上，课程史是由各种不同线索互相交错，构成一个网络。其中的原因如塔奇曼（Tuchman，B. W.）所言，"人类行为是一条流经周围地形不断变化的潺潺小溪，在各个片段中好坏地形常常并存并无法摆脱地交织在一起，犹如好人坏人一样，相互交叉和相反

---

① 江山野：《简明国际教育百科全书·课程》，教育科学出版社 1991 年版，第 65 页。

② 〔美〕丹尼尔·坦纳、劳雷尔·坦纳：《学校课程史》，崔允漷等译，教育科学出版社 2006 年版，第 21 页。

③ 〔俄〕卡特林娅·萨里莫娃、〔美〕欧文·V·约翰宁迈耶：《当代教育史研究与教学的主要趋势》，方晓东等译，教育科学出版社 2001 年版，第 152 页。

的人类行为常常使随随便便的概括陷入矛盾之中"。①

斯金纳之所以要提倡概念史的研究方式,就是为了避免观念史中人为的连续性。对概念进行标准化、统一化的整理反映了一种非此即彼的思维方式。人类的历史远不是直线式的简单发展。有网络状的课程史,也有交错的课程概念史,对于课程领域来说,多元的定义并不可怕,甚至是必然的,如派纳所说:"一个复杂的领域将会以复杂的,有时甚至是相反的方式运用其核心概念。定义的多元化并非是一个要解决的紧迫问题。恰恰相反,这是一个需要承认的事态。在一个由多样化和自治性话语构成的领域,这种情况是不可避免的。"②而且概念的变化也不是一蹴而就的,而是一个漫长的过程,如波考克(Pocock,J.G.A.)所言,"有一点是每一个历史学家必须明白的,那就是,话语变化并不呈直线式地前进或延续,不是简单的新旧交替,在很大程度上,它表现为新旧话语模式之间的充满抵抗和竞争的复杂对话"。③

从课程领域概念的多样性和变化中,我们能够获得什么意义? 一种可能性是它们促进了"概念的丰富",因为它们反映了一幅更为复杂的课程画面。

如果非要去粗取精、化繁就简,选择出或综合出一个统一的、清晰的、安全的为大家所认可的概念,可能需要遵从布列钦卡所说的"种加属差"的定义方式,这是传统的形式逻辑认识方法,比如,亚里士多德(Aristoteles)给"人"的标准定义是"人是有理性的动物"。这种定义方式先确定事物所属的"种",再根据它的特征来确定"属",我们可以拿布列钦卡的"教育"定义为例,教育被归于一种行动,什么样的行动呢? 定语就是"人们尝试持续在任何一方面改善他人心理素质结构,或者保留其心理素质结构中有价值的部分,或者避免不良心理素质形成"的行动。为了尽可能包容教育这种现象,扩大外延的结果便是牺牲内涵,连布列钦卡自己都承认,"人们甚至也可以

---

① 〔美〕丹尼尔·坦纳、劳雷尔·坦纳:《学校课程史》,崔允漷等译,教育科学出版社2006年版,第21页。

② 〔美〕威廉F·派纳等:《理解课程》(上),张华等译,教育科学出版社2003年版,第25页。

③ Pocock,J.G.A. *Politics, Language and Time: Essays on Political Thought and History*[M]. Chicago:The University of Chicago Press,1989.ix—x.

称其为一个范畴，因为它构成了最高程度和最一般化的教育概念。它是一个信息含量比较少的概念：其内涵相对比较贫乏，而其适应范围则相对比较广泛。"①索尔蒂斯(Soltis,J.F.)也认为，"教育"一词在不同的语境中，为了不同的目的会有多种描述性意义，如果非要下一个包容一切的普遍性定义，或许能找到，但是"这么广义的、不加区别的、不加评价的用法，似乎不大可能非常有用"。②

维特根斯坦(Wittgenstein,L.)就用"家族相似"(family resemblance)对这种"种加属差"的传统逻辑进行了批判，维特根斯坦批判那种企图在"纷乱"语言现象中寻找出所谓的"本质特征"的定义方式。在他看来，就像一个家族中的成员之间都会有相似的遗传性征，比如身高、肤色、长相、头发、性格、气质等等，同一家族的成员之间不是在这一点上就是在那一点上有相似之处，但是我们不大可能在几代人中找到他们共同的特点。维特根斯坦认为我们应该走到生活中去，观察日常语言的运用，使思想符合语言的实际用法，而不是对着空洞的概念体系来一味地构思，这就是他所提出的"不要想，但要看"的涵义。维特根斯坦认为下定义的方法不适用于"语言——游戏"。他说，"我无意提出所有我们称为语言的东西的共同之处何在，我说的倒是：我们根本不是因为这些现象有一个共同点而用同一个词来称谓所有这些现象——不过它们通过很多不同的方式具有亲缘关系，我们才能把它们都称为'语言'。"③

"种加属差"强调的是概念的内涵，而"家族相似"允许概念的模糊性，强调的是概念外延的个别性和多样性，而且外延的界限是敞开的。

也正是从这个意义上，勒格朗(Legrand,L.)才说教育学的概念混乱是"对有关教育特有对象领域的一种适当反映……它们始终远离专业术语的固定性，正好充分反映了教育现实的生机……如果谁期望有关教育学的科

①〔德〕沃尔夫冈·布列钦卡：《教育科学的基本概念——分析、批判和建议》，胡劲松译，华东师范大学出版社2001年版，第75页。

②〔美〕索尔蒂斯：《教育的定义》，沈剑平等译，载瞿葆奎主编：《教育学文集·教育与教育学卷》，人民教育出版社1993年版，第36页。

③〔英〕路德维希维·维特根斯坦：《哲学研究》，陈嘉映译，上海人民出版社2001年版，第70页。

学有一套明晰的专业术语，那么，他就还没有认识到教育的特殊性"。①

但是，倘若不下一个明确的定义，我们又该如何把握教育学中的概念呢？英国教育家沃尔什建立"用法网络"的策略值得借鉴。

沃尔什（Walsh, P. D.）认为，我们太习惯于求同伐异的概括，其实，概念间的差异性和竞争性也是相互依存的，"综合"往往能拓宽我们的思路。比如，将教育定义为"正规的学校教育"和"最广泛意义上的教育"，这两种用法并不是对立矛盾的，沃尔什形象地把最广泛意义上的教育比作潜伏在海里的巨大的冰山，把正规教育比作露出海面的冰山一角。意思是，对正规教育的定义离不开对教育的一般理解，而对最广泛意义上的教育也要时时参照正规教育的特征。这里暂举一例，我们定义最广泛教育时，用"它包括许多在校外学到的而且同课堂和学校无关的东西……"这里我们不难发现，它实际上是根据它的"对手"正规教育的特征组织起来的：课堂、学习、教学、标准化。

实际上，伽达默尔（Gadamer, H. G.）在对哲学概念进行分析时也有过类似的感慨，他说，"哲学的概念语言中，所出现的矛盾和不清晰是重要的，只要不背弃其思想内容。（当然，这里所谓的矛盾和不清晰不是形式逻辑意义上的，也不是黑格尔概念辩证法的独断论的那个方面。）"②因为如黑格尔所言，真理是全体，而这个全体在时间现象界是永远无法达到的，所以，可以说，真理在途中，真理同时又是非真理。语言意义的展示与之类似，从这个意义上说，矛盾和不清晰有积极的意义，"知白"与"守黑"是永远相伴随的，因为它保持着与整体的联系。

沃尔什的"用法网络"正是意在保持这种"整体"的意识，即将教育的多种用法收集起来，进行权衡比较，构建出一个相互联系、相互比较的网络，它们之间是相互补充的关系，而不是相互排斥。这并不是从众多的教育定义中去分析，取其共同性，而是将各种教育定义综合起来，"我要寻求的不同标准用法之间的层次，并不是以某一主要用法为基础的，而是以对多种用法的权衡为基础的。我要探索的是双向的而不是单向的依存关系。……如果这

---

① 转引自〔德〕沃尔夫冈·布列钦卡：《教育科学的基本概念——分析、批判和建议》，胡劲松译，华东师范大学出版社 2001 年版，第 12 页。

② 何卫平：《概念史的分析：伽达默尔解释学的方法与实践》，载《中州学刊》2007 年第 2 期。

些用法形成了某些近乎有序的体系,那么,它们具有的整理作用和联贯作用确实能够得到充分的发挥。"①这种用法网络与其说是一个参照体系,不如说是形成头脑中一种判断的能力更为恰当。"我们在这里不言而喻的知识通常远远超过我们对这种知识进行清晰界说的能力。"②结构良好的用法网络形成一个动态的具有包容性、灵活性和适应性的知识背景,对于我们多重、多视角地考虑问题有积极的作用。

"用法网络"表现在概念使用的"历时性"上,就是"概念群",概念往往不是单个出现的,而是"成群结对"地出现,这里既包括相近概念(如同义词、近义词)、平行概念(如同源词),也包括相反概念(如反义词),因此从这个意义上来说,概念史的研究对象是概念群而非单个概念,如方维规所言,"概念史的研究对象不是单个的概念,而是一种概念体系的整个表述维度及其来龙去脉。一个概念总是概念群中的概念,不涉及其他与之相关的概念,我们是无法把握一个概念的"。③ 李宏图也在这点上持相近意见,"对概念的历史研究,不单单是考察一个概念,还要研究在同时代其他与此相近或相邻的一些概念"。④

罗格朗在前面指出教育学的概念是混乱的,而在教育学学科内部,对课程领域概念杂、多、混乱的声讨声更是此起彼伏。这是因为比起教育学的其他概念,课程领域的概念与实践的联系更为直接和紧密,实践的复杂性、多变性、多维性是课程领域概念多样化的主要原因。课程领域概念的这种"杂、多、混乱"未必是一件坏事,反而显示出课程领域各种观点充满活力,说明每个人都"依据各自的思想方式、特定的意识形态、多样的教育学、独特的政治经验和不同的文化体验,对课程做出了不同的解释"。⑤ 当然,不能否认概念的模糊有时的确也会成为讨论问题和彼此间沟通的障碍,但如奥恩斯

---

① 〔英〕沃尔什:《教育:一个概念,多种用法》,李六珍译,载瞿葆奎主编:《教育学文集·教育与教育学卷》,人民教育出版社1993年版,第42—48页。

② 〔英〕沃尔什:《教育:一个概念,多种用法》,李六珍译,载瞿葆奎主编:《教育学文集·教育与教育学卷》,人民教育出版社1993年版,第46页。

③ 方维规:《概念史研究方法要旨——兼谈中国相关研究中存在的问题》,载黄兴涛主编:《新史学》第三卷《文化史研究的再出发》,中华书局2009年版,第12—13页。

④ 李宏图:《概念史与历史的选择》,载《史学理论研究》2012年第1期。

⑤ 〔美〕艾伦·C·奥恩斯坦、弗朗西斯·P·汉金斯:《课程:基础、原理和问题》,柯森主译,江苏教育出版社2002年版,第13页。

坦(Orntein,A.)所说,"它使我们投身于课程的各种动态过程和特定的运动,这些都是对课程有影响的"。①

我们要明白,概念是在语境之中的,随着视角和目的的不同而变化,所以,我们在赋予一个概念涵义时,必定会忽略其他的涵义。拿"课程"一词为例,"谁会说这些学程中的一种值得'课程'一词与之搭配,而其他学程则不值得? 这一种是正确的,而其他的则是错误的? 然而这却使我们自己陷入试图寻找某种单一的、合适的课程定义的境地,这是一项问题丛生的行动,课程专家为此努力了太长的时间。我们当然需要课程定义去承载建设性话语,但试图获得单一定义的企图却抑制了话语。如果有人希望把'课程'界定为学程,这是合法的——而且当然不离奇。那让我们就从这里开始,并且看看它将把我们带到哪里。如果有人希望把课程界定为'学生的经验',那就让我们看看这个定义把我们带到哪里。但我们首先不要抛弃每一种定义,寻找只是反映一种不同观点的定义来代替其他。我们可以准备看到一种定义把我们带出些许距离。"②古德莱德(Goodlad,J.)的意思是多样化的课程概念是完全可能的,我们要放弃将概念统一化和标准化的念头,而要将精力集中于发现概念背后的理论背景。杰克逊进一步指出,不是循着定义看它能带向哪里,而是"我们不仅要问它走向哪里,而且要问它来自哪里和为什么"③,派纳对此做出总结,"走向哪里"和"来自哪里"两者并不是互相排斥的。定义既可以是起点又可以是终点,这依赖于话语及其功能。

所以,在具体的概念分析时并不是要按照"种加属差"的方式来归纳出一个时段的标准化概念。实际上,如果按这种布列钦卡式的旨趣来建立一个条缕分明的科学概念框架,那么,这样得出的概念框架往往是唯一的、不变的、固定的,根本不可能有概念内涵的变化和新旧概念的更迭,也就谈不上概念史的研究。所以,本研究意在呈现动态的、多维的、交错的概念网络,并深入挖掘这些概念变化背后反映的理论和实践背景,以及和其他领域的

①〔美〕艾伦·C·奥恩斯坦、弗朗西斯·P·汉金斯:《课程:基础、原理和问题》,柯森主译,江苏教育出版社 2002 年版,第 14 页。

②〔美〕威廉 F·派纳等:《理解课程》(上),张华等译,教育科学出版社 2003 年版,第 27 页。

③〔美〕威廉 F·派纳等:《理解课程》(上),张华等译,教育科学出版社 2003 年版,第 27 页。

关联，从而展现当代课程研究的历史变化。在具体方法上，研究采用了共词分析（词共现网络分析）的文献计量学方法，对概念以及概念之间的关系进行形象化的描绘。共词分析是近年来活跃在各个研究领域的一种研究方法，是基于文本内容的分析技术，主要通过寻找和分析同一个文本的款目对（单词或名词短语对）共同出现的形式，来推断文本所属学科领域中相关主题的关系，绘制知识图谱。本研究采用的分析工具是由美国费城德雷塞尔大学副教授、大连理工大学陈超美博士开发的信息可视化应用 Citespace，其功能主要包括作者合作分析、关键词共词分析、机构合作分析、作者共被引分析和文献共被引分析等。本研究主要采用的是关键词共词分析。由于 Citespace 软件要求输入的文献格式为美国科学情报研究所数据库（ISI）中文献的文本格式，因此，研究采用了大连理工大学 WISE 实验室博士生刘盛博自编计算机程序，将 CSSCI 数据库中下载的文献格式转换为 ISI 文本格式，再运用 Citespace2.2 R3 进行关键词共现分析。① 除了共词分析外，研究还利用中国知网 CNKI（China National Knowledge Infrastructure），对一些概念在教育领域出现频次和频率进行了统计分析，这里的教育领域指的是"教育理论与教育管理、学前教育、初等教育、中等教育、高等教育、职业教育、成人教育与特殊教育"。

三、文献综述

回顾现有的文献，可以发现，学术界业已重视从概念分析的角度进行课程研究，其中包括对课程领域中单个概念的梳理，譬如国内专门对"课程"概念进行研究的文献有《课程的概念》（钟启泉，1988）、《课程定义辨析》（施良方，1994）、《"课程"辨》（陈桂生，1994）等等。这些都可以作为本研究在具体分析某个概念时参考的素材。然而，这些研究并没有明确地从历史发展的维度考察，因而，还不能说它们属于概念史的研究。

从概念史的角度展开课程研究的文献，代表性的有《从课程的概念界定看我国课程研究的问题》②，刘家访对我国课程研究界 1979 年至 1997 具有

---

① 参考潘黎、王素：《近十年来教育研究的热点领域和前沿主题——基于八种教育学期刊 2000—2009 年刊载文献》，载《教育研究》2011 年第 2 期。
② 刘家访：《从课程的概念界定看我国课程研究的问题》，载《天津市教科院学报》2004 年第 8 期。

代表性的"课程"概念进行了系统的检视后指出,对课程概念的梳理对于整个课程领域的研究以及课程论学科体系的形成意义重大。原因在于,概念不论是从既成还是发生角度来看,不管人们承认与否,都不可避免地有主体观念的介入,况且在概念的界定即定义时有事实定义和价值定义,即是什么和应该是什么,价值定义中更体现了人们不同的取向,从而使课程概念呈现多样化。他认为课程概念的模糊性会影响课程研究方法及人们讨论课程问题时因为概念的不一致造成逻辑混乱,所以,亟待形成一个囊括所有课程范畴的概念。这需要我们进行方法论层面的反思,其中包括研究视角(学科、学生、社会,经验、未来生活的准备、社会改造意识,结果与过程);哲学假设和价值取向(知识抑或经验,工具性抑或内在性,学科抑或活动),研究方法(量化研究抑或质性研究)。刘家访尝试对课程概念的定义进行方法论层面的思考,提出了可供参考的分析角度,但在进行具体课程概念分析时,只是将近些年来所有的课程概念加以集中,做一横向分类式的思考,没有将之放入历史背景中加以思考。

在《中国课程概念从传统到近代的演变》[①]一文中,章小谦等意在通过对课程概念的历史考察来核证课程这个概念的本土性,而不是一个外来词,即近代中国课程概念是中国传统课程概念自身演变的产物。文中指出,课程概念和教育机构、教育者等这些概念不同,后者有公认的内涵和外延,而课程概念则是众说纷纭,不同的课程观有不同的课程概念,反之,不同的课程概念也体现不同的课程观。然而概念史的探讨容易陷入从概念到概念的词义分析循环,章小谦等认为,概念演变的最终原因是由于教育实践的变革,那么,通过考察概念的表达形式的变化以及概念所反映的教育实践的变革去分析概念自身的演变,就可以在更广阔的历史背景下描绘出关于概念演变的清晰图景。这篇文章尽管在讨论的时间段上和本研究并不重叠,但他提出的唯物主义的历史分析的立场,将多元的课程概念置于其理论背景下加以考察的研究思路,以及有关课程概念的渊源的知识都值得借鉴。

当然,以上这些研究只涉及"课程"这一个概念,而本研究旨在考察改革开放以来中国课程研究领域的概念史,目前收集到的资料中,最接近的是

[①] 章小谦、杜成宪:《中国课程概念从传统到近代的演变》,载《华东师范大学学报(教育科学版)》2005年第4期。

《我国课程话语的历史透析》①一文。伍雪辉等认为课程话语实质是课程领域中的思维方式，反映了人们在课程问题上的本体论和价值观。文章追溯了近几十年来我国课程领域的话语变迁，划分为"文革"期间、"文革"后至90年代初以及新课改以来三个时期，依次对各个时期话语的时代特色进行了讨论，指出当代课程话语的历史发展中存在着一些问题，即社会意识形态的过度影响，导致实践性课程话语的迷惘以及个体性课程话语的缺失，并认为未来课程话语将呈现出以下特征，即日趋多元化发展、回归生活世界、生成性课程话语。可以借鉴的是，该研究梳理了课程领域话语的演变，并以范式转型为依据划分出三个时段，分析了其中原因，并对未来课程领域的话语做了预测。

然而，上述研究也存在诸多不足。首先，"话语"大于"概念"，因为除了概念外，话语还包括语言方式、语句方式，所以该研究从话语的层面做一些总体性的概括，并没有涉及课程领域中具体概念的分析。其次，三个分期是以政治因素（"文革"、新课改）作为划分界限，尽管我们并不否认课程领域受到政治领域的极大影响，但既然是研究课程领域，还是应以它本身的发展历程来划分，否则就会造成分析时的笼统和偏差。

如前所述，在国外，20世纪70年代以来在课程领域掀起了一场概念重建运动，其中最具代表性的著作便是《理解课程》②。张华在中译本前言中写道：如果要将全书的115万字概括成一句话，那就是从"课程开发"走向"课程理解"，使课程研究不再局限在课程开发的模式和程序的狭小空间里，为课程研究打开了广阔的视域，向多元的课程意义开放。课程成为一种文本，蕴涵着丰富的课程意义，不同的认识主体可以从不同的视角做出不同的理解与解释。正如书的各章节所标识的，可以将课程作为不同的文本来理解：历史文本、政治文本、种族文本、性别文本、现象学文本、后现代文本、自传/传记文本、美学文本、神学文本、制度文本、国际文本等等，而且随着课程领域的不断发展，新的文本与新的意义也会不断涌现，需要以同样开放的视角进行理解与解释。

对于本研究来说，这本书无疑描绘了世界课程领域发展的宏大图景，打

---

① 伍雪辉、郭元祥：《我国课程话语的历史透析》，载《全球教育展望》2007年第2期。
② 〔美〕威廉 F·派纳等：《理解课程》，张华等译，教育科学出版社2003年版。

开了研究者的视野,而且,派纳详细地梳理了从课程开发到课程理解这种范式转换的背景和过程,对于理解今天中国的课程领域有极大的帮助。

但是,本研究致力于考察当代中国课程研究的概念史,一方面它关注的是我国的课程领域,尽管派纳所描述的这种课程开发到课程理解的范式转换对我国有很大的冲击,但简单的移植和复制显然是不适合的;另一方面,《理解课程》所言的概念重建,描述的是整个课程领域话语体系的重新建构,即由本质上指向于(通过具体改善实践而)维持实践的制度目的,转向用一种批判的、解释学的视野而理解实践和经验的目的。在具体的写作中,派纳用了关键人物、关键事件以及关键词来具体描述不同的课程话语体系,可见,派纳的再概念化实际上指的是课程话语体系的转变,而不是仅仅指向于具体概念的分析,也正因为是一种话语体系层面的重建,派纳几乎完全抛弃了泰勒式的“实务式”概念体系,即并不从课程目标、课程内容、课程实施、课程评价来谈论课程。如果按照斯金纳提出的概念史研究有两条线索,即概念内涵的变化和概念名称的变换来考察,在《理解课程》一书中,我们并没有找到关于同一概念的持续性反思,而是新概念的大量涌现。泰勒的课程定义实际上是从过程的角度来设计概念的,派纳则倾向于收集各种声音帮我们多角度地理解课程。所以,尽管派纳一再强调理解课程并不忽略排斥课程实践,甚至是在深层次上际遇实践的存在,他引证了伽达默尔的话,即哲学解释学是一门现实的、实践的学问,它本身蕴含着“应用”,但是可能正因为没有拉出“实践过程”这条线,人们对再概念学派的指责集中在他们偏重符号角度理解课程,忽略重要的实务性课题。不难发现,在《理解课程》里,为了突出“课程开发”到“课程理解”的范式转换,泰勒式的课程知识领域和概念被再概念学派有意淡化了。《理解课程》让人似乎看到了一个无所不包的“课程领域”,学校里发生的所有事情,都可以从课程方面来分类或加以讨论。课程领域界线泛化,倒会使人对课程到底是什么产生迷惑,如奥恩斯坦所说,“当任何一个领域的内容和范围变得无所不包时,或者当它扩大到与其他许多领域的内容和范围重叠时,要界定该领域(就说课程吧)的范围和将之与其他领域区分开来,就变得极其困难。”①因为课程知识领域的泛化,

---

① 〔美〕艾伦·C·奥恩斯坦、弗朗西斯·P·汉金斯:《课程:基础、原理和问题》,柯森主译,江苏教育出版社 2002 年版,第 15 页。

使课程领域内部界线模糊不清，也就没有课程的基本概念可言了。另外，《理解课程》中主要借鉴的是人文领域的学术思潮，如文学理论、存在主义、现象学、心理分析、批判理解（法兰克福学派）、人种志、女性主义、法国后结构主义及东方禅学等，却忽略科学、管理学及除心理分析之外的心理学领域的最新进展对课程领域话语体系的影响。

在《课程与教师》①一书中，佐藤学（Sato Manabu）提到，教育的实践要借助话语才能得以结构化，反过来看，透过话语与修辞也就能洞悉教学实态，也就是说，话语可以成为研究教育实践的对象。所以，佐藤学将"课程研究"视为这样一种探究：作为话语实践之构成、反思、审议教育实践的探究。佐藤学也同意20世纪70年代以来，课程研究发生了范型的根本转换这种提法，即从个别科学为基础的命题性话语转向了以叙事为基础的叙述性话语。具体而言，即从行为科学为基础的量化研究转向以文化人类学与"民族学方法论"为基础的立足于解释学分析的质性研究；从实证主义转向后实证主义；从结构主义转向后结构主义。佐藤学用隐喻的转换来形容课程话语的变迁，20世纪80年代，课程研究的基本概念从"功能""结构""构成""开发"等建筑学隐喻的术语转向"权力""意识化""再生产""自我认同""共同体"等政治学与社会学的术语，进而转向"权威""场所""叙事""话语""语脉""文本""声音""身份""关系"等跨领域的术语。佐藤学认为这双重转换的意义巨大，打开了我们的视野，提供了跨领域的描述，用多元、多重的语脉揭示了工程学掩盖下的学校生活的复杂性与重层性，对于我们更全面、深刻地理解课程中究竟发生了什么有很大的助益。但是，佐藤学也指出了再概念学派的问题，他认为再概念学派尽管提供了丰富的跨领域话语，但只有"解"，没有"构"，并没有对"课程""学习""学校"这些概念进行重建，加上从多个领域引进的话语大都艰涩难懂，从而脱离教师、脱离实践，使课程术语在教师的经验世界里，从"濒死"陷入了"死语"。而且，再概念学派如变动的拼贴画般，收集了大量的不相容的异质话语，这些话语是平行的、均质的，它们之间并无可融合的线索，诱发了虚无主义，这种从多领域对课程概念的解构很可能导致课程领域话语的丧失。所以，佐藤学指出，概念重建的目标在于，介入"现代"的解构，重新认识"现代"的多层性与重层性，挖掘埋藏于其古层与

---

① 〔日〕佐藤学：《课程与教师》，钟启泉译，教育科学出版社2003年版。

深层的教育实践的可能性,同时,摸索在所有场所编织"微型叙事"的谐和。

同时,佐藤学用隐喻的方式总结了日本战后50年课程领域话语体系发生的显著变化。战后不久的生活适应教育中的课程所用的术语是"生活""行为""态度""人格""技能""合作""统整""成长"等心理学、人类学的语言和农业隐喻的语言;20世纪60年代以后,用的是"基础""基本""系统""体系""结构""建设""开发""革新""建构"等工程学语言与建筑学隐喻;20世纪80年代以来,用的是"经营""达成""效率""规划""责任""创意""重建""个性化""需求""多样性""选择"等经营语言与市场隐喻。

应该说,比起派纳来,佐藤学更关注课程实践层面,因此,一方面他赞同再概念学派从"宏大叙事"向"微型叙事"的转型,但另一方面,他认为再概念学派的用词艰涩,并没有从具体的实践问题出发来统合种种理论,造成这些理论的散沙状态,从这方面来看,佐藤学更接近于施瓦布(Schwab, J. J.)的研究旨趣。佐藤学肯定了话语分析在课程研究中的地位,尽管他提的是话语分析,但不难看出,真正谈到的核心问题仍是概念,只是在他的研究中,淡化了实践概念和理论概念的区分。他用隐喻的方式总结了世界范围和日本国内课程领域内的话语转换,对反思我国课程领域的隐喻转换有借鉴意义。

除了对以上这些当代课程领域的概念史文献进行检视之外,我们还需要对我国当代课程领域的研究概貌做一个综述,从中可以窥见当代课程概念的变化。这方面代表性的成果如《课程论研究二十年(1979—1999)》①。该书梳理了课程研究的几个重要的知识领域(课程本质、课程基础、课程设计、课程实施、课程实验、课程评价、课程发展、课程改革)的研究状况,并对此做出评析,在此基础上分析这些专题研究的未来趋势。该书比较全面地总结了近二十年来课程领域的研究进展,成为本研究重要的资料索引,更重要的是,其中一些课程知识领域也正是课程领域的重要概念。在写到"课程设计""课程实施"和"课程改革"的"研究的基本历程"时,编者梳理了这几个概念的发展历史。当然,因为这项研究并不是从概念史的角度来讨论,所以,一方面,这个研究只考察了课程领域中部分基本概念的内涵变迁,并没有涉及概念的更迭问题;另一方面,只是按时间的先后大致列举了该主题研究的基本历程,而对其进行的述评则是大而化之,集中整理一些大的趋向,

---

① 李定仁、徐继存:《课程论研究二十年(1979—1999)》,人民教育出版社2004年版。

也没有揭示这些主题发展的历史原因。

张廷凯考察了自1922年课程作为一个正式研究领域开始到1997年的发展历程，将课程研究领域的发展划分为三个阶段，即课程论学科在我国的建立时期(1922—1949)、课程论作为教学论的一个组成部分的时期(1949—1988)、课程论作为教育学分支学科的重建时期(1989年以后)。张廷凯还指出，课程论研究作为我国80年代教育学研究的一个新兴领域，从课程的基本概念到学科研究的主要问题，出现了许多争议，但正是这些争议使课程领域充满了生机，并促进了课程理论研究和课程改革实践的发展。文中通过对几个影响较大争议问题的简要介绍，进一步说明我国课程论学科的形成和发展的历史。这些问题包括关于课程论的学科地位及其和教学论的关系问题的研究、关于课程本质的研究、关于制约课程的主要因素的研究、关于不同的课程形态及其相互关系的研究、关于隐性课程的研究。作者关于课程论发展阶段的划分可供参考，同时，他对几个主要问题的梳理对我们将开展的概念辨析亦有启示作用。

黄甫全①将50年来我国课程研究的历史演进，划分为五个不同阶段，即改造阶段(1949—1952)、"苏化"阶段(1953—1956)、"革命"阶段(1957—1976)、恢复阶段(1977—1984)和改革阶段(1985至今)，分段的依据主要参照政治事件，从中我们可以发现政治对课程研究的影响以及政治与当时课程领域概念体系之间的密切关系。

侯怀银、谢晓军②认为，我国课程论作为一门正式学科建设是从1925年开始的(以余家菊在1925年正式发表的《课程论》一文为标志)。在75年中，按照课程论学科本身的演变和发展状况，主要经历了初建(1925—1948)、停滞(1949—1977)、重建(1978—1984)、成型(1985—1996)和发展(1997—2000)五个阶段。在不同的演变阶段，课程论体系表达的主题词不同，尽管文中并没有具体明确地对这些主题词进行梳理，但在其论述中我们仍可以从中找到与每个时间段相应的主题词。

除此之外，因为概念的转换也体现了课程领域内的范式转换，所以，有

---

① 黄甫全：《新中国课程研究的回顾与展望》，载《教育研究》1999年第12期。

② 侯怀银、谢晓军：《20世纪我国学者对课程论学科建设的探索》，载《课程·教材·教法》2008年第1期。

必要对研究我国当代课程领域范式转换的文献做一个梳理,其中较为重要的文献是《寻求课程范式的转型——中国大陆基础教育课程改革的进展与问题》。钟启泉①以《基础教育课程改革纲要(试行)》(2001)为标志,提出课程范式由"应试教育"走向"素质教育"的转型,提出了这种课程政策转型的背后,意味着教育思想从"精英主义"向"大众主义"的转型。钟启泉认为,要摆脱传统教育观念和课程观念的束缚,寻求课程范式转型的第一个基本前提在于重建一系列概念。在文中,钟启泉提到了下列概念的重建,即学习与学力的概念、课程与教学的概念、教科书与教材的概念、学校与教师的概念。可以说,钟启泉着重从实践特别是课程改革的角度来谈概念的转变问题,而应试教育向素质教育的转型可以说是中国当前课程领域范式转换的大背景。

李政涛②总结了我国当前课程研究的状况,认为课程研究的兴起使课程理论成为教育理论中的显学,课程理论在试图涵盖教学论的同时,也进入了教育学尤其是教育学基本理论的领域,造成了后者的危机。从理论资源看,课程理论倾向于从相关学科中汲取理论资源,而从教育学尤其是教育学基本理论中借鉴较少,这当然也体现在概念的运用上。李政涛认为,课程理论热在我国的出现,在很大程度上源自于新课程改革的实践背景,也正因为如此,中国课程理论研究中的"问题"首先是实践问题,然后才是学术问题。由此,李政涛指出,当前西方课程研究的范式从课程开发转向课程理解,这也对我国课程研究产生了极大的影响,不应盲目跨越"课程开发"阶段,而要慎重对待"课程理解"研究范式的转型。这对于我们认真地审视我们本土的课程研究状况有警示作用。

综观国内外的研究成果,研究者们普遍肯定了课程领域内概念的梳理对于课程论学科体系建设的重大意义,积累了大量对于课程领域中单个概念的研究成果,为本研究提供了厚实的研究基础。国外 20 世纪 70 年代以来的"课程开发"向"课程理解"的范式转型,打开了多元的视野,从各个领域引入新的概念丰富了我们的课程话语。但是,对改革开放以来就中国课程

27

---

① 钟启泉:《寻求课程范式的转型——中国大陆基础教育课程改革的进展与问题》,载《比较教育研究》2003 年第 1 期。

② 李政涛:《解读课程理论与教育学的关系——兼论当前课程研究方向的转型》,载《湖南师范大学教育科学学报》2004 年第 8 期。

领域的概念做全面系统研究的成果尚为数不多，本研究力图在现有研究的基础上，结合中国本土的课程实践和课程改革，对当代课程领域进行概念史视野的全面梳理，考察课程研究发展的内、外原因，在此基础上对课程理论的发展做一些展望，以更好地指导和服务课程实践。

四、研究思路

本研究的总体目标是对当代中国课程研究做一个概念史的系统梳理。换言之，是一个关于当代课程概念史的研究，总结改革开放以来课程研究概念的演变历史，分析其中的原因，在此基础上对未来课程理论的发展方向做一些预测。

本研究共分上、中、下篇，按时间线索展开，分别考察 20 世纪 80 年代、20 世纪 90 年代及 2000 年后我国课程概念的整体图景、发展状况、阶段特点。每一时期课程研究领域的概念变化都与时代发展的状况、教育理论与实践的演进和课程研究本体论和方法论的发展有关，所以，每一篇先介绍概念孕育的背景，在此基础上描绘这一时期的概念图谱，并抓住这个时期有代表性的概念进行深入的阐述，80 年代有"课程编制""课程评价"两个重要概念，90 年代有"活动课程""综合课程"两个重要概念，进入 21 世纪有"校本课程开发""课程标准""课程实施""课程资源""课程领导"这些概念。本研究还有引论和结语两部分，引论主要介绍整个研究的背景和方法，结语透过"课程现代化"的内涵变化对三十多年来的课程研究做一个纵向总结，梳理三十多年间课程领域的内在理路。

这里有几个需要交代的问题：

首先，"内生"和"外缘"的研究取向。在思想史研究中，实际上存在着两条思路，即内在思路和外在思路，内在思路是从学科内部来梳理发展的肌理，而外在思路则认为学科发展是由外部政治、经济、文化条件决定的。曼海姆（Mannheim, K.）提出的"内在解释"（intrinsic interpretation）和"外在解释"（extrinsic interpretation），就是指这两个不同的思想史研究路径，他认为"内在解释"仅囿于研究对象所预设的立场、思想框架之中，是不可能跳出学科本身站在高地加以审视的，不能揭示学科、理论背后的价值设定和意识形态的。只有跳出学科本身的框子，从外部的社会历史条件来观照学科、理念，才能看到学科发展的原因和路向，即外在解释。当前，思想史研究的做法通常是按照这种"外在思路"的,即倾向于从更广阔的政治、社会、经济、宗教、文化背景来观照,以求分析的深刻和完善。

然而,余英时质疑这种观点,他认为思想史研究不仅要"外缘",还要"内生",两者是相互补充的。如果思想史研究只讲"外缘",着眼于从外部世界来解释学术思想的发展,有时会显得牵强附会,将学术思想的发展弄得支离破碎。因为每种学术思想都有自己的传统和内在理路,如果忽略了"内生",就无法把握思想史的生命。如余英时所说,"所以在外缘之外,我们还特别要讲思想史的内在发展,我称之为内在的理路(inner logic),也就是每一个特定的思想传统本身都有一套问题,需要不断地解决。这些问题,有的暂时解决了,有的没有解决,有的当时重要,后来不重要,而且旧问题又衍生出新问题,如此流转不已。这中间是有线索条理可寻的。"①余英时援引了库恩的"范式",认为"学术范式"是出于科学共同体的共同判断,所以,学术理路是"内生"的。余英时也将这种观点实践于他的思想史写作之中,在《论戴震与章学诚》一书增订本自序中他写道:"本书的基本立场是从学术思想史的'内在理路'阐明理学转入考证学的过程。因此,明、清之际一切外在的政治、社会、经济等变动对于学术思想的发展所投射的影响,本书全未涉及。"②当然,余英时也承认学术思想的动向是受到一定时代外在政治、社会、文化环境的影响的,学术思想变迁的这种"自主性"是相对的,他反对的只是过于强调"外缘"。"'内在理路说'不过是展示学术思想的变迁以及它的自主性而已。必须指出,这种'自主性'只是相对的,不是绝对的;学术思想的动向随时随地受外在环境的影响也是不可否认的客观事实。之所以强调'内在理路',是因为它足以破除现代各种决定论的迷信,如'存在决定意识'之类。"③

余英时的论述是有借鉴意义的。毫无疑问,改革开放三十多年是一个大变革的时代,从政治体制、经济体制、社会发展到思想文化、学科建设都发生了巨大的变化,这种外部变化不可能不对课程研究领域产生影响。然而,我们在重视"外缘"的同时,恐怕也不能忘记课程思想和课程领域的"内生",要遵循课程论内部的发展理路并结合外部因素去考究,否则只能勾勒出一

① 余英时:《中国思想传统的现代诠释》,江苏人民出版社1989年版,第2页。
② 余英时:《论戴震与章学诚》,生活·读书·新知三联书店2000年版,第2页。
③ 余英时:《论戴震与章学诚》,生活·读书·新知三联书店2000年版,第2页。

个粗略的框架，而无法细致入微地讨论问题。

其次，关于历史分期的问题。研究主体部分是按照时间线索，即以 20 世纪 80 年代、90 年代和 2000 年后的自然时间段写下来的。没有采取按某一个标志性时间来划分年段，是因为不论是采取"外缘"的标志性时间，即采用一种重大的外部历史时间坐标作为分段的依据，或是采取课程论"内生"的标志性时间，即学科发展的重大事件作为分段的依据，都有牵强之意。因为"外缘"和"内生"有关系，但决不可能同步，偏执一方，划定时间段，对另一方则只能强硬地附会，这是极不自然的。而如果采取自然的年段，且富有一定的弹性，这个问题就不会如此尴尬了。同时本研究采取的"80 年代""90 年代""2000 年后"只是一个大概的分段，并不会纠缠在具体的年份之中。如卡尔所说，"把历史划分为不同的时期，这不是事实，却是一种必要的假设或思想的工具。只要这种划分仍旧能够说明问题便为正当，而它的正当性是建立在解释之上的。"①也就是说，历史时段的分期只是一个思想工具，有解释力就有用。不同的分期无所谓此"对"彼"错"，只要有各自的解释效力，就可以并存。一种分期必定有其自己的局限，既然只是思想工具，就要通达视之，可以用某种分期，但又不必过执。不能让工具反过来控制人，要以事实裁断分期，而不是反过来。这里还需要补充说明的是，因为改革开放是从 1978 年开始的，本研究定位于改革开放以来的课程概念史，因此，1978 年和 1979 年这两年也属于研究范围，因为"文革"刚刚结束，教育研究才起步，这段时间课程研究还是凤毛麟角，因此并入了 80 年代。

再次，关于两条历史线索。整个研究是按照"80 年代→90 年代→2000 年后"这一时间线索来写的，除了整体的布局外，其实在研究中提到的每个概念的发展，也力求贯穿这条时间线索完整地展开，而不囿于这个概念所在的历史分期。比如，"课程评价"这个概念，尽管是在 80 年代作为一个热点词汇，但这并不表示 90 年代和 2000 年后，"课程评价"就销声匿迹了。因此，将"课程评价"这三十多年的发展轨迹描绘出来，不仅能在对比中更好地理解"80 年代的课程评价概念"，也有助于从"课程评价"这一概念的演变反映三十多年间课程概念的发展。于是，这又再次强调了刚才提到的第二条，即历史分期只是提供一个解释的框架，如果因为写"80 年代"而严格杜绝其他年

---

① 〔美〕卡尔：《历史是什么》，商务印书馆 2007 年版，第 115 页。

代的"累词赘句",那么"时间分段"就真的成为钳制研究的工具,而不是可资利用的线索。

　　最后需要指出的是,课程论是一门实践性很强的学科,因此,我们不仅关心"是什么"的事实性描述,还关心"应该是什么"的价值追求,这种旨趣亦贯穿于整个研究。

上篇

20世纪80年代

第一章

课程工程的话语时代

20 世纪 80 年代是一个"课程工程"的话语时代。何为课程工程话语？"课程工程"话语是与"课程工程"建设相配套的，如果说"课程工程"是用以描述课程实践的特性的，那么"课程工程话语"就是与此相适应的课程研究所用的一套话语，两者是息息相关的。因此，要了解"课程工程话语"的特性，首先要分析"课程工程"的概念和特性。

80 年代，中国带着一种百废待举的内在焦虑投入到了一场热火朝天的现代化建设之中。这场现代化建设带着"科学主义"的特征，以显示其与"文革"时期的"经验主义"划清界线的决心，唯物论的科学主义在挣脱了"政治"和"道德"的重重锁链后焕发出强大的力量。"工程"一词正适应了这种科学主义的趋向，虽然课程工程属于一种社会工程，有别于"自然工程""物理工程"这些概念，然而"社会工程"的概念实际上却是模拟"自然工程""物理工程"的属性在社会的应用而产生的。因此，"课程工程"的属性很大程度上仍是"自然工程""物理工程"的属性。工程活动的属性可以归纳为以"问题、目标"为中心，以系统论为方法论，从整体出发研究部分与部分、整体与部分、整体与前后环节之间相互联系、相互制约的关系，强调结构和模式的协调性、完整性和合理性，以符合事物运行的客观规律，择取最优的方案，以求最好、最佳地处理问题。

纵观 80 年代我国研究者对课程工程的理解，大致可以概括为，"课程工程即课程的系统工程，按系统论的观点，把课程从设计（编订）到实施再到评价的全过程，称为课程的系统工作"。

依据工程的特性可以将课程工程的特征归为以下两点：首先，课程工程是直接指向课程实践的，解决实际存在的问题，将一定的知识、理论和技术转化为实践。也就是说，课程工程是以社会现实问题为导向的，凸显社会的整体目标而强调人的工具性和协从性。因为要使工程效益最大化，前提是工程、技术的无干扰性，这就必然要求在工程系统中要尽可能排除人的因素。不仅如此，每一个个体都必须适应工程系统内在逻辑的基本要求，祛除主动性、目的性和差异性。其次，工程是现代工业社会的产物，和技术相比，工程具有集成性，即通过一定的模式整合各种资源、技术、方案，追求高效、标准、规模化，这就必然要求一种"科学"的方法论与之相适应。因此，课程工程也需要有一套科学的方法论对课程实践中的大量变量进行综合性的分析，把握课程实践运行的规律。

因此，80年代课程工程在课程研究领域表现为社会本位的课程价值取向和系统论的课程研究方法论，研究者们热衷于建立各种模型、模式，"元素""组织""结构""环境""调节""反馈"等工程术语开始在课程研究中使用。

至于80年代究竟哪些概念是人们的关注点，我们可以结合共词分析绘制的知识图谱来看。综合考虑了"期刊与课程研究的相关度""期刊的学术性与权威性""期刊的办刊历史"等几个因素，本研究选取了《教育研究》《全球教育展望》《课程·教材·教法》《华东师范大学学报(教科版)》《中国教育学刊》《教育理论与实践》《教育发展研究》《教育学报》八本CSSCI来源教育学期刊作为分析的数据源进行共词分析(见图1-1和表1-1)。本研究采用了Citespace中Top N的控制节点取舍方法，即系统设定N＝30，意为在每个时间分区(time slice)中提取N个被引次数最高的文献，一年为一个时间分区。图中圆圈的大小表示关键词出现频次的多少，圆圈越大说明相应关键词出现次数越多。除频次外，关键词所在的位置可以表现出关键词中心性的强弱，关键词的中心性也就是关键词共词程度，关键词在共现网络中的中心性越强，该关键词与其他关键词共同出现的几率越多，该关键词在共现网络中的影响力自然就越大。一般来说，频次和中心性高的关键词就是一段时间内众多研究者共同关注的问题，也就是研究的热点和前沿。但是值得注意的是，尽管频次与中心性存在一定的相关性，但并不存在严格的正相关，也就是说出现多的概念不见得与其他概念之间都有关系。

结合图1-1和表1-1来看，不难发现，这一时期教学论的概念还是呈压倒性的优势，如"指导思想""教育目标""教学计划""学习过程""教学内容""教育内容""教学效果"等等。一些概念虽然带有"课程"两字，如"中小学课程""中学课程",但就概念内涵来看,这里的课程是"教学计划和内容"的意思。这一时期的"课程"概念在很大程度上是放置在教学论之下来理解和解释的,即为"学科、计划和教学内容",与之相关的,很容易解释为什么"课程结构""课程设计""课程编制"以及相关的"课程评价"概念成为这一时期为数不多的课程研究的热点概念。这一时期,"课程论""课程研究"也开始引起人们的注意,而"综合课程"这一影响和反映人们对课程概念内涵发生根本性转变的概念也崭露头角,但这都集中在 80 年代末期,可以说显示了发展的趋势,在 90 年代这些变化更为明显。

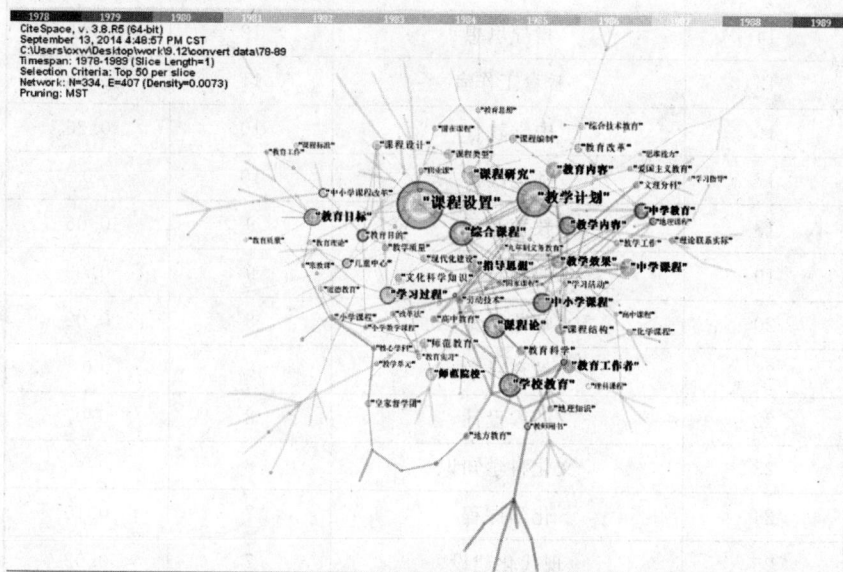

图 1-1 八种 CSSCI 来源教育学期刊刊载文献的关键词共现知识图谱(1978—1989)

表 1-1 八种 CSSCI 来源教育学期刊刊载文献高频次和高中心性关键词(1978—1989)

序号	关键词	频数	中心性
1	课程设置	35	0.24
2	教学计划	25	0.39
3	综合课程	17	0.34
4	课程论	16	0.24
5	学校教育	16	0.27
6	课程研究	15	0.05
7	教育目标	14	0.12

续表

序号	关键词	频数	中心性
8	中学课程	14	0.04
9	中小学课程	14	0.28
10	教学内容	13	0.28
11	教育内容	13	0.03
12	学习过程	13	0.15
13	教学效果	12	0.08
14	指导思想	12	0.09
15	教育工作者	11	0.03
16	中学教育	10	0.26
17	师范院校	10	0
18	教育改革	9	0.06
19	课程结构	9	0.03
20	师范教育	8	0.02
21	教育科学	8	0
22	课程设计	8	0.07
23	文化科学知识	8	0
24	化学课程	7	0.10
25	现代化建设	7	0.02

第一节　社会本位的课程价值取向

"价值"在中文中的意思有两层，即物品之代价和吾人有所追求之理想或要求之目的，如真、善、美。牛津英英词典显示，Value 亦有这两层意涵，即 how much something is worth in money or other goods for which it can be exchanged；beliefs about what is right and wrong and what is important in life，①即物品的价值和关于什么是对、什么是错和什么是重要的信仰和判断。课程价值取向（value orientation of curriculum）就是指人们对课程的总的看法，它关系到人们在课程实践中的倾向。美国学者米勒（Miller，J. P.）曾把课程价值取向分为七种，分别为：行为取向、学科取向、社会取向、发展取向、认知过程取向、人本主义取向、超个人取向。普瑞特（Print，M.）则提出了五种课程价值取向，分别是学术理性主义取向、认知过程取向、人本主义取向、社会重建主义取向、技术学取向。② 我国学者陈玉琨将课程价值观归纳为三种，即知识本位的价值取向、社会本位的价值取向和学生本位的价值取向，在《课程价值论》一文中，他指出："知识本位价值取向的课程必须根据知识本身的状况和逻辑来组织。社会本位的课程，以满足社会的需要作为基本取向，集中地表现在国家主义的教育课程中。学生本位课程价值取向在于为每个学习者提供真正有助于其个性解放和成长的经验，重视人的存在，强调学习的内部动机基础。"③这一分类在我国课程领域较有影响力。当然，某一个时期的课程价值观不可能完全是单一取向的，这里只是说以哪种取向为主。

总体而言，80 年代课程基本上被理解为"教材、教学内容"，教育要现代化，就必须有现代化的内容，"课程"的意义在于为教育现代化提供最先进的内容。因此，课程价值取向与教育价值取向是一致的。纵观整个 80 年代，"彻底否定'文化大革命'"意味着我们从"政治/道德"的乌托邦社会主义转向"生产力/科学技术"的世俗导向的唯物论科学主义，教育从为一种政治（阶级斗争）服务转向为另一种政治（发展生产力）服务，这意味着教育决策者依然是从社会需要的角度来强调教育的意义，并没有改变社会本位的价值取向。在这场热火朝天的社会主义现代化（工程）建设中，人的主体价值被隐没。

一、"从阶级斗争到经济建设的政治转换"与"教育本质的讨论"

学者们普遍感受到，20 世纪 80 年代和 90 年代的区别在于"明显的现实

---

① http://www.oxfordlearnersdictionaries.com/us/definition/english/value_1

② 马云鹏：《国外关于课程取向的研究及对我们的启示》，载《外国教育研究》1998 年第 3 期。

③ 陈玉琨：《课程价值论》，载《学术月刊》2000 年第 5 期。

关怀"，如陈平原所说，"我觉得 80 年代的文学、学术、艺术等，是一个整体。包括寻根文学呀，第五代导演呀，还有文化热，在精神上有共通性。做的是不同的事情，但互相呼应、同气相求。一定要说有什么特点，我想，就是一种理想主义的情怀，一种开放的胸襟，既面对本土，也面对西方，还有就是明确的社会关怀与问题意识。""每个人的情况不一样。比如说在现代文学界，延续的是五四新文化人对于国民性的批判。但不管学科背景如何，都是力图解释当代中国的一系列问题。换句话说，学术论述背后有明显的现实关怀。这一点，跟 90 年代以后不一样。"①80 年代，最大的现实关怀就是从"一切为阶级斗争服务"转向"一切为经济建设服务"，"经济建设"代替"阶级斗争"成为最大的政治。

回瞰教育领域，1957 年以来，教育领域"以阶级斗争为纲"，一切打着为无产阶级政治服务的口号，学校俨然成为阶级斗争的阵地，而教师和学生则成为阶级斗争的力量，"文化大革命"更使教育和学校完全沦为阶级斗争的工具，目中无人、否定知识、取消教育。随着 1976 年"四人帮"被粉碎，阶级斗争有所缓解，但是"两个凡是"的政治主张使意识形态化的管理依然横行于政治和经济领域。1978 年那场关于真理标准的大讨论具有"转折点"般的性质和作用，这一年的 5 月 11 日，一篇名为《实践是检验真理的唯一标准》的特约稿刊登在《光明日报》上，文章在结尾写道："凡是有超越于实践并自奉为绝对'禁区'的地方，就没有科学，就没有真正的马列主义、毛泽东思想，而只有蒙昧主义、唯心主义、文化专制主义。"当日，新华社全文转发，第二天，《人民日报》全文转载。该文的发表对于当时的中国不啻于平地惊雷，真理标准大讨论由此在全国轰轰烈烈地展开。5 月 19 日，邓小平接见文化部核心领导小组负责人时为该文定了性，认定其是符合马克思列宁主义的。后在全军政治工作会议上，邓小平又引该文对教条主义进行了严厉的批评，号召"打破精神枷锁，使我们的思想来一个大解放"。1978 年 12 月 18 日至 22日，中国共产党第十一届三中全会召开，全会决定停止使用"以阶级斗争为纲"和"在无产阶级专政下继续革命"的口号，"把全党工作重点转移到社会主义现代化建设上来"。这次会议的召开意味着"政治生活"已不再成为中

---

① 查建英主编：《80 年代访谈录》，生活·读书·新知三联书店 2006 年版，第 136—137 页。

国老百姓的主要生存方式。真理标准大讨论影响了中国改革的整个进程，也直接促成中国教育思想和课程思想的大转变。1979年《教育研究》创刊号发表余立的《根据实践是检验真理的唯一标准，探讨教育工作中的规律》一文，明确指出"学校是传授知识、培养人才的场所，而不是'四人帮'所说的'阶级斗争的前哨阵地'"。1979年4月，《教育研究》又发表本刊特约评论员文章《补好真理标准讨论这一课，教育问题要来一次大讨论》，文章指出，尽管在理论上人们达成了"实践是检验真理的唯一标准"这一共识，但我们的教育仍受到"两个凡是"的严重束缚，迫切需要在教育战线展开一场大讨论，将"实践是检验真理的唯一标准"作为指导教育理论与实践的准绳。

"实践是检验真理的唯一标准"引发了一场关于教育的本质和属性的讨论，在"以阶级斗争为纲"的教育观中，教育是作为上层建筑的。1978年，著名经济学家于光远在《学术研究》上发表了《重视培养人的研究》一文，文中质疑"教育是上层建筑"这一论点，他认为"在教育这种社会现象中，虽然包含了某些上层建筑的东西，但是整个说来，不能说教育就是上层建筑。同样，我们也不能说学校就是上层建筑"。① 1980年6月，在《教育研究》杂志社组织的一次座谈会上，于光远就"教育是生产力"问题发表了自己的看法。于光远肯定了"教育是生产力"，原因在于教育为社会主义建设培养作为生产力最重要的要素的"人"，提高他们的生产知识和劳动技能水平。作为经济学家，于光远在否定"教育是上层建筑"的基础上将教育划入生产力的范畴，将教育投资看作生产中的人力投资，以呼吁对教育建设的重视，并明确界定了这种生产力的性质和目的（是一种社会主义劳动，为社会主义建设服务），充分体现了80年代从"阶段斗争"向"经济建设"的政治转向。但是，与此同时，于光远从经济学的角度将人看作是生产力的一个要素，无疑没有关注到个人的生命价值，将教育和人都作为四个现代化建设、实现社会发展战略目标的工具。除了将教育看作生产力外，在当时还有将教育视为适应工业化、现代化发展的生产部门的类似观点②。可见，在80年代初期将教育视为生产力的观点具有普遍性。

从80年代中期开始，学术界对"商品经济与教育的关系"这一问题纷纷

---

① 于光远：《重视培养人的研究》，载《学术研究》1978年第3期。
② 汪海波：《教育部门是一个重要的生产部门》，载《教育研究》1980年第5期。

展开讨论。"教育要适应商品经济的需要，符合商品经济的运行规律"是"教育是生产力"这一论断在计划经济向商品经济转型中的具体化，也就是说，要用商品经济中市场调节规律来调节教育，学校人才培养要符合市场的需求。尽管有研究者谈到"教育以促进人自身的发展来满足商品经济的需要"①，从表面上看，似乎也提到了"人自身的发展"，然而，这种"人自身的发展"却是有所界定的。"教育和人的发展问题的根据只能在生产方式和交换方式中去寻找，只有通过劳动的中介，人与自然、人与人、个人与社会才能产生辩证的相互联系和相互作用，在生产劳动中教育的工具性价值和人的内在价值才能统一。"这也就是说，将人的发展圈限在"生产劳动"之中，人只能在生产劳动中才能发展，忽略作为一个完整的人丰富个性的发展。在这里，更为关注的是人生产能力的提高，原因就在于当时的关注焦点是以生产劳动促进社会主义建设，因而要在考虑社会发展的需求中规约"人该如何发展"。

综上所述，无论是"教育是上层建筑说"，还是"教育是生产力说"，或者是"教育双重属性说"，即"教育受生产力和生产关系的制约，因而具有生产力和上层建筑的双重属性"……尽管已经意识到教育不再是阶级斗争的工具，但这些说法仍是从社会的角度出发来考虑教育的本质，将教育作为社会发展的工具，只不过是从阶级斗争的工具转换为经济建设的工具，忽视了教育与"人自身的发展和完善"的关系，过分重视教育的工具价值而忽视了教育的本体价值。

二、对"马克思人的全面发展学说"的讨论

与教育的工具价值和本体价值相关的另一场争论是 80 年代有关"马克思人的全面发展学说"的讨论。1980 年，在全国马列主义教育思想研究会的学术年会上，与会者提出了"'德智体全面发展'是否符合马克思'人的全面发展'学说的原意"的疑问，引发了人们对马克思"人的全面发展"学说内涵的重新思索。1981 年，全国教育学研究会第二届年会也将这一话题作为会议的重要议题。究竟马克思"人的全面发展"是否可以简单地理解为"德智体全面发展"？或是"体力和脑力的齐肩发展"？再或是将它窄化为"革命觉

---

① 严先元：《商品经济·商品文化与人的发展》，载《教育研究》1989 年第 1 期。

悟加生产劳动"？这些都反映了"如何正确理解马克思关于人的全面发展学说"这一问题引起了教育学界的普遍关注，而对这一问题的讨论又集中于人们对"异化理论在马克思主义思想体系中的地位"的不同看法上。异化理论是马克思（Marx，K.）在《1844 年经济学—哲学手稿》中批判资本主义社会时所提出的。马克思指出，在资本主义社会里，工人和资本家都没有真正地占有人的本质，表现为存在与本质的对立和分享，这里马克思所提到的"人的本质"是指构成人性的一般观念。

王逢贤根据马克思对人的异化劳动的分析，认为人的全面发展包括四个方面：第一，是人的体力和智力同时获得充分的自由的发展；第二，是人的才能和志趣获得充分的多方面的发展；第三，是人的道德和审美情趣的发展；第四，是人利用客观规律改造自然和社会的自觉程度，达到了"从心所欲，不逾矩"的境界，真正获得了自由，成为自身的主人。[1] 在王逢贤看来，我们不能仅从生产力的角度考察人的发展，社会生产活动并不是人的全部活动，人作为主体参与到社会生活的方方面面。因此，也应该从各个方面来审视人的发展，这样人的发展就不能仅仅从属于社会发展的需要。

丁学良著文支持王逢贤的观点，他指出，将马克思人的全面发展学说置于政治或经济的框架中，要么是将人视为阶级斗争的工具，要么是将人视为经济发展的工具，看作是生产手段和劳动力，将人的情感意志领域、审美领域、社会关系领域的充分和谐发展都从"全面发展"中剔除出去了，大大缩小和浅化了马克思"人的全面发展"学说。[2]

然而，立即有学者质疑"将异化理论作为马克思主义人的全面发展学说的理论基础"的论点，认为异化理论只是马克思早期受人本主义思想影响所形成的一种不成熟的对人的抽象看法。比如，在《也谈马克思主义关于人的全面发展问题——兼与王逢贤同志商榷》一文中，盛绍宽认为，王文所引的《1844 年经济学—哲学手稿》实际上是处于马克思科学世界观的初期，那时马克思对共产主义的基本理解还是用费尔巴哈的"人本主义"哲学术语来表述的，因而比较抽象。盛绍宽认为，马克思主义关于人的全面发展学说，是和马克思主义关于阶级斗争和无产阶级专政的理论紧密相联的，不能看作

---

① 王逢贤：《马克思的异化理论与人的全面发展》，载《教育研究》1981 年第 7 期。
② 丁学良：《马克思的"人的全面发展观"概览》，载《中国社会科学》1983 年第 3 期。

是不受任何社会历史条件限制的"单个人所固有的抽象物"的复旧。① 持相类似观点的还有陈信泰、张武升的《马克思的异化理论不是人的全面发展学说的理论基础》，也认为异化理论是马克思不成熟的思考，没有将人置于特定的社会历史背景之中，"人"被理解成抽象、无意义的人，因而反对将异化理论作为"人的全面发展学说"的理论基础。②

劳凯声肯定了在方法论的层面上异化理论和唯物主义历史观的一致性，认为异化劳动问题的探索对人的全面发展问题的解决是有重要作用的。我们有必要循着异化理论的线索对人的全面发展问题作出探索，这样就不会仅仅把人的全面发展狭隘地理解为体力和智力的发展，而应该全面地理解为在劳动时间和自由时间内个人体力和智力、才能和志趣、道德和审美能力的充分发展，这样才更符合马克思的本意。③

是否承认异化理论为马克思"人的全面发展学说"的理论基础，意味着是否承认人除了社会发展需要的在生产劳动中所具备的智力、体力素质外，是否还需要发展审美、志趣等有助于实现个人自由的品质，从而引出一个根本的问题，即"究竟是将人作为社会发展的劳动工具呢？还是将人作为教育的出发点，将人的发展作为最高目的?"这一问题的争论焦点在于"异化理论是否只是马克思理论进化中一个短暂的被纠偏的错误思想"。实际上，从方法论层面上看，异化理论和唯物主义历史观是相通的，马克思不仅在其哲学思想形成之初将人设为世界的本质，而且在其哲学历程中一直延续着这个思想。比如，1843 年《黑格尔法哲学批判》导言中，马克思曾经说过，"人不是抽象的蛰居于世界之外的存在物，人就是人的世界，就是国家、社会"；"人是人的最高本质"；"人的根本是人本身"。这并不是费尔巴哈抽象人本主义的遗迹，而是针对宗教而说的，马克思认为并不存在外在的、他在的神，我们的世界是现实的，人在活动中体现其本质，因此，世界的本质对人来说是内在的、自我的。后在《神圣家族》一书中，马克思从人类社会和历史的视角来说

---

① 盛绍宽：《也谈马克思主义关于人的全面发展问题——兼与王逢贤同志商榷》，载《教育研究》1983 年第 4 期。

② 陈信泰、张武升：《马克思的异化理论不是人的全面发展学说的理论基础》，载《教育研究》1983 年第 7 期。

③ 劳凯声：《对马克思创立人的全面发展学说的几点认识——兼与陈信泰、张武升等同志商榷》，载《教育研究》1985 年第 4 期。

明人是历史的目的和本质,指出"人是全部人类活动和全部人类关系的本质、基础……历史不过是追求着自己目的的人的活动而已"①之后,在标志着其实践唯物主义和唯物史观诞生的《德意志意识形态》中,他指出,"全部人类历史的第一个前提无疑是有生命的个人存在,因此,第一个需要确认的事实就是这些个人的肉体组织以及由此产生的个人对其他自然的关系。"②人之所以实践,是因为人需要满足生存需要。在《1858年经济学手稿》中马克思仍坚持这个思想,"社会本身即处于社会关系中的人本身"。

在此基础上,马克思设想了在共产主义社会中全面发展的人,可以看出其终极追求是人真正实现自由和自我,把世界彻底人性化,"共产主义是私有财产即人的自我异化的积极扬弃,因而是通过人并且是为了人的本质的真正占有,因此,它是人向自身、向社会的即合乎人性的人的回归……是人和自然界之间、人和人之间的矛盾的真正解决……"③马克思描述了消灭分工后的共产主义社会中人的美好生活情景:"任何人都没有特殊的活动范围,而是都可以在任何部门发展,社会调节着整个生产,因而使我有可能随自己的兴趣今天干这事,明天干那事,上午打猎,下午捕鱼,今晚从事畜牧,晚饭后从事批判……"④

综上所述,马克思的唯物史观主张在特定的社会历史活动中"认识人",但不是主张在社会中"消弥人的主体性",唯物史观实际上是一种对人的认识方式的改变。人对自身的认识从斯芬克斯之谜开始,只是那时人对自身的意识具有萌芽态的不自觉性质,表现出的提问方式是"这物是什么",回答

45

---

① 《马克思恩格斯选集》,第2卷,人民出版社1995年版,第118—119页。转引自张奎良《实践人学:马克思哲学的最终归结——纪念〈德意志意识形态〉诞生160周年》,载《哲学研究》2006年第5期。

② 《马克思恩格斯选集》,第1卷,人民出版社1995年版,第67页。转引自张奎良《实践人学:马克思哲学的最终归结——纪念〈德意志意识形态〉诞生160周年》,载《哲学研究》2006年第5期。

③ 《马克思恩格斯全集》,第3卷,人民出版社1995年版,第297页。转引自张奎良《实践人学:马克思哲学的最终归结——纪念〈德意志意识形态〉诞生160周年》,载《哲学研究》2006年第5期。

④ 《马克思恩格斯选集》,第1卷,人民出版社1995年版,第85页。转引自张奎良《实践人学:马克思哲学的最终归结——纪念〈德意志意识形态〉诞生160周年》,载《哲学研究》2006年第5期。

方式是"这物是人"，也就是说，人还没有将自己从物中分离出来，是一种对象性的存在，而非主体性的存在。自希腊哲学以降，人们对自我的探索开始从对象意识转向了具有自觉性质的自我意识阶段，人们不再问"这物是什么"，而开始问"人是什么"，回答也从"这物是人"转变成了"人是某物"。比如，柏拉图（Plato）说"人是长着两条腿的没有羽毛的动物"，亚里士多德（Aristoteles）说"人是政治动物"，富兰克林（Franklin, B.）说"人是能制造劳动工具的动物"，拉美特（Lamettrie, J.）说"人是机器"，费尔巴哈（Feuerbach, L. A.）说"人是那个自然界在其中化有人格、有意识、有理性的实体的东西"。这标志着对人的主体地位的确认，然而，这种思维方式是对人某一方面特征的一个抽象直观的把握，是通过人与其他事物的对比来体现人的本质的，因此缺乏足以支撑概念自足性的立脚点，不同的人完全可以从不同方面对"人"作出解释。而在马克思的"实践的唯物主义"哲学视野里，人的特性是在实践活动中生成和体现的，因此要理解人就必须到实践活动中去得以确证。"一个种的全部特性、种的类特性就在于生命活动的性质，而人的类特性恰恰就是自由的自觉的活动。"①马克思所指的这种"自由自觉"的实践活动要远大于生产劳动，而且他的本意不是用实践活动去规约限制人的本质。而恰恰相反，将实践活动作为人的类本质的外化是一种生存论上的规定，在人的活动中界定人，人就不再是一种抽象的存在，也不是一个恒在，体现了人的自我超越、自我塑造的特性。

从上述论证我们可以看出，80年代我们对马克思主义的实践唯物主义是存在着某种误读的，将人的意义仅仅限定于生产劳动之中，按照"人是社会中的人，而不是抽象的人"→"人的全面发展要置于特定的社会关系和社会活动中去看"→"当前我们的生产劳动要符合社会主义的劳动性质"→"每个人都要为社会主义四化建设做出自己的贡献"的逻辑演绎下来，必然得出"个人发展是从属于社会发展"的这样一个结论。人的主体性消失在人类社会历史长河之中，人作为社会发展的工具而不是目的。这实际上是有悖于马克思的原意的。马克思意在转换一种对人的本质的提问方式，在实践活动中实现人自由自觉、自在自为的本质。实践唯物史观的真义在于通过人

---

① 《马克思恩格斯选集》，第1卷，人民出版社1995年版，第42—96页。转引自林剑《论马克思实践唯物主义人学理论的深刻革命》，载《哲学研究》2006年第9期。

类社会的进步发展,最终在共产主义社会中实现人的自由发展,人是最终和最高的目的,而不是相反,在生产劳动中异化人。

事实上,80年代末学术界普遍意识到这个问题。1989年5月,《中国社会科学》编辑部、《教育研究》编辑部、全国教育基本理论专业委员会以"教育与人"为主题召开学术研讨会。这次研讨会兴起了一场对"教育与人"问题的讨论,这一年的《教育研究》将"教育与人"作为第一选题,集中发表了二十篇相关的文章。纵览这些文章,不难发现它们依然围绕上面两个问题展开讨论,即关于"教育是什么? 它的价值取向何在?"和"如何理解马克思主义关于人的学说"。

研究者们意识到,从"阶级斗争"转向"经济发展"并没有改变社会本位的价值取向,只强调教育为经济建设服务,而忽视了经济建设更要为人服务,要为人本身的发展服务。胡克英指出在教育的经济化和商品化的浪潮中,出现了两种倾向,即"见物不见人,重物不重人"和"权力至上,重权不重人",这样,教育的对象——人,就被遗忘干净了。[1]

研究者意识到我们将人作为工具,而没有深入研究个体的独特性和复杂性,因此提出要深入研究人。蒋仲仁认为,教育工作是人的工作,研究教育,就必须研究人。他提及了三种教育中的人,即"受教的人""施教的人"和"管教的人"。在文中,他呼吁道:"对现代儿童、少年、青年,我们知道得太少了。教育他们先要理解他们,理解他们先要研究他们。……对施教的人,对教师,也做过许多研究,也取得了许多成果。好些教育学的著作里都有'教师'这一章,还有好些论文和专著,这些研究只提到应该这样,应该那样,而很少考虑到教师是怎样,而且在什么样的环境中来理解、来接受、来实践这些'应该'的。……还有一部分管教育的人,各地教育部门的局长、科长、书记、干部,该是多庞大的队伍。对他们的研究更少了,甚至于说还是个空白。"[2]

扈中平则在文章标题上直接点明了"人是教育的出发点",人是教育最直接、最基本的着眼点,教育是培养人的活动,这是教育的本质所在,教育的直接目的是满足人自身生存和发展的需要。促进人的自由、全面发展是教

---

① 胡克英:《人在呼唤》,载《教育研究》1989年第3期。
② 蒋仲仁:《研究"人"》,载《教育研究》1989年第3期。

育的最高鹄的。①

以上都是有关"教育本质"的思考，可以看出，从原先的"教育的出发点在社会"转向"教育的出发点在人"，实际上就是在思考工具性和本体性的教育价值取向问题。叶澜直接切入这一问题，提出改革开放这十几年来，我们过于强调教育的社会工具价值，忽视教育在培养个性、使个人的潜能得到尽可能发展方面的价值；片面关注教育即时的、显性的功效，忽视教育的长期效益。她认为这种偏差已经给中国教育带来了严重的影响，若不纠正，中国的教育就不会出现质的进展，也很难从根本意义上走出困境。②

另一些研究者则从侧重重新理解马克思主义唯物史观的角度来定位教育价值观的问题。80年代末已有学者开始意识到马克思主义的唯物史观实际上是以"人"为最终目的，社会的进步和发展最终是为了实现人的自由，而不是相反，将人作为工具去实现社会的进步和发展。比如，丁钢从"教育与生产力的关系"来阐述"人的培养"的重要性，他指出了当时关于教育的一种认识倾向，即认为教育是被动地适应和服务于生产力的。这种认识倾向必然会造成一种错误印象，即发展生产力的问题并不内在于教育本身，而仅仅是教育服务的对象。丁钢认为马克思所说的生产力是指一种"生产能力"，而这种生产能力的获得必然要取决于知识与科学的掌握与发展，因此教育是内在于"生产力"的。尽管经济是推动社会发展的决定因素，但是经济的发展并不是社会发展的终极目标，正如马克思所一贯强调的，处在一切历史出发点和归结点上的，都只能是历史和现实的个人，绝非超乎其上的任何异己力量。因此，教育应该把"人的培养"放到最重要的、最根本的位置上来。③

综上所述，不论是对"人"的研究，还是对马克思主义"人的全面发展学说"的重新思考，都说明80年代末期研究者开始反省和尝试摆脱"生产力/生产关系""经济基础/上层建筑"这些分析框架和意识形态用语，认识到教育不能简单地归结到生产力、上层建筑的某一范畴，而应该独立出来，作为一个专门的、特殊的范畴，将教育理解为传递人类社会生活经验的工具；开始将教育视作一种特殊的社会活动、复杂的社会现象，并且有学者开始关注

① 扈中平：《人是教育的出发点》，载《教育研究》1989年第8期。
② 叶澜：《试论当代中国教育价值取向之偏差》，载《教育研究》1989年第8期。
③ 丁钢：《教育与生产力的关系再认识》，载《教育研究》1989年第11期。

"人的发展"。但总体而言,80 年代的教育研究和课程研究都是出于对"现实问题"的关怀,而改革开放后的中国最大的现实问题就在于"发展生产力"。从"教育是上层建筑"到"教育是生产力",体现了"阶级斗争"到"经济建设"的政治目标转换。但是,这只是说明,教育从为一种政治(阶级斗争)服务转变成为另一种政治(经济建设)服务,本质上并没有改变"社会本位的教育价值观"。而教育科研的合理性则需要紧扣国家规划和国家目标的转换。

因此,综观整个 80 年代,"人"被看作是社会人,教育是为经济发展服务的,也就是说,是从政治、经济、社会的需要来规约人,而很少考虑到人的主体性、个体性的发展。但事实上,"经济发展是社会发展和社会进步的决定因素"会导致一种庸俗的唯物主义。"经济发展""生产力"这些概念在这种庸俗唯物主义的理解下是内涵空洞的,因为这些概念的潜在前提是"把人作为一种工具",这并不是我们所信奉的马克思主义的真义。恩格斯(Engels,F.)曾说过,"如果有人在这里加以歪曲,说经济因素是唯一决定性的因素,那么他就是把这个命题变成毫无内容的、抽象的、荒诞无稽的空话"。[1]

综上所述,80 年代我国教育所思考的核心问题是"如何把最先进的知识组织起来,最快、最好地传递给学生,培养出经济建设需要的人才"。课程作为教育的内容必然体现了同样的价值取向,可以说,教育的社会本位的价值取向也决定了课程的社会本位的价值取向,课程研究关心的话题是"什么样的知识是最先进的""如何组织这些知识""怎样有效地传递这些知识"。比如,陈侠在讨论课程研究的目的时,谈到以下几点:① 为了贯彻执行教育方针;② 为了认真实现教育目标;③ 为了切合"三个面向"的要求;④ 为了适应学生身心的发展;⑤ 为了适应不同地区的需要;⑥ 为了探求评价课程的标准。除了第四条外,其他的都是偏重社会的。而具体看第四条,就会发现陈侠也并不是在谈以学生的发展为目的,而是在谈如何才能合理地安排各门学科的知识使它们适应儿童的身心发展,从而更有效地传授课程。[2] 课程变成一项为了达成社会发展的建设工程。

---

① 《马克思恩格斯选集》,第 4 卷,人民出版社 1995 年版,第 477 页。
② 王伟廉编著:《课程研究领域的探索》,四川教育出版社 1988 年版,前言。

第二节　系统论改造的课程工程方法论

课程工程的创建需要一套"科学"的方法论，在"工程"中，人们最关心的话题就是效率，因此，"实践是检验真理的唯一标准""实事求是"都让80年代从"蒙昧"中觉醒的人们产生了强烈的探求事物规律的渴求。纵览80年代的著作和论文，"教育本质""教育规律""教育科学""研究教育规律、发现规律的科学""遵循教育规律，按教育规律办事"等话语铺天盖地，而发现规律、掌握规律则需要一套科学的方法论。

人们常拿80年代和"五四"时期进行类比，尽管两个时代有诸多的不同，但对"科学、民主"的崇尚却是共同的。"实践是检验真理的唯一标准"的讨论使80年代冲破了经验主义、本本主义的蒙昧，人们开始崇尚方法，尤其是科学方法。按照马克思的认识论，理性认识都基于感性认识，而感性认识到理性认识又需要一个飞跃。因此研究者必须从广泛地搜集材料开始，然后分析加工材料，进行从个别到一般的抽象，然后提出观点或理论，任何理论总是对它们所依据的材料的反映、概括和解释。自然科学和社会科学研究的对象虽然不同，但从认识论一般原则上看，它们的理论是否正确，也即认识从感性阶段上升为理性阶段这一过程是否能够科学地进行，都必须取决于两个重要环节：第一个环节，材料搜集中的经验是否正确，是否完备、全面，是否能反映出事物的联系和全貌；第二个环节，从感性认识向理性认识飞跃时，理论概括是否科学、是否正确。

如果这两个环节中有一个发生重大纰漏，那么据此提出的结论和理论必然靠不住。因此，第一环节要求我们尽可能广泛、科学地收集材料，体现"通过调查和实验发现真理、本质、规律、原则"的"实事求是"的诉求，课程领域乃至于整个教育领域由此兴起了一股"实验热"。1980年2月《教育研究》杂志编辑部组织召开"教育实验座谈会"，会上提出了"教育科学的生命在于实验"的口号，吹响了教育实验、课程实验的号角，课程实验在各地如火如荼地展开，在80年代掀起一股不小的"实验热"，研究者希望通过实验来探求课程领域的本质、规律和模式，从而更有效地促进社会主义现代化建设。

而第二个环节则表现为对寻求"科学方法论"的迫切要求,这直接导致了80年代系统三论(信息论、控制论、系统论)在我国学界的盛行。事实上,工程和系统是密切相关的,工程也常常被人们称为"系统工程",工程的创建和运行正是运用了系统论的原理、技术和模式,"结构""反馈""控制"等工程中经常使用的概念也正是借鉴了系统论的术语。80年代我国"社会工程"的倡导者钱学森同时也是"系统论"研究的领军人物,他规划的"社会工程",即"设计出一个长远规划和短期计划"→"在规划执行中要根据实际情况,检查反馈,积极在不平衡的执行过程中寻求新的相对的平衡"→"根据计划执行情况进行及时的评价,并结合政治、经济、技术的新发展,提出调整意见"→"总结实践经验,提出改善生产关系、上层建筑和各种制度的建议"。[1] 这正是利用了系统三论对社会实践活动做出的一个整体设计,通过"计划—实施—反馈"的循环构建的工程模式。可见,"社会工程"和"系统论"在我国的传播有着密切的关系。

一、系统三论及在我国教育领域的筛选性使用

(一) 系统三论——系统论、控制论和信息论

系统论是美籍奥地利生物学家贝塔朗菲(Bertalanfy,L. V.)创设的,1947年其发表的《一般系统论》标志着一般系统论的诞生。系统论是建立在对机械论和活力论的批判之上的,它的主要观点有两个:其一,整体大于部分的观点。一般系统论指出,整体并不等于部分简单地相加,整体具有部分所不具备的性质,从这个意义上说,整体大于部分之和,这就要求我们在认识事物时需要把握事物作为整体的那些不可还原的性质。其二,动态生成的观点。系统论主张研究整体,是一种历时态的研究,而不是同时态地考察事物之间的联系,这就意味着需要我们把系统在时间流中的演化、生长、竞争、目的性、方向性、果决性和异因同果性等动力学问题都纳入研究视域之中。因此,系统不仅是整体的、开放的,还是动态生成的。这就需要破除那种单一、孤立、绝对的因果链,系统是在复杂的对立、斗争中走向平衡的,系统的不变化性是在变化之中的,平衡性是在不平衡之中的。尽管贝塔朗菲

---

① 参见钱学森:《关于在国民经济中运用"社会工程"方法的设想和建议》,载《经济学动态》1989年第9期。

没有提出自组织概念，但他已经意识到系统具有的这种自我调节、自我生成能力，正是这种能力，让系统在外部环境甚至是内部组构变化的情况下仍能改进自己、保存自己、发展自己。一般系统论的提出意味着一种思维方式的根本转变，即从部分转向整体，从实体转向关系，从分析思维转向系统思维。

1948年，美国数学家维纳（Wiener，N.）发表了《控制论——或关于在动物和机器中控制和通讯的科学》一书，标志着控制论的诞生。控制论是跨学科研究的成果，融合了数学、工程、生理和心理的研究成果。控制论用"目的性"这一概念打通了生命世界和非生命世界、无机界和有机界。控制论使用"负反馈"重新解释了"目的性"，认为一切有目的的行为都可以看作需要负反馈的行为，换言之，无论是有机界还是无机界，只要具有负反馈特性就可以说是目的性行为。当我们将无机界和有机界统合起来，将它们都看作是在环境中的一个具有反馈机制的开放系统，通过输入输出来研究系统的变化时，就突破了传统牛顿式的单一、线性的机械因果观。通过研究有机体的循环系统，控制论发现一切系统，包括机器、动物和社会系统，一旦启动，因和果就处在不断地转化之中，构成一个包含多重反馈的复杂的因果转化网络。传统自然科学的研究对象是客观物质世界的物质运动，不同的学科研究物质的不同运动形式。而控制论的研究对象从"物质运动本身"转向"事物之间的关系"，这是一场根本性的革命，这种转向带来的最大改变在于，当科学只研究"物质运动本身"时，"物质运动的规律"被视为是客观的、永恒的，不为人们的思维所左右，只是发现时间的早晚问题。而当科学研究对象转向"事物之间的关系"时，意味着科学思想和方法论的根本转变，人的能动性和主动性开始介入，控制被维纳界定为一种主动的、有目的的、策略性的行为，相对于传统自然科学的核心问题"是什么"，控制论回答的是"做什么"的问题。

几乎就在1948年维纳发表《控制论》的同时，美国数学家、工程师申农（Shannon，C.E.）发表了《通讯的数学理论》，奠定了信息论的理论基础。维纳从控制论的角度研究了信号被噪声干扰时的信号处理理论，和申农推导的关于传输最大信息量的公式不谋而合，因此这一公式也被称为"申农—维纳"公式。信息论和20世纪电信技术的发展有着密切的关系，比起利用人体自身器官，如口、耳、眼、躯体动作来表达，电信技术要更为广泛、快捷，但同时也带来两个基本的矛盾：其一为简明与准确、迅速与可靠、有效与经济这些品质通常存在着矛盾;其二是信息与噪声是同一过程中两种对立但又相互依存的方面。从而引发了我们对必然性与偶然性的思考,在牛顿经典力学里,世界是一个设计精密的大型机器,一切偶然性、噪声、不确定性都被看作无足轻重、可忽视的,或者是需要排除的障碍。而信息论体系是建立在概率描述之上的,信源的可能消息被看作是一个随机事件。人们之所以要通信,是因为信源有各种可能的状态,存在着不确定性。承认这种先验的不确定性,通信的过程就是要通过发送信息来消除这种不确定性,而传输信息的过程是一种充满偶然性的随机过程,所以,确定性与不确定性在此过程中一直是相依相存的。也正是基于此,申农将信息定义为"不确性的减少和确定性的增加的动态过程"。而维纳则通过将信息称为负熵从而纳入控制论的体系,因为不论从系统内部来看还是从系统外部来看,都存在着部分与部分、系统与环境的不断的信息交流,维纳将信息理解为负熵,对系统的组织和变化都有极为重要的意义。信息论一方面扩宽了我们对世界的认识,即世界不仅是由质料和能量所组成的,而是由质料、能量和信息组成的。另一方面,信息论突破了牛顿经典力学下我们对确定性和不确定性的理解,从而认识到世界的多样性、复杂性、演化性和联系性。

综上所述,系统论的主要观点可以概括为:系统的整体大于部分之和;系统时刻面临着平衡与不平衡、稳定与不稳定这些对立统一的形态。控制论的主要观点可以概括为:无机界和有机界的事物都可以看作是在环境中的一个具有反馈机制的开放系统。信息论的主要观点可以概括为世界是由质料、能量和信息所构成的,信息在系统的平衡中起到重要的作用。按照钱学森的观点,将"系统论""控制论""信息论"并称为一论,即系统论,之所以能并称为一论,是因为其中有相通之处。仔细分析,"控制论""信息论""系统论"共同隐含的假设如下:第一,事物的变化服从复杂因果反馈规律,包括相互关联的因果性、反馈、协同作用等,也就是说,不同的原因可以导致同一结果,不同结果可能有同一原因,彼此互为原因和结果等;第二,世界上的万事万物都是有机的系统整体,事物内部各组成部分之间非线性的作用会涌现部分在孤立状态所不具有的整体的特性,事物各组成部分间存在着复杂的非线性、多层次错落的结构关系,互相关联、互相影响;第三,时间作为变量参与事物的运动发展,因此,事物不仅以系统的方式存在着,而且还不断生成着和消逝着,且运动发展是不可逆的,事物都有其演化发展的历程;第四,事物与其所处环境是相依相存的,不断地与环境相互交流、相互作用。环境的复杂性会造成系统的复杂性。所以,可以将系统论、信息论、控制论综合起来,共同描述一个系统的运行,如果说系统论的概念和术语,如"元素""集合""组织""结构""秩序"是描述系统的内部结构的,那么控制论的概念和术语,如"环境""涨落""目的性""演化""调节""等稳性""适应""循环",信息论的概念和术语如"反馈""动态平衡""竞争""分散""接收""储存""加工"等,则是描述系统行为和系统过程的。

(二) 唯物辩证法对系统论的改造及其在课程领域的应用——以"巴班斯基热"为例

系统论在 20 世纪 80 年代前后传入我国,开阔了我国学者的思路,对 80 年代的整个学术界产生了重大的影响。1978 年,钱学森、许国志和王寿云在《文汇报》上发表的《组织管理的技术——系统工程》一文在国内掀起了一股"系统热",系统、信息、结构、功能、反馈、自组织等等在 80 年代成为各个研究领域的热门词汇,教育界许多学者都运用系统论的观点重新诠释教育,发表了一系列相关的论文。1993 年,查有梁的《系统科学与教育》由人民教育出版社出版,是系统论在教育领域应用的第一本专著。

这一阶段,有许多工程院校及工业院校的研究者和学者一起应用系统论对教育现象进行探讨。具体来说,80 年代的"系统热"中既有从宏观层面运用的,也有从微观层面运用的。比如,从宏观角度用系统论分析我国现实的教育状况和人才培养中存在的"恶性循环",认为我国教育存在着几种"恶性循环",即在发展战略上,贫困地区,教育投资少,则经济愈落后,而经济愈落后,就越拿不出钱来办教育,就愈穷,这就形成经济与教育之间的"恶性循环";在文化的传递上,师资水平低,造成学生水平低,而师范教育的水平难以提高,使得新培养的教师水平仍然低。查有梁根据耗散结构理论,认为要改变"恶性循环",则关键在于重点攻破系统的"薄弱环节",应用大的"涨落"去克服恶性循环,建立起"良性循环"的结构,比如,增加教育投资是必要的,但是恰当的分配与有效的使用更为迫切。并指出,与小生产、小科学、小经济相适应的传统教育观,是小教育观,与大生产、大科学、大经济相适应的现代教育观,是大教育观。①

① 查有梁:《建立教育的"良性循环"》,载《瞭望》1986 年第 12、13、14、15 期。

当然,更多的是从微观教学论层面上用系统论来分析教学、学习、知识、能力,对这些概念进行重建。比如将教学视为一个"目标→施行→评价→反馈"的控制系统。刘耀文将教学过程看成一个控制系统,反馈调节性教学原则是指教师在传授知识和技能的过程中,不断地从自己的教学对象(学生)中取得反馈信息,从而了解教学的情况,相应地调节自己的教学,又给学生以反馈,使教学取得更好的效果。① 李其龙也有类似的对"教学"的表述,"将教学过程视为一个使学习者始终处在一定控制之下去达到特定教学目标的过程,也就是说,教学过程乃是一个控制过程。"这种教学观的心理学基础是行为主义,教学也就是对教师和学生的行为进行管理和控制,这里的控制论其实也包括了信息论的一些观点,重点在于强调信息反馈对目标的调整作用。用控制论的术语来说,就是教师采取一定的教学策略把教学方案实施下去后,有一个检查的过程,比较学生学习成绩(控制论术语"实际值")和教学目标("应有值"),做出反馈并进行调整。②

而杨德则运用系统论对知识、能力和认知进行了概念重建。他认为三者都可以被看作是一个具有结构的系统,"当人们从信息和系统的观点出发,把知识作为一种信息系统来考虑时,知识便获得了系统的结构属性,而称之为知识结构。""所谓能力结构,则是指把各种能力的集合作为一个系统整体考虑时,所呈现出的系统结构属性。""认识结构,按照心理学的观点,则是指认识个体头脑中建立起的思维模式,它包括形象思维和抽象思维。"③

综观整个 80 年代,系统论思想对我国教育研究产生了很大的影响,对教育领域的概念进行了全面的重建,不论是宏观层面的教育概念,还是微观层面的知识、教学、能力、认知等概念都有涉及。80 年代涌现了大量以系统论为研究方法的论文和书籍,一些研究即使不直接出现系统论的术语,也体现了系统论所带来的思维方式的转变(比如从局部到整体,从实体到关系,从静态到动态的思维方式的转变),这对突破经验判断、本本主义这些蒙昧的思想方法的束缚有很大的助益。

值得一提的是,80 年代的系统论并非"纯粹的系统论"。系统论在许多国家都存在着和唯物辩证法之间关系梳理的问题,人们就两者的关系进行了讨论。关于两者之间的关系,在国外大致有三种看法:①"取代论",代表

---

① 刘耀文:《试论教学的反馈调节原则》,载《教育研究》1987 年第 8 期。
② 李其龙:《控制论意义上的教学论》,载《外国教育资料》1989 年第 1 期。
③ 杨德:《知识结构与能力结构间的正反馈机制》,载《教育研究》1987 年第 6 期。

性人物是卢曼(Luhmann, N.)，认为唯物辩证法和系统论是一种对立的关系。唯物辩证法作为一种"陈旧"的思维方法，理应为系统论所取代。② "具体化论"，代表性人物是乌也莫夫，认为唯物辩证法是哲学方法，系统方法是一般科学方法，唯物辩证法的原则经过具体化，才能够产生系统方法。③ "组成部分论"，代表人物是阿法纳西耶夫和伊利切夫，认为系统论是马克思主义唯物辩证法的组成部分。

这三种看法，第一种认为系统论和唯物辩证法是平行的，第二种认为系统论是唯物辩证法的应用，第三种则认为系统论是唯物辩证法的一部分。也就是说，后两种看法认为系统论是从程度上低于或从范围上小于唯物辩证法的，处于从属的地位。

在我国，对系统论的吸收和马克思主义唯物辩证法有着千丝万缕的关系。80年代，国内盛行的对系统论和马克思主义辩证法之间关系的看法也有三种：① "回归论"，认为系统论是自然科学领域向唯物辩证法的回归，这种观点认为创立系统论的主要是一些资产阶级学者，他们是凭借自然科学本身而走向辩证思维的，是在自然科学领域中对辩证思维科学性的一种证明；② "包含论"，这种观点类似于国外流行的"组成部分论"，但如果说"组成部分论"尚觉得系统论有许多新东西，丰富了唯物辩证法的话，那么，包含论则认为系统论根本没有什么新东西，它的基本原则已经都包含在唯物辩证法之中了；③ "发展论"，这种观点认为系统论丰富了唯物辩证法，使唯物辩证法改变了形态，进入了一个新的发展阶段。

"回归论"和"包含论"类似于"具体化论"和"组成部分论"，认为系统论是从属于唯物辩证法的，只不过从某些方面看更为极端罢了。① 事实上，直到90年代，仍有学者认为系统论只是自然科学基础理论之一，而马克思主义唯物辩证法世界观解决的是宇宙根本规律问题，它们不是一个层面的，只能

---

① 相关的文章有：黄少华《现代系统科学与内外因关系的辩证法——兼评"外因决定论"》，载《兰州大学学报》(社会科学版)1988年第1期；陶富源《系统在唯物辩证法逻辑体系中的地位》，载《赣南师范学院学报》1987年第3期；沈小峰、王德胜《系统层次律是自然辩证法的一条基本规律》，载《人文杂志》1985年第2期；夏澍、李嘉南《一对重要的辩证法范畴——系统和要素》，载《人文杂志》1983年第5期；杨正江《试论"系统的层次结构联系"是唯物辩证法的新规律》，载《四川师范大学学报》(社会科学版)1983年第2期；石国强《系统方法是唯物辩证法的具体化和发展》，载《兰州学刊》1983年第2期；俞正兴《系统规律是唯物辩证法的基本规律》，载《南昌大学学报》(人文社会科学版)1983年第1期；王昌国《系统与层次应是唯物辩证法的范畴》，载《江汉论坛》1983年第2期。

是唯物辩证法指导系统论,反过来却是万万不可的,甚至有走向"唯心主义形而上学世界观"的可能。① 而"发展论"②看似认为系统论在一定程度上丰富了辩证唯物主义,将辩证唯物主义提升到了一个新的阶段,有的学者主张以"系统辩证法"来代替"唯物辩证法"的提法,以反映"唯物辩证法"的这种进化。然而,仔细分析80年代被"系统论"发展了的"唯物辩证法",它的整个论述框架是不变的,比如,在构建"系统辩证法"规律体系时,依然以"唯物辩证法"的几条规律为基准,将"系统制约规律"和"对立统一规律"相结合,作为第一层次的规律;将"量变质变规律""肯定否定规律"和"波动旋进规律"作为第二层次的规律。其中"对立统一规律""量变质变规律"和"肯定否定规律"仍然借用了"唯物辩证法"的几对范畴,只不过补充了系统论的"结构、层级、要素"这些概念,丰富了原先这几对范畴之间的关系。而"系统制约规律"和"波动旋进规律"虽然是新的提法,但"系统制约规律"并没有脱离"事物普遍联系规律",而"波动旋进规律"则是"量变质变规律"的一个丰富和补充,是对事物运动发展具体运行轨迹的一个描述。如果说,"肯定否定规律"是事物运动发展质态的定型表述,反映了事物运动由旧质转化为新质的阶段性和间断性特征,那么"波动旋进规律"则是事物运动发展规律的动态表述,揭示了事物运动由量变向质变转化过程的连续性和过渡性特征。可见,"发展论"并没有突破"唯物辩证法"的论述体系,只不过是在唯物辩证法框架内的一个有限度的延展,潜藏的观点依然是"系统论是在唯物辩证法框架之内的"。综上所述,不论是"回归论"和"包含论",还是"发展论",都没有突破唯物辩证法的思想体系,只不过是在唯物辩证法框架内的一个补充。

这种认为系统论从属于辩证法的看法,和马克思主义在80年代所占的主流意识形态的地位有关,它既是科学的世界观也是科学的方法论,既是一种政治规范也是一种思维规范。况且"文化大革命"的结束并不意味着研究者学养的大换血,对于长期浸染于"马克思主义话语"的中国教育学者来说,唯物辩证法是其主要的方法论依据。在"以马克思主义为指导从事科研"的口号下,唯物辩证法被认为是放之四海而皆准的,是不可更改和不容质疑

---

① 杨柄:《系统论取代不了马克思主义唯物辩证法世界观》,载《岱宗学刊》1998年第2期。

② 相关的文章有刘波:《系统辩证法规律体系初探》,载《天府新论》1988年第4期;《对系统辩证法体系的一点设想》,载《现代哲学》1986年第2期;《系统规律深化发展了唯物辩证法规律》,载《哲学研究》1984年第12期。

的，一切新观点、新理论与新方法都要经过马克思主义唯物辩证法的检验、筛选和改造，才能获得合法的地位，系统论当然也不例外。

然而，系统三论创建于 20 世纪初，马克思主义哲学则形成于 19 世纪，两者所依据的物理理论基础存在着根本的不同。"能量守恒与转化定律"是马克思主义哲学重要的自然科学基础，如恩格斯所说，"这么多的物理力存在的偶然性，从科学中被排除出去了，因为它们的相互联系和转化被证明。物理学和以前的天文学一样，达到了一种结果，这种结果必然指出运动着的物质的永远循环是最终结论。"①能量守恒与转化定律强调"永远循环"，之所以能"永远循环"，就说明力是没有消耗的，既作为因又作为果，是同一水平的转化过程，不具有任何转变性的力量。因此，能量守恒与转化定律是一种"存在物理学"而不是"演化物理学"和"发展物理学"，没有指出能量转化的条件性和方向性。而系统论则更多地强调一个远离平衡态的开放系统，这个系统是具有主动性和自发性的，耗散、冗余、干扰促成转化的发生，时间是不可逆的，具有方向性，也就是说，能量转换是具有条件性和方向性的。这就解释了为什么系统论和唯物辩证法有着许多不同之处，最典型的例证是两者对于偶然性截然不同的看法，唯物辩证主义认为偶然性背后一定有必然性，"在表面上是偶然性在起作用的地方，这种偶然性始终是受内部的隐蔽着的规律支配的，而问题只是在于发现这些规律。"②而系统论则认为偶然性是不可化约的，它是普遍存在的，不确定性和确定性、必然性和偶然性都是共存的。经唯物辩证法改造后的系统论被有意无意地抹煞了这种"非平衡态"的重要特性，也成为"永远循环"的，因此，凡和"非平衡态""自组织"有关的这些概念都被轻描淡写，一笔带过。

经过唯物辩证法检验、筛选和改造的系统论更符合 80 年代我们建设工程方法论的需要。因为"永远循环"正符合了工程的特性，即形成一个"目标→施行→评价→反馈→目标"的"首尾呼应"的闭环系统。闭环系统是由首尾相接的一系列环节组成，在过程中需要不断地进行反馈，才能保证最后一个环节和最初环节的对接，而工程需要高效达成目标，控制各个环节，就需要闭环系统。而比起唯物辩证法，系统论又认识到系统内有不同的要素、层

---

① 恩格斯：《自然辩证法》，人民出版社 1984 年版，第 13 页。转引自沈晓珊《系统科学与辩证法的发展》，载《系统辩证学学报》2002 年第 1 期。

②《马克思恩格斯选集》，第 4 卷，人民出版社 1972 年版，第 243 页。转引自郭树清《系统理论与唯物辩证法》，载《天津社会科学》1981 年第 1 期。

次和子系统,它们之间是相互联系,互为因果的。系统论主张从整体上把握系统中各要素、层次、子系统之间的关系,对大量的变量进行综合的系统分析。相对于以往我们基于对单个系统分析的基础上所揭示的运动规律,体现出其综合作用、综合运动的整体规律,恰好符合工程科学追求秩序感和完整感,寻求某些物理量和几何量的对称性及其运动变化的永恒性,探求结构复杂的系统运行的规律的需求。

在教学论与课程领域,我国 80 年代开始兴起"巴班斯基热",其中,80 年代研究巴班斯基(Babanskiy, K. Y.)的论文在教育领域所占的比例是最大的,占 0.06%,90 年代和 2000 年后则是它的三分之一和六分之一(见表 1-2)。这很大程度上和"系统热"有关。巴班斯基是苏联教育科学博士、苏联教育科学院院士,曾任苏联教育科学院副院长。1972 年,巴班斯基在对顿河—罗斯托夫地区大面积克服留级现象的先进经验进行总结的基础上出版了《教学过程最优化——预防学生学业不良的方法》一书。1977 年,又在实验的基础上,出版了另一本著作《教学过程最优化——一般教学论方面》,在书中,他提出了"教学过程结构"这一概念,用系统论对教学论进行研究。

表 1-2 研究巴班斯基论文在教育领域论文中所占的比例(1978—2013)

时间段	巴班斯基论文	教育领域论文总篇数	比例
1978—1989	101	156 286	0.06%
1990—1999	132	518 582	0.03%
2000—2013	368	5 202 997	0.01%

巴班斯基研究工作的特点恰好符合我们上面所说 80 年代对"科学研究"的两条解释:第一,材料搜集中的经验(包括实验)是否正确,是否完备、全面,是否能反映出事物的联系和全貌;第二,从感性认识向理性认识飞跃时,理论概括是否科学、是否正确。巴班斯基的实验研究和理论探讨无疑是符合这两条的,因此当时有许多学者对他的经验和思想进行了介绍。比较全面的有高文在《外国教育资料》上连续五期发表的《巴班斯基教学论思想述评》,分别介绍了巴班斯基教学论研究的时代背景和方法论基础、教学过程最优化原理及其基本方法体系和实施程序、研究学生——实现教学过程最优化的重要前提、对教师的系统研究与科学培训、教学方法的最优化等研究。

巴班斯基明确指出他所用的系统论是在马克思唯物辩证法的框架之内

的,巴班斯基称之为"辩证逻辑的系统方法"。他引用马克思的话说,"系统性是关于世界发展的辩证法的一个必要的、不可分割的部分,因而是唯物辩证法理论的一个最重要方面"。① 从"巴班斯基热"这一现象中,我们再次验证了80年代的系统论,实际上是唯物辩证法遴选和改造后的"系统论"。在这种方法论的指导下,巴班斯基提出了整体性观点、相互联系观点和动态观点,认为我们要自觉地运用整体的观点来研究任何教学现象。这需要同时考虑系统的成分和过程的成分,控制系统的成分包括:教师及其教导人员、学生、教学条件;在综合考虑了社会、心理和控制方面后,将过程的成分规定为:活动的目的、内容、形式、组织活动的方法、激发情绪和意志的方法、检查、分析和评定学习过程成果的方法。在此基础上,巴班斯基提出了他有名的"最优化"理论。"教学过程最优化"是指"在全面考虑教学规律、原则,现代教学的形式和方法,以及该系统的特征及其内外部条件的基础上,组织对教学过程的控制,以保证过程(在最优化的范围内)发挥从一种标准看来最有效的作用。""要使教学最优化,就必须以辩证的系统方法来看待教学过程,所谓辩证的系统方法,就是必须把教学过程的所有成分,师生活动的内外部条件都看成是相互联系的东西,必须仔细考虑各种可能的解决方法,并自觉地从中选择出在当前条件下,教学任务、内容、形式和方法的最好方案。""最优化的方法论提出,要求把教学论的所有基本范畴——教学的规律、原则、形式、方法和类型置于比较有机的联系中加以研究。"②

"最优化"可以用以形容"工程",意在寻求一种最佳的结构,以获得一个最完美的输入一产出比,达到效率的最大化和最优化。"教学有目的地选择组织教学过程的最佳方案,这一方案能保证在规定的时间内,使教学和教育任务的解决达到可能范围内的最大效果。"而"最优化"是以忽略人的多样性、多变性为前提的,巴班斯基在研究学生时,是从学习的实际可能性入手的,"学习的可能性"是指"以个性为中介的、决定着具体个性在学习活动范围内的潜力的内部和外部条件的统一。"③其中的"内部基础"是指个性的可

① 〔苏〕巴班斯基:《研究教学问题的辩证系统方法》,吴文侃译,人民教育出版社1984年版,第34页。
② 高文:《巴班斯基教学论研究的时代背景和方法论基础(巴班斯基教学论思想述评之一)》,载《全球教育展望》1983年第1期。
③ 〔苏〕巴班斯基:《教学过程最优化——一般教学论方面》,张定璋等译,人民教育出版社1984年版,第122页。

接受教学的能力,思维、记忆等基本心理过程和属性的发展程度;一定学科方面的知识、技能和技巧;一般学习技能和技巧;对学生的工作精力有特殊影响的身体发展因素、学生的学习态度;对学习有特殊影响的教育因素等。"外部基础"包括通过个性起作用的家庭环境、文化和生产环境等校外影响,以及校内教师、学生集体和教学物质基础等的影响。虽然看似考虑得很全面,但进入巴班斯基的"最优化"理论体系后,因为基于"如何才能使知识的传输得到更高的效率、更大的效果"的前提,考虑的最多的是思维、记忆、技巧等心理学指标,忽视了情感、态度这些不可还原、易变的因素,因为只有这样,"最优化"才可能形成一个"永恒循环"的回环,见图1-2。

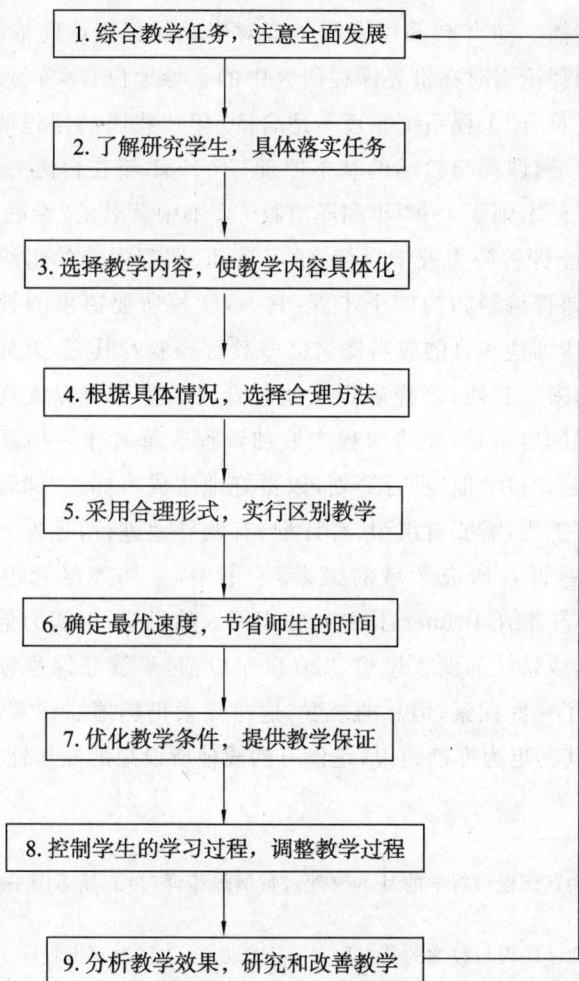

```
┌─────────────────────────────────┐
│ 1. 综合教学任务,注意全面发展    │◄──────┐
└─────────────────────────────────┘       │
             │                              │
┌─────────────────────────────────┐       │
│ 2. 了解研究学生,具体落实任务    │       │
└─────────────────────────────────┘       │
             │                              │
┌─────────────────────────────────┐       │
│ 3. 选择教学内容,使教学内容具体化│       │
└─────────────────────────────────┘       │
             │                              │
┌─────────────────────────────────┐       │
│ 4. 根据具体情况,选择合理方法    │       │
└─────────────────────────────────┘       │
             │                              │
┌─────────────────────────────────┐       │
│ 5. 采用合理形式,实行区别教学    │       │
└─────────────────────────────────┘       │
             │                              │
┌─────────────────────────────────┐       │
│ 6. 确定最优速度,节省师生的时间  │       │
└─────────────────────────────────┘       │
             │                              │
┌─────────────────────────────────┐       │
│ 7. 优化教学条件,提供教学保证    │       │
└─────────────────────────────────┘       │
             │                              │
┌─────────────────────────────────┐       │
│ 8. 控制学生的学习过程,调整教学过程│     │
└─────────────────────────────────┘       │
             │                              │
┌─────────────────────────────────┐       │
│ 9. 分析教学效果,研究和改善教学  │───────┘
└─────────────────────────────────┘
```

图 1-2　巴班斯基教学过程最优化回环图

第三节　课程工程和课程模型话语

　　如前所述,社会本位、政治本位的课程价值取向以及系统论的工程方法论,都使课程工程和课程模型话语体系在 80 年代的课程研究领域占据了主导地位。

　　课程工程和课程模型话语的主导地位表现之一便是 80 年代泰勒原理在我国的普遍传播。80 年代我国课程学者对泰勒课程理论的浓厚兴趣,一方面和泰勒课程理论当时在世界课程研究中的主导地位有关;另一方面,在于泰勒原理恰好符合"工程系统原理",适合 80 年代我国的课程话语系统。泰勒的课程论名著《课程与教学的基本原理》于 1981 年在台湾有了中译本①,而在大陆的中译本则于 1994 年翻译出版②。书中著名的"泰勒原理"(Tyler rationale),是指课程分为教学目标、学习活动、课程内容的组织和教学评价四个要素,把课程编制归为四个步骤:其一,学校所要追求的教育目的是什么? 其二,为达到这些目的应当提供哪些教育经验? 其三,怎样把这些经验有效地组织起来? 其四,怎样确定这些教育目的是否得以实现? 人们从泰勒原理中得到的启示是,要将课程实践和课程改革看作一项系统工程,"综合地"考察问题,"科学地"进行筹划,以更好地达成目标。"课程和教学的改革是一项系统工程,需要有组织、有计划、有领导地进行,还需要有统一的理论指导。"③在《课程研究领域的探索》一书中,王伟廉尽管也提到了杜威(Dewey,J.)、布鲁纳(Bruner,J.S.)、帕克等人的思想,但认为他们的理论和思想并没有构成系统的课程思想,"20 世纪以前,尽管在课程领域产生了一些思想,进行了一些探索,但总的来看,这些探索仍然停留在零星的、偶然的水平上"④。其实更为准确地说,是没有构成他所设想的操作性、工程性极强

----

　　①〔美〕泰勒:《课程与教学的基本原理》,黄炳煌编译,台北桂冠图书有限公司 1981 年版。

　　②〔美〕泰勒:《课程与教学的基本原理》,施良方译,人民教育出版社 1994 年版。

　　③ 王伟廉编著:《课程研究领域的探索》,四川教育出版社 1988 年版,第 9—14 页。

　　④ 王伟廉编著:《课程研究领域的探索》,四川教育出版社 1988 年版,第 20 页。

的"课程编制"系统,而博比特、查特斯以及其后一脉相承的泰勒显然是符合这种"系统性"的诉求的。

80年代我们引进的课程论著作之一——比彻姆(Beecham, G. A.)的《课程理论》一书中也用到了"课程工程"一词,并将其作为第七章的标题。比彻姆认为"课程工程"一词是和"课程系统"一词相关联的,但又有所区别。比彻姆认为课程工程有两层涵义:第一层涵义在于课程工程具有的结构特征,即课程系统;第二层涵义是课程工程具有的动态特征,也就是指课程系统的运行。"课程系统"比"课程工程"概念要小,课程系统是有关课程的各种职能的决策和实行的体系,描述了课程工程的结构特征。课程系统有三个重要的职能,即制作课程、实施课程、评价课程及课程系统的效果。因此在结构上表现出多种因素、多种层级、多种子系统的并存,这个系统是复杂的。这种复杂性要求明智的人事管理,从整体出发统筹系统内的各个要素,走"综合—分析—综合"的道路。课程系统的运作过程也就是课程工程的动态特征,包含维护和改进课程系统所必要的一切过程和活动课程工程的动态过程,它是由"目标→制作→实施→评价→目标"组成的一个闭合回环。

比彻姆用了系统论分析的术语来描述学校教育和课程系统,认为学校教育是由三种系统组成,即课程系统、教学系统、评价系统,并用输入、系统拥有的内容和过程、输出这些系统分析术语来分别描述这三个系统。比如,课程系统的输入资料为教育基本原理、以往课程工作的经验,而系统的内容和过程所起的作用是编出课程规划,使它通过教学系统得以实施,并根据评价的反馈信息进行修改和调整,课程系统最有形和最重要的输出是课程。

80年代,我国学者热衷于将教学和课程视为系统,为课程研究建立各种模式,运用工程话语对课程进行描述,比如"基础""基本""系统、体系""结构""建设""开发""革新""建构"等工程学语言。我们审视80年代出版的有关课程研究的书籍,其中最为典型体现课程工程话语的是王伟廉编著的《课程研究领域的探索》。王伟廉用系统论的思想构建了课程大循环系统和小循环系统,他认为应该从教育活动全过程对学校课程进行探讨,即把课程作为一个整体来考察,不仅要进行"应该如何"的理论探讨,而且要研究"怎样设计课程、怎样推广课程、怎样分配课程时间"等的实际问题。王伟廉将整个课程系统分为前后两个子系统,前一个子系统,他称之为小循环系统,后一个子系统称为大循环系统。课程系统,无论是子系统还是整个系统都是与外界不断交流的开放系统,除了两个子系统本身有一个不断地反馈和调整的内在机制外,还根据社会、科技、文化的变化而不断地变化。课程领域处在一个不断更新、不断改进和不断提高的循环往复的"动态"过程之中,每一次循环都意味着一次进阶。在王伟廉看来,系统工程的最大启示在于突破了"原子论",认为事物之间不是孤立的,而是相互联系的;系统是开放的,而不是封闭的;事物的发展是动态的、循环的,而不是静止的。

此外,在钟启泉的《现代课程论》一书中,也提及"课程系统"这一概念,"课程系统也可称作'课程工程',以表示课程的系统和系统内部的动力状态。整个课程系统包括三项主要要素:输入、维持系统的内容与过程以及产出三部分。其中第一部分是构成课程的原料,包括教育的基础、人格特质、课程经验、各科教材、社会与文化价值等。须有这些资料的输入,才能有第二部分活动的进行。第二部分是课程系统的主要部分,其使系统运转和发挥功能,包括课程实施范围的选择、人员的甄选、课程目标详案的制定与实施步骤的确定、评价与修订课程的程序的确定等。第三部分是系统生产的成果。它的最显著的与必要的产出就是一套有计划的课程。这是唯一直接可见的成果。此外,教师和其他人员由于参与课程系统的设计和实施所增进的知识、改变的态度及所要求的继续活动等,都是该系统的可能的成果。"[1]也就是说,课程工程是一个由各种因素和子系统构成的,并形成一个输入、运转和产出的闭合回环的严密的系统。

廖哲勋在《课程学》一书中也明确指出:"课程建设是一项复杂的系统工程,这项系统工程是从课程设计开始的。"[2]廖哲勋在系统论的基础上提出了课程设计最优化的思想。

80年代我国课程论的有关著作几乎都提及"课程工程"一词,在一定程度上证明了课程工程话语的统治性地位。公允地说,80年代,系统论对我们综合考虑课程研究中的各个因素、各个系统,对我们更好地理解课程和开展课程实践、课程改革有很大的帮助。

---

① 钟启泉编著:《现代课程论》,上海教育出版社1989年版,第178—179页。
② 廖哲勋:《课程学》,华中师范大学出版社1991年版,第119页。

第二章

课程概念

第一节　课程概念的单维理解

　　谈及课程概念,现在的观点多半认为我国古已有之。比较公认的课程概念最早追溯至唐朝孔颖达在《诗经·小雅·小弁》中为"奕奕寝庙,君子作之"句作疏:"维护课程,必君子监之,乃依法制。"宋代朱熹在《朱子论学·论学》中也提到"宽着期限,紧着课程""小立课程、大作工夫"等。然而陈桂生认为那时的"课程"意指学程,是指工作的程度,学习的范围、领域、时限、进程等,与现代课程的意涵有一定的差距。其实在朱熹以后的很长时间里,这个词很少用,即使是朱熹,实际也未把"课程"作为专门的概念。陈桂生指出,今人只不过为了考证的需要,才把这个概念硬套于古代教育之上,有"以今例古"之嫌。① 对于这一说法,章小谦等有不同观点,他们认为"课程"一词在朱熹时就已经有"课业的课程"这一含义,与近现代课程共有"课程"最本质的内核。这是因为课程概念的形成和发展与唐宋时期科举制度的实行和官学体系的完善有关。科举就其本意而言,就是分科取士,分科取士使围绕科举制度而进行的教学不得不在内容上分科,在安排上分段。当时的课程概念和近现代课程概念的区别体现在课程设置上还没有完全科学地分科;课程内容侧重人伦道德教育,占的比重过大;"劳心"与"劳力"相分离,脱离生产劳动;从安排形式上一般是单科独进,即学完一门课后再学另一门课,

---

　　① 陈桂生:《课程辨》,载《课程·教材·教法》1994 年第 11 期。

而不是各门课程齐头并进；对在学年限、年级、年龄和学习程度，还没有严格的规定，没有建立起在课程上相互衔接的学校制度。①

倘若确如章小谦考证，那么课程概念在我国形成之初，便带有"制度化的安排、教学内容、学科"等涵义。1949 年以来，受凯洛夫教育学影响，我国学者将"课程"置于教学论的概念体系之中，理解为学科或学科的总合。改革开放后，研究者开始广泛引进国外的课程理论，尤其是欧美国家的课程理论。在这股借鉴的热潮中，国外有关课程概念的丰富、多维的解释引起了我国课程研究者的兴趣，对国内盛行的"教学内容、学科、教材"这种单维的课程概念产生了冲击。80 年代我国课程研究者引入大量国外的课程概念，为我们理解课程打开了广阔的视野，主要有以下几种，如表 2-1。

表 2-1　80 年代引入我国的国外课程概念

《国际教育百科全书》	为训练儿童和青少年在集体中思维和行动的目的而制定的潜在经验的序列；在学校指导下的学习者的全部经验；为使学生有资格毕业，或取得文凭，或进入某一专业或职工领域而由学校提供给学生的教学内容或者具体教材的总计划；课程是探索学科中的教师、学生、科目和环境等因素的方法论研究；课程是学校的生活和纲领……一种有指导的生活事业；课程变成青少年和他们的长辈生活中能动的活动本身；课程是一种学习计划；为在学校的指导下使学生的个人的和社会的能力获得不断的、有意识的发展，通过知识和经验的系统重建而形成的，有计划和有指导的学习经验以及预期的学习结果；课程必须基本上由五大领域的有组织的学问组成：掌握母语和系统学习语法、文学和写作、数学、科学、历史、外语；课程被看作是关于人们的经验（而不是结论）的日益广泛的可能的思想范例，从这些范例中引出结论。而这些结论，即所谓的真理，只能在这些范例的背景中扎下根基，并获得认可②
坦纳夫妇	有组织的知识积累；思想范型；种族经验；有指导的学习经验；有计划的学习环境；认知/情感内容和过程；教学计划；学习目的或结果；生产的技术系统；知识和经验的重建③

① 章小谦、杜成宪：《中国课程概念从传统到近代的演变》，载《华东师范大学学报》（教育科学版）2005 年第 12 期。

② 杨爱程：《美国课程论中的课程定义举要》，载《比较教育研究》1987 年第 5 期。

③ 杨爱程：《美国课程论中的课程定义举要》，载《比较教育研究》1987 年第 5 期。

蔡斯	课程是学习方案;课程是学程内容;课程是有计划的学习经验;课程是在学校领导下"已经获得的经验";课程是预期的学习结果的构造系列;课程是书面的活动计划①
麦克尼尔	用来编制学习时所凭借的作品、书籍和材料的一套指南;一种活动方案,一张列有课程、单元、课题和内容的表;学校指导的所有学习活动;人们决定教什么的过程;用于课程编制的过程研究;学习者在学校中实际上学习的内容;人们为学习者规划的学习内容②

可见,80 年代我们对"课程"概念的引进已经很全面了,从学科维度、目标维度、经验维度、活动维度和计划维度这些不同的方面来阐述课程的概念。整理这些概念维度,其中学科维度、计划维度和目标维度三者是相通的,也就是说将课程看成是"学科、计划、教学内容"所隐含的课程价值取向和课程观是内在一致的。而经验维度和活动维度则是相通的,将课程看作是"学习的经验"和"活动的展开"所隐含的课程价值取向和课程观也是基本一致的。

与此同时,课程学者已经意识到不同的课程概念与不同的课程思想、课程价值观有关。在引进各种课程概念的同时,也梳理了各种课程流派和课程观。比如,陈侠考察了几百年来国外课程的各种流派,如人文主义的课程论、泛智主义的课程论、感觉主义的课程论、自然主义的课程论、主知主义的课程论、功利主义的课程论、实用主义的课程论、要素主义的课程论、结构主义的课程论和发展主义的课程论等。钟启泉介绍了古典课程论、裴斯泰洛齐(Pestalozzi,J. H.)主义的课程论、功利主义的课程论、赫尔巴特(Herbart,J.F.)的课程论、杜威的经验主义课程论、"教学与生产劳动相结合"的思想与课程这些教育先驱的课程遗产以及标志现代课程论的进步的两种课程思潮——学问中心课程与人本主义课程。田慧生总结了几种当时西方盛行的课程观:工学主义的课程观、学术主义课程观、社会重建主义课

---

① 瞿葆奎主编:《教育学文集·课程与教材》上册,人民教育出版社 1988 年版,第250—254 页。

② 瞿葆奎主编:《教育学文集·课程与教材》上册,人民教育出版社 1988 年版,第250—254 页。

程观。①

综观这些课程观和课程流派，尽管在划分依据和所取时段上有所差异，但就对课程概念的影响来说，这些课程观的分歧基本可以归纳为以下几点：实质教育还是形式教育；儿童中心还是社会中心；关注现在还是侧重未来。对这些问题的不同看法致使对"课程概念"从哪个维度来定义也产生不同的看法。举例来说，如果研究者偏向儿童中心这一方，就会赞同自然主义的课程论或经验主义的课程论，倾向于从经验维度来理解课程概念。

以上几位学者只是列举了不同的课程观，但没有直接揭示"课程观"与"课程概念"之间的关系。在廖哲勋摘译的《五种课程概念——它们的思想根源及其课程设计的思想》（上、下）②一文中，介绍了艾斯纳（Eisner, E. W.）等所揭示的五种不同的课程概念和课程观的联系。文章明确指出了课程概念的形成与不同假设的课程观有关。有五种不同的课程观，即认知过程研究课程观、技术式课程观、自我实现的和完全经验式课程观、社会改造式课程观和学术理性课程观，它们分别对应五种课程概念。认知过程研究课程观的主要问题是学生与学习材料之间相互影响的关系，所以主要考虑智力活动的精心设计，重心放在儿童的研究上，相对应的课程概念是"课程即知识结构与心理结构之间的互动过程"。技术式课程观，它关心的问题是如何教，而不是教什么，所以，重心放在教学材料的编辑和传输上，相对应的课程概念是"课程即教材"。自我实现或完全经验式课程观，强调以儿童为中心，认为课程的作用就是为每一个学习者提供经验，以促进每个个体的自我实现，相对应的课程概念是"课程即经验"。社会改造式课程观强调教育在社会中的作用，认为课程应该反映社会的需要和进步，它有两种不同的方向，一种是努力适应社会，另一种是激进的理想主义者，相对应的课程概念是"课程即思想范型"。学术理性课程观，重在进行文化和知识的传递，相应的课程概念是"课程即学科"。

然而，尽管我们引进了多元化的课程概念，以及其与课程观之间的联系，但从当时有关课程的一个常见的比喻，我们依然可以发现80年代的课程

① 田慧生：《西方现代课程观评述》，载《教育评论》1989年第3期。

② 〔美〕埃利尔特·W·艾斯纳等：《五种课程概念——它们的思想根源及其课程设计的思想》（上、下），廖哲勋摘译，载《课程·教材·教法》1985年第3、4期。

概念的主流导向。"打个比方，课程就像是一面透镜，它的前方是整个世界（包括自然的和社会的），它的后面则是正在成长中的学生。学生将透过课程这面透镜去认识世界"[1]，这个比喻所透露出来的信息是：研究课程就是研究如何设计这面透镜。一方面要对大千世界的现象和规律进行浓缩，抽取那些最有价值的知识，组成一个严密的体系；另一方面，要研究如何向学生传递这个知识体系。"透镜"的课程比喻在80年代是具有代表性的，反映了绝大多数学者的观点。在这个比喻中课程被理解为"教学内容"，它依附于"教学"这个概念。也就是说，尽管人们意识到课程这个概念需要从教学论中独立出来，要成立一门与教学论并列的学科——课程论，然而课程概念却没有真正摆脱教学论的逻辑，即困在"如何才能教得更好""如何才能有效地为教学组织合适的内容"这些问题里打转。比如，在《课程论若干现实问题初探》[2]一文中，傅博就提到课程论的地位是由教学论的逻辑起点所决定的。他列举了两种不同的教学论逻辑起点，在苏联教育学的传统中，教学是从研究教与学的关系入手的，"教与学"的关系要放置到具体的教学过程中去，因此教学过程必然成为研究主线。这样，课程就被看作是同教学原则、教学组织形式和教学方法并列的教学内容，在教学论中处于从属地位。而美国则以认识关系起点论为教学论的逻辑起点，要研究怎样占有学习环境，则必须将课程放在教学论研究的显著位置。傅博考察了苏联教育学和美国教育学对"教学论中的逻辑起点问题"的不同看法，认为两种教学论的逻辑起点一个在于"关注教"，一个在于"关注学"，课程的位置因此而有所不同。然而这个提问方式本身就值得质疑，考察"课程在教学论中的逻辑起点"，就预设了"课程概念属于教学论概念体系，课程论从属于教学论"的隐含前提。因此无论关心"如何才能教好"还是"如何才能学好"，都没有脱离教学论的基本范畴，无法突显课程概念。因为如果把课程局限在教学论的框架内，许多问题是被规避了的。主要有以下几个问题：其一，是谁的课程？在教学论概念体系中，无论是作为教材还是学习材料，课程都被假设为传递人类知识精华的手段，那么它实际上被默认为是价值中立的。因此，课程要研究的问题就局限于"什么知识最有价值"而不去考虑"这是谁的知识"，课程更像是一个

---

① 张引：《课程论应当研究的课题》，载《教育理论与实践》1988年第5期。
② 傅博：《课程论若干现实问题初探》，载《教育理论与实践》1988年第6期。

严格精密地加以选择、筛选、重组和系统化的工程系统；其二，课程是否具有动态性、可变性？如果仅将课程作为静态的、预设的、先于教学过程的一个文本，那么，就无法动态地、全方位地来考察课程。只有将课程放入课程设计、课程实施和课程评价的动态过程中去看，才能对课程有一个更为深刻的理解。

将课程理解为"教学内容"和当时我们的"知识观"有着密切的关系。如果我们把知识看作是客观的，那么我们对课程的看法自然是一个价值中立、系统严密、不可在实施过程中变更的文本。否则，即使我们承认课程是"学生在校内外获得的经验"，依然是指教师将"教学内容"加于学生的身上，"学习经验"只是一个经过简单灌输的形式化过程——从教师的书上翻刻到学生的头脑中而已。80年代，泰勒的课程理论、布鲁纳的学科结构理论、布卢姆的教育目标分类学、奥苏贝尔（Ausubel，D.P.）的有意义的接受学习理论都被我国课程研究者引入并盛行一时，然而这些理论在运用时都没有超越课程属于"教学内容"的基本范畴。

作为佐证，我们可以简单回顾一下80年代我国课程领域学者关于课程的几个定义：

"学生学习的全部学科称为课程。"①

学校课程不仅把各科教学内容和进程变成整个便于教学的体系，而且是培养什么人的一个蓝图，课程论是学校教育学中一门重要的分支学科。②

课程是旨在遵照教育目的指导学生的学习活动，由学校有计划、有组织地编制的教育内容。③

课程是"人类长期创造和积累起来的经验的精华"。④

课程是指一定的学科有目的、有计划的教学进程，这个进程有量、质方面的要求。它也泛指各级各类学校某级学生所应学习的学科总和及其进程和安排。⑤

课程是"为了实现各级学校的教育目标而规定的教学科目及其目的、内

---

① 上海师范大学《教育学》编写组：《教育学》，人民教育出版社1979年版，第97页。
② 戴伯韬：《论研究学校课程的重要性》，载《课程·教材·教法》1981年第1期。
③ 钟启泉：《课程的概念》，载《外国教育资料》1988年第4期。
④ 王策三：《教学论稿》，人民教育出版社1985年版，第168页。
⑤ 吴杰：《教学论——教学理论的历史发展》，吉林教育出版社1986年版，第5页。

容、范围、分量和进程的总和。"①

课程是由一定育人目标、基本文化成果及学习活动方式组成的用以指导学校育人规划和引导学生认识世界、了解自己、提高自己的媒体。②

第二节 课程概念的多元化取向

90年代,我国的课程概念开始趋向于多元化、整合化,课程概念开始真正从教学论中独立出来,并在课程改革和课程实践中得以拓展。随着"人"在我国教育中的真正凸现,越来越多的国内课程学者突破学科维度、目标维度和计划维度,尝试从经验维度和活动维度来理解课程概念。比如丛立新把课程的本质界定为学习经验,她认为只有个体亲身经历的才称得上是学习,外在的知识经过学生的体验才能转化为学习者内部所有。③ 张华也认为课程内涵发展的重要趋势之一在于从强调学科内容到强调学习者的经验和体验,要在儿童实践经验的基础上整合学科知识,使学科知识成为学习者的发展资源而非控制工具。④ 比起"教学内容"的课程概念界定,"学习经验"的课程概念包容性更强。因为既然是"学习经验",经验即指从前到现在的生活经历,所以必定不是单面的、阶段性的,而是儿童经验之总体,包括政治的价值、伦理的价值、艺术的价值、产业的价值。要突破课堂的封闭系统,扎根于儿童的真实感受,从更广的社会、文化视野中去把握儿童的经验。课程是一个动态的概念,而不是静态的文本,是在学习中生成的经验;课程是一个价值关涉的概念,知识不再被认为是客观的、普遍的,而是特定的、建构的。我们不仅要回答斯宾塞(Spenser, E.)式的提问"什么知识最有价值",还需要回答阿普尔(Apple, M.)式的提问"谁的知识最有价值",课程概念则必然要被置于广泛的社会、政治、经济、文化、种族等背景下来反省和理解。通过廖哲勋前后两个有关"课程"的概念理解

① 陈侠:《课程论》,人民教育出版社1989年版,第13页。
② 廖哲勋:《课程学》,华中师范大学出版社1991年版,第28页。
③ 丛立新:《综合活动课程刍议》,载《中国教育学刊》1995年第1期。
④ 张华:《课程与教学论》,上海教育出版社2000年版。

可以发现这种变化。如上所述，在 1991 版本的《课程学》中，廖哲勋将课程定义为"由一定育人目标、基本文化成果及学习活动方式组成的用以指导学校育人规划和引导学生认识世界、了解自己、提高自己的媒体"。而在 2006 年《我对当代课程本质的看法》一文中，廖哲勋则认为，当代课程的本质不是知识，也不是经验，而是在一定培养目标指引下，由系列化的课程目标、课程内容及学习活动方式组成的，具有复杂结构与运行活力的，用以促进学生各项基本素质主动发展的指南。① 同一位学者对同一问题的释义，十五年间发生了重大变化，其中最为显著的是强调课程的动感性和多维性，即从"媒体"到"促进学生主动发展的指南"。

90 年代，一方面，人们开始突破"计划""教材""教学内容"等课程理解，课程概念呈现多元化的取向；另一方面，有些学者将不同的课程理解视为课程概念的不同立面和角度，将各种维度统合起来。比如，"人们将树立全面的观点，把课程看成既是一种'教育计划'，也是一种'预期教育结果'，还是一种学生获得的'教育经验'，等等。进而我们还将站到人的本性是'活动'的高度，把课程看成是'一段教育进程'，课程将不仅仅是存在于'观念状态'的可以分割开的'计划'、预期结果或'经验'了，课程根本上是生存于'实践状态'的无法分解的、整体的'教育活动'。既然是'教育活动'，就必然现实地而不是抽象地包含着和设计着教育的各个要素和各种成分、教育的方方面面。从这个意义上说，课程实质上就是实践形态的教育，课程研究就是实践形态的教育研究，课程改革就是实践形态的全面的教育改革。"②（当然，这种对课程概念的理解也会引起奥恩斯坦式的疑虑，即当课程领域界限无限泛化，倒会使人们对课程到底是什么产生迷惑，"当任何一个领域的内容和范围变得无所不包时，或者当它扩大到与其他许多领域的内容和范围重叠时，要界定该领域（就说课程吧）的范围和将之与其他领域区分开来，就变得极其困难"。③）

但不可否认的是，90 年代，甚至 2000 年后，在我国的教育界，无论是理

---

① 廖哲勋：《我对当代课程本质的看法》（上），载《课程·教材·教法》2006 年第 7 期。

② 黄甫全：《新中国课程研究的回顾与展望》，载《教育研究》1999 年第 12 期。

③〔美〕艾伦·C·奥恩斯坦、弗朗西斯·P·汉金斯：《课程：基础、原理和问题》，柯森主译，江苏教育出版社 2002 年版，第 15 页。

论界也好,实践界也好,将课程视为"教学内容""学科""知识"的概念理解还是普遍存在的。比如有的学者认为,"课程的本质是教学认识的客体——人类认识的成果——知识……教育者之所以要设置课程,实质上就是为学生提供认识的客体,以便学生作用于课程这个客体,发生教学认识过程……所以说,课程的本质就是教学认识的客体"。① 陈桂生在《常用教育概念辨析》一书中分析了其中的原因,"其实,在中国通行的话语系统中,'课程'与'教学'的界限相当分明,以至对美国学者的界定反而费解。这是由于迄今为止仍采用'教学论'话语系统,我国所谓'课程',仍属于作为'教学内容'的课程,并且是'所有学科的总和'的'课程';我们所谓'教学内容',又以系统的书本知识为主体,通过'教'与'学',着重传授系统的知识,并假定在传授系统知识基础上可以发展学生的能力。我国实践本身还未达到足以提出'这种教与学能否发展学生能力'问题的程度,也就难以接受不同于现今'课程''教学'概念的那些概念。"②陈桂生指出目前存在着课程概念泛化的现象,那种"跑道"隐喻下的西方课程概念因为我国尚不存在"教学自治"的事实而难以在我国扎根。泛化的课程概念和课程实施属同义反复,只有将课程理解为"固定"的课程设置、教学内容,课程实施的概念才成立,而"学生的经验"也只能是作为课程实施的结果而合理存在。

　　对于课程概念的思考,恐怕需要我们换一种思维方式。有学者提出,比起"课程是什么"的本体论思维方式,"课程不是什么"的实践论思维方式更加可取。这两个问题的转换就在于"将'课程是什么'这样一个抽象的问题转化为具体的现实命题,把我们的课程研究从'天上'拉回到'人间'"。③ 因为"课程是什么"将课程的本质视为外在于人的固定物,那么需要抽离具体的历史和时代场景,采取一种"主客二分"的认知模式去抽象地思考。比如说用"种加属差"的方式来定义课程的概念,这容易让研究者脱离现实课程实践去空洞地思考,用生硬的、唯一的、不可变通的课程标准去规约千变万

---

① 王策三:《认真对待"轻视知识"的教育思潮》,载《北京大学教育评论》2004 年第 3 期。

② 陈桂生:《常用教育概念辨析》,华东师范大学出版社 2009 年版,第 99 页。

③ 徐继存:《课程本质研究及其方法论思考》,载《当代教育科学》2003 年第 14 期。

化、千差万别的实践情形,必然削足适履。① 而回答"课程不是什么"则需要在既定的时代和历史条件下加以审视,只有在具体的课程改革和课程实践中,才能明确地回答"课程不是什么"这个问题。也有学者认为与"课程是什么"的本体论追问相对的与其说是"课程不是什么",不如说是"课程应该是什么"。蒋世民认为"课程不是什么"的追问实际上无法脱离"课程应该是什么"的追问而独立存在,因为"不是什么"必然有判断的标准,而这个标准则是"课程应该是什么"。② 不论是"课程不是什么"也好,"课程应该是什么"也好,实际上是呼吁我们放弃那种绝对主义、基础主义和科学主义的本质主义思维方式。不要因为过于相信理性而自诩为世界的认识者甚至创造者,去用不变的概念、规则去界定世界,而是寻求每一种课程概念背后的课程理论支撑,并保持反思的习惯和对其他课程概念开发的警醒,我们就能愈来愈接近真理。那种认为"根本不存在本质"和"认为本质是无法表达的"的反本质主义都是消极的,因为世界的差异性决定了本质的存在。我们既不能将本质唯一化、永恒化、庸俗化,也不能走向另一极端,因为认识的局限性和暂时性就将"本质"虚无化。课程的本质是有多种层次的,我们要在具体的实践情境中认识课程。课程概念是具有生成性、情境性、历史性和不确定性的,就像施良方指出的那样,"每一种有代表性的课程定义都有一定的指向性,即都是指向当时特定社会历史条件下课程所出现的问题,所以都有某种合理性,但同时也存在着某些局限性。而且,每一种课程定义都隐含着作者的一些哲学假设和价值取向。对于教育工作者来说,重要的不是选择这种或那种课程定义,而是要意识到各种课程定义所要解决的问题以及伴而随之的新问题,以便根据课程实践的要求,做出明智的决策"。③

用这种思维方式来看三十多年来"课程概念"的变化,"教学内容"的课程概念反映了 80 年代课程工程话语的特性,80 年代社会本位的课程价值取向将课程实践和课程改革作为一项为社会主义建设贡献力量的工程。要为

---

① 比如有研究者认为,应该用"种加属差"的方式对课程及其构件课程主体、课程指向、课程本位、课程实施途径、课程存在形式以及课程评价进行整理,得出一个较为统一的概念。(郑和:《课程概念的逻辑学分析》,载《上海教育科研》2004 年第 12 期。)

② 蒋世民:《课程本质及其方法论再思考——兼与徐继存先生商榷》,载《当代教育科学》2005 年第 24 期。

③ 施良方:《课程理论——课程的基础、原理与问题》,教育科学出版社 1996 年版。

四化建设培养新人，需要先进的教学内容，课程被纳入教学论的体系，理解为教学内容，对于课程我们关注的话题是"什么是对四化建设最有价值的知识""如何才能更有效地编制课程，更好地为教学服务"。作为"教学内容"的课程是价值中立的、静态的、预设的，暗含着知识是客观存在的、先定的和不可更改的。我们需要通过课程将人类的先进文化加以传播，而从"为社会主义四化建设培养新人"→"树立教育目标"→"确定教学内容"→"实施教学"→"评价反馈"是可以形成一个"闭环工程系统"的。而 90 年代以后，在以"人的发展"为基点的"课程改革和课程实践"的实践趋向下，倡导课程权力的下放，增强学校和教师课程意识，并有"一纲多本""三级管理"这些课程政策作为实行保证，课程概念越来越冲破"学科""教学内容"的狭窄框架，向更为多元的课程概念发展。

第三章

课程编制与课程评价

20 世纪 80 年代，课程研究处于起步阶段，总体来说，相应的研究成果还比较少。80 年代的课程研究主要集中于课程编制（课程编订）和课程评价，课程编制与课程评价研究是 80 年代课程研究的热点问题。80 年代翻译过来的两本关于课程研究的译著，不论是劳顿（Broughton, D.）的《课程研究的理论与实践》，还是比彻姆的《课程理论》，都有"课程编制"和"课程评价"的专门内容。1989 年我国出版的两本课程论著作——钟启泉的《现代课程论》和陈侠的《课程论》，也将课程编制和课程评价作为重要内容，尤其在钟启泉的《现代课程论》一书中有三个章节涉及课程编制的内容。

第一节 课程编制的模式化

一、教材编制中的课程意识

80 年代的"课程编制"在一定意义上是指"教材编制"，如表 3-1，通过知网搜索，关键字含"课程编制"一词的，全文中有 92.31% 含有"教材"；这项数据在 90 年代和 2000 年后，逐步下降为 72.97% 和 69.05%。也就是说，80 年代的"课程编制"的论文绝大部分都与"教材"相关。

表 3-1 "课程编制"论文中含教材研究的比例

时间段	关键字"课程编制"	关键字"课程编制"& 全文"教材"	比例
1980—1989	26	22	84.62%
1990—1999	111	81	72.97%
2000—2009	532	325	61.09%

此外,课程编制在当时还表现为教学内容与学科结构的调整,这是因为"文化大革命"结束后,全国教育几乎陷于瘫痪状态。各地中小学学制混乱,全国有 14 个省、自治区实行九年制,7 个省、市、自治区实行十年制,9 个省、自治区的农村实行九年制、城市实行十年制。教材体现了"以阶级斗争为纲",充斥着大量的口号、标语,政治意味浓重,不能反映科学技术的发展,教育质量低下。1977 年 8 月 8 日,邓小平在科学与教育工作座谈会上谈到,要重视中小学教育,"关键是教材,教材要反映出现代科学文化的先进水平,同时符合我国的实际情况"。[1] 1977 年国家教委确定以十年制为基本学制,制定新的教学计划,并于 1978 年 1 月 18 日颁发了《全日制十年制中小学教学计划(试行草案)》,提出了编写教材的指导思想,即贯彻执行党的路线、方针、政策,为实现我国四个现代化培养又红又专的人才打好基础;彻底清除"四人帮"的流毒和影响;处理好理论与实际的关系,精选知识,加强"双基",注重学生的智力发展。根据这一指导思想编写的教材在当年秋季小学和初中起始年级开始使用,这是建国后第五套全国通用的中小学教材。从 1976 年 10 月粉碎"四人帮",到第五套教材的编竣并付诸使用,前后不到两年的时间。总体上看,这套教材力求肃清"四人帮"的流毒和影响,用一套政治话语代替另一套政治话语,依然没有完全摆脱"文革"时期的政治倾向、政治话语体系。在这种情况下,整个学科教材体系还未及关注。1981 年 3 月,教育部颁发《全日制五年制小学教学计划(试行草案)》。与 1978 年的教学计划相比,这次的教学计划对学科体系做出了调整:首先,以思想品德课取代了原来的政治课,总课时有所增加;第二,恢复了历史、地理课,四年级开地理,五年级开历史,每周均为 2 课时;第三,增设了劳动课,要求四、五年级每周安排

---

① 何东昌主编:《中华人民共和国重要教育文献(1976—1990)》,海南出版社 1998 年版,第 1573 页。

1课时，组织学生参加公益劳动或简单生产劳动；第四，语文、数学、自然等部分学科的课时数做了调整，音乐、美术、外语学科改为有条件的学校在四、五年级开设。

可见，80年代前期的课程编制以调整课程内容和学科结构为主，还没有涉及到课程编制中的一些核心问题，比如，学科课程、活动课程、广域课程、核心课程之间的关系。1986年4月27日，第六届全国人民代表大会第四次会议通过了《中华人民共和国义务教育法》。《义务教育法》的颁布，顺应了国际教育发展的趋势，重申了政府对每个公民所承担的进行义务教育的责任。由此，一场从义务教育阶段逐步延伸到高中阶段的课程改革开始了，80年代末人们开始关注课程编制的一些深层次问题。1988年10月，国家教委公布了《义务教育全日制小学、初级中学教学计划（试行草案）》，首次在初中开设了选修课，其课时占初中总课时的4.1%，高于化学、音乐、美术等所占比例。另外，还将课外活动作为一门课程正式列入教学计划。尽管在80年代中后期人们开始关注必修课、选修课、课外活动这些课程编制的深层问题，但仍处于起步阶段，对"公平发展"和"个性发展"之间的关系，以及"以经验为中心"和"以知识为中心"两种不同的编制方式的价值取向等问题都缺乏深层次的讨论。

教育理论界对教材编制的指导思想也反映在80年代的课程研究中，《课程·教材·教法》中对各科教材的研究和讨论的文章占了绝大部分，而且对"教材的研究"又基本上是对单个学科教材的研究，缺乏整体的课程视野。当然，这倒不是说"教材"和"课程"毫无关系，我们通常将教师、学生和教材称为教学的三个要素，它们构成一个"三角模型"，教师以教材为媒介作用于学生。是否有课程意识关键在于有什么样的"教材观"。为什么80年代的教材研究局限在"哪个学科的内容是最重要的，它的比重应该占多少""对于某一学科来说，这些知识点是否合宜"这些问题中，主要是因为建国以来受凯洛夫（Kaiipob，N. A.）影响下的传统教育，习惯于"教教材"，而不是"用教材教"。"教教材"的教师对教材是深信不疑的，将之看成是客观的、不需要加以反思的真理。在社会本位的教育观念中，只要将这些真理传授给学生，他们就能成为社会主义建设的人才，于是对教材的注意力自然都集中于学科专家是否将最合宜的知识摘选出来。只关注内容逻辑，很少从儿童的学习角度将"教什么""如何教""怎样学"这些问题，综合考虑来思考教材的编排。

教材研究按照"客观知识→教材→教案"的方向展开,是一种忠实和授受的顺向过程。而"用教材教"恰好相反,从"教学过程→教案→教材→知识的建构"这一逆向过程要求对教材和知识以及相互间的关系进行反思,是一个创新和建构的过程,需要教师具有"课程意识"。

80 年代中期开始有研究者思考知识结构、教材结构和认识结构之间的关系,尽管这种探讨还停留于表面,但意味着人们已经意识到教材和知识、认识之间复杂的互动关系。①

李家镕提出了教材的人化,不仅注意到了教材的内容结构,还注意到了教材的认识结构。他认为,我们以往比较关注的是教材内容的逻辑结构,这是一种结论性处理、理性化处理,这是一种硬处理,而所谓"教材的人化"是指对教材的过程性处理和人文化处理,可以称之为软处理。②

这些都意味着 80 年代中后期人们开始对教材编制的目的、过程和意义有了新的思考,进行了理论上的反思,加强了教材编制中的课程意识,反映了教材编制研究向课程编制研究的转变。

二、课程编制的工程模型

课程编制在我国通常和课程设计、课程开发等概念混用,特别是和课程设计的概念混用。80 年代研究者对它们的关系认识各有不同,有些学者认为,课程编制和课程设计概念是可以通用的,③有些学者则认为两者是有区别的。有两种意见,一种认为课程设计是课程编制的一部分,"课程设计与课程编制两个概念是有区别的,课程设计是课程编制过程中的一部分,它包括课程目标的确定与课程内容的选择与组织"④;另一种则认为课程设计是课程编制的狭义理解,"课程设计具有广义和狭义之分,广义的课程设计与课程编制或课程开发同义,狭义的课程设计是课程编制的技术层次"⑤。综

① 余盛泽:《论"知识结构""教材结构""认识结构"的关系》,载《课程·教材·教法》1986 年第 2 期。

② 李家镕:《试论教材的人化》,载《自贡师范高等专科学校学报》1989 年第 2 期。

③ 钟启泉:《现代课程论》,上海教育出版社 1989 年版。

④ 施良方:《课程理论——课程的基础、原理与问题》,教育科学出版社 1996 年版,第 80—81 页。

⑤ 杨爱程:《当代课程设计中的几个趋势》,载《教育科学》1992 年第 3 期。

观 80 年代，人们关注的都是宏观层面的问题，课程设计和课程编制的概念是基本相通的。

大致来说，80 年代课程编制的概念有以下几种界定：

课程编制大体上包括对人生活动的分析、对教育目标的分析、对儿童身心发育状况的研究、对教学科目的安排和各科教学时数的分配、对教材教具的选择和评价等等。[1]

所谓课程编制或课程设计（curriculum making, curriculum design），主要是指牵涉学校教育中的教学的媒体——教学内容、教育活动的组织和改善的方法与技术，从广义上说，包括了国家、社区和每所学校的课程构成——不同层次的课程编订、实验实施及对其过程与成果的评价、改进。[2]

课程编制，也称课程编订，是指一种过程，包括研究课程目标、课程内容、课程组织，以及课程评价等环节。[3]

总结这几种课程编制概念的共性，不难发现，课程编制的概念还是深受泰勒模式的影响。课程编制被界定为由课程目标、课程内容、课程组织和课程评价构成的课程工程模型，它是一个由多种因素构成的系统闭合回环。

（一）课程编制的社会本位价值取向

课程编制的工程模型主要体现在课程编制的价值取向和方法两个方面。80 年代的课程编制是遵循社会本位的课程价值取向的。80 年代，课程建设现代化的首要任务就是教学内容和课程结构的现代化，课程编制在四化建设中的重要性日益显露。在这种背景下，"文革"时期的课程被进一步调整，学科教材体系又逐步重新确立起来。1981 年戴伯韬在《课程·教材·教法》创刊号上强调课程编制要符合客观规律，要按照教育方针编制课程。可见，80 年代课程编制是为了适应社会主义现代化建设的需要，反映出社会本位的价值取向，这点也充分体现在课程学者对课程编制制约因素的分析中。80 年代有代表性的对课程编制制约因素的分析有以下几种观点：

戴伯韬认为课程论这门科学同人类社会的政治、经济、生产以及文化科学技术的发展有着密切关系。其中，主要是生产方式决定了学校课程的内

---

① 陈侠：《课程编订：概念和原则》，载《课程·教材·教法》1983 年第 5 期。
② 钟启泉：《现代课程论》，上海教育出版社 1989 年版，第 196 页。
③ 陈扬光：《中国当前课程论研究热点述评》，载《福建师范大学学报》（哲社版）1996年第 3 期。

容和性质。① 戴伯韬将课程编制的因素归为单一的社会因素,显然是社会本位的价值取向。与戴伯韬不同,大部分课程学者认为制约课程编制的因素是多维度的,其中将儿童、社会和知识三者作为制约因素的观点最为常见。

江山野将课程编制的因素归为儿童、社会和知识。他主张要研究三者之间的关系,三者既不是并列的,也不是主次的,也不是对立的。江山野提出课程编制最终是社会需要,知识、儿童与社会需要并不矛盾,知识学习与儿童发展本身也是一种社会需要,因此可以在社会需要下统一知识与儿童。②

而王策三持"内外因素"说,他把知识、社会要求与条件、学生归为外部因素,这三方面是相互交错的,也就是说课程的结构受科学结构、社会结构和学生心理结构的综合影响。他认为仅考虑这些外部因素是不够的,因为课程是遵循外因通过内因而起作用,也就是说课程是在外力的作用下遵循内部矛盾斗争的规律而得以发展的。因此,课程设计不仅要考虑影响它的外部因素,还要思考课程内部的矛盾。影响课程的内部因素有课程的历史传统、教学论,特别是课程观点、课程发展自身相对独立的规律等。他认为,课程的发展是在内外因的互动中达成的,即在科学、社会、学生等外部因素和条件的作用下,直接通过一定的课程论作为指导思想,对已有的历史传统课程进行改造而实现的。③

廖哲勋认为影响课程编制的因素除了人们常说的社会因素、学生因素和知识因素外,还应该增加课程工作者因素。课程与社会、学生和知识、课程人员这四种因素之间都存在着作用与反作用的辩证统一关系。具体而言,课程既受社会的制约,但同时也对社会有一个巨大的反作用。社会通过一定的生产力、政治经济制度和社会意识形态共同对课程产生综合作用,而课程一旦实施,又会对社会产生巨大的反作用;知识具有制约课程的独特作用,而课程又能促进知识的再生产;学生发展水平的阶段性和个体间的差异性决定了课程需要设计成不同层次、不同水平、各种性质(如必修课和选修课的设置),而课程的实施反过来又会对学生的发展产生积极的或消极的影

① 戴伯韬:《论研究学校课程的重要性》,载《课程·教材·教法》1981年第1期。
② 江山野:《课程理论中的一个基本问题》,载《课程·教材·教法》1993年第11期。
③ 王策三:《教学论稿》,人民教育出版社1985年版。

响。而中外课程发展史都充分说明，课程与课程人员（包括课程决策者、课程设计者和课程实施者）的关系都是相当密切的。课程人员对课程的影响具体表现在其社会观、知识观、学生观、课程观四个方面对课程的影响，而反过来，课程对课程人员的课程思想和业务水平又具有不可忽视的反作用。[1]

陈侠认为政治因素和经济因素是制约课程的最根本、最主要因素，但如果仅停留在这两个因素上，就过于抽象而不具体，过于一般而忽视特殊。因此他提出了八种制约课程的因素，即社会生产的需要；科学技术的进步；教育宗旨的规定；培养目标的要求；哲学思想的影响；社会文化的传统；儿童身心的发展；学校类型和制度。[2]

钟启泉认为，课程编制或课程开发，归根结蒂总要受到一定时代、一定社会形态条件下的政治因素、经济因素和国际因素的影响和制约，但同时课程也会对该时代和该社会起到巨大的反作用。除了这些影响课程开发的根本因素外，钟启泉还提到了影响课程开发的认识因素，包括知识观的变化、儿童观的变化和课程观的变化。[3]

不难发现，80年代课程学者普遍循着泰勒原理的思路，认为影响课程编制的三大要素是社会、知识和儿童。同时，一些学者运用马克思主义辩证法"外因通过内因起作用"的思路对泰勒原理做了拓展，还有学者考虑到了课程自身的内部发展因素和理路，比如对课程人员、课程观、课程历史的关注。但总体而言，从80年代我国学者对课程的制约因素分析来看，还是集中反映出"社会本位"的价值取向。虽然人们承认课程编制受社会、学生和知识三种因素的影响，但最终仍试图用"社会因素"来统合"知识因素"和"儿童因素"。的确，社会、儿童、知识是影响课程编制的三大因素，但在人们的观念和实际操作中，三者不可能是并列的、等分的，泛泛地谈"三者兼顾，面面俱到"必然只停留在表面。因此，要将三者统合起来，需要找到统一的基石，80年代奠定"社会、儿童、知识"三者关系的基石落在了"社会"上，以"一切为社会主义建设服务"为中心发展出了"教育为社会主义现代化建设服务→课程必然要符合社会的需要→符合社会需要的课程也要体现知识的逻辑→为了

① 廖哲勋：《课程学》，华中师范大学出版社1991年版。
② 陈侠：《制约学校课程的各种因素》，载《课程·教材·教法》1985年第3期。
③ 钟启泉：《现代课程论》，上海教育出版社1989年版，第312—319页。

这种课程的实施得以顺利,我们需要研究儿童"这样顺理成章的思路。

(二)课程编制方法的模式化

80 年代,对于课程编制方法的研究,借鉴国外的成果比较多,原创的课程编制理论较少,但我们依然可以从国外课程编制方法的分析和采用情况来剖析 80 年代我国课程编制方法呈现出的特点。一种国外理论之所以能被当时的课程研究者所接受,在一定程度上反映了这种理论适应当时我国的实践需求和理论诉求。

80 年代,泰勒的目标课程编制模式在我国是比较盛行的,即便在 80 年代的美国,泰勒原理都是占主流地位的,如坦纳夫妇(Tanner,D. & Tanner,L. N.)所言,"直到 80 年代,泰勒原理仍然在课程领域里占据着中心地位"。[①] 泰勒原理即使到 90 年代以后,影响依然存在,正如克利巴德(Kliebard,H. M.)所说,"泰勒原理是课程领域里最富有持久性的理论公式"[②]。

为什么"泰勒"的课程编制理论在 80 年代的中国能为人们所广泛接受?因为"泰勒"的课程编制理论十分符合 80 年代我们建设课程工程的需要,它所提倡的"系统性""可操作性"和 80 年代我们对科学的诉求不谋而合。"泰勒原理"是课程编制的基本理论,由泰勒提出的四个问题组成,即学校应该寻求达到哪些教育目标?要提供哪些学习经验才能达到这些教育目标?怎样才能有效地组织这些学习经验?怎样才能确定这些目标是否得以实现?"课程目标→选择学习经验→组织学习经验→评价"构成一个逻辑严密的闭合回环系统。在课程目标的确定上,综合考虑了对学习者自身的研究,对校外当代生活的研究和学科专家的建议三种来源,比起我国原有的主观法、活动分析法、青少年需求中心法、经验法、实验法和生活情境法[③]这些单一维度或纯主观判断的课程编制方法,显然更具有系统论所要求的整体视野。目标确定以后,泰勒建议使用"行为"和"内容"构成的二维图表陈述目标。而在如何组织学习经验这点上,泰勒详细分析了组织学习经验中一些主要的

---

① 转引自罗明东:《拉尔夫·W·泰勒与"泰勒原理"》,载《教育研究与实验》1988 年第 4 期。

② 转引自罗明东:《拉尔夫·W·泰勒与"泰勒原理"》,载《教育研究与实验》1988 年第 4 期。

③ 王策三:《教学论稿》,人民教育出版社 1985 年版。

结构要素，分为高、中、低三个层次：最高层次的结构要素包括具体的科目、广域课程、核心课程、一种完全未分化的结构；在中间层次上，可能的结构要素包括按序列组织的学程、以一学期或一学年为单位的学程；在最低层次上，可能的结构要素包括课、课题、单元。对系统进行这种划分才不至于把它们的现实关系和从属关系搞成一团乱麻，泰勒还提出了组织这些结构要素的两种组织路向，即纵向组织和横向组织，同时规定了有效组织学习经验的三个标准，即连续性、序列性和整合性，以及一定的组织原则，即正确认识"逻辑组织"与"心理组织"之间的关系。综上所述，泰勒的理论将学习经验视为一个系统，并按照一定的标准将系统分为若干个要素、层次、子系统，这三种水平的学习经验的每一种都是一个特定的范围，有其独特的规律性，彼此之间又有某种顺序、关联性和依赖性，符合系统论所要求的层次有序、结构相关等规律。

因为自 70 年代起国外就有课程研究者对泰勒编制目标模式进行了批评，这些反思也伴随着我们对泰勒原理的研究兴趣被介绍到国内。《泰勒课程原理述评》①就介绍了 70 年代以来对泰勒模式进行质疑的代表性观点。比如，克里巴德对泰勒原理的每一个环节都提出了质疑，他认为教育目标要基于每个个体的价值判断，而不是预先就能确定了的；知识和经验也是不能被"加以选择和组织"的，因为经验是有具体情境的，不是可预见的结果，只有活动、任务和作业才能选择和组织；泰勒式的对预定目标的评价，必然会忽略那些附属的、不可测量的但并非不重要的结果。沃克（Walker, D.）发现课程团体在研究如何解决实际问题时并不按照泰勒提出的四个步骤，课程团体并不以研究目标为起点，尽管最后的结果接近目标。比起确定目标来，他们更习惯于调用自己对学生、教学、学习等的看法，以及经验、习惯和实例来编制课程。施瓦布则反对泰勒将手段视作为目标服务的，他认为目标的设定仅仅是一种途径，手段和结果之间是相互决定的，因此，泰勒模式所强调的目标在施瓦布的课程计划中并不受重视。阿普尔则从另一角度对泰勒原理进行了批判，他认为学校的最基本功能是"文化的再生产"，因此知

---

① 蒋晓：《泰勒课程原理述评》，载《教育评论》1988 年第 5 期。

识是一种文化资本的形式,在学校中学习什么、什么知识最有价值并不取决于教师和学生的看法,而是取决于资本利益集团,他们控制了媒介、生产和产品的消费和分配,同样也控制了学校教育和学生学习的课程。这些学者分别从不同的角度批判了泰勒原理的价值中立性、目的和手段的绝对性、忽略情境和不可测量物等。

又如《课程设置的两大类理论》①一文介绍了英国著名课程学者劳顿(Lanton,D)在1980年墨尔本大学主办的芬克纪念讨论会上所做的题为《公开课程问题》演讲中的"课程设置的两大理论"部分。在介绍课程设置的两大理论之前,丹尼斯·劳顿明确指出"我认为课程设置的理论或者模式现在只有两大类,虽然每一类里可能还有许多不同的次类。我在下一节要论断这两大类中有一类是错误的"。劳顿所说的两大类课程设置模式,一类是指行为目标模式或输出模式,另一类是指文化分析模式。他认为行为目标模式可以称为教学的模式,然而却不是教育的模式,因为教育的涵义比行为主义的还原论要深刻、丰富得多,因此,上述引文中他所指的那种"错误的课程设置理论或模式"指的就是泰勒式的行为目标模式。他认为课程编制应该遵循一种文化模式,将课程编制分为五个阶段:第一阶段,研究文化共相,指有关"教育的目的是什么""什么是值得学习的知识"这些哲学层面上的问题;第二阶段,研究文化的可变因素,如我们现有历史阶段中特别重要的社会问题;第三阶段,在文化中选择材料;第四阶段,考虑学生的心理发展,比如借鉴皮亚杰(Piaget,J.)关于发展阶段的理论和布鲁纳的教学理论;第五阶段,按阶段先后组织课程。劳顿的文化分析课程就像斯基尔贝克所说"课程图谱"的隐喻,也就是说,编制课程像是绘制地图,在对文化历史演变和现状的纵、横向考察和分析后,从广度和平衡的两项指标上编制和设计课程,这样设计出的"图谱"不是关于过去事物的静态图片,而是富有"过去—现在—未来"三者关系的张力的。

这些观点也引起了我国课程学者对泰勒原理和课程编制的反思,如在

---

① 〔英〕丹尼斯·劳顿:《课程设置的两大类理论》,张渭城等译,载《外国教育资料》1982年第4期。

《课程编制的目标模式和过程模式述评》①一文中，沈剑平指出，目标模式将课程编制视为一个工程系统，较少考虑人的因素，使课程编制成为一个技术问题。认为目标模式存在以下问题：忽视学习者的主体性和自主性；工具主义的教育观；工具主义的知识观；对课程编制程序和实际使用的认识过于简单化。他进而指出，与目标模式相比，过程模式在基本观点和具体做法方面有下述几个特点：主张课程编制过程是一个开放系统；强调教育过程本身的价值；强调发现与探究的学习；主张按学生的实际情况，相对灵活地选择和组织内容。

可见，80年代我国已经在对泰勒编制理论批判的基础上引进了有关课程编制的几种理论，如上述的过程理论和文化理论。尽管人们意识到泰勒原理的种种缺陷，但是纵观80年代我国的课程编制，依然是受泰勒原理影响至深的课程工程话语，力图用一种"系统的""科学的"方法来编制课程。比如，陈侠认为我们应该将课程编制作为科学研究来对待，而不要将其作为一项单纯的行政事务。"无论是确定课程设置、规定课程标准，还是编制师生用书，都应当把它们当作教育研究工作，精心设计和施工。"设计、施工的结果是产生一系列相关的文件，即确定课程设置。产生课程的文件之一——"教学计划"，规定课程标准；产生课程的文件之二——"教学大纲"，编辑学生用书；产生课程的文件之三——"教科书"，编辑教师用书；产生课程的文件之四——"教学指导书"或"教学参考书"，设计制作和购置教具、学具，编制各科教育测验。可见，在陈侠的课程编制理论中，基本上贯穿了泰勒原理的主线，即课程目标→选择学习经验→组织学习经验→评价。

王伟廉则将课程编制作为其课程小循环系统的居间环节，用系统分析的方法对其进行构型，如图3-1所示：

---

① 沈剑平：《课程编制的目标模式和过程模式述评》，载《课程·教材·教法》1988年第6期。

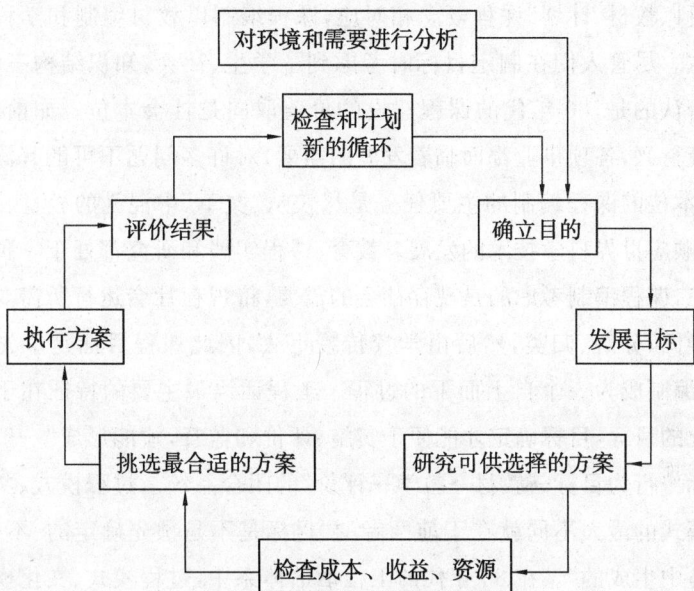

```
                    ┌──────────────────────┐
                    │  对环境和需要进行分析  │
                    └──────────────────────┘
              ┌──────────────────┐
              │  检查和计划        │
              │  新的循环          │
              └──────────────────┘
   ┌──────────┐                    ┌──────────┐
   │ 评价结果 │                    │ 确立目的 │
   └──────────┘                    └──────────┘
   ┌──────────┐                    ┌──────────┐
   │ 执行方案 │                    │ 发展目标 │
   └──────────┘                    └──────────┘
   ┌──────────────────┐    ┌──────────────────┐
   │ 挑选最合适的方案 │    │ 研究可供选择的方案 │
   └──────────────────┘    └──────────────────┘
          ┌──────────────────────────┐
          │  检查成本、收益、资源      │
          └──────────────────────────┘
```

图 3-1　课程编制循环系统图

　　王伟廉自己承认这种课程编制的模型和"泰勒的基本原理也极其相似"。① 其特征是在进行课程设计之前,先对全部情况和需要进行分析,根据最优化原则将这些需要排列成某种序列,再形成具体的目标。这些目标以行为目标的方式加以表述,从而便于评价。确定目标后,再根据这些目标精心选择学习内容,确定具体的学习过程、教学方式、学习材料以及实验、实习等。这些内容要仔细地加以排列,以确保学习者能获得预先确定的知识和技能。最后对学习过程进行评价,评价方法常常是可以"量化"的,从而使评价资料可以用统计学方法来加以处理。评价与整个课程的检查联系起来,构成了对系统的反馈,从而调整目标,这样,整个循环系统就构成了一个闭合回环。

　　通过上面的分析可以看出,80 年代课程编制是以工程话语为主的。分析其中的原因,是由于 80 年代课程编制所面临的最大问题就是如何统一课程标准和提高教材质量,调整"文革"期间混乱的学制和充斥着政治话语的教材体系,响应邓小平在 1983 年所提出的"三个面向"。课程编制的主要任务是让学科门类、教材内容跟上时代发展的步伐。因此,从总体上讲,与 80 年代"教学

_____

　　① 王伟廉编著:《课程研究领域的探索》,四川教育出版社 1988 年版。

内容、学科、教材、计划"课程概念相对应,课程编制以教材编制和学科之间的调整为主。尽管人们在制定目标时考虑到了学生、社会、知识结构三种因素,但不可否认的是,80 年代的课程建设的价值取向是社会本位。如前所述,80年代百废待兴,各项事业都面临着发展的需要,对许多问题不可能有深入的思考,社会本位的课程编制的主要任务是尽快从"文革"中混乱的教育状态下摆脱出来,顺应世界科学技术的发展。教育、课程实践和研究都处于一种亟待恢复的状态,课程编制考虑的是现存社会的需要,将现存社会运行所需要的知识和技能凝固、分解、归类,然后由学校传授下去,因此课程目标是事先确定了的,课程编制成为一个自上而下的过程。工程话语最主要的特征在于事先要确定细化的目标,目标确定才能便于实施、评价和监督,才能形成"一般目标→特殊目标→行为目标→教材→教学→评价"的闭合系统。过程模式、文化模式与目标模式的最大不同就在于前两者的"目标是不是预先确定的、不变的,而是在情境中生成的"。在 80 年代的工程话语体系中,过程模式、文化模式显然是不适合的,加上这一时期我们对课程社会学和课程文化学的研究还不够深入,这方面的知识储备不足,因此尽管过程模式和文化模式被介绍进来,但在80 年代我国的课程研究领域是很难扎根的。

然而,尽管系统化的模式可以保证最低的课程效用,但是却无法应对真实多变的课程情境,而且和可操作性、简便性、高效率结伴而来的是面对真实情境的机械性、断裂性和狭猥性。所以,随着课程概念的多维发展,特别是考虑到"学习的经验"这一维度,课程编制在 80 年代末及后来的发展方向是越来越非模式化,这意味着人们开始关注课程编制中非技术性的一面,将课程编制看作是一个开放的系统而非封闭的系统,因此,有研究者用"课程开发"概念来形容随着课程改革和课程实践的推进而内涵扩大的课程编制。"课程改革的推进促使课程编制的概念逐渐发展为内涵更为丰富而广泛的课程开发"①,用"课程开发"这个概念来表现考虑"课程情境中的课程创设",即没有不变的模式、程序、结构,课程开发是一个"自组织"的概念,是身在其中的人所共同参与的,包括课程专家、学科专家、教师和学生,它充满了对意义的审思、不断地挑战和扰乱,稳定与不稳定之间的平衡,随着时间和实践的推进形成和完善。

---

① 钟启泉:《现代课程论》,上海教育出版社 1989 年版,第 348—349 页。

第二节　课程评价的价值判断

与课程编制相关的另一个概念是"课程评价"。课程评价也是80年代人们研究得较多的课程术语,在80年代的几本课程译著和课程专著中,也都有课程评价的内容。

一、课程评价＝教材评价

课程评价在我国直到80年代才兴起有几方面的原因。在西方,课程评价一词十分自然,因为西方奉行的是"大课程观",课程评价包括教学评价、学习评价、教材评价和改革评价等概念。而在我国,因为长期奉行苏联的"大教学观",课程的概念窄化为教学中的教材部分。而1949年以来,高度集中的"一纲一本"的教材指定政策使我们的教材根本不需要进行评价。国家统一制定和颁布教学大纲,教材也由国家统一规划或委托统一编写、出版和发行,导致全国都采用同一种教材,课程评价的权力被掌握在少数政府官员和学科专家手中,因此无论是课程编制还是课程评价,都因为垄断性、单一性而缺乏研究、比较和评价的需求和可能。

1986年9月,国家教委进行教材建设的重大改革,实行编、审分离,正式成立了全国中小学教材审定委员会及各科教材审查委员会,从而实现了教材由"国定制"向"审定制"的转变,使"统编"改为了"竞编","通用"改为了"选用","一纲一本"改为了"一纲多本"。1987年,《全国中小学教材审定委员会工作章程》第一次明确指出,"在统一教学基本要求的前提下,有领导有计划地实现教材的多样化"。1988年5月,国家教委在山东召开教材规划会议,正式确立了"一纲多本"的教材改革方向。同年,国家教委又颁发了《九年制义务教育教材编写规划方案》,并规划组织由人民教育出版社负责编写面向全国大多数地区的"六三"制和"五四"制教材两套,北京师范大学编写"五四"制教材一套,广东一套(俗称沿海版),四川一套(俗称内地版),八院校一套,上海、浙江各一套,河北编写农村复式教材一套(俗称半套)。这八套半教材,除八院校一套夭折外,上海、浙江教材国家暂不审查,仅供当地使用,其他各套经过实验、送审,于 1993 年秋在中小学起始年级全面选用。1992 年,《九年制义务教育全日制小学、初级中学课程计划》颁布,自 1949 年以来第一次在课程表中规定了地方课程,同时实行"一纲多本"的原则。1995 年,国家教委印发了《中小学教材编写、审查和选用的规定》,正式确立教材分级管理、分工负责的原则,翻开了我国课程发展史上新的一页。

虽然课程评价远不止"教材评价"这一项内容,然而,"一纲多本"的实行必然要求我们对教材和课程进行评价,帮助中小学更好地选择,也促使课程编制者更好地进行自我反思,因此,教材评价的开启促进了 80 年代课程评价研究的兴起。

但是,也因为教材评价在 80 年代课程评价中所占的突出地位,使得一些学者对课程评价概念的理解在很大程度上仅仅局限在"教材评价"上。比如,认为课程评价的范围是"课程规划"和各类教材[1];课程评价的对象包括教育目标、整个课程(各级各类学校的"教学计划",包括小学课程、中学课程、师范学校的课程)、局部课程(相对于整体课程而言,是指各门具体学科的教学大纲、教科书)[2];课程评价是对一门课程的价值或某些方面的价值进行研究的过程。[3]

随着学术界对"课程""课程编制"概念的重新审视,课程评价逐渐突破"教材评价"的框子,研究者开始倾向于动态地、全方位地定义课程评价。80 年代末及以后,研究者对课程概念的理解倾向于多元化,课程不仅局限于教材编制,而且涉及整个课程规划和课程实施的过程。在这个过程中,不仅有课程决策者、编制者的参与,还有教师和学生的参与,课程成为一个教师、学生、教材和环境互相影响的动态发展的概念,而不是静态的、既定的。因此,课程评价概念的内涵和外延也有所扩大,不再仅仅是为了达成预定目标起

---

① 这是廖哲勋 1991 版《课程学》中所提及的观点。而廖哲勋在 2003 年的《课程新论》一书中认为课程评价的概念与"课程"的概念是密切相关的,如果课程是指某个文件,比如内容、大纲、范围、序列,那么课程评价就意味着对这种文件价值的判断;如果课程是指学习的经验,那么,课程评价就意味着对学生的教育教学经验的价值判断;如果把课程定义为学习目标,那么课程评价就是对教育过程的实际结果的判断,因此,根据课程的不同涵义,课程评价有三种定义,即课程评价是对课程的计划、编制及实施过程的价值评判活动。

② 陈侠:《课程论》,人民教育出版社 1989 年版,第 337—342 页。

③ 李有发:《课程评价与课程改革》,载《外国教育动态》1988 年第 6 期。

到一个监控作用,注重对预定目标、计划达成程度的评估,而是从这种总结性的作用转向一种形成性的作用,即课程评价力图对课程形成一种整体性的理解,从而贯彻于整个课程实践的过程,不断为改进课程提供有效的信息,与课程目标、课程设计形成一个循环往复的回环。比如,钟启泉以教学为统合点,将课程分为三个层次(①同教学直接相关的因素,如教学目标、教学方法、教学方式、教育媒体、课时表、年度教学计划、课外活动等;②同教学间接相关的因素,如学校的研究课题、学校的教学设备、教学组织等;③构成教学之基础的因素,如教师集体的风气、钻研精神、人际关系、学校领导班子在行政管理上和教学的设计—实施—评价上的指导作用、社区中心校的示范作用、社区和家长的期待、社区的文化和传统等)。课程评价的对象是以"教学"为中心统合的三层次的各子项及三层之间的相互关系和一贯性,三层次和学生成绩的五个侧面,即知识、思维能力、表象、情意、技能相联系,构成了总体的课程评价。① 三层次和五个侧面更为系统地构成了课程评价的概念。基于此,钟启泉给课程评价一个更为广泛和动态的定义,即课程评价为课程的实施可能性、有效性及其教育价值,可以做出价值判断的"论据的收集与提供"。它包含两方面,教育过程(校内)的计划与组织的判断(决策)和学生成绩(学生的学习成果)的判断。②

91

二、课程评价概念的"价值中立"和"价值有涉"

(一) 80 年代"价值中立"和"价值有涉"的并存

80 年代的课程工程话语体系中的课程评价是价值中立的,课程评价在很大程度上也受到泰勒原理的影响。在泰勒的课程原理中,课程评价是其中的一个重要元素,泰勒因为首次明确提出了较完整的学校课程评价的概念体系和评价模式,被西方教育界称为"教育评价之父"。在泰勒原理中,评价的主要目的和功能在于确定课程计划达到预定教育目标的程度,也就是说,评价是价值无涉的,或者说是尽量保持价值中立。在泰勒原理中,事实与价值是分离的,评价是一个描述事实的技术过程,而不是一个价值判断的过程,要寻求科学的方法去描述客观事实、寻求客观规律。

---

① 钟启泉:《现代课程论》,上海教育出版社 1989 年版,第 358—359 页。
② 钟启泉:《现代课程论》,上海教育出版社 1989 年版,第 348 页。

1986 年 9 月，美国著名心理学家、教育评价理论家布卢姆（BLoom，B. S.）应华东师范大学的邀请来华进行了六周的访问，并在上海等地做学术报告。布卢姆认为，教育中应达到的目标可以分为三个领域，即认知领域、情意领域和动作技能领域，每一领域都是一个包含若干子目标的系统，在教育教学中，我们需要根据目标系统进行评价。布卢姆的目标分类理论契合 80 年代我国教育教学急需改进且崇尚量化、系统化科学的需求，因此广为流传，与目标分类理论密切相关的布卢姆的课程评价思想也流传开来。布卢姆的目标分类和泰勒原理相结合，构成了一个严密的客观评价指标体系。

这种"目标导向"的客观主义课程评价观 80 年代在我国也很盛行。比如，陈侠将课程评价定义为：一个客观的过程，它要应用科学的工具，来确认和解释教与学的内容和过程的效果，衡量它的有效程度，以便为课程的改进做出有根据的决策。① 课程评价是对课程的各个环节进行科学的、客观的分析和判断，包括对课程目标、课程编制和实施、教学过程、学生学习课程后的结果等方面进行评价和分析。② 课程评价是指为确保课程能够及时地更新、调整和完善，采用科学的评价手段，研究课程的某一方面或课程整体，从而为课程决策提供有用信息的过程。③

与这些主张将课程目标视为"先定的、不可质疑的，在评价过程中尽量保持价值的中立性、排除自己的先见、个人性和感情、不做任何价值判断，客观忠实地收集数据，与课程目标进行认真细致的比对"的课程评价的价值中立观不同，80 年代一部分课程研究者开始质疑以下问题：课程目标是否需要做出评价和价值判断，是否具有客观的、不变的评价标准；课程主体在课程评价中扮演什么角色。这些课程研究者开始将课程评价看作是价值有涉的，比如，廖哲勋对课程评价的定义：课程评价是以马克思主义的价值理论为指导的，评价必定反映了一定的价值取向，课程评价就是根据一定的标准和系统的信息对一定课程产生的效果做出的价值判断，也就是说，构成评价活动有三个要素，即评价标准、系统的信息和价值判断。④

① 陈侠：《课程论》，人民教育出版社 1989 年版，第 330 页。
② 李有发：《课程评价与课程改革》，载《外国教育动态》1988 年第 6 期。
③ 刘义兵：《当代国外课程评价的基本模式》，载《外国教育研究》1992 年第 1 期。
④ 廖哲勋：《课程学》，华中师范大学出版社 1991 年版。

（二）80 年代后"价值有涉"与发展性课程评价体系的构建

80 年代后，研究者大多都注意到了课程评价是无法摆脱价值判断的、事实与价值是相互渗透的、课程目标不是先定的，因此课程评价不仅仅是指结果与目标的忠实比对，而且包括对课程目标的价值判断。既然课程目标不是先定的，而是在过程中受到课程主体的影响，那么课程评价不仅具有结果性，还有过程性，评价的意义正在于评价主体在课程评价中的抉择和判断。

因此，价值有涉是对价值中立的超越，课程评价在 90 年代和 2000 年后都表现出这种趋势，人们都肯定课程评价是一个价值判断的过程，但是各自强调的重点不同，有从人与社会的关系反思课程评价的价值；也有从社会意识形态的角度来看课程评价中的价值负载；更有人认为"课程评价不仅仅是主体性的价值判断，因为评价是人们对事物状态的规律性和意义性相统一的判断，以此类推，课程评价就应该是对课程状态进行的事实性和价值性相统一的判断过程"，指出课程评价是一种自觉行为，其目的是为课程改进和课程改革提供"真与善"的依据。①

如果说改革开放伊始，教材评价的需求带动了整个课程评价的研究，那么之后，课程改革和素质教育越来越成为课程评价研究的动力。对课程评价的价值反思使人们认识到课程评价的标准不是客观的、单一的、社会向度的，而是有价值取向的，关系到对生活的意义、教育的意义、课程的意义的反思，课程评价从关注课程的外在价值转向关注课程的内在价值。价值无涉、价值中立的课程评价观很大程度上暗含着课程目标的"客观性""还原论"取向，尽管泰勒和布卢姆的研究对于精细化地探索课程评价有积极意义，但是他们都将课程目标尽可能地细分还原为若干个领域和若干行为目标，认为只要其中的每个成分都得到充分发展，那么将这些成分简单地叠加起来就构成一个完整的、全面发展的人。这类观点恐怕有失偏颇，有机械论思维的危险，似乎课程评价的效用在于考核每一个零部件的质量，合计每一项的总得分来总体评鉴这个人的"质量"。

和学新指出："基础教育课程改革是否达到了初衷，是否在健康地发展，这些迫切要求一套新型的课程评价制度。"他提出了几个建立新型课程评价

---

① 黄甫全：《课程理想与课程评价——世纪之交对课程评价指标体系构建的文化思考》，载《华南师范大学学报》（社科版）1996 年第 6 期。

制度的方向：其一，要有广阔的课程评价制度；其二，要唤醒多元主体的课程意识，树立发展性课程观与评价观；其三，要建立相对独立的课程评价机构或组织，这种组织应是一种教育或课程评价的中介组织。①"发展性课程评价"正符合和学新所提的这种新的课程评价制度。1999 年 3 月，刘川在《教育研究》上发表了《发展性课程评价的实践与思考》，提出了发展性课程评价的概念。2001 年《基础教育课程改革纲要(试行)》中提出了要建立"三发展"的课程评价体系，即建立促进学生全面发展的评价体系，建立促进教师不断提高的评价体系，建立促进课程不断发展的课程评价体系。可见，发展性课程评价是一个涉及多个层面的评价体系，更为重要的是，发展性课程评价将人的主体性、独特性作为评价的立足点和基点。正如刘志军指出的那样，发展性课程评价中的"发展性"除了指改进特征的功能性内涵外，更重要的内涵在于"通过评价促进人的发展"，这里的人既指学生，也指教师，也就是说发展性课程评价将人的发展放在了首位。②

2004 年，第四次全国课程学术研讨会在云南师范大学召开，会议将"课程评价"作为重要议题。会上刘志军所提出的"发展性课程评价体系"引起了与会者的强烈兴趣，他描述了发展性课程评价体系的基本框架，指出发展性课程评价体系包括三个相对独立同时又密切关联的组成部分，即目标为中心的课程设计评价、过程为中心的课程实施评价和结果为中心的课程效果评价，这三部分形成一个开放的三螺旋结构。

总之，课程评价的方向是朝着"发展人"而非"筛选人"的方向发展，筛选人将社会需要作为教育评价和课程评价的目的，制定细化的课程目标，只关注结果，把没有达到课程目标的学生或在竞争中失败的学生不断地剔除，在评价方法上以精确的量化方法为主；而发展性评价关注每个学生的主体性、独特性和多样性，跟踪学生整体的学习经验和学习过程，珍视不可测量之物，要求我们学会描述，因此在评价方法上倾向于结合量化方法和质性方法。一方面，在发展性评价体系中，课程目标仍是主要的参照系；另一方面，因为发展性评价系统的三螺旋结构呈多重循环的特点，因果关系是非线性的、交错的，因此，需要我们多层次、多角度地收集评价信息，以促进学生与

---

① 和学新：《课程评价制度创新与基础教育课程改革》，载《教育研究》2004 年第 7 期。
② 刘志军：《发展性课程评价体系初探》，载《课程·教材·教法》2004 年第 8 期。

教师发展和课程的不断改进作为评价的目的和归宿。

　　按照导论所说的两条线索，即概念内涵的变化和概念名称的变换来回顾 80 年代课程研究领域的概念变迁，80 年代正值课程工程建设时期，因此人们思考的核心问题是"如何才能有效地传递知识，推进社会的发展"。在社会本位的课程价值取向下关心"效率"问题，没有对"课程与人的发展"这些问题做深入的思考，因此这一时期的课程概念仍然没有脱离教学论的概念框架，"透镜"的比喻反映了 80 年代盛行的"学科、教材、计划、教学内容"的课程理解。为了提高"效率"，更为"科学"地规划课程，唯物辩证法改造后的系统论成为指导课程研究的科学方法论，"目标—施行—评价—反馈"的"首尾呼应"的闭环系统成为课程工程的基本模型，泰勒原理无疑是符合这种旨趣的，这就解释了为什么"课程编制""课程评价"这些概念在 80 年代为数不多的课程研究中占了极大的比重，并且受课程概念的影响，课程编制和课程评价在很大程度上被限制为教材编制和教材评价。

中篇

20世纪90年代

第四章

多重反思的年代

20 世纪 90 年代课程论研究朝着"知识化与专业化"方向发展,随着课程改革和课程实践的发展,课程论在与教学论的关系梳理中进一步明确了自己的学科地位和发展方向。这种"知识化与专业化"是和 90 年代的多重反思密切相关的,包括对整个教育状况的反思、对整个学界的反思、对研究方法论的反思。

第一节　从应试教育到素质教育的概念变换

一、90 年代社会转型中的教育走势

20 世纪 90 年代社会趋于稳定,尽管 90 年代初还有一场关于"改革姓社还是姓资"的争论。1991 年 2 月 15 日至 3 月 22 日,《解放日报》先后发表三篇署名"皇甫平"的文章:《改革开放需要新思想》《扩大开放的意识要更强些》《做改革开放的带头羊》,提出要坚持解放思想、敢冒风险、大胆改革,不要再徘徊于姓"社"姓"资"的问题争论之中而缩手缩脚。这些文章的发表立刻在社会上引起了一场不小的波澜,招致一些人士的指责和围攻,不少报纸杂志对其进行批判,北京一大报发表了《筑起反和平演变的钢铁长城》的评论员文章,全国绝大多数报纸都加以转载,紧接着先后有杂志发表《改革开放可以不问姓"社"姓"资"吗?》《重提姓"社"姓"资"》等文章作为响应,认为改革开放不能回避姓"社"姓"资"这个问题,否则会引向"资本主义道路"而葬送社会主义事业。邓小平"南方讲话"为这场争论画上了一个句号。在中国改革史上,邓小平 1992 年的"南方讲话"是一个历史性的转折点。1992 年

1月18日到2月21日，邓小平视察武昌、深圳、珠海、上海等地，在视察期间，他陆续发表了一些言论，诸如"基本路线要管一百年，动摇不得""社会主义的本质是解放生产力，发展生产力，消灭剥削，消除两极分化，最终达到共同富裕""计划多一点还是市场多一点，不是社会主义与资本主义的本质区别""改革开放胆子要大一些，抓住时机，发展自己，关键是发展经济。发展才是硬道理"等等。这些思想集中体现在1992年3月26日《深圳特区报》刊发的长篇通讯《东方风来满眼春——邓小平同志在深圳纪实》中，第二天这篇通讯被全国各报在头版头条转发。至此，姓"资"姓"社"问题的讨论告终，意味着社会意识形态的核心分歧不再是要不要改革、改革是姓"社"还是姓"资"，而是如何改革、往什么方向改革。

摆脱了姓"社"还是姓"资"的思想枷锁后，我国大胆而坚定地推进经济体制的改革。改革开放以来经济体制改革经历了一个渐变的过程，回顾期间召开的几次重要会议的措词演变可以见证这个转变过程，十二大提出"以计划经济为主，市场调节为辅"，十二届三中全会提出"公有制基础上的有计划的商品经济"，十三大提出"计划与市场内在统一的体制"，十三届三中全会提出"建立适应计划商品经济发展的计划经济与市场调节相结合的经济体制和运行机制"，十四大明确提出"我国经济体制改革的目标是建立社会主义市场经济体制，以利于进一步解放和发展生产力"。不难发现，这是一个从计划经济体制向市场经济体制逐步转化的过程，90年代以后经济体制改革的步伐明显加快了。

1992年肇始的市场化转轨，导引了中国社会的急剧转型。市场经济在中国全面登场，由市场机制代替行政计划来调整经济资源的配置和利益分配，在这种形势下，受教育程度关系到个人对经济环境的理解力和适应性，以及据此在经济体制转换中扮演的角色等，直接影响到个人的经济收入和社会地位，因此追求高学历成为市场法则，这是价值、竞争、供求规律在教育领域内的自然展示。1995年一项对上海居民的调查显示，有5.4%的家长期望把孩子培养成研究生，55.5%的家长期望把孩子培养成大学生，还有12.8%的家长期望把孩子培养成大专生。① 大部分家长都期望孩子能接受

————————

① 上海社会科学院：《知识型文化消费——上海市民消费新热点》，载《社会科学报》1995年3月30日。

高等教育,在教育资源有限的情况下人人都希望上大学,导致了"应试教育",在这种形势下片面突出和夸大学校的筛选功能成为必然。千军万马过独木桥,以高考升学为指挥棒,学校大搞题海战术,死记硬背押知识点,加班加点赶升学率,学生分班分层贴标签,为了竞争不择手段等等,忽视了人的全面发展和终身发展,严重危害了学生的身心健康。

　　尽管应试教育的形成和市场经济下人们的心态变化有一定的关系,然而,市场经济却不需要应试教育所培养的这种"高分低能"的人。市场经济下的中国为了接轨世界市场,要进一步提高落后的生产力水平,调整不合理的产业结构,跟上世界经济发展的步伐,经济增长方式就必须实现从粗放型到集约型的转换,从原来的依靠扩大规模的外延式增长转向依靠科技进步和提高劳动者素质的内涵式增长,社会需要大批有创新能力的人才。1995年5月,《中共中央国务院关于加速科学技术进步的决定》明确提出"科教兴国"战略,把邓小平关于"科学技术是第一生产力"思想提升为基本国策。如何培养富有创新性、能适应市场经济形势的人才呢?长期以来,我国基础教育所强调的一直都是培养"双基",即基础知识和基本技能,这就意味着让学生多写、多练,而这种多写多练往往带有"机械重复"训练之嫌,只重视"知识"而不重视"生成知识的能力",只能应付考试却无助于培养能力,因此造成了"高分低能"现象的出现,既不适应市场经济需要,也不符合国际教育改革潮流。"国际21世纪教育委员会"于1996年向联合国教科文组织提交的名为《学习——财富蕴藏其中》的报告,提出了未来人才的四项标准:① 学会认知——"这种学习更多的是为了掌握认知的手段,而不是获得经过分类的系统化知识";② 学会做事——能够将所学知识付诸实践,并能够获得适应未来未知工作的能力;③ 学会共同生活——能够"本着尊重多元性、相互了解及平等价值观的精神"去"发现他人",认识人类的多样性和相互依存关系,并能够与他人合作,完成共同的有意义的活动;④ 学会生存——获得"全面发展,即身心、智力、敏感性、审美意识、个人责任感、精神价值等方面的发展……能够形成一种独立自主、富有批判精神的思想意识,以及培养自己的判断能力,以便由他自己确定在人生的各种不同的情况下他认为应该做的事情"。① 这些人才标准显然不是在狭小封闭的课堂内单靠死记硬背、埋头

----

　　① 联合国教科文组织总部中文科译:《教育——财富蕴藏其中》,教育科学出版社1997年版,第75—88页。

做题可以达到的。

人们对应试教育造成的种种弊端的反思以及对创新性人才的呼唤使"素质教育"这个概念逐渐形成，可以说，从"应试教育"转向"素质教育"成为改革开放三十多年课程领域乃至整个教育领域最大的概念转换。尤其在90年代，"素质教育"成为一个热点话题，从图4-1可以发现，90年代后期素质教育的讨论热度呈直线上升趋势，到90年代末达到顶峰。90年代末《素质教育在美国——留美博士眼里的中美教育》一书引发了全民对素质教育的大讨论，无论是教育决策者、教育理论工作者还是教育实践工作者，都参与了"素质教育"的讨论和实验。

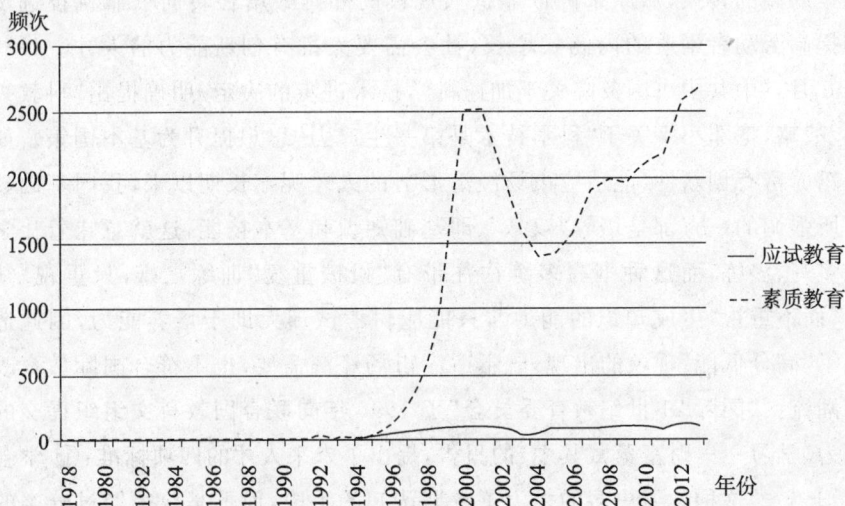

图 4-1 "应试教育"和"素质教育"的出现频次对比（1978—2013）

二、素质概念和素质教育概念

"素质教育"这个概念的产生是在80年代末，而"素质"概念受到关注始于80年代初。1985年5月9日，中共中央、国务院召开了改革开放以来的第一次全国教育工作会议，邓小平在会上的讲话指出："我们的国家，国力的强弱，经济发展后劲的大小，越来越取决于劳动者的素质，取决于知识分子的数量和质量。"[①]会议颁布的《中共中央关于教育体制改革的决定》指出，教

---

① 邓小平：《把教育工作认真抓起来》，选自《邓小平文选》（第3卷），人民出版社，第120页。

育体制改革的根本目的是提高民族素质,多出人才、出好人才。

实际上,"素质"这个概念也经历了一些变化。在古汉语中素质原指"未经染色的白色丝绢",引申指事物的本然性质;1979年版《辞海》中,素质是指"人的先天的解剖生理特点,主要是感觉器官和神经系统方面的特点;素质只是人的心理发展的生理条件,不能决定人的心理的内容和发展水平。人的心理来源于社会实践,素质也是在社会实践中逐渐发育和成熟起来的,某些素质上的缺陷可以通过实践和学习获得不同程度的补偿。"[1]"本然的""先天的""固有的"都意味着素质属于生理学和心理学的范畴。而上述邓小平言论中的素质概念的内涵显然更为宽泛,80年代以来素质概念突破了先天的生理学和心理学范畴,有了更丰富的社会文化内涵,除了"劳动者的素质"这种提法外,"民族素质""国民素质""干部队伍素质"也在各类文件、报告中出现。1989年版《辞海》反映了"素质"这一概念的新发展,增加了"人或事物在某些方面的本来特点和原有基础"这一新义项。[2]"本来特点"和"原有基础"虽然超出了生理学和心理学的范畴,但依然表示一种既成的、已存在的实然状态。而当素质教育的概念提出后,人们将"素质"和"教育"联系在一起,也就是说,通过"教育"可以提高"素质","素质"就成为一个结果,从"实然"转向"应然",从"过去时"转向"将来时",从"静态的存在物"转向"动态的发展物"。在这里,素质不再是指先天生理禀赋,而具有多重的内涵,包括生理层面、心理层面和社会层面。其特点被归纳为遗传性与习得性的统一,自然性与社会性的统一,稳定性与发展性的统一,潜在性与现实性的统一,共性与个性的统一。可见,对"素质"的理解也是和"素质教育"的概念相互联系的。

1985年,《中共中央关于教育体制改革的决定》明确要求要有步骤地实行九年制义务教育,指出义务教育是适龄儿童和青少年都必须接受,国家、社会、家庭必须予以保证的国民教育,为此需要制定义务教育法。1986年,全国人大颁布《义务教育法》,明确提出国家实行九年制义务教育,并对义务教育的性质、教育方针、适龄儿童少年接受义务教育的义务和权利、管理体制和各级政府的职责等做出规定。义务教育的最大宗旨在于从"精英教育"

---

①《辞海》(中),上海辞书出版社1979年版,第2797页。
②《辞海》(中),上海辞书出版社1989年版,第3200页。

转向"大众教育"，而应试教育恰恰是精英教育，因此从一定程度上说，素质教育的提出也正是响应了义务教育的精神。

1987年4月，当时的国家教委副主任柳斌同志在九年制义务教育各科教学大纲统稿会上使用了"素质教育"一词，他说："一个时期以来，不少地方把基础教育办成了单纯的升学教育，这就导致了重视智育，而忽视德育、体育、美育和劳动教育的偏向。基础教育不能办成单纯的升学教育，而应当是社会主义的公民教育，是社会主义的公民的素质教育。"①可以说，在当时，素质教育是作为"应试教育"一词相对立的概念提出的。

十四大提出了"科教兴国"战略，教育被赋予提高国民素质、培养跨世纪人才的功能。1991年国家教委在《关于实施〈现行普通高中教学计划的调整意见〉和普通高中会考制度的意见》中指出，要转变办学思想，"把高中教育从'应试教育'转变为全面提高学生素质的教育"。

1993年2月，中共中央、国务院印发的《中国教育改革和发展纲要》中明确提出，中小学要由"应试教育"转入全面提高国民素质的轨道，面向全体学生，全面提高学生的思想道德、文化科学、劳动技能和身体心理素质，促进学生生动活泼地发展，办出各自的特色。这是中央文件首次对素质教育做出的表述。

1993年10月，全国中小学整体改革专业委员会召开了整体改革与素质教育研讨会。

1994年6月，中共中央、国务院召开了第二次全国教育工作会议，李岚清同志在会议总结讲话中指出，"基础教育必须从'应试教育'转到'素质教育'的轨道上来，全面贯彻教育方针，提高教育质量"。

1996年2月，国家教委在湖南汨罗举行素质教育现场会，兴起了区域性推进素质教育的热潮，全国首批建立了10个素质教育实验区。1997年，国家教委在山东烟台召开了全国中小学素质教育现场会，进一步总结推广了汨罗、烟台的经验，对实施素质教育做了全面部署，此后，全国和省级素质教育实验区相继建立。同年，国家教委颁布了《关于当前积极推进中小学实施素质教育的若干意见》，将全面推行素质教育作为基础教育改革的一项重大任务。

---

① 柳斌：《关于基础教育的思考》，上海教育出版社1992年版，第108—109页。

1999 年 6 月，第三次全国教育工作会议召开，会议通过了《中共中央国务院关于深化教育改革，全面推行素质教育的决定》。《决定》明确指出，全面推进素质教育，培养适应 21 世纪现代化建设需要的社会主义新人；素质教育的重点在于培养学生的创新精神和实践能力；素质教育的实施应当贯穿于幼儿教育、中小学教育、职业教育、成人教育、高等教育等各级各类教育，应当贯穿于学校教育、家庭教育和社会教育等各个方面；实施素质教育，不仅在考试评价、课程教材等教学领域改革方面要有大的突破，而且需要在教育体制的改革、教育结构的调整、教育手段现代化的建设等方面为素质教育的实施创造条件，提供支持。至此，素质教育不仅作为"应试教育"的纠偏，而且上升到了"教育本体论"的高度。

在政府大力推进素质教育的过程中，教育理论界也兴起了对素质教育的讨论。1988 年第 11 期《上海教育（中学版）》发表了言实的《素质教育是初中教育的新目标》一文，"素质教育"概念自此开始为研究界所关注，此后，有关"素质教育"的文章层出不穷。80 年代末 90 年代初，素质教育讨论肇始，理论界主要关注的话题如下：从社会和人的发展的需要出发讨论素质教育的意义；从马克思主义全面发展的理论层面探讨素质教育的理论基础；从素质教育与"应试教育"的关系角度分析素质教育的概念与内涵；从对素质的认识确定素质教育的内容等。90 年代中后期开始，随着理论视野的开阔，学者们汲取了知识经济理论、终身学习理论、建构主义学习理论、人本主义学习理论、多元智能理论、脑科学理论等，对素质教育的内涵进行了多维的诠释，在此基础上对素质教育与"应试教育"的关系、素质教育与人的发展、素质教育与课程改革等问题进行了深入的探讨。

教育理论界对"素质教育"概念的理解和"课程"概念一样，可谓众说纷纭，莫衷一是。杨银付在《素质教育若干理论问题的探讨》中提到了 9 类 15 种以上"素质教育"的概念[1]，燕国材归纳出 15 种对于"素质"的不同理解和 18 种对"素质教育"的理解[2]。

实际上，教育理论界不仅对政府部门提出的"素质教育"概念有多种诠

---

① 杨银付：《素质教育若干理论问题的探讨》，载《教育研究》1995 年第 12 期。
② 燕国材：《素质教育论》，江苏教育出版社 1997 年版，第 3—19 页。

释，而且也提出了一些异议，大致有三种意见①：其一，认为"素质教育"并非"应试教育"的对立物，不能将"应试"和"素质"完全对立起来。事实上"应试"也需要诸如记忆力、刻苦学习的精神、一定的分析问题解决问题的能力，同时，在我国高等教育资源相对缺乏的情况下，"素质教育"也并非不要考试和取消升学。因此，用"素质教育"概念去否定"应试教育"的概念既不科学，也不现实。其二，"素质教育"的概念似乎有无限泛化之嫌，既是"面向全体学生的教育"，又是"全面发展的教育"，同时也是"个性化教育"，一个概念同时包含了多个维度的属性，容易造成概念的混乱。其三，"素质教育"实际上是一个质量概念，它反映的是教育的水平、质量、层次、深度的概念，因此素质教育的真正对立物不应该是"应试教育"，而应该是肤浅的、表面的教育。素质教育不应该去描述教育对象的多寡、教育内容的宽窄、教育的个性化和主体性等，这些方面实际上都有相应的概念，素质教育不应该无所不包，越俎代庖。②

黄书光等人认为"素质教育"之所以会导致学界概念不统一的原因在于③，当初教育决策界之所以最终采纳"素质教育"概念出于两个原因：其一，可以引导对基础教育的基本目标——"提高全民族素质"的联想；其二，由于"素质"涵义的宽泛性，可以囊括主管部门对基础教育的各种政策意向。决策界在某种意义上把"素质教育"作为一个工作概念，把对基础教育的各种理想和政策意向来个"一言以蔽之"，在一定程度上可以避免表述上的累赘，而并未深究由此带来的语义学、逻辑学的歧义。

1998 年 12 月 10 日至 12 日，在华东师范大学召开了一次"素质教育研讨会"，会上大家就素质教育的概念展开了讨论。与会者尽管没能达成概念上的一致，但形成的普遍共识是"要理解素质教育概念，就应该把它置于一定的社会历史背景之中，而不应该单纯地做词义分析，更何况词义也会随着时代的不同而有所变化"。从中我们可以获取的一个思路是，"应试教育"也

---

① 陈佑清：《论"素质教育"概念的规定及其特性》，载《南京师范大学学报》（社科版）1999 年第 1 期。

② 以上内容参考黄书光、王伦信、袁文辉：《中国基础教育改革的文化使命》，教育科学出版社 2001 年版，第 123—132 页。

③ 黄书光、王伦信、袁文辉：《中国基础教育改革的文化使命》，教育科学出版社 2001 年版，第 133 页。

好,"素质教育"也好,都不是中性的概念,具有其特定的历史内涵。因此,仅从字面上对"应试教育"和"素质教育"进行词义分析是远远不够的,我们要关注它们产生的时代背景。"素质教育"和"应试教育"作为两个对立的概念几乎是同时提出的,应试教育描述的是 80 年代以来形成的"以高考升学为指挥棒,片面追求升学率"的不良现象,应试教育取"应付考试"之意,用以形容那种"唯考试论""唯学历论"。具体来说,应试教育有三层意涵:其一,关注少数精英的发展。培养精英体现了社会本位的课程价值取向,因为无论精英也好,还是那些被精英们挤下独木桥的"落败者"也好,其发展往往是畸形的、片面的、暂时的,忽视个人的幸福,将人作为社会发展的工具,从而偏离"人的真正发展"这一教育的最终目的。其二,关注知识技能的增长。应试教育的纸笔测试关心那些可以被量化和特定化的外显目标,而在学校教育中,最容易被简单量化的就是知识点,而智慧、态度、情感、技能等是不容易被量化、还原的。况且,应试教育必然将焦点集中于"知识点"的增长,课堂教学就被视为知识点的传输过程,应试教育不关心学生整体人格的发展。其三,关注在学期间学生的发展。应试教育以升学为目标,将知识归类、抽离,以强制的手段填塞给学生,满足于短时间的快速增长,殊不知这种增长是没有根基的,到了一定的高度就会轰然坍塌,因此,应试教育达不到学生知识的持续发展。

素质教育的概念是针对应试教育而提出的,如前所述,素质教育的思想和 80 年代中期提出的义务教育法的宗旨是一脉相承的,义务教育的宗旨是"提高全民族的素质",反对精英教育,提倡大众教育,培养创新性人才。素质教育响应了义务教育的"大众教育"思想,这意味着课程价值观的转变,从培养精英为社会主义现代化建设服务的教育工具论转向关注大众幸福的以"人的发展为最终鹄的"的教育观,保障基础教育阶段"受教育机会的均等"和"教育条件的均等",让每一个孩子个性都得到恰如其分的发展,为他们终身学习奠定良好的基础。如果用一句话概括素质教育的本质,那就是"富有人性的个性教育",它关注每一个孩子的发展,关注孩子整体的发展,关心孩子一生的发展。

三、素质教育概念与课程领域的反思

应试教育在我国的形成不是一朝一夕的事,形成原因也十分复杂,但不可否认的是,应试教育和 80 年代教育社会本位的价值取向有关。当教育作为经济发展、社会进步的一个工具,那么,教育更多的是急功近利地将现有的科学文化知识分科别类地加以肢解和传授,学术化、专门化的课程体系导致了学生片面的发展,将儿童完整的生活世界割裂成没有联系的片断。而且将世界划分成若干知识领域本身就反映了一种"人类中心主义",把世界对象化,而人类在把世界对象化的同时也把自己存在的基础对象化,人被异化,人就不再成为一个完整的个体。因此,90 年代应试教育向素质教育的转型意味着教育价值取向的转向,如前所述,素质教育关注人的主体价值,强调"人是目的"。

素质教育的价值诉求直接体现在第八次课程改革之中。1999 年 6 月,江泽民同志在第三次全国教育工作会议上指出,"各级各类教育都要把全面推进素质教育、提高受教育者的全面素质,作为教育工作的战略重点",这次会议标志着全面推进素质教育成为国家的教育政策。会议通过的《中共中央国务院关于深化教育改革,全面推进素质教育的决定》对素质教育的内涵以及素质教育如何体现在教育目标、课程教材建设、教师队伍建设等方面做出了全方位规划。为贯彻第三次全教会精神,国务院于 2001 年 5 月颁布了《关于基础教育改革与发展的决定》,提出"深化教育教学改革,扎实推进素质教育",对基础教育阶段全面推进素质教育做出了部署。同年 6 月教育部颁布的《基础教育课程改革纲要(试行)》,将素质教育贯彻到课程领域,以素质教育为纲,调整和改革基础教育的课程体系、结构、内容,构建符合素质教育要求的新的基础教育课程体系。《纲要》的颁布标志着第八次课程改革的启动,本次课程改革的口号是"为了中华民族的复兴,为了每位学生的发展",体现了素质教育的宗旨。也正是经过 90 年代的课程决策方、课程理论界和课程实践界对素质教育概念的共同探索,才使我们对课程领域有了更为深刻的理解,才能对第八次课程改革做出全方位的部署。

"素质教育"所提倡的"大众教育"使课程改革指向每一个学生的完整人格的发展。只有当我们从社会本位的课程价值取向转向个人本位的课程价值取向,我们才能突破"教材、教学内容"的狭窄的课程概念理解,尝试从"学生的学习经验"这一维度来理解课程,将学生作为一个整体的人来看待,即身体、情感和精神和谐发展的有机整体,将学生回置于生活世界之中,关注教育意义的建构。这意味着课程研究的转向,从关注"如何编制课程才能获得最高的知识传授效率,使学生尽快地掌握系统的知识,从而适应社会建设的需要"到"如何才能通过课程激发人的内在灵性,关注其完整人格的发展和终生的学习能力"。课程研究目的的转向也撼动了"应试教育"的课程模式,"应试教育"以升学为目的,以"传递"为中心,追求效率和效果,其模式就像夸美纽斯比喻的"印刷术",如同向白纸泼墨,那么,教的越多,学生学的也越多。它的关注焦点在于如何传授更多的知识,追求一种广而浅的课程,而"素质教育"意味着从"重视记忆"到"重视思考"的转型,比起"印刷术",教育就像是"产婆术",以"启发引导"为中心,围绕主题展开,追求创造性和个性。教育旨在围绕一个主题激活学生的生活、学习经验,并以此为中心不断拓展自己的视野,加深对问题的思考,因此倡导一种少而深的课程。这意味着整个课程领域的概念重建。

90 年代,对课程研究领域的这种整体性反思也使研究焦点发生了转变,如果说 80 年代我们更多地关注"课程编制、课程评价"之类的与课程工程建设有关的话题,那么 90 年代当我们从社会本位的课程价值取向转向个人本位的课程价值取向,就突破了"教材、计划、教学内容"这一维的课程理解,而向着"学生的学习经验"等多维的课程理解发展,打开了课程研究的视野。当课程不再限于正式的、规定的、"看得见"的课程时,那么潜在课程的研究也就纳入进来了。我们以学生的整体发展为目的,让学生回归生活世界,就必然会强调他们的体验和经验,努力消解人与自我、人与他人、人与自然的二元对立,以"问题"为中心统合各种知识和资源,突破学科疆域的束缚,着力于培养学生探究的精神,于是,"活动课程""综合课程"等就成为 90 年代的热点话题。

第二节　多元课程研究方法论的构建

一、对"性科学"的批判

如前所述,80 年代我们"以马克思主义为指导从事教育科研"。的确,马克思主义作为一种富有深度和创见性的哲学思想有助于我们深入地思考许多问题,但当我们将马克思主义和政治规范相联系,将之上升为唯一真理,那么,马克思主义就成了一种"政治话语",拥有至高无上的地位。将马克思主义辩证法无条件地运用于一切学科之中,而这种运用又往往是将马克思主义辩证法加以公式化和模式化,然后一劳永逸地到处套用,这种理性与知性的"二律背反",反而窒息了辩证法的生命力,从而埋下了教条主义和形而上学的种子。其中最为明显的就是 80 年代以来教育研究和课程研究中"性科学"和"A 与 B 的关系公式",这种对待辩证法的态度本身是不辩证的,辩证法本身倒成了形而上学的"最后的避难所",将辩证法庸俗化,无法对教育现象和课程现象的特殊性做出深层次的探究。90 年代课程研究的专业化和知识化表现为我们开始逐步突破形式主义的公式和程序化的定性语言,用多学科的视野关注课程现象的特殊性。具体而言,表现在对"性科学"和"A 与 B 的关系公式"的批判上。"性科学"的产生是因为我们将马克思主义上升为一种政治话语,习惯于用这种政治话语来"定性"和"定向"。1996 年,在一次华东师范大学教育系学生的聚会上,突然有人冒出:"现在的教育学可算是'性科学'"。在座的人均心领神会,这个"性科学"指的就是教育学话语中存在的"××性"公式化现象,比如,教育有"永恒性""社会性""历史性"和"阶级性";关于教育与社会的关系有"教育的社会制约性""教育的相对独立性""教育的历史继承性";德育的特点有"复杂性""广泛性""社会性""可控性""渐进性""长期性""反复性",而课程领域同样也存在着这种"性科学",研究者普遍认为课程具有"阶级性""系统性""逻辑性"。

90 年代,人们开始对这些研究套路和方法进行反思,其中颇具代表性的人物是陈桂生。陈桂生发表了一系列论文批判教育研究存在的"性科学",认为以"××性"表达教育的性质,尽管简明、句式整齐,但往往为了追求形式上简明、整齐,而把复杂事物简单化。这些"××性"经常是万能型的,贴到哪里都没有错,但同时也说明,这些"××性"是不能深入反映事物的具体性和特殊性的,只能揭示事物的一般属性,"简"而"不明"。或者为了不出错、求全,而将"××性"都罗列上去,其中不乏有相互矛盾的,比如,课程论既有"实践性",又有"理论性",既有"理论性"又有"政策性",末了还要加上"综合性",倒让人丈二和尚摸不着头脑,课程论学科性质究竟如何,仿佛回答了,又仿佛没有回答;"××性"还存在着一个将"应然状态"代替"实然状态"的取向,"××性"按理来说,大体应该回答事物的存在属性,比如,描述课程论具有"社会性""阶级性",实际上是认为教育应该具有这种特性,以至于片面强调"社会性",就会忽略了教育与自然因素的关系。又如强调教育的"阶级性",就会片面关注社会主义课程与资本主义课程的区别之处,而忽视实际上两者之间也存在着某些共性。

二、对"A 与 B 的关系公式"的批判

陈桂生指出,除了"××性"这类空泛定性的语言外,80 年代以来"A 与 B 的关系公式"如"A 与 B 结合""A 与 B 联系""A 与 B 统一""A 与 B 融合"等,也是十分盛行的。"A 与 B 的关系公式"在课程研究中的运用也很广泛,比如,在处理好课程编订中的几个关系中,研究者谈到几条原则,如人的发展与社会发展的统一、认识关系和价值关系的统一、逻辑序列和心理序列的统一、传统和革新的统一。① 这里"人的发展"和"社会发展"、"认识关系"和"价值关系"、"逻辑序列"和"心理序列"、"传统"和"革新"几对"A 与 B"关系中,"A"和"B"似乎被假定为完全对立、对等的,只有两个完全不同的范畴才可能有结合、统一、融合之说,但事实却并非如此,"A"和"B"之间的情况要复杂得多。

三、多元的课程研究方法论的构建

为何"A 与 B"之间的关系要复杂得多,这涉及我们对马克思主义辩证法的认识。"性科学"会在我们的研究中泛滥以及对"A 与 B 的关系公式"的简单运用,都可归因于我们用了非辩证的态度来对待辩证法。90 年代,对马克思主义辩证法运用的反思并不仅限于教育领域,而是涉及整个学界的。90 年代整个学界都开始意识到要破除将马克思主义辩证法作为神圣教条的迷信,应该将马克思主义辩证法视为一个不断发展的理论体系,从而祛除给辩证法公式硬套上的苍白外衣,使它丰满和流动起来,否则就会失去辩证法的本义。对于课程研究来说,我们开始不满足于将课程论套用"是一门研究课程现象及其规律的科学"这一笼统的说法,将课程实践描述为一个"永远循环"的闭合回环,从而用单一工程话语和定量的方法对其进行研究,或者将课程研究方法按照一般的方法逻辑来处理,比如,将课程研究的方法分为文

---

① 陈侠:《课程论》,人民教育出版社 1989 年版,第 25 页。

献分析法、调查观察法和实验法。① 课程学者开始深入探究课程研究对象的特殊性和复杂性。课程概念在90年代突破"教材、教学内容"单一维度的理解，用"学生的学习经验"来统合多维的课程概念和课程现象，课程现象显现出多重性和复杂性。靳玉乐将课程现象归结为"它既非单纯的精神现象，亦非单纯的自然现象；它既是一种精神运动，又是一种物质运动。对课程的研究不仅要涉及到课程的对象和内容，而且还要涉及到课程的本质、目的、价值、体系，以及设计、实施、评价等诸多方面"。② 也就是说，无论从构成因素上来讲，还是从过程上来看，课程现象都具有多重性，换言之，课程是关系到方方面面、涉及各个领域的，需要将其置于更广阔的背景中加以审视，因此，课程研究方法需要具有多学科的视野，这是90年代我们所认识的"课程研究方法论"。靳玉乐、黄清所著的《课程研究方法论》是一部专门探讨课程方法论的专著，在前言中他们写道："迄今为止，在课程研究中，尚未出现自己独特而有效的研究方法，课程研究的方法大都是从其他学科中借鉴或移植过来的，这就使得课程研究长期处于其他学科方法的规范之下，伴随着其他学科方法的发展而发展。这其中，对课程研究影响最大的是哲学、社会学、心理学等学科的理论及其研究方法。应当承认，一味地借鉴或移植其他学科的研究方法而不致力于寻求自己特有的研究方法，是不利于课程理论发展的。但我们也必须看到，在一门学科独特的研究方法还没有形成之前，从别的学科理论及其研究方法中汲取营养，仍不失为一种明智的选择。尤其是像课程论这样年轻的学科，离开了哲学、社会学、心理学、未来学等学科，它的发展是难以想象的。"③靳玉乐综合了哲学研究、社会学研究、心理学研究和未来学研究的成果作为课程研究的方法论基础。90年代的其他几本有关课程研究的专著中也反映了这种多元的课程论研究取向，施良方在《课程理论——课程的基础、原理与问题》中将心理学、社会学和哲学作为课程研究的基础。而在张华的《课程与教学论》中提及了"课程理解"这一概念，借鉴了概念重建学派关于"课程研究"的观点，用历史学、政治学、哲学、美学、神学等多种视角来解释课程现象。90年代的这种多元课程研究方法论不仅有

---

① 陈侠：《课程论》，人民教育出版社1989年版，第25页。

② 靳玉乐、黄清：《课程研究方法论》，西南师范大学出版社2000年版。

③ 靳玉乐、黄清：《课程研究方法论》，西南师范大学出版社2000年版，前言。

从平面上加以展开的,还有进行立体的方法论体系构建的。黄清根据课程研究的不同层面对课程研究的方法论体系进行了多层次的整体构建,课程研究多侧面、多层次、多变量的特点,必然要求其研究方法也应是多元化的,即:① 哲学研究层面,对课程进行哲学、美学、伦理学等方面的研究。主要探讨课程的性质、目的、理念、价值、意义等内容,回答课程是什么,为何存在,以何为目标等基础性问题,对课程进行整体的、综合的把握。② 事实研究层面,对课程进行社会学、心理学、人类学、未来学等方面的研究。探讨课程的发生、组织、运用过程及内外关系等,回答有关课程的各种不同的事实性问题,形成对课程过程的各种变量关系的客观认识。③ 应用研究层面,对课程进行技术学、工艺学、组织管理学等方面的研究。探讨课程实践中一般或具体操作工艺或技术手段,形成模式化和技术化的课程运作规范,从而提高课程活动的效率和质量。①

可见,90 年代,不论是教育领域,还是课程领域,人们都开始渐渐摆脱"生产力/生产关系""经济基础/上层建筑""唯物主义/唯心主义""物质/意识"的论述框架,以及那些大而全、不涉及事物本质的形式化的公式,用辩证的态度、发展的眼光来对待辩证法,从而开始就事物和学科的特殊属性做有益的讨论了。对于课程研究来说,尽管没有发展起自己独特的方法论,但是开始突破单一的、量化的工程话语,从多维的视角对课程现象的复杂性进行解读,这无疑是一种进步。

第三节 "从广场退回书斋"与课程论研究的专业化

一、课程论研究专业化的学界背景

比起对整个教育状况和研究方法论的反思,对整个学界的反思与课程论研究的专业化之间关系似乎更为直接和密切。尽管本文是按照自然年段来展开的,但巧合的是,1989 至 1991 年国内和国际都发生了诸多富有历史

---

① 黄清:《课程研究的方法论原则》,载《教育评论》1999 年第 3 期。

性的事件，这些重大的历史事件无疑强烈地震撼中国社会、文化和思想等各个层面，对整个学界的最大影响体现为各门学科纷纷走向研究的专业化和知识化。

这种学术上专业化和知识化的兴起，在很大程度上要归因于1990年前后知识界的心态变化，陈平原称之为"从广场退回书斋"①。陈平原认为80年代的学人，因急于影响社会进程，多少养成了"借经术文饰其政论"的习惯。"借经术文饰其政论"出自《清代学术概论》，梁启超说到他自己和他的老师康有为，早年为了变法维新，不屑于为学问而学问，而是借经术文饰其政论。换句话说，表面上在讨论学术问题，其实是在做政论，真正的意图在当代政治。陈平原说："这一方面体现了我们的现实关怀，但另一方面，也会导致专业研究中习惯性的曲解和挪用。有好多人，80年代出名的人，一辈子也改不了这个毛病。在专业研究中，过多地掺杂了自家的政治立场和社会关怀，对研究对象缺乏必要的体贴、理解和同情，无论谈什么，都像在发宣言、做政论，这不好。"②比起80年代"一只脚在书斋、一只脚在社会"，90年代不再"借经术文饰其政论"，学者们退回书斋，潜心做学问，从"学者""思想家"退回到学科内的"社会科学家"。对于"广场语言"，政府不允许，学界不认可。"社会科学家"与"学者""思想家"的不同在于，"学者""思想家"更注重恪守自家的信仰和立场，喜欢用"大字眼""理想""主义"来表达，而"社会科学家"则离政治、现实更远一些，关注学科内术语、概念、规则的构建。"90年代有一个很大的变化，那就是学问越来越讲规则，不能乱来，所以有了'野狐禅''公共知识分子''学院派'的区别。"③

尽管退回书斋会让学者们有意无意地漠视窗外的风景，少了些许现实关怀，学术越来越脱离现实状况，甚至显得空洞，学术界比较流行的话是80年代"有思想没学问"，90年代"有学问没思想"。但是学者会更多地关注学科本身的反思和建设，不像80年代，非得要和现实挂钩，这样有助于学者专心学术研究，使得专业知识积淀更为厚实，更系统、更规则地建设本学科，90

---

① 陈平原：《大学何为》，北京大学出版社2006年版，第245页。
② 查建英主编：《80年代访谈录》，生活·读书·新知三联书店2006年版，第138—139页。
③ 查建英主编：《80年代访谈录》，生活·读书·新知三联书店2006年版，第134页。

年代的各门学科都得到了很大的发展，学术日渐独立。正如许纪霖所说，虽然 80 年代和 90 年代都以反思为知识分子的时代特征，但 80 年代更多的是道德的反思，反思启蒙思想的外部环境，如传统文化和现实政治体制，而 90 年代偏重于知识的反思，反思自己的知识前提，这是启蒙思想的自我反思。如果说 80 年代的主题是启蒙的话，那么 90 年代的主题就转为反思启蒙。①90 年代这种学术化和知识化的潮流表现为一大批学术杂志的创建，具有代表性的杂志有《学人》(1991 年创刊，陈平原主编)、《中国社会科学季刊》(香港、1992 年创刊，邓正来主编)、《学术集林》(1994 年创刊，王元化主编)、《原学》(1994 年创刊，陈少峰主编)。

教育学界也加入了这场学术专业化和知识化的大潮，对学科建设做出了积极的反思，开始关注中国教育学的知识基础论。这种反思遵循两条路径②：一条为教育学史，即从时间的维度，梳理本土的教育学发展路向，具体表现为一大批有关教育学"四十年"和"世纪回顾与展望"的盘点文章③；另一条则侧重逻辑方面，针对教育学中存在的对马克思主义辩证法的庸俗运用、教育学结构框架的千篇一律等问题，一些学者开始追问教育学的逻辑起点，期望能找到一个像马克思破解资本主义社会的密码——"商品"一样的教育

① 许纪霖、罗岗等：《启蒙的自我瓦解：1990 年代以来中国思想文化界重大论争研究》，吉林出版社集团有限公司 2007 年版，第 15—16 页。
② 参见于述胜：《改革开放三十年中国的教育学话语与教育变革》，载《教育学报》2009 年第 5 期。
③ 陈桂生：《教育学的迷惘与迷惘的教育学——建国以来教育学发展道路侧面剪影》，载《华东师范大学学报》(教育科学版)1989 年第 3)期；金一鸣、袁振国：《对四十年教育理论研究的历史反思》，载《华东师范大学学报》(教育科学版)1989 年第 4 期；贾永堂：《论教育学理论及其发展的阶段与特点》，载《华东师范大学学报》(教育科学版)1989 年第 4 期；董远骞：《一条曲折的路——教学论发展四十年》，载《华东师范大学学报》(教育科学版)1989 年第 3 期；梁忠义：《比较教育四十年》，载《教师教育研究》1989 年第 5 期；柳斌：《我国基础教育四十年——在"课程发展与社会进步国际研讨会"上的讲话》，载《课程·教材·教法》1990 年第 12 期；李军：《对四十年中国教育史研究的几点反思》，载《教育科学》1991 年第 4 期；陈元晖：《中国教育学七十年》，载《北京师范大学学报》1991 年第 5 期；瞿葆奎：《中国教育学百年》，载《教育研究》1998 年第 12 期，1999 年第 1、2 期；金林祥：《20 世纪中国教育学科的发展与反思》，上海教育出版社 2000 年版；王坤庆：《教育学史论纲》，湖北教育出版社 2000 年版；侯怀银：《20 世纪上半叶中国教育学发展问题的反思》，华东师范大学 2000 年博士论文；胡克英：《教育科学的十年和展望》，载《中国教育学刊》1989 年第 2 期。

学逻辑原点，从而对教育学学科建设进行总体反思，这就是"元教育学"的研究旨趣。"教育理论的理论""教育理论的形式研究""教育科学研究的方法论""教育学的认识论"，都是以教育学本身为研究对象，称之为"元教育学"。当然，这一时期，"元"话语风潮不仅在教育领域内，在整个学术界都是盛行的，反映了 90 年代学科的自我反思。有关"元教育学"的文章陆续发表①，《华东师范大学学报》（教育科学版）从 1995 年第 1 期开始开设了"元教育学"讨论专栏，还出版了一系列有关"元教育学"的专著，如《元教育科学导论——教育科学研究的理论和方法》《"教育学"辨——元教育学的探索》《元教育学研究》②等等。

二、课程论学科地位的确立——与教学论关系的梳理

课程论作为教育学年轻的二级学科也在 90 年代步入专业化和知识化的历程。1997 年 9 月全国课程专业委员会成立。1997 年 11 月 13 日至 18 日，首届全国课程学术研讨会在广州举行，这也是全国课程专业委员会成立以来的第一次大型学术研讨会。来自全国 18 个省、市的近百位课程理论工作者和实践工作者以及教育行政干部参加了这次会议。大会主题为"课程教材现代化：背景、现实与展望"，通过大会主题报告、分组讨论、小组代表报

---

① 张乐天：《教育学元科学研究的回顾与前瞻》，载《教育研究与实验》1993 年第 1 期；郭元祥《元教育学概论——元教育学的性质、对象、方法及意义》，载《华东师范大学学报》（教育科学版）1994 年第 2 期；唐莹、瞿葆奎：《元理论与元教育学引论》，载《华东师范大学学报》1995 年第 1 期；郭元祥：《元教育学：一种元理论》，载《高等函授学报》（哲学社会科学版）1995 年第 1 期；冯建军：《教育学语言的元分析》，载《教育研究与实验》1995 年第 1 期；郑金洲：《"元教育学"考辨》，载《华东师范大学学报》（教育科学版）1995 年第 3 期；陈桂生：《"元教育学"问对》，载《华东师范大学学报》（教育科学版）1995 年第 2 期；熊川武：《论"元教育学"——与陈桂生同志商榷》，载《高等师范教育研究》1996 年第 6 期；熊川武：《"元教育学"说》，载《华东师范大学学报》（教育科学版）1996 年第 4 期；金生鈜：《教育学的合法性与价值关涉——对元教育学的反思》，载《华东师范大学学报》（教育科学版）1996 年第 4 期；赵婷婷：《国内元教育学缘何沉寂》，载《沈阳师范学院学报》（社会科学版）1999 年第 4 期；唐莹：《元教育学——西方教育学认识论剪影》，载《教育研究》2001 年第 2 期、第 3 期；

② 姚文忠：《元教育科学导论——教育科学研究的理论和方法》，成都科技大学出版社 1992 年版；陈桂生：《"教育学"辨——元教育学的探索》，福建教育出版社 1998 年版；瞿葆奎：《元教育学研究》，浙江教育出版社 1999 年版。

告、大会自由论坛以及个人切磋等形式,分别就"课程现代化的实质""课程理论与课程实践的关系""课程编制与课程评价""义务教育课程教材和普通高中课程教材""综合课程的理论与实践""活动课程的理论与实践""课程论学科建设"等议题进行了充分的交流和深入的讨论。其中,"课程论学科建设"成为课程学者们关注的重点议题,与会者肯定经过长期的努力,课程论在我国的教育学科群中已经获得了自身的独立地位,与此同时,认为亟需对课程论的一些基本问题做进一步的探讨,辨清课程论发展的方向。这次会议对于课程论学科的专业化和知识化发展具有重要意义,标志着学科发展进入一个新的时期。1999 年 12 月 21 日至 24 日,在广西师大召开了全国第二届课程学术研讨会暨全国课程专业委员会年会。其中重要的分主题就是"课程论知识体系的构建与课程研究方法的转型"。在此次会议上,就有学者提出建构整体的"课程论学科群"及"大课程论"等观点。

回顾 90 年代课程论的学科发展,与教育学相类似,课程论的专业化和知识化历程也在两条线索上展开:一方面表现为课程学史,即对过往的课程学科发展进行盘点,发表了一系列论文[1]和专著[2]。只不过教育学的盘点发生在 90 年代初和 90 年代末两个时间段,而课程论的盘点热潮则集中在 90 年代末,这与课程论在我国起步较晚有关。

而更为重要的一条线索体现在学科逻辑上,与教育学直接切入教育学逻辑起点问题不同,课程论的学科身份、理论体系和学科群建设是在其与教学论的学科关系的梳理中逐步确立的。在首届全国课程学术研讨会上,人们就"课程论学科建设"问题进行讨论时,课程论的学科地位与教学论的关系就成为人们讨论的焦点。这是因为受苏联凯洛夫教育学思想影响,我国

---

① 靳玉乐等:《课程论学科发展的方向》,载《课程·教材·教法》1998 年第 1 期;张廷凯:《我国课程论研究的历史回顾(1922—1997)》,载《课程·教材·教法》1998 年第 1、2 期;但武刚:《课程论的研究现状与发展趋势》,载《课程研究》1998 年第 2 期;白月桥:《我国三代课程历史演进初探》,载《课程研究》1998 年第 1 期;温彭年:《面向 21 世纪中国基础教育教材改革研究》,载《教育理论与实践》1998 年第 1 期;谢登斌:《跨世纪课程现代化与课程文化新思维》,载《广西师范大学学报》(哲社版)1999 年第 1 期;黄甫全:《新中国课程研究的回顾与展望》,载《教育研究》1999 年第 12 期;任长松:《20 年来课程观的三次变革》,载《天津市教科院学报》1999 年第 6 期;黄甫全:《新中国课程研究的回顾与展望》,载《教育研究》1999 年第 12 期。

② 李定仁、徐继存主编:《课程论研究二十年》,人民教育出版社 2004 年版。

长期以来将课程论消弥在教学论的统摄之中，所以，课程论要取得独立的学科地位，就必须反思和梳理其与教学论的关系。

即使在国际课程领域，课程论与教学论的关系也没有唯一的正解。大多数研究者在论述两者的关系时，都会引述奥利弗（Oliva，P. E.）有关课程论与教学论关系的四种模式：二元独立模式（dualistic model）、相互交叉模式（interlocking）、同心包含模式（concentric models）（包括教学论包含课程论模式、课程论包含教学论模式）、循环联系模式（dualistic model）。①

课程论与教学论的关系和"课程"与"教学"的概念关系是息息相关的，尽管两者不是简单的一一对应的关系。"课程论"和"教学论"是"学科"的概念，涉及研究对象和学科体系，大于"课程"与"教学"这两个概念，前者是学科间的关系，后者是两个概念的关系。但不难发现，通常有什么样的课程与教学概念关系观，就有什么样的课程论和教学论的关系观，因此许多研究者在分析课程论与教学论的关系时，都从剖析课程与教学的概念开始，反过来从课程论与教学论的关系演变，证明课程与教学的概念也在不断地发生着变化。80年代及之前，受苏联教育学的影响，我们习惯于将课程视为教材，课程作为教学内容从属于教学的概念，盛行的是教学论包含课程论的同心包含模式，比如，吴杰认为课程论作为教学论的基本组成部分之一的教学过程是教学论中的重要部分。② 王策三的教学论稿中也将课程作为"教学内容和教学进程的总和"而将课程论归于教学论之中。90年代，随着课程论的发展，人们对课程概念有了不同的理解，关于课程论与教学论的关系，出现了各种不同的看法。

（一）课程论包含于教学论之中

不可否认，90年代及以后，持课程论包含教学论观点的学者依然不在少数，只不过情况更为复杂，有些学者将课程看作教学内容或教学进程而直接将课程论归入教学论之中，比如李秉德将"课程论"和教学的"过程论""方法论"并称为教学理论的一个组成部分。③ 张楚廷将"教学内容与课程""课程的基本问题""课程体系的演变及其背景""课程体系的结构分析"都归于第

① Oliva，P. E. *Developing the Curriculum*[M]. New York：Harpercollins Publishers Inc，1992.9—12.

② 吴杰：《教学论——教学理论的历史发展》，吉林教育出版社1986年版，第6页。

③ 李秉德：《教学论》，人民教育出版社1991年版。

七章"教学内容"里,从而将课程论视作教学论体系的一个组成部分。[①]

还有一些学者并没有将课程归结为教学内容直接纳入教学论体系,而是通过分析课程与教学之间错综复杂的关系,得出课程论纳入教学论的同心包含模式。比较有代表性的是施良方[②],他认为课程与教学是目的和手段的关系,两者从哲学上讲是内容与形式的关系,因此课程理论与教学理论之间必然存在着各种联系和交叉重叠部分,课程理论必然会考虑到实施问题,而教学理论则肯定会涉及与教学方法相关的教学内容问题。比如,课程一经实施,也就进入了教学的领域了,属于教学研究的范围。这样看来,施良方似乎是同意课程论与教学论的相互交叉模式,但从他后面的分析来看又不尽然,因为他同时又指出,目的与手段是紧密联系在一起的,况且,目的是分多层次的,目的与手段有时也是相互转化的,此一时之手段也许即是彼一时之目的,所以目的和手段的关系是相对的,这些相对关系表现为一种循环,如图 4-2。

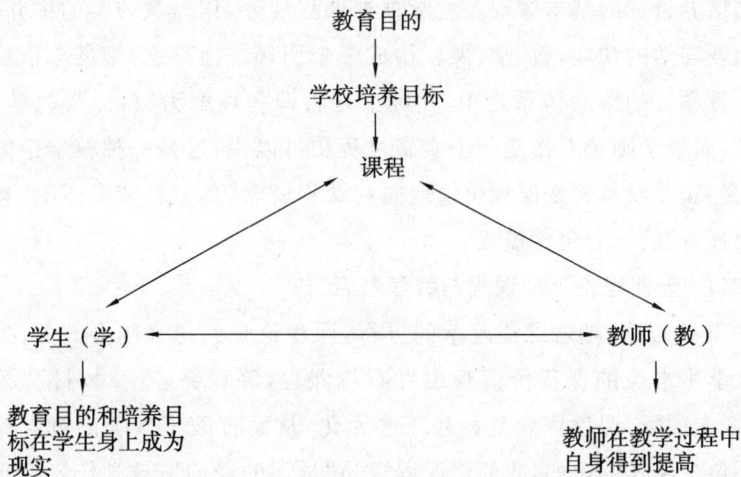

图 4-2 "课程""学生"和"教师"三角结构图示

由上图可见,施良方认为教师的教、学生的学和作为教师的教与学生的学的中介的课程是一种相互联系、构成循环的三角关系。这就和塞勒

---

① 张楚廷:《教学论纲》,高等教育出版社 1999 年版。

② 施良方:《课程理论——课程的基础、原理和问题》,教育科学出版社 1996 年版,第258—263 页。

(Saylor，J. G.)用以形容课程与教学的循环关系三个隐喻①不谋而合了：如果说，课程是设计图纸，那么教学就是施工；如果说课程是球赛的比赛方案，那么教学就是那场热火朝天的球赛；如果说课程是一纸乐谱，那么教学就是演奏会。设计图纸尽管在一开始有个大致的蓝图，但是施工后发现实际情况的差异依然需要做出某种修改，比赛方案和乐谱则更需要即兴的创作和二度的修改，因此循环强调的正是课程与教学相互影响、彼此难分、相互交融的动态关系。

那么是否可以说，施良方所持的是课程论与教学论的相互交叉和循环联系模式观呢？实际上，相互交叉和循环联系模式最终都将走向课程与教学的整合论，或称课程与教学的一体化论。但仔细分析施良方的课程与教学交叉和循环论，发现这种"交叉和循环论"和"整合论和一体化论"还是有所不同的。施良方认为，因为教育目的和目标本身不能作为教学过程的一个要素，它必须通过依据它所设置的课程进入教学过程，因此，课程是教育目的和培养目标的基本体现。教学根据课程展开，作为教与学的中介，课程有制约教与学的功能，教、学、课程构成一个回环。换言之，施良方依然将课程纳入教学论的概念体系之中，实际上是将课程理解为"目标""教学内容""计划"，而教学则被看作是一个实施过程。可以说，这是一种教学论内部的循环、交叉，并没有转变课程价值取向和课程概念，是一种变形了的"教学论包含课程论"的同心包含模式。

（二）"大课程论"或"课程与教学整合"论

90年代以来，随着课程改革的进行，课程论受到越来越多的关注，人们开始从学生本位的课程价值观出发看待课程，课程突破了"教材""教学内容"的概念囿限，课程概念开始趋于多元化，从而打破了教学论包含课程论的同心包含模式。比如，我们将课程视为"学习的经验"，教学作为经验展开的过程从属于课程概念，那么就有课程论包含教学论的同心包含模式，也可以说，通过课程论来整合课程与教学，从而使课程论与教学论朝着一体化的方向发展。

---

① Saylor，J. G. Alexander，W. M. & Lewis，A. J. *Curriculum planning for better teaching and learning*[M]. Tokyo：Holt—Saunders International Editions，1981. 258.

其中比较有代表性的是黄甫全的"大课程论"的提法①。黄甫全认为将课程论与教学论分离的这种二元独立模式会致使人们走极端，出现课程研究与教学研究相脱离、课程实践与教学实践相脱离的情况。而"教什么"和"如何教"在实践中是统一的，因此，他提出"大课程观"这一崭新的概念和观念。

那么，同样是同心包含模式，用课程论包含教学论和用教学论包含课程论有什么区别呢？为什么说课程论包含教学论是可取的？黄甫全回答了这些问题，他认为大课程观的具体内涵之重点在于将课程视为学习进程，从而包括了教学过程。将教学论纳入课程论的体系之中，并认为用教学论统合课程论是不可行的，因为教学的对象是儿童，然而，教学的目的又必然涉及推进社会发展这一问题，这必然会产生儿童发展上的智力训练价值与知识功利价值这一矛盾，因此存在着形式教育说和实质教育说之争。这样，无论在"二元独立"说或"教学论包含课程论"说中，教育的社会价值和本体价值都是割裂的。而课程强调的是教育的社会价值，用课程论来统整教学论，自然会弥合教育的社会价值与本体价值、教育的各种社会价值和各种本体价值之间的沟壑。

除此以外，大课程观还有其他几层意涵，具体如下：课程的属性和类型是多方面的，包含了学科课程与活动课程、显在课程与隐蔽课程，也就包含了课堂教学与课外教学、模仿教学与陶冶教学；课程系统包括历时态课程要素（如关于个体和社会的理论、教育宗旨和目标、教育内容、活动样式、效果和评价）和共时态课程要素（如课程研制者、课程学习者和课程内容）；课程的构成是丰富的，有物化构成和层次构成，在层次构成中又进一步分为决策层次构成和运行层次构成；大课程观强调，教师也是课程研制者，从而构建课程包含教学的主体机制。大课程论包括课程论、教学论、分支课程论、分支教学论和教育技术学等五个下位学科。

黄甫全的大课程论体系在 2000 年后更加健全，因为他更为明确地提出了大课程论的整合点，并进一步提出课程与教学一体化的五个维度。在《当代课程与教学论：新内容体系与教材结构》②一文中，黄甫全提出了大课程论

---

① 黄甫全：《大课程论初探——兼论课程（论）与教学（论）的关系》，载《课程·教材·教法》2000 年第 5 期。

② 黄甫全：《当代课程与教学论：新内容体系与教材结构》，载《课程·教材·教法》2006 年第 1 期。

的整合点，即用文化哲学视角可以为我们教育领域重建"人的学习生活（生命）世界"这个一元论的立足点，基于此，课程与教学可以得到统整，共同思考如何使人得到最大的发展的问题。这个立足点具体可以从五个维度展开：课程与教学活动的"本体/本原追问""空间存在""时间进程""价值活动"和"审美发展"。按照这一逻辑框架，课程与教学论的新内容体系可分为五个部分，即课程与教学概论、课程与教学系统、课程与教学过程、课程与教学管理及领导、课程与教学美学。

除了黄甫全外，国内还有很多学者从各个角度提倡课程论与教学论的一体化，比如刘力从课程的四种主要涵义（学科和教材、经验、学习目标或结果、学习计划）入手，分析了它们各自的优缺点，在此基础上提出课程与教学整合的观点。他认为几种常见的课程概念都有所偏颇，如果执其一端则不利于课程实践。具体来说，将课程看作学科和教材，则会偏重课程材料的发展，从而陷入学科本位、教材本位和教师本位；将课程视为经验，或可打破传统"三中心"的狭隘观点，但却会在课程内容的系统性、逻辑性和教学效率上出现问题；将课程视为目标，有助于明确目标，提高教学的绩效，却同时固定了学生的学习结果；将课程视为计划，有助于避免教学的随意性，却容易抹杀教学中的创新性和生成性。刘力认为，课程的定义反映了课程改革的方向，一个完整的课程概念应尽可能地整合各种内涵，开阔视野，因此课程与教学两个概念是很难区分开的，要硬生生地划出两者的界限，结果只能造成两个残缺的概念，因而刘力也赞成课程与教学一体化，并提出用泰勒在《课程与教学的基本原理》一书中所提的四个问题作为课程论与教学论整合的基础。也就是说，在实践中，课程与教学共同完成着一个"目标—实施—评价"的过程。①

刘力认为课程概念应该包含学科和教材、经验、学习目标或结果、学习计划等多种概念维度，从而在实践中实现课程与教学的整合。相类似地，高文也从课程的概念理解角度出发对课程与教学一体化做出了解释，只不过，刘力认为课程与教学一体化需要从单一维度的课程理解转向多维的课程理解，即从概念的综合来解决这一问题；而高文则认为要通过概念的转向达成课程与教学的一体化，即从制度课程论转向经验课程论。除了课程的概念

---

① 刘力：《课程与教学辨》，载《杭州教育学院学报》1999 年第 5 期。

转向外,高文还认为教学的概念也要发生相应的转向,即将教学看作"一种影响课程的社会性环境"。在具体分析时,高文从讨论课程论与教学论两个领域之所以疏离的原因入手。她认为从课程领域看,课程论与教学论分离是由于课程概念停留于制度的层面,制度层面的课程往往是社会本位的,力求反映学校教育与社会的相互作用,将社会期望定为课程目标,选择合适的课程内容,以学科形式传递给学生,用自上而下的课程规约和调控教师。所以,制度课程论很容易造成课程与教学的分离,两者的关系是一种在时间上阻断的线性关系,即课程规定学科教育的实质,确定教学的内容与程序,然后,教学则力求忠实地传递课程。而经验课程论则将课程视为"师生共同创造的一系列事件",因此,课程不仅仅只涉及到内容,它被拓展为一个问题链,即什么是内容,怎样才能掌握内容,教师在这些内容的教学时应达到哪些目标,怎样才能达成这些目标……这样,经验课程论创设了课程与教学论一体化研究的五个问题域,即教科书与教师、内容的教学、课程的社会背景、课堂上的课程与教学、课堂教学任务的结构;而从教学论角度来看,当教学被看作是一种影响课程的社会性环境,那么,便有了"教学中的课程"和"作为课程进程的教学"这些概念,从而才能实现课程与教学的一体化。高文认为,课程与教学一体化研究的重点应该放在更充分地揭示课堂教学事件的结构与动作过程上,即教师与学生是以何方式参与这些事件的? 在事件的发生过程中,他们以何方式相互作用? 如何在新旧知识相互作用的基础上对知识进行理论加工? 如何将新知识纳入原有的认知结构,从而重构认知结构? 学生如何通过上述过程获得知识的意义,由此形成自己对知识的解释?[①]

不难发现,高文所提倡的"课程与教学的一体化研究"关键就在于"课程"概念的转换,如果我们将"课程"视为"规定的制度文本""计划""内容",那么与此相关的"教学"概念是传递内容的一条通道,教学论也就是研究"如何能高效地传输知识"这一中心论题。而将"课程"理解为"事件""经验"时,教学被相应地理解为"环境""过程",课程与教学在整个过程中是相互影响、浑然一体的,就有了"教学中的课程"和"作为课程进程的教学"这些概念。

与高文分别从"课程论"与"教学论"的角度入手分析课程与教学的概念

---

① 高文:《试论课程与教学的一体化研究》,载《外国教育资料》1996 年第 6 期。

不同,张华认为课程论与教学论分离的症结在于二元论的思维方式。在批判这种二元论思维方式的基础上,张华引入和分析了"课程教学"这一概念,这个概念体现了课程与教学的一体化。在《课程与教学整合论》①一文中,张华指出课程与教学相分离的症结在于二元论的思维方式,即"内容与过程的二元论"和"目标与手段的二元论",前者的实质是把知识与知识产生和传播的过程割裂开来,使原本有机统一的知识被人为分裂为内容和这些内容产生和传播的过程和方法。后者的实质是把原本具有内在统一性的人的完整的活动割裂为目标(计划、结果)与手段。在文中,张华谈到杜威将造成这种二元论的思维方式的原因归结为"技术理性",并进而提出在"实践兴趣"的关照下这种二元论思维可被消解,获得课程与教学的一种连续性。比起杜威的实践兴趣,张华更主张用"解放兴趣"来统合课程与教学,"解放兴趣"与"实践兴趣"最大的不同在于,它意味着一种批判性,对主体的"权力赋予"。他引用了美国学者韦迪(Weade, R.)的一个新概念、新术语——课程教学(curriculum'n'instruction),用以描述"解放兴趣"下统整的"课程与教学"。"课程教学"这个概念意味着在解放兴趣下,课程与教学在具体教学情境的创设中加以揉合、重生。具体来说,"课程教学"概念的内涵可以解析为三个方面:其一,课程与教学过程的本质是变革。从变革的观点来看,课程就不仅仅指规定了的"教学内容",而是指创生和反思"教学内容"。因为课程的目的指向人的自由和解放,在具体的情境对内容不断地进行意义建构,从而充分发挥人的主体性,因此目的和手段能有机统一。其二,教学作为课程开发过程,教学不是一个忠实执行自上而下的传递,而是师生在教学情境中共同创生课程的过程。教学的研究对象也不仅仅限于教学阶段以及如何提高教学效率,而是要研究教师、学生和知识之间复杂的互动关系。其三,将课程看作教学事件,"课程作为教学事件"和"教学作为课程开发过程"是一个问题的两个方面。事件的特点是一次性的、正在发生的、动态的,课程不再仅仅局限于静态的书面文本,而是在课堂情境中教师与学生不断地际遇、创造、变化的教学事件。可见,在"解放兴趣"下,课程与教学在课堂情境中是相互融合、你中有我、难分彼此的。

回顾上面几位研究者的观点,除了黄甫全明确提及"大课程论"外,其他

---

① 张华:《课程与教学整合论》,载《教育研究》2000 年第 2 期。

研究者都是将课程论与教学论两者并提的。无论是"课程论与教学论的整合"，还是"课程与教学的一体化研究"，抑或"课程教学论"，从表面上看，"整合""一体化"似乎像是奥利弗所说的"循环联系"和"交叉重叠"模式，不同于"二元对立"的模式。然而，仔细分析一下这些理论，它们实际上更像是课程论包含教学论的同心包含模式，通过课程与教学的概念转换，将教学纳入课程论概念体系之中。当课程作为教学内容时，课程是被纳入教学论的概念体系之中的。而当课程概念内涵从"教学内容"转变为"经验""事件"，教学就成为经验和事件的展开过程，从属于课程实施的概念，被纳入课程论的概念体系之中，换言之，课程开始代替教学占据了起点和上位的地位，具有优先性。因此，90 年代"课程论与教学论的整合"和"课程与教学的一体化研究"实质上都可以说是一种"大课程论"的观点。

（三）课程论与教学论的二元独立

课程论与教学论的二元独立模式很大程度上是针对将教学论纳入课程论的"大课程论"而提出的。一些研究者认为，课程概念的无限扩大使课程论无限膨胀，不仅囊括了教学论，还有取代"教育学"的倾向。课程论与教学论的二元独立模式是将课程与教学视为论述同一个问题的两种视角、两种途径，"课程目标→课程编制→课程实施→课程评价"是一个"课程论"的回环，而"教学目标→教学计划→教学内容→教学过程→教学方法→教学评价"则是一个"教学论"的回环，课程论与教学论并列作为教育学的下位二级学科，即二元独立的模式。

刘要悟持课程论与教学论二元独立观点，他认为课程论与教学论两者是相互独立和相互分离的，课程与教学是教育实践的两个领域，而课程论与教学论则是现代教育学的两个分支。[①] 廖哲勋撰文[②]详细分析了课程论与教学论各自的研究对象和学科体系，从而得出结论，认为大教学观和大课程观的"同心包含的模式"都是不正确的。课程论与教学论两个学科有各自的研究对象，课程论的研究对象是"肩负素质教育任务的各级学校对学生各基

---

① 刘要悟：《试析课程论与教学论的关系》，载《教育研究》1996 年第 4 期。

② 有关这个问题，廖哲勋在 90 年代末和 2000 年后撰写了一系列文章，主要包括：《论我国课程理论学科群的建设》，载《课程·教材·教法》2000 年第 2 期；《论课程论学科建设的规律性》，载《课程·教材·教法》2007 年第 3 期；《论当代课程论与教学论的关系》，载《教育研究》2007 年第 11 期。

本素质发展的要求与学生原有素质水平落后于素质教育总体要求的矛盾"。而教学论的研究对象是"新课程对学生各基本素质发展的要求与学生原有素质水平滞后于课程要求的矛盾"。因此,两者的子学科群是不同的,课程论的子学科群由三个层次的一系列子学科组成:其一,课程基础理论子学科群,注重理论性,其中包括课程概论(分为幼儿园课程概论、中小学课程概论、中专课程概论和大学课程概论)、课程发展史、比较课程论和课程原理四大子学科;其二,课程工程理论子学科群,注重专业理论性和专业技术性,其中包括课程设计论、课程实施论、课程评价论与课程论(也分为幼儿园、中小学、中专、大学四个层次);其三,课程应用理论子学科群,注重应用性,分为课程开发、课程介绍以及课程标准解读等类别。教学论的子学科也相对应地有三个层次:其一,教学基础理论子学科群,包括发展性教学、教学论史、比较教学论、教学心理学、教学哲学等;其二,教学活动理论子学科群,包括活动教学论、探究教学论、反思性教学、教学行为的原理与技术、合作学习的原理与策略、学习风格论、教学环境论、教学病理学以及教学系统论、教学信息论、教学控制论等;其三,教学应用理论子学科群,包括教学方法研究、教学案例开发等。

而郑金洲、李政涛等人则认为"大课程论"不仅囊括了教学论,而且有僭越教育学基本理论之嫌,他们对"大课程论"进行了质疑和批判。郑金洲[1]针对吴钢所发表的《论教育学的终结》[2]所提的"将教育哲学、课程论、教育社会学、教育心理学、教育人类学、比较教育只作为分支学科是多年来我们在教育观念上的错误,现在分支学科已成为教育理论的主流"这一观点提出了批评,认为各门学科的任务、层次各不相同,教育学是研究以教育事实为基础的一般问题,起到系统说明的作用,是别的学科如课程论,所不能代替的。

李政涛[3]认为90年代以来课程论不仅征服了教学论,而且采取"绕过""跨越"和"侵占领地"的方式,尤其是在"理解课程"的课程论框架下,课程论直接向哲学、社会学、经济学、神学等借鉴相关的理论。课程论所探讨的"经验""知识""体验""价值""人性"等都是教育学基本理论所探讨的问题,形成

① 郑金洲:《教育学终结了吗?——与吴钢的对话》,载《教育研究》1997年第3期。

② 吴钢:《论教育学的终结》,载《教育研究》1995年第7期。

③ 李政涛:《解读课程理论与教育学的关系——兼论当前课程研究方向的转型》,载《湖南师范大学教育科学学报》2004年第7期。

自己的课程哲学、课程社会学、课程文化学、课程政治学、课程政策学、课程管理学的完整体系,有意无意地"取代"教育学在教育学科中的地位。他认为教育学为课程论提供了基本的问题框架和分析框架,以及内在于两者之中的具有前提性的假设框架,课程论应该是对"什么知识最有价值"这个问题进行回答,因此课程论应该不断地回到教育学基本理论之"基本"的问题、分析框架和假设之中去。同时,课程论的高歌猛进对教育学基本理论也提出了挑战,教育学理论要敏锐地把握和呈现有时代特征的教育问题。

杨龙立、潘丽珠①则认为教学论与课程论之争的症结在于未能清楚界定教学与课程的概念,他们不同意将教学纳入课程论的概念体系之中,从而将教学论包涵进课程论。他们从词源学的角度重新考察了"教学"这一概念的由来,认为古代教学概念兼有教与学两件事,而当前我们将教学的语义限定在了"教"上,教学概念的缩小和课程概念的扩大造成了课程论与教学论之争。

究竟是课程论包含教学论?还是教学论包含课程论?或者是两者相互交叉?又或者是两者循环?我们从杨龙立式的问题入手,即从课程与教学概念的关系角度来考察课程论与教学论的关系,不难发现,无论教学是包含教,还是既包含教又包含学,都是一个"如何教、如何学"之类的"how"问题,而课程则关注"教什么",也就是"what"的问题,这一点是毋庸置疑的。可见,这两个概念还是有区别的,并不会因为教学既有教的意涵又有学的意涵而囊括了课程的概念。

与教育学的其他二级学科如教育哲学、教育史、教育社会学等有所不同的是,课程论与教学论是与实践直接相关的,因此具有鲜明的实践意识和问题意识。尤其是课程论,是与课程的改革和实践紧密相联的,如钟启泉所说,"课程研究不能'为学术而学术',不能仅仅局限于学科自身的发展,而应着眼于回答课程改革过程中出现的现实问题或预料可能发生的问题,着眼于荡涤旧课程的污泥浊水,为新课程理论和策略辩护,这要求针对课程现象提供系统化与启示性观点的课程理论,能对课程的实践活动发展起批判、描述、解释、预测和引导的作用。或者说,课程理论能够提供一套关于课程概念和课程问题的框架,可以分析课程现象,建议课程实施方案,构划课程改

---

① 杨龙立、潘丽珠:《"教学"的语言分析——兼述教学论和课程论之争论》,载《教育学报》2006 年第 1 期。

革策略。"①在第五次全国课程学术研讨会上，有代表认为，课程论的学科性质表现在解释性和处方性两方面；有的代表强调课程论学科的实践性和应用性；有的代表则认为，课程论是一门理论性与实践性、解释性与处方性兼备的学科。② 可以发现，课程学者们能达成的共识是，课程论是一门实践性极强的学科。

因此，课程论与教学论在我国的关系和发展必然随着时代的变迁、课程实践和课程改革的进行而变化。1949 年后，我们基本上是引用苏联的教学论体系，在集中的管理体制下，实行一纲一本，教材由专家审定，自上而下地实施，教师所需要做的是忠实于教材，这种观念一直影响到 80 年代，在课程工程体系中"如何能更高效率地教学"成为人们关注的重点。换言之，"如何教"被突出，而"教什么"则成为一个不需要地方、学校、教师思考的问题。"如何教"和"教什么"形成一种"在时间上有先后关系、在主体上有人员差别"的机械、单向的线性关系。二元论的思维方式将"教什么"与"如何教"硬生生地拆分开来，课程论与教学论也就被割裂，在这种技术理性下，课程论成为教学论的附庸毫不奇怪。随着改革步伐的加快，课程管理体制由中央向地方放权，实行三级管理体制和一纲多本的课程政策，这就使得我们不仅要思考"如何教"，还要思考"教什么"。在具体课堂情境中师生共同创生课程，可见，不论在时间上还是在主体上，"如何教"和"教什么"都合而为一了。"如何教"的核心问题在于课堂上"师生共同生成了什么"，正如杜威所说，教材总是方法化的教材，而方法总是一定教材的方法，任何把教材与方法割裂开来的做法都是错误的。

不仅课程改革和实践的发展已经提供了整合课程与教学论的条件，而且也是课程改革实践与课程理论探索进一步发展的要求。就课程改革实践面临的实际问题而言，课程改革成败与否的关键在于课堂教学，而课堂教学成败与否的关键又在于教师，许多研究者都提出"课程即教师"的观点。而随着课程改革的推进，课程实践者和课程研究者们都开始普遍认识到教师应具备舒尔曼（Shulman, L.）所说的七种知识，即学科内容知识、一般教学

---

① 钟启泉：《开发新时代的学校课程——关于我国课程改革政策与策略的若干思考》，载《全球教育展望》2001 年第 1 期。

② 刘启迪：《课程理论发展与实践进展——第五次全国课程学术研讨会综述》，载《课程·教材·教法》2006 年第 10 期。

法知识、课程知识、学科教学法知识、关于学习者及其特征的知识、关于教育情境知识、关于其他一些课程内容的知识。换言之，实践界和理论界已经达成共识，除了学科知识、教学知识外，教师亟需课程知识和课程意识。由于长期以来受"大教学观"以及集中管理、自上而下的课程政策的影响，地方、学校和教师总体来说，还普遍存在着"课程意识"淡泊的问题。因此，鉴于这些我国实际存在的问题以及课程与教学论本身这种相互依存的关系，整合课程与教学，甚至"大课程观"都是有利于实践发展和理论建设的。从课程理论探索上来看，以"课程"为起点可以打开课程研究的视域，为解决课程实践和改革的问题提供帮助。传统的"如何教"因为脱离了"教什么"而变成一个技术旨趣的问题。而课程与教学整合论也好，大课程论也好，都是涵括了"如何教"的"教什么"问题，因此是指向解释性、批判性旨趣的。以课程论统整教学论有助于我们提出更丰富、更深入的问题，比如从斯宾塞式的问题"什么知识最有价值"到阿普尔式的问题"谁的知识最有价值"。与教学论相比较，课程论的视野和立足点更高、更远，比如，课程实施不仅涉及到课堂教学，还涵盖了整个课程改革的推进过程。

　　如前所述，90年代课程论与教学论的关系梳理及课程论专业地位的确立，与课程概念的变化是密不可分的，80年代依然是"教材""计划"这些课程概念占上风的情况。到了90年代有所改变，学者们开始普遍从多元的角度来审视课程。其中，作为"经验"的课程尤其得到了研究者的关注。而"经验"的课程定义和潜在课程、活动课程、综合课程等概念是密切相关的，因此，90年代，潜在课程和活动课程、综合课程等概念得到了人们的关注。我们可以通过知识图谱来验证，从图中可以看出，90年代"教学"概念群即"教育目标""教育内容""教学效果""教学计划"等，和"课程"概念群即"中小学课程改革""课程结构""国家课程""活动课程""综合课程""课程设计""课程设置""课程结构"等几乎平分秋色。其中一个词进入了人们的视野，即"教育改革"和"中小学课程改革"，无论作为一种理念、政策还是实践，"课程改革"对"课程研究"的影响是巨大的，可以说是主要的推动力。这一时期出现了"国家课程"这一概念，这说明人们开始意识到自上而下课程的不同类型。"活动课程"和"综合课程"无疑是90年代的概念亮点，无论是从出现的频次来看还是中心性来看，这两个概念都是非常高的，"活动课程"的频次排第一位，为71次，中心性为0.18；"综合课程"频次为49，中心性为0.07。

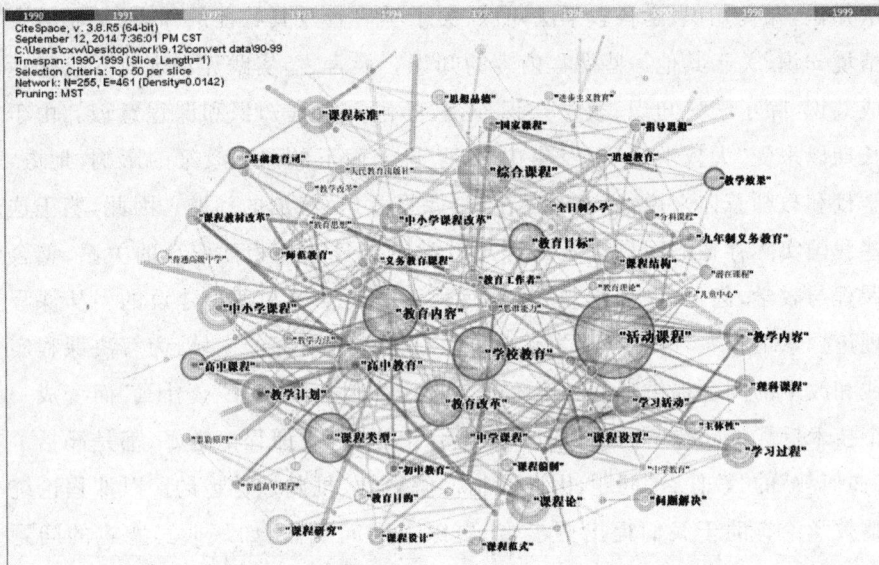

图 4-3　八种 CSSCI 来源教育学期刊刊载文献的关键词共现知识图谱(1990—1999)

表 4-1　八种 CSSCI 来源教育学期刊刊载文献高频次和高中心性关键词(1990—1999)

序号	关键词	频次	中心性
1	活动课程	71	0.18
2	教育内容	53	0.15
3	综合课程	49	0.07
4	学校教育	48	0.16
5	课程类型	44	0.14
6	课程论	43	0.06
7	教育改革	42	0.20
8	中小学课程	42	0.10
9	教学内容	39	0.09
10	课程设置	39	0.12
11	教学计划	38	0.09
12	教育目标	37	0.11
13	课程标准	36	0.09
14	学习过程	35	0.07

15	高中教育	34	0.04
16	中小学课程改革	32	0.10
17	课程研究	30	0.01
18	学习活动	28	0.09
19	课程结构	27	0.05
20	高中课程	27	0.13
21	理科课程	26	0.08
22	中学课程	25	0.03
23	九年制义务教育	25	0.06
24	问题解决	24	0.02
25	教育工作者	23	0.05

第五章

活动课程与综合课程

第一节　课外活动的演变与活动课程的提出

20 世纪 80 年代，除了正式课程外，我们常用"课外活动"一词来表示课堂以外的活动。1983 年徐洪涛在《人民教育》上发表《努力开辟第二课堂》一文，提出了"第二课堂"这一概念，"第二课堂是指那些在教学大纲、教学范围之外，有目的、有计划、有组织、有重点地开展的学生课外活动，如科技活动、阅读活动、文体活动等"，[①]不难发现，这里的"第二课堂"概念基本等同于"课外活动"。而蔡克勇、冯向东则拓宽了"第二课堂"的概念，"第二课堂，是指学校在教学计划之外组织和引导学生开展的各种有教育意义的活动，包括政治性的、学术性的、知识性的、建设性的、公益性的和有酬性的（如勤工俭学等）。对这些活动的组织和引导，被纳入学校的年度计划中"，他们指出了"第二课堂"和"课外活动"的区别，"过去被视为'课外活动'的那些活动，对于培养现代化社会的人才有着不容忽视和不可取代的重要作用，因此应赋予它应有的地位，把它作为一个重要的教育方式和途径，作为培养人才所必需的另一课堂提出来，以指导培养人才的实践。这样，第二课堂的性质和含义，与原来意义上的课外活动相比，就有了质的差异。"[②]也就是说，"第二课堂"概念的提出，实际上是对"课外活动"的重要地位加以确认，因为"第二课

---

① 徐洪涛：《努力开辟第二课堂》，载《人民教育》1983 年第 11 期。
② 蔡克勇、冯向东：《第二课堂的产生是教育思想上的一种革命》，载《高等教育研究》1985 年第 4 期。

堂"虽然是"第二",但毕竟和"第一"是并列的,将之纳入学校正规课程之中,作为第一课堂的必不可少的补充,而不像"课外活动"给人一种印象,即是在学生"正课"之外,业余时间里可有可无的"活动"而已。在《大学第二课堂》一书中,蔡克勇、冯向东更为清晰地表明了这一观点,"如果我们的思想仍然束缚在'非此即彼'的选择上,即要么实行班级授课,要么取消课堂教学,要么采取集体教学,要么采取个别教学,那么我们就无路可走了。出路何在呢? 出路在于,把现在的班级授课作为第一课堂,对第一课堂的教学进行改革;与此同时,要找到一种能与第一课堂相配合以弥补其不足的新的教育和教学的方式和途径,这就是第二课堂。"①"第二课堂"这一概念一提出,就引起了教育理论界和实践界的极大关注,并有专门的杂志宣传其第二课堂的经验,如广东省教育厅创办的《第二课堂》杂志,山西人民出版社编辑出版的《课堂内外周报》。

几乎同一时期,吕型伟在《创建两个渠道并重的教学体系,培养现代化建设人才》②一文中提出了"第二渠道"这一概念。他认为,"应该让学生有充分的课外时间(譬如每周有三至四个半天)参加各种有益的活动,包括各种科技活动、参观、考察、实际操作等等……如果把课堂教学称之为传播知识的第一渠道,那么上述种种活动就可以称为第二渠道。"③"第二渠道"的概念看起来和"第二课堂"的概念差别不大,是否是为了别出心裁而换的新名词呢? 吕型伟特别指出"我所以选择'第二渠道'这个词是经过考虑的,……我把传统的渠道称为第一渠道,把新发展的渠道概称为第二渠道,两个渠道并重,仅仅是承认已经客观存在并正在日益发展着的现实,不是凭空设想。"④在吕型伟后来发表的一系列文章中,他比较了"第二课堂"和"第二渠道"两个概念,认为"第二课堂"借用"课堂"一词,仍有补充"第一课堂"之嫌,而实际上两者在从目标到内容到方法方式等各方面都有显著的差异,所以说,"第二课堂"的概念并没有摆脱传统观念,包含的内容没有反映信息化时代

---

① 蔡克勇、冯向东:《大学第二课堂》,人民教育出版社 1988 年版,第 54 页。

② 吕型伟:《创建两个渠道并重的教学体系,培养现代化建设人才》,载《上海教育》1984 年第 1 期。

③ 瞿葆奎主编:《教育学文集·课外校外活动》,人民教育出版社 1991 年版,第 248 页。

④ 吕型伟:《第二渠道再议》,载《文汇报》1984 年 6 月 22 日。

的特点和要求,而第二渠道这个提法比较科学。①

杭苇撰文《关于"两个渠道"论的若干认识问题》②,在文中,他明确表示不赞成"第二渠道"这一提法,认为以信息论的观点把同一学校的教学工作区分为"昔时信息"和"即时信息"两个渠道是不科学的、不必要的。他认为,第二课堂一词扩大了"课外活动"的内涵,引起人们的关注,是在当时比较合适的一个概念,"把教学区分为课内、课外,确有不够确切之处,在没有更为合适的名词之前,为了避免'课外'这种不符合实际的称谓,借用'课堂'这个名词与第一课堂对应提出'第二课堂'。它的活动内容,应该冲破原有'课外'活动的内涵,内容更广泛……现在采用了'第二课堂'以后,引起了学校的重视,活动内容也比过去的课外活动广泛多了。"

还有一些学者,则主张仍使用"课外活动"这一概念,比如董祥智认为,"课外活动是个相对于教学活动的概念,……是指学校有目的、有组织、有计划地在不受教学计划、教学大纲、教科书限制的条件下,利用课余时间开展多种多样的教育活动,如学科活动、科技活动、阅读活动、文艺活动、体育活动,等等。"而"第二课堂"可以作为"课外活动"一个生动的比喻,却不能取代课外活动的概念,因为"第二课堂"并不能概括课外活动的特点,反而"模糊了课外活动与教学活动的原则界限,容易使人将这二者等同起来",而且,如果因为课外活动的教育作用就可以使用"课堂"一词的话,"那么将会有'第三课堂''第四课堂''第五课堂'……这样最终就会由于到处是'课堂'取消了原来的课堂。"③

刘舒生也认为两个课堂、两种渠道这样的提法是值得商榷的,因为"课堂教学这一概念是有特定含义的。""今天再把各种课外活动也称之为'第二课堂',理解为一般课堂教学的变种或变形,造成课堂教学与课外活动两个概念的混淆。"④将两者并置,会模糊各自的职能作用,"如果以两个渠道的概念代替课内教学与课外活动两个概念,就很难把课内教学与课外活动这

① 吕型伟:《关于"第二渠道"的几个问题》,载《上海教育》1984年第7、8期。

② 杭苇:《关于"两个渠道"论的若干认识问题》,载《教育研究》1985年第5期。

③ 董祥智:《论课外活动——兼评"第二课堂"》,载《教育研究与实验》1985年第3期。

④ 刘舒生:《课内教学与课外活动我见——兼评"两个课堂"和"两个渠道"的提法》,载《课程·教材·教法》1986年第4期。

些概念的内涵和外延充分表示出来。所以,第二课堂和第二渠道等提法不利于发挥课堂教学与课外活动的积极作用,不易正确处理好二者的相互关系,以使它们各自发扬优点,完成教育任务。"①

何桂苏则分别批判了"第二课堂"和"第二渠道"两个概念,认为这两个词内涵和外延都很模糊,犯了逻辑上的错误。"既然'教学'应不分'课内'(即课堂内)'课外'(即课堂之外),又何来'课堂'?更何来'第一课堂''第二课堂'?""以'传递信息'是'昔时信息',还是'即时信息'作为区分'第一渠道'和'第二渠道'的标准,是不太科学的。……如果把'传递信息'作为'渠道'的核心内涵,那么'渠道'又何止这两种……难道还要增加'第三渠道''第四渠道'……吗?"②

综上所述,研究者们认为用"第二渠道"和"第二课堂"来取代"课外活动"都是不合适的,不能有效地表达出"课外活动"的内涵,容易引起概念的混淆,"课外活动→第二课堂→第二渠道"这样的概念变换路径是行不通的。但是课外活动的确又包含有"业余""非正式课程"等涵义,课程改革和课程实践需要将之纳入正式的课程之中,于是另外一条概念变换路径就突显出来。从 80 年代末开始,我们有了"活动课""活动类课程"这些概念。李臣之在考察了历年来的教学计划和相关文件对"课外活动"教育功能的肯定性表述后发现一条概念变换的线索,即"课外活动→活动课→活动类课程"。1955 年,为配合当时小学教学计划的执行,教育部颁布了《关于中小学课外活动的规定》,明确地规定了课外活动的内容、时间和实施细则。1978 年教学计划的说明中,规定了学生在校活动的课时。80 年代后,对应试教育的反思引起人们对课外活动的极大关注。1981 年制定的《全日制小学教学计划(修订草案)》中,为了减轻学生过重的学业负担,贯彻党的教育方针,达成学生在德育、智育、体育几方面的全面发展,第一次将课外活动纳入周课时总量。而在 1984 年的《全日制城市小学教学计划(草案)》中,则把"课外活动"改为"活动"。1988 年制定的义务教育《教学计划》里,则在中学教学计划里

---

① 刘舒生:《课内教学与课外活动我见——兼评"两个课堂"和"两个渠道"的提法》,载《课程·教材·教法》1986 年第 4 期。

② 何桂苏:《关于"第二课堂""第二渠道"和课外活动几个概念的思考》,载《教育研究》1987 年第 2 期。参考李臣之:《活动课程研究》,教育科学出版社 1998 年版,第 18—25 页。

规定了"活动课"。1992年《九年制义务教育全日制小学、初级中学课程计划》则将活动与学科相并列，纳入课程设置之中。1994年国家教委在《贯彻国务院颁布的新工时制全国普通中小学今秋将实行调整后的教学计划》中，规定课程由学科类课程和活动类课程组成。

表5-1　80年代以来我国历次义务教育教学计划（课程计划）活动课时总量比较表

活动＼年	1981年小学 1984年小学	1988年		1992年		1994年	
		五四制	六三制	五四制	六三制	五四制	六三制
课　时	50	50	56	36	42	32	34
百分比	17.18	16.53	19.05	11.73	13.95	10.77	11.70
称谓	课外活动/活动	活动课	活动课	活动	活动	活动类课程	活动类课程

资料来源：1994年国家教委颁布的调整后的《教学计划》选自白月桥主编《九年义务教育学制课程纵横比较与施教建议》，北京师范大学出版社1993年版。

　　由此可见，活动课程是由课外活动演变而来，那么，是否活动课程就是文件化的"课外活动"呢？学者们纷纷对活动课程与课外活动加以区别。例如，李臣之认为，原有课外活动中一部分对学生发展有重要价值的经过重新规范化后被纳入课程体系，从而发展为活动课程，但活动课程还有很大的一部分是根据教育目标，立足现实需要以及一些社会问题新设计而成的。两者的区别和联系如下：两者尽管都由学生活动构成，但活动课程是课程以内的，而课外活动是课程以外的；两者都有安排和组织，但活动课程是系统的、长时间的，课外活动是临时的、短期的；两者都与学科课程相关，活动课程与学科课程相辅相成，而课外活动依附于学科课程，是一种补充和延伸；两者都有目标，但活动课程的目标与总目标一致，促进学生全面素质的提高，而课外活动只是满足学生的业余爱好。①

----

① 李臣之：《活动课程研究》，教育科学出版社1998年版，第57页。

第二节 活动课程的理论基础和概念内涵

　　活动课程的概念内涵和活动课程的理论基础是密切相关的,基于不同的理论基础会有不同的活动课程的概念界定。梳理90年代活动课程的理论基础,大致有以下几种:马克思主义、卢梭为代表的自然主义、杜威为代表的经验主义、概念重建学派。上述各派尽管都赞成活动课程,但其理论的出发点和活动课程的构建各有不同,以这些理论为基础所建立的课程概念也各有不同。当然活动课程概念和这些理论并不是简单的一一对应关系,其实每一种概念背后都有着多种理论的支撑。对活动课程的多维度的诠释在一定程度上也反映了90年代课程研究方法论的多元化,我们开始逐渐摆脱僵化的马克思主义话语,破除单一的理论视角,不同的理论开始碰撞,这有助于课程问题的深入探讨。

一、马克思主义学说与活动课程的理论建设

　　90年代,以马克思主义为指导进行教育科研的思想仍十分普遍,因此许多研究者都将马克思主义学说作为活动课程的立论基础①。但如前所述,人们开始对马克思主义唯物辩证法在课程领域的运用进行反思,摆脱简单的公式化套用,就课程问题的特殊性运用马克思主义进行了有益的探索。当然在运用马克思主义作为活动课程的理论基础时,研究者选用的侧重点各不相同。比如,李臣之引用马克思主义关于人的全面发展学说作为活动课程的理论基础,他认为马克思主义关于人的全面发展学说全面地探讨了人与活动的关系,揭示了人为什么要活动的深层原因,总结了人的活动的特点,概括出人的活动与人的发展之间的必然关系,因此也可以将其称为"马克思主义关于活动的学说",这两者是合而为一的,成为活动课程的立论基

---

　　① 比如李臣之的《活动课程研究》(教育科学出版社1998年版)和高峡的《活动课程的理论与实践》(上海科技教育出版社1997年版),这两部有关活动课程的专著都将马克思主义作为活动课程的重要理论基础。

点。马克思主义认为，人从生物内部驱动来说，具有活动的需要，通过活动人得以存在和发展，并且创造了人类的社会、文化、历史，而这种自由自觉的活动的最终目的仍在于追求自由自觉的活动，这种诉求使人类区别于其他动物。李臣之引用马克思主义这一观点审视学校课程建设，提出两个论点证明活动课程的合理性：首先，学生是一个实实在在的人，作为人应当追求自由自觉的活动；其次，学生是一个发展中的人，他们是在学校这个特殊的环境中发展起来的人。学校是一个经简化和纯化了的环境，一方面它将学校环境从纷繁复杂的社会大环境中提炼出来，进而使学校的可靠性、科学性不断提高。但另一方面这也就要求学校在需要的时候选择整合社会现实要素的机会。因此，学生在学校这个特殊环境的生存和发展显然离不了凝聚着历史文化精华的学科和学生现实的自由自觉的活动。除此之外，李臣之还引用马克思主义关于人的几个特性，即人的活动的现实客观性、社会历史性、自觉能动性。基于此，得出对学校活动课程建设的几点启示：① 破除了"人之初、性本动"的观点，防止活动肤浅而单调，或者过分迁就儿童的本能；② 人的活动水平与人的发展水平的关系，规定了以培养人为职能的学校的活动在形式上多种多样，在内容上丰富多彩；③ 人的活动质量制约着人的发展水平，学校活动要充分体现教育的目的；④ 坚持"活动—发展"观处理学校的一切活动事务。①

高峡除了将马克思主义关于人的全面发展学说作为活动课程的立论基础外，还着重分析了马克思主义认识论与活动课程之间的关系。他指出，无论是马克思还是毛泽东都强调活动、感性经验的重要性，认为人认识事物是"从感性认识到理性认识的飞跃""实践是检验真理的唯一标准"。他引用了马克思和毛泽东的原话来论证这一观点，"德国哲学从天上降到地上；和它完全相反，这里我们是从地上升到天上，就是说，我们不是从人们所说的、所想象的、所设想的东西出发，也不是从只存在于口头上所说的、思考出来的、想象出来的、设想出来的人出发，去理解真正的人。我们的出发点是从事实际活动的人，而且从他们的现实生活过程中我们还可以揭示出这一生活过

---

① 参见李臣之：《活动课程研究》，教育科学出版社 1998 年版，第 94—106 页。

程在意识形态上的反射和回声的发展"①"你要有知识,你就得参加变革现实的实践。你要知道梨子的滋味,你就得变革梨子,亲口吃一吃。你要知道原子的组织同性质,你就得实行物理学和化学的实验,变革原子的情况。你要知道革命的理论和方法,你就得参加革命。一切真知都是从直接经验发源的"。②不仅认识事物是在实践、活动中起步的,而且最终需要得到实践、活动的检验。"人类认识的历史告诉我们,许多理论的真理性是不完全的,经过实践的检验而纠正了它们的不完全性。许多理论是错误的,经过实践的检验而纠正其错误。所谓实践是检验真理的标准,所谓'生活、实践的观点,应该是认识论的首先的和基本的观点',理由就在这个地方。"③

很少有学者就"马克思主义作为活动课程的理论基础"这一观点提出反对意见,马克思主义关于人的全面发展学说在活动中诠释人,为活动课程提供了立论基础。"实践是检验真理的唯一标准"不仅在改革开放之初作为"变阶级斗争为经济建设"的宏观思想武器,在"活动课程"的理论建设中同样可以加以引用。活动作为真理的来源和检验不仅为活动课程提供了合理性的证明,同时也提供了一些活动课程实践的指导原则,但马克思主义毕竟不是专门探讨课程问题的,将马克思主义作为活动课程的理论基础只能从一个角度证明活动课程的合理性、必然性和一些粗略的指导原则,无法就"活动课程和学科课程的课程设置有何不同""活动课程对课程实践的意义何在"这些问题做更为深入的讨论。因此,90年代,活动课程理论除了马克思主义这一思想来源外,还有自然主义、经验主义和概念重建学派。

二、自然主义、经验主义与概念重建学派三种活动课程理论

与马克思主义相比,自然主义、经验主义与概念重建学派对活动课程理论的探讨更为直接,因此常常并置在一起进行讨论。90年代,谈论活动课程问题的许多研究者都考察了卢梭(Rousseau, J. J.)和杜威的活动课程思想,

①《马克思恩格斯选集》第1卷,人民出版社1972年版,第31页。转引自高峡:《活动课程的理论与实践》,上海科技教育出版社1997年版,第47页。
②《毛泽东选集》第1卷,人民出版社1952年版,第276页。转引自高峡:《活动课程的理论与实践》,上海科技教育出版社1997年版,第48页。
③《毛泽东选集》一卷本,人民出版社1966年版,第281—282页。转引自高峡:《活动课程的理论与实践》,上海科技教育出版社1997年版,第51—52页。

139

不过对它们的重要性认识各不相同,有些研究者将卢梭和杜威的活动课程思想放入"活动课程的渊源"章节之中,将其作为批判发展的对象,而有些研究者则将杜威的活动课程思想看作是由卢梭的自然主义活动课程思想发展而来,将两者合而为一作为"活动课程"的重要思想来源。除了卢梭和杜威的活动课程思想外,还有研究者将概念重建学派的思想作为活动课程的思想来源。以卢梭为代表的自然主义、以杜威为代表的经验主义和以概念重建学派为基础的活动课程思想各有不同,所得出的活动课程的概念内涵也不同。

具体来说,90年代对以卢梭为代表的自然主义活动课程论思想的认识如下:卢梭建立的课程体系基本是以活动课程为主,他反对在12岁之前读书,认为"世界以外无书籍,事实以外无教材",幼儿期(0至5岁)、儿童期(5至12岁)全是活动课程,少年期(12至15岁)、青年期(15至20岁)虽然开始学习书本知识,但活动课程仍是核心。裴斯泰洛齐的"教育适应自然的原则"和福禄倍尔的"自动活动"都是和卢梭的思想一脉相承的。卢梭的活动课程论是在启蒙运动时提出的,旨在反对中世纪封建主义对人性的压制,抨击传统以"教师、成人、书本"为中心的教育观,提出要充分尊重人的自然本性。卢梭认为现实中存在着三种教育,即人的教育、物的教育、自然的教育,这三种教育要和谐,就必须依照儿童的内在自然,顺从他们的本性去发展。而儿童的自然天性就是好动、好玩,因此,自然教育的手段就是通过让孩子接触自然,在活动和实践中获取感性知识和直接经验。

相比卢梭理论中所蕴含的活动课程思想,90年代研究者认为杜威的活动课程理论更为成熟,因此大部分研究者在谈到活动课程理论时,都把杜威作为一个重要的开创者。杜威明确地将活动课程作为一种与学科课程相对的课程形式和课程理论提出;他认为教学应从学生的经验和活动出发,使学校在游戏和工作中采用与儿童、青年在校外所从事的活动类似的活动方式,这种活动课程要在学校课程中占有明确的位置,而并非权宜之计。"做中学"的活动课程论统一了杜威的"教育即生长""生活即生长""生活即经验""学校即社会"等观点。杜威认为人正是在活动中,通过与环境的交互作用形成经验,从而生长和发展。在杜威看来,知识不是客观的、不变的,而是在探究活动中不断产生的。杜威的思维五步法为活动课程提供了基本的步骤:第一步,要有一个真实的经验情境;第二步,从这个情境里产生一个问题;第三步,通过观察等心智活动,搜集资料,提出解决问题的各种假设;第四步,推断哪一种假设能解决问题;第五步,用行动检验假设。以"问题"中心打破"学科"中心,联系学生的日常生活场景和生活经验,引起学生探索的兴趣,带着疑问进行学习,为了解决这个问题,学生需要最大限度地调动和激活已有的知识,最广泛地去收集资料,达成学科间融合的综合课程,体现了活动课程的精髓。

相比于自然主义理论和经验主义理论,概念重建学派对活动课程理论的影响,研究者较少提及。在《活动课程的"概念重建主义"理论探究》①一文中,张华认为"概念重建学派"的两组理论学派可以称为活动课程的理论基础:第一组学派因为推崇个体自我意识的觉醒和提升,因此被张华称之为"个人取向论者",具体学派有"现象学""存在主义"和"解释学";第二组学派因为主张个体主体价值的实现离不开社会经济和意识形态的约束,应把个体和社会结合起来,因此张华称之为"个体—社会统合论者",具体学派有"法兰克福学派"和"知识社会学"。具体而言,"个人取向"的学派对活动课程的理论建设分别由各个理论流派分叙之:① 现象学,强调学生在"生活世界"中通过自身的主动活动而与外界相互作用,从而使自身的意义不断提升、经验不断拓展。教师和学生之间不再是"主体—客体"的关系,而是一种"交互主体性"。② 存在主义哲学,推崇"个人意志自由"和"存在经验",将"自我意识的觉醒"和"学会选择"作为活动课程追求的课程目标。③ 解释学,反对价值中立,主张"主体参与式理解",活动课程正是通过学生的主体参与来诠释知识、理解意义。而"个体—社会统合论"学派的代表人物阿普尔、吉鲁克斯(Giroux,H. A.)、麦克唐纳德(MacDonald,J. B.)等人则将"社会批判理论"和"知识社会学"的基本精神整合到活动课程理论之中,认为技术理性的过分膨胀塑造了一个单向度的社会以及单向度的人。我们需要恢复人的"主体意识",破除知识的"中立性"神话,反思知识形成的社会根源以及社会组织和权力结构对知识的控制机制,因此他们认为活动课程应启发学生的意识觉醒,在对社会意识形态的批判中使个性获得完美的发展。

综上所述,三种活动课程理论尽管都提倡活动,但各有不同,主要的区

---

① 张华:《活动课程的"概念重建主义"理论探究》,载《外国教育资料》1996 年第 1 期。

别在于两点。其一，课程价值观的不同。杜威的活动课程论是以实用主义为基础的。张华指出，人们因为杜威说"儿童是太阳"而将杜威划为儿童中心论，这其实是一种误解，杜威的教育观实际是指向社会改良的，个人、学生是从属于社会的。而卢梭的自然主义活动课程论和概念重建学派的活动课程论和杜威的社会改良观不同，他们都主张对社会的积极改造。卢梭认为人生而平等，只是当人类进入所谓的"文明社会"后，才出现人与人之间的不平等，导致人自然本性的迷失。而概念重建学派也主张从文化的角度批判性地看待课程，进行课程改造，从而影响社会的发展。只不过，两者产生的背景不同，卢梭反对的是中世纪封建主义的传统教育，而概念重建学派针对的是现代工业社会的技术理性对人和教育的异化现象。尽管卢梭和概念重建学派都宣扬积极的社会改造，但他们并不像杜威那样，将社会发展作为教育的最高鹄的，而是将儿童、学生看作教育的本体，作为教育的出发点和归宿。其二，是否承认知识的"内在逻辑性"。卢梭继承了洛克（Locke, J.）的"经验论"和"感觉论"，注重"直接经验"，强调"世界以外无书籍，事实以外无教材"，否定系统学科知识的意义。杜威也认为知识是流动的、变化的，知识的根本特征是相对性和过程性而不是独立稳定的，因此他否认知识具有"内在逻辑统一性"，从而彻底消弥了学科课程。然而，概念重建学派和前两者的观点不同，概念重建学派没有全然否定知识的"内在逻辑统一性"，并认为学科之所以能获得独立性就在于它的"内在逻辑统一性"，而活动课程的独立性则建立在学习者的"实践活动性"上，两者可以并行不悖，甚至可以互相辅证。

三、活动课程的理论基础与活动课程概念的宽窄说之辩

总体而言，活动课程的概念是一个基于以上四种理论引入的概念，而非一个本土生长的概念，因此对它的理解必然与这四种理论相关。上面简述了马克思主义学说、以卢梭为代表的自然主义、以杜威为代表的经验主义、概念重建学派这四种活动课程的理论基础。90年代研究者受这些理论影响的程度各不相同，因此对活动课程的理解以及活动课程的设计、实施和评价也会呈现出一定的差别。

上面已经比较过自然主义、经验主义与概念重建学派三种理论基础的两大区别，我们也可以按照这两个维度，将马克思主义学说也纳入进来对这

四种理论基础做一比较,并考察它们对活动课程概念的影响。

首先,在活动课程的价值取向上有所差异。相对而言,马克思主义学说和以杜威为代表的经验主义偏向于社会价值取向,而以卢梭为代表的自然主义和概念重建学派偏向于个人价值取向。尽管活动课程不同于学科课程的课程编制形式,这决定了它必然要强调儿童的兴趣和需要,从整体上看活动课程的研究都比较关注儿童的主体性,但是上述不同最终指向的目的还是会呈现出一定的差异。比如,李臣之的活动课程理论受马克思主义影响较大,认为人的活动的社会历史性决定了活动对象要受社会历史的制约,也决定了活动的动机、目的、方式、条件都受社会历史条件的制约。因此,他提出在研究活动课程时应首先肯定儿童活动的社会制约性。

除了在活动课程价值取向上的差异外,对活动课程概念影响更为明显和更为重要的差别在于第二点,即是否承认知识的"内在逻辑统一性"。在论及自然主义、经验主义和概念重建学派的观点差异时,已经提到了三者在这点上的差异,其中卢梭和杜威都否认知识的系统性,而概念重建派则没有彻底反对知识的"内在逻辑统一性"。马克思主义关于这个问题的代表性观点有"一切真知都来源于实践""实践是认识的基础""实践是检验真理和发展真理的标准",也就是说,认识是分两个阶段进行的,第一阶段是感性认识,第二阶段是理性认识。由此可以看出,马克思主义是承认知识具有的"内在逻辑统一性"的,如毛泽东所说,"要完全地反映整个事物,反映事物的本质,反映事物的内部规律性,就必须经过思考作用,将丰富的感觉材料加以去粗取精、去伪存真、由此及彼、由表及里的改造制作工夫,造成概念和理论的系统,就必须从感性认识跃进理性认识"。[①] 但在承认系统知识的同时,马克思主义强调系统知识是"流"而不是"源",这一方面是指系统知识是由实践而来,另一方面则告诉我们系统知识需要时刻受到实践检验,从而不断发展变化。

是否承认知识的"内在逻辑统一性"呈现在活动课程的概念理解中。梳理有关活动课程的概念,可以发现,一些研究者以"不传授系统知识"作为活动课程的标志性特点。比如"活动课程有时也叫'经验课程',是相对于系统

143

---

① 《毛泽东选集》一卷本,人民出版社1966年版,第279—280页。转引自高峡、康健、丛立新、高洪源:《活动课程的理论与实践》,上海科技出版社1997年版,第51页。

的学科知识而言,侧重学生的直接经验的课程,这种课程的主要特点在于动手'做',在于手脑并用,在于脱离开书本而亲身体验生活的现实,以获得直接经验"。① "活动课程,是以学生自主学习和直接体验为基本方式,以学生个性养成为基本目标的一种课程。它不以系统知识的传授为基础,而以实践活动为基础,属于非学科课程"。② 另一些则未提及"系统知识"的传授问题,是从"不同的课程编制方式"这一角度来阐释活动课程的概念的,比如经验课程与以传统学科为中心、依据科学和学科的逻辑性编订的学科课程不同,它是以儿童的主体性活动的经验为中心组织的课程,也叫作生活课程、活动课程、儿童中心课程③;活动课程,就是指以儿童的生活活动为课程内容,以儿童的兴趣、需要和能力为编制课程的出发点,由儿童通过自己组织一系列的活动进行学习、取得经验,掌握解决实际生活问题的知识,培养兴趣、能力和各种品质的课程理论。④

对"知识内在逻辑统一性"承认与否可以转化为另外一个问题,即学科课程与活动课程是否是完全对立、非此即彼、水火不相容的。这个问题在1996年全国活动教学研讨会中有关活动课程概念的"宽说"和"窄说"集中体现出来。1996年6月5日至7日,由全国教育科学规划领导小组办公室、中央教科所教育实验研究中心、青岛教委共同主办的全国活动教学研讨会在青岛嘉峪关学校举行。在这次会议中,人们对活动课程的概念界定以及它的内涵和外延等展开了讨论,会议对于活动课程形成"窄说"和"宽说"两种见解。

"窄说"强调活动课程的"活动外显"特征,即传统教学过分夸大内隐的、观念的活动,而忽视了学生实践、感性的、操作的活动,活动课程强调增加学生的动手、动口、动脑的机会。据此,"窄说"活动课程概念被界定为:活动教学是一种强调通过增加学生自主参与的各种外显活动,来充分发挥学生的主体性、能动性、创造性,培养学生探索精神,全面提高学生素质的教学。

"宽说"则反对"窄说"将"外显活动"和"内隐活动"相对立的看法,认为

---

① 李秉德主编:《教学论》,人民教育出版社1991年版,第178页。

② 高峡、康健、丛立新、高洪源:《活动课程的理论与实践》,上海科技出版社1997年版,第1页。

③ 钟启泉编著:《现代课程论》,上海教育出版社1989年版,第186页。

④ 刘克兰编著:《教学论》,西南师范大学出版社1988年版,第124—125页。

"外显"和"内隐"是可以统一的。感性活动可以内化为观念活动,而观念活动也可以外显为感性活动,这是双向的。不存在谁多谁少、谁先谁后的问题,否则就将"活动课程"与"学科课程"的区别理解得过于表面化了。"宽说"认为传统教学的最大弊端在于,没有把教学认识、教学发展作为一个有结构的、能动的过程来加以研究,从而忽视了教学中的实践活动在学生认知发展中的作用,而活动课程正是关注了活动在学生成长发展中的作用的研究。因此,"宽说"的活动课程概念为:活动教学是一种主张通过教师积极引导学生主动参与各种活动,充分弘扬儿童的主体性、创造性,以活动促使学生和谐发展的教育思想和教学形式。[1]

因此"宽说"的活动课程概念主张活动课程与学科课程是可以融合的,但不是机械简单地把教学时间分一块给活动课程,再分另一块给学科课程,两者相加就等于全部课程。活动课程和学科课程的融合基于课程价值观的转换和对知识、教学、学习看法的转变,我们认识到课程最终是为了学生的发展,有了学生的发展才可能有社会的进步和人类的幸福。以学生为本位来思考课程的设置,学习是在学生已有经验的基础上对新知识进行主动的建构。通过学生经验、课堂情境的创设、新旧知识的整合这些概念将活动课程与学科课程相整合。2002 年,丁邦平和顾明远的《学科课程与"活动课程":分离还是融合——兼论"学生本位课程"及其特征》谈了这个问题,文章认为不论是"活动课程"也好,"研究性学习"也好,仅将此作为一门课程,而不改变分科课程的课程思维方式和课程编排方式,恐怕难以改变学科课程为主,或学科课程与活动课程二元对立的局面,只有更新课程观念,从理论和实践上确立学生的主体地位,从课程政策、课程发展、课程设计到课程实施和课程评价实现全方位的转变,才有可能真正实现"活动课程"和"学科课程"的融合。[2]

145

①杨莉娟:《全国活动教学研讨会综述》,载《教育研究》1996 年第 9 期。
②丁邦平、顾明远:《学科课程与"活动课程":分离还是融合——兼论"学生本位课程"及其特征》,载《教育研究》2002 年第 10 期。

第三节　活动课程概念的局限性和综合课程概念的兴起

尽管活动课程概念在 90 年代比较活跃,但是提及"活动课程",从字面上容易让人联想起"蹦蹦跳跳"的活动,在实践中会形成一种错误的导向,过分关注表面的形式而忽略了活动课程的实质。此外,如前所述,"宽说"的活动课程概念主张将活动课程与学科课程融合,成为一种学生本位的课程,换言之,"宽说"的活动课程概念将活动课程视为一种课程理念和课程研制的新方式,而不仅仅局限为一种"课程"。然而,"蹦蹦跳跳"的活动和"鸦雀无声"的静听,会在印象中形成活动课程和学科课程之间的对立,给课程研制方式整体转变制造了障碍。另外一个原因在于,如前所述,在我国,"活动课程"概念的形成经历了"课外活动""第二课堂""第二渠道"等概念语脉,因此,在一些研究者的"活动课程"概念里,仍可以发现"课外活动"的影子。比如活动课程是指班团活动、晨会、体育锻炼、科技活动和文体活动等,在从前的教学计划中,活动课即课外活动类,义务教育《课程计划》把活动作为课程纳入周课时表。[①] 活动课程是以充分而有特色地发展学生基本素质为目标,以最新信息和学生的直接经验为主要内容,按照各种实践活动项目和特定活动方式组成的一种辅助性课程形态。[②]"班团活动""晨会""体育锻炼""科技活动""文体活动""辅助性"这些词都让我们直接联想起了"课外活动",活动课程的概念似乎是"课外活动"概念的进化版,只不过是课外活动的系统化和规范化,但本质上依然作为"学科课程"的附属物。注意到了"活动课程"概念的这些局限性,90 年代末及 2000 年后"活动课程"概念渐渐淡出,而更多地使用"综合实践活动""综合课程"的概念,与此相关的概念还有"研究性学习""研究性课程""综合学习"等等。

事实上,综合课程的概念和活动课程的概念并不是一个先后承接的关

---

① 白月桥主编:《九年义务教育学制课程纵横比较与施教建议》,北京师范大学出版社 1993 年版,第 211 页。

② 杨金玉:《活动课程简论》,载《课程·教材·教法》1994 年第 8 期。

系,而是并列发展的。早在 80 年代,综合课程的理论研究和实践探索在我国就起步了,吕达在《课程·教材·教法》上连续发表了两篇文章①,介绍了英格拉姆(Inghram,J.B.)的综合课程理论。上海是我国较早开展综合课程实践的地区,1986 年上海市成立了综合课程研究小组,探讨综合课程的可行性和必要性。根据国家教委 1988 年颁布的《义务教育全日制小学、初级中学教学计划(试行草案)》中有关小学和初中设置综合"社会"的规定,1989 年上海市教委颁发的课程改革方案中规定了在小学、初中阶段设置综合性的社会科和理科课程,在高中开设社会科学基础、自然科学基础等综合性学科。

90 年代,在积累了一定的实践经验后,人们开始就综合课程的一些理论问题做更大规模的实验研究和更为深入的理论探讨,除了上海外,广东省及东北地区的一些省份也开展了综合课程的实验。1990 年东北师范大学主持的"农村基础教育综合改革实验",在经过前期的实验准备和调查研究后,在偏远山区抚松县开展,其实验效果得到了广泛的认同。1995 年,国家教委的"高中综合课程研究和实践"研究课题由广东省教育厅承担,在广东省全面展开。

综合课程逐渐成为人们研究的热点,2001 年《基础教育课程改革纲要(试行)》明确提出"改变课程结构过于强调学科本位、科目过多和缺乏整合的现状,整体设置九年一贯的课程门类和课时比例,并设置综合课程,以适应不同地区和学生发展的需求,体现课程结构的均衡性、综合性和选择性",将"综合课程"作为课程改革的目标,并规划了"小学阶段以综合课程为主,初中阶段设置分科与综合相结合的课程,高中以分科课程为主"的课程结构。

综合课程与活动课程的理论渊源是相通的,只不过活动课程更容易被理解为一种课程形态,而综合课程则更强调一种"课程综合化"的课程理念和课程编制方式。作为论证,我们可以考察几个综合课程的概念:所谓"综合实践活动",一言以蔽之,就是超越了传统的课堂教学制度——学科、课堂、评分——的束缚,使学生置身于活生生的现实的(乃至虚拟的)学习环境之中,综合地习得现实社会及未来世界所需要的种种知识、能力、态度的一种课程编制(生成)模式;②综合课程是"有意识地运用两种或两种以上学科

147

① 〔英〕J.B.英格拉姆:《综合课程的作用》,吕达译,载《课程·教材·教法》1985 年第 2 期;〔英〕J.B.英格拉姆:《综合课程的作用》(续),吕达译,载《课程·教材·教法》1985 年第 3 期。

② 钟启泉:《综合实践活动:含义、价值及误区》,载《教育研究》2002 年第 6 期。

的知识和方法论考察或探究一个中心主题或问题的一种课程取向；①综合课程是将具有内在逻辑或价值关联的原有分科课程内容以及其他形式的课程内容统整在一起的，旨在消除各类知识之间的界限，使学生形成关于世界的整体认识和全息观念，并养成深刻理解和灵活运用知识、综合解决现实问题能力的一种课程模式。②

在这里，概念中的"课程编制生成模式""课程取向""课程模式"都意味着"综合实践活动""综合课程"等不仅仅是一种崭新的课程，还是一场课程理念的大革新，包括课程价值取向、课程设计、课程目标、课程实施、课程评价等全方位的革新，走向课程综合化的新课程观。课程综合化是相对于分科主义课程体系而言的，分科主义课程体系的课程价值取向是社会本位的，考虑为社会培养劳动力和人才的需要，将现存社会运行所需要的知识和技能凝固、分解、归类，然后由学校分学科高效率地传授给学生，将"人"作为"社会发展"的工具，将人与其生活的世界割裂开来；将"学科知识"专业化、高深化，使之最终成为"精英文化"；割裂了学生生活世界的完整性和统一性，使之断裂为一个个学科世界，致使学生片面畸形地发展。课程综合化以"人的整体发展、和谐发展"为出发点，关注儿童的生活世界。

148

从最直观的层面看，课程综合化是一种课程编制方式的转变，综合课程是以现实的"主题"为核心，把"知识"和"经验"组织成单元的学习，而分科课程是以"内容"为核心，把"知识"和"经验"组织成单元。分科课程的初衷是分门别类地清晰呈现知识，使知识能深入、累加地传授给学生，以实现夸美纽斯（Comenius, J. A.）所设想的"百科全书"式人物的理想。然而，现实却不是分门别类地，问题总是以复杂的、丰富的方式整体地呈现。学生面对真实问题的手足无措是不难预料的，所以综合实践活动是意识到分科课程这种缺失后的新的课程形态。此外，当面对一个真实问题时，人往往会调动自己所有的能量去全身心地投入研究，这种综合实践活动中体现和培养的深入探索的精神也是宝贵的。

如果说，分科课程观下，我们难以扭转"学科""教学内容""系统知识"的课程观，那么在综合课程观下，课程是学生经验的改造和建构，成为自我的

---

① 张华：《课程与教学论》，上海教育出版社 2000 年版，第 266 页。

② 有宝华：《综合课程论》，上海教育出版社 2002 年版，第 25 页。

"完整经历"，我们就容易理解课程不是静态的"跑道"，而是一个在"跑道"上跑的过程。课程不再是外在于具体课程情境的固定的、物化的文本，而是师生在具体课堂情境中创生的一系列"课程事件"和"课程体验"。在"跑"的过程中，每个人都全身心投入，人与人之间的交流和反思也是充分的。综合课程的教学和学习不再是单向的知识传授，在综合实践活动中，学习表现为一种与客体对话，与他人对话，与自我对话的活动。同样，这促使我们对课堂教学进行立体审视。这三种实践的活动将扁平、单一的课堂变得生动、丰富起来。这样，学生才会对丰富的生活产生兴趣，调动所有的情感、兴趣、知识、智慧投入到学习之中。

　　正如钟启泉所说，综合实践活动体现了课程的"范式转换"，重建了课程观、教学观、学习观，最终实现了课程、教学与学习的一体化，从而有效地解决了课程、教学与学习彼此割裂的现象，避免了三者之间机械地、单向地、线性地发生关系。在一体化的状态中，教师、学生、活动构成了一个不可分割的整体，三者交织在一起，没有一个逻辑的行为主体，师生的活动共同构成了课程。[①]综合课程更多地是作为一种深层的课程理念，而不是与学科课程截然对立的课程形态。两者是互惠的，综合课程需要学科课程的知识基础和认知背景才能避免肤浅的"跑跑跳跳"，做到"深度探究"；而学科课程更需要贯彻综合课程的理念，实现课程、教学、学习的一体化，真正促进人的发展。

　　90年代是一个多重反思的时代，时代背景的转换、学术界的专业化、教育目的的转型以及课程论本身的发展，都使课程领域的概念不论是在概念内涵上，还是在概念名称上，都出现了很大的变化。首先表现为课程概念已经脱离教学论体系，趋向于多元化、整体化。同时，课程概念的多元化也使课程论和教学论的关系复杂化，出现了多种观点，其中课程论包含教学论的观点在90年代开始流行。其次，从"课外活动"概念发展而来的活动课程概念体现了一种与学科课程不一样的课程编制方式，并最终发展为"综合课程"这一概念。"综合课程"这一概念不仅整合了活动课程与学科课程，也统合了课程、教学和学习。

149

---

① 钟启泉：《课程的逻辑》，华东师范大学出版社2008年版，第141—143页。

下篇

进入21世纪

第六章

全球化时代中国课程文化的创建

2000 年后,随着第八次课程改革的启动,中国课程研究进入一个快速发展的时期。如果说,80 年代是工程话语的时代,90 年代是多重反思的年代,那么,2000 年后中国课程话语的时代特性,用"文化追求"这一更具有包容性的词来描述和概括是比较恰当的。它既显示了在承认价值多元性基础上课程的创新性,又体现了课程学者对课程问题的现实关怀以及在课程文化自觉基础上"基本的学科结构"的重建。2008 年 10 月 15 日至 18 日,第六次全国课程学术研讨会暨中国教育学会课程专业委员会第三届第一次年会在聊城大学召开。研讨会的一个重要主题就是"课程研究与文化",会议提交的论文有三分之一直接或间接地研究文化问题,大家普遍认为"课程文化"成为 2000 年后课程研究的一个热点。理解"课程文化"有多种角度,我们既可以将文化作为课程的内容研究不同课程观下课程与文化之间的不同关系,也可以将课程作为一种文化来研究课程,以区别于将课程作为一门学科。从图 6-1 和表 6-1 来看,我们发现进入 21 世纪后的十几年,与 80 年代和 90 年代相比,非常明显的是,2000 年后,课程论的概念大量涌现,比如"课程改革""课程政策""课程文化""课程领导""国家课程""地方课程""校本课程开发""课程实施""课程标准""课程资源""课程结构"等。其中我们注意到,"新课程""新课程改革""课程改革"这类概念的突显无疑显示这一时期的课程研究受课程改革的影响非常大。"校本课程开发"概念的中心性是最强的,高达 0.21,说明许多研究都和校本课程开发有很大的关系,比如"课程资源""课程实施""课程政策""地方课程""课程领导"等概念。"课程标准"也是这一时期出现频率较高的概念。这一时期,我们关注到的另一个现象是课程研究领域中"人"的概念的显现,比如"教师""教师教育"概念和"学生""学习活动"概念等,其中"教师"这一概念还有很强的中心性,达到 0.11,这说明 2000 年后我们的课程研究给予"人"以很大的关注。

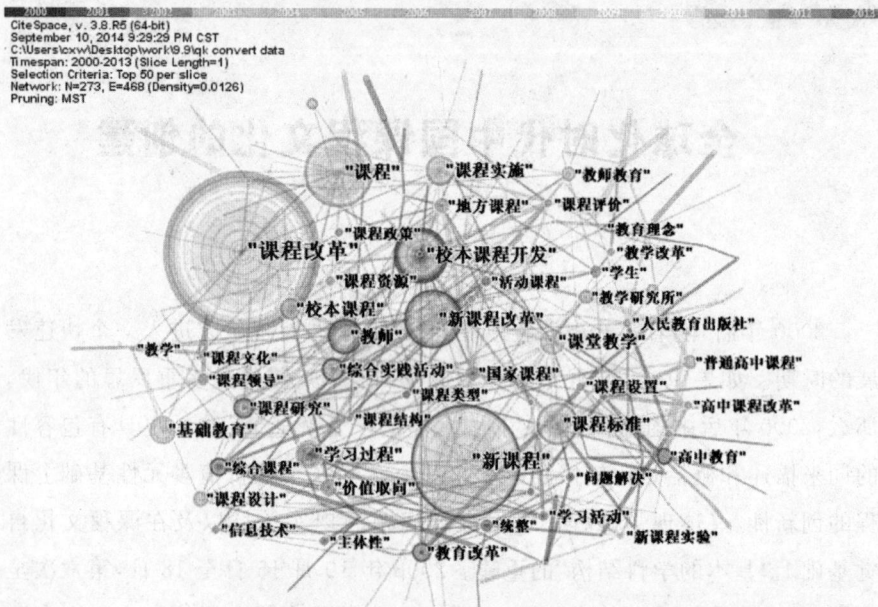

图 6-1　八种 CSSCI 来源教育学期刊刊载文献的关键词共现知识图谱(2000—2013)

表 6-1　八种 CSSCI 来源教育学期刊刊载文献高频次和高中心性关键词(2000—2013)

序号	关键词	频次	中心性
1	课程改革	348	0.05
2	新课程	233	0.10
3	课程	165	0.08
4	校本课程开发	126	0.21
5	新课程改革	122	0.12
6	课程标准	115	0.06
7	教师	94	0.11
8	课程实施	85	0.09
9	基础教育	83	0.03
10	课堂教学	77	0.10
11	学习过程	74	0.06
12	校本课程	71	0.07
13	综合实践活动	63	0.11

续表

14	地方课程	62	0.10
15	国家课程	62	0.07
16	课程研究	60	0.11
17	价值取向	59	0.10
18	课程设计	54	0.05
19	教育改革	52	0.12
20	课程资源	50	0.05
21	课程设置	49	0.07
22	学习活动	47	0.04
23	教学改革	46	0.04
24	教师教育	46	0.07
25	课程政策	46	0.00

自1997年第一次全国课程会议以来,至2012年共召开了八次全国课程学术研讨会。通过整理这几次会议的综述①,得出知识图谱图6-2,我们可以发现,与2000年后八种CSSCI来源教育学期刊刊载文献的关键词共现知识图谱呈现相类似,"课程改革""新课程改革"这些概念是与"课程理论""课程研究"及"课程论"这些概念并驾齐驱、相互促进的。此外,"校本课程开发"也是这几次课程会议的重要主题。

---

① 王永红、黄普全:《课程现代化:跨世纪的思考——首届全国课程学术研讨会述评》,载《课程·教材·教法》1998年第2期;全国课程专业委员会秘书处:《21世纪中国课程研究和改革发展——全国第二届课程学术研讨会暨全国课程专业委员会年会综述》,载《课程·教材·教法》2000年第6期;全国课程专业委员会秘书处:《新时代新人才新课程新征程——第三次全国课程学术研讨会综述》,载《课程·教材·教法》2001年第12期;全国课程专业委员会秘书处:《基础教育课程改革的反思与评价——第四次全国课程学术研讨会综述》,载《课程·教材·教法》2004年第8期;全国课程专业委员会秘书处:《迈向课程理论与实践发展的新台阶——第五次全国课程学术研讨会综述》,载《课程·教材·教法》2006年第22期;刘启迪:《课程理论与实践创新——第六次全国课程学术研讨会综述》,载《课程·教材·教法》2008年第12期;刘启迪:《新世纪课程改革十年:趋向与愿景——第七次全国课程学术研讨会综述》,载《课程·教材·教法》2011年第1期;刘冬岩、蔡旭群:《新一轮课程改革的回顾与展望——第八次全国课程学术研讨会综述》,载《课程·教材·教法》2013年第1期。

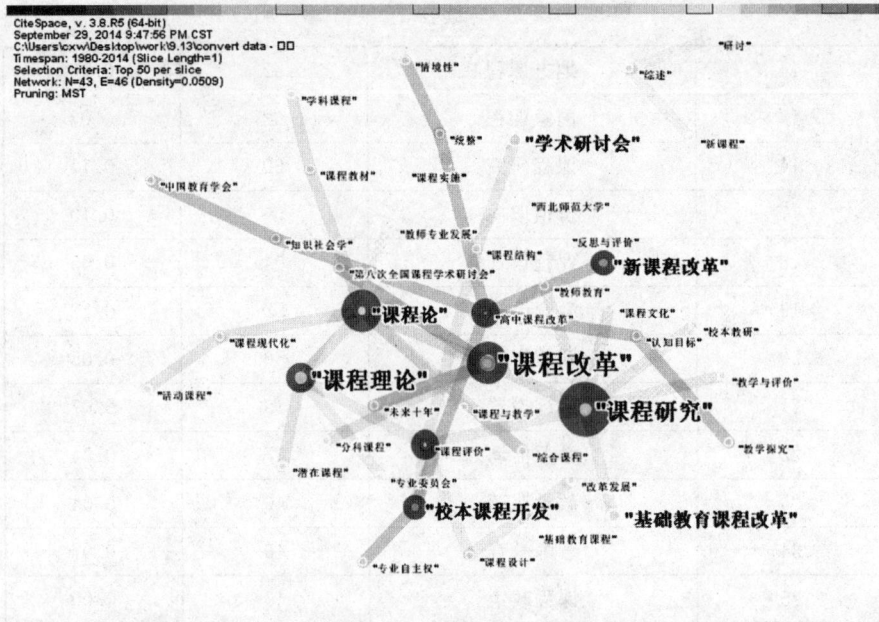

图 6-2　八次全国课程学术研讨会述评关键词共现知识图谱

第一节　课程文化工具论与课程文化本体论

"课程"与"文化"具有天然的联系，课程缘起于文化传承的需要，文化是课程的来源和内容；而课程对文化有一个反作用力，因为课程在完成文化传承的基础上进行文化创新，推动文化发展，所以，课程与文化之间是相辅相成的关系。然而，不同时代的教育，对"课程"与"文化"之间的理解各不相同，因此有工具论"课程文化"和本体论"课程文化"之分。

工具论"课程文化"侧重于将课程看作文化传承的工具，这基于一种现代逻辑，或者说"课程作为文化传承的工具"在现代逻辑中是成立的。现代逻辑发源于哥白尼（Kopernik，N.）的太阳中心论，太阳中心论使人们逐渐将宇宙看作一个巨型的机器，地球是其中的一个齿轮，我们开始"置身于宇宙"之外来研究和发现这个"确定的宇宙"。代表现代范式的笛卡儿式的思维方式"从清晰而简单的规则出发→将问题分解→进行严格的逻辑推断→

最后查漏补缺",充分说明了人们把世界看作是封闭的、预先存在的而不是演化形成的,它是客观的、确定的,不受个人的思考影响。而牛顿(Newtons I.)则用公式和定理进一步验证和发展了精确宇宙的论说,以至于拉普拉斯(Laplace,P. S.)夸下海口,"给我宇宙现在的状态,我将可以告诉你宇宙的过去和未来"。现代范式的思维方式以线性、封闭性、机械因果律为特征。现代范式的具体体现就是工业化社会,人们认定自己可以认识自然的客观规律,创造一个崭新的"标准""高效"的现代工业化社会。

在现代教育中,专业化是被推崇的,世界被认为是可以被分割成小块去研究和改造的,知识和文化是由专家发现的,也只有专家发现的知识和文化是权威的。专家将这些既定的知识和文化分割成易于传授的"课程",高效率地加以传递,以促进社会发展,而这种高效率传递的前提是技术的无干扰性,这就要求传递过程中的无干扰性,要求在教育中尽可能排除人的因素,去除个体的主动性、目的性和差异性。80年代的课程建设处于现代工程话语体系之中,课程目的是为了最高效率地传递人类最先进的文化知识,适应经济建设和社会发展的需要,奉行的正是这种工具论的"课程文化"观。

从图6-3可见,20世纪八九十年代,人们还很少使用"课程文化"这一概念,但不可否认的是,"课程作为文化传承的工具"这种工具论的"课程文化"理解是根深蒂固的,即使到了2000年后,这种"课程文化"的理解还是比较普遍的。比如,"按照一定社会对下一代获得社会生存能力的要求,对人类文化的选择、整理和提炼而形成的一种课程观念或课程活动形态"。[1] 工具论"课程文化"的潜在假设是"文化是先定的、过去式的、美好的、不可改变的、可分解的",而"课程要粹取最精要的文化,并尽管忠实地传承下去"。这一方面让课程脱离文化母体,成为一种传递的工具,因而不具备任何文化品性;另一方面,文化被凝固了、分解了,当课程不能对其产生一个回力,对文化进行再生产和创新,从而使文化形成一个有益的循环和吞吐,那么,文化就成为一潭死水,窒息了活力和生命力。将文化作为一种既定的知识,并将其化约分解,不从人的角度去统合文化,这种"文化组装"式课程只能造成课程内部的文化冲突及双重性的教育机制与品性。

---

① 裴娣娜:《多元文化与基础教育课程文化建设的几点思考》,载《教育发展研究》2002年第4期。

频次

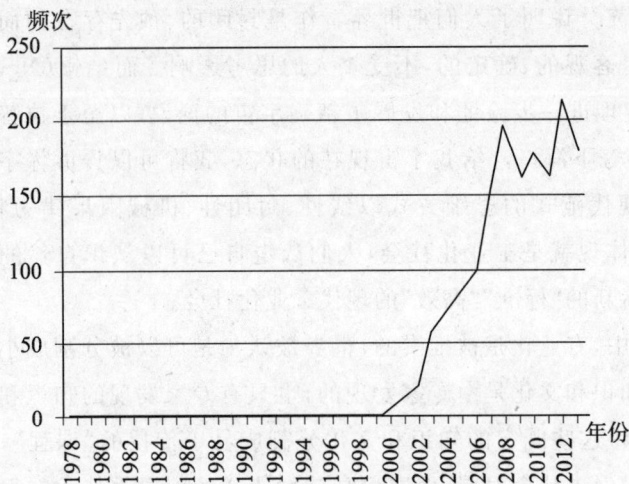

图 6-3　"课程文化"的出现频次(1978—2013)

2000 年后,开始有研究者对"课程文化"进行新的诠释,即一种本体论的"课程文化"观,代表人物是郝德永。郝德永在批判工具论课程文化观的基础上提出了本体论的课程文化观,他认为工具论的课程文化观实际上割裂了课程与文化之间的关系,他用了一个新的概念"茧式课程"来形容这种与文化脱离的课程,"文化的发展呈现出一种特定的茧式多元化的状态,而各种茧式文化便造就了茧式课程。无论是在地域上、时序上,还是在逻辑上,茧式文化赋予了课程茧式框套的约束,使课程从理论到实践完全固执于一点论的设置依据及原则导向,陷入了只见树木、不见森林的境遇中。无论是学生中心论、社会中心论、知识中心论,还是个性化课程、国家课程、核心课程实践都流转于茧式化的发展轨道。"①郝德永认为,"课程作为文化传承的工具"从本质上讲,并不能说明课程与文化有什么联系,课程只不过是起到传输中介的工具作用。而本体论的"课程文化"观还原了课程的文化本体地位,课程与文化不再是"课程作为文化传承的工具"命题中那种工具与实体的关系,而是一种部分与整体的关系。"课程文化"赋予了课程一种文化主体地位,课程文化具有自律性、内在性、独特性的文化属性与品质,而不是仅作为工具的文化他律、他为的品质。

---

① 郝德永:《课程与文化:一个后现代的检视》,教育科学出版社 2002 年版。

　　母小勇在《论课程的文化逻辑》①一文中指出,课程活动的最终目的是传承人类文化、发展人类文化和培养创新文化的人,因此课程应该回归文化的逻辑,回到生活世界和人类活动,成为开放的、充满生命活力的探究、建构、交往、对话与反思的过程。而不应该按照学科的逻辑将文化分解得支离破碎,无法真正有效地传承和发展文化。这与郝德永的观点是不谋而合的,母小勇提及的"课程的文化逻辑"也就是恢复文化的本体论地位,学科是对文化进行的重构,按学科逻辑展开的课程只能成为方便和加速文化传授的工具,并不能完整地呈现文化本身,因此是一种工具论的课程文化观。只有按文化逻辑(生活世界——好奇心、疑问、需要——猜测、猜想或蓝图——事实、资料、信息——"证实"或"证伪"——形成物质和精神的文化成果……)展开的课程才能回归文化内涵的复杂性、混沌性和创造性,通过师生在课堂上的交往互动使学生真正地学会"认知"、学会"做事"、学会"共同生活"和学会"生存"的有效途径,也是传承文化、发展文化和培养创造新文化的人的必由之路,课程与文化之间才能真正产生互动,得以共同发展。

　　从工具论的"课程文化"观到本体论的"课程文化"观转变的核心问题涉及我们对"人"的看法,即从将人视为工具转向将人视为目的,而这种转变和"后现代思潮"在我国的传播大有关系。后现代作为一种思潮在我国学术界早有影响,80年代前期,关于后现代的翻译与介绍文章时有见于各理论刊物。1980年,董鼎山在《读书》上发表的《所谓后现代主义小说》是国内较早介绍后现代主义思潮的文章。1985年9月至12月,美国杜克大学杰姆逊(Jameson,F.)来华讲座。1986年《后现代主义与文化理论》出版,大大推动了后现代主义在中国的讨论。然而后现代思潮真正在中国得到广泛的传播却是在90年代末,这一点从一部电影《大话西游》在中国的遭遇可见一斑。影片《大话西游》叙述了一个另类的西游记,原版西游记里面的孙悟空充满正义感,对唐僧忠心,然而《大话西游》中与唐僧齐心协力、一路上降魔驱妖的孙悟空却变成了叛逆、多情的至尊宝。他不仅拒绝取经,还殴打唐僧,甚至与牛魔王合谋吃掉唐僧;他勾引大嫂,四处留情,将人们心目中的齐天大圣形象摧毁了;他讨厌戴在头上的金箍咒,厌烦唐僧的唠叨,他的理想是做个有血有肉的人。另一个被彻底颠覆的形象是唐僧,严肃拘谨的大唐高僧

159

----

　　① 母小勇:《论课程的文化逻辑》,载《教育研究》2005年第11期。

唐三藏居然会穿一身印度服装,还会唱英文名曲《ONLY YOU》。《大话西游》整个故事零乱繁杂,抛弃了内与外、本质与现象、真实与非真实、时间与非时间、表层与深层,中心弥散,主体消解,一切都是边缘。影片透露出强烈而自觉的后现代意味,被公认为后现代电影的典范之作,但导演周星驰不承认这点。这部电影在 90 年代中期问世之时,遭到冷遇,沉寂了几年后,却在 90 年代末 2000 年后,随着人们对影片的后现代解读,掀起一股"大话西游"热。

为什么 90 年代末和整个 2000 年后,后现代思潮能在中国得以广泛地传播呢? 有几个原因恐怕是不得不提的。

其一,以加入 WTO 为标志,中国进入全球贸易体系,规则多元化时代的到来。2001 年 12 月 11 日,中国正式加入 WTO,中国以崭新的姿态加入全球市场的竞争。在对外贸易、涉外金融和国际投资合作领域中国都进行了各种政策调整,随着大量外资企业进入中国,中国经济进入了全面竞争时代,不仅面临着国内企业之间的竞争,同时面临着国际市场的激烈竞争。马洪与王梦奎在《2003—2004 年中国经济形势与展望》中援引数据分析:2003 年全国进出口总值为 8 512.1 亿美元,同比增长37.1%,其中出口 4 383.7 亿美元,同比增长 34.6%;进口 4 128 亿美元,同比增长 39.9%;进出口顺差 255.4 亿美元,同比下降 16.1%。分国别和地区来看,对美国和部分欧洲国家的出口顺差持续增加,贸易磨擦有所加剧,这进一步对国内市场需求提出了要求,也对国内企业竞争力提出了挑战。① 廉价的劳动力使许多外资企业纷纷将生产基地建在中国,一方面使中国与其他国家在能源资源、就业机会等方面加剧竞争和冲突;另一方面,这种竞争有慢慢向国内企业之间转移的趋势。因此,加入 WTO 意味着全面竞争时代的到来,市场调节在经济活动中的活力被充分调动,随着中国市场与国际市场的接轨,国家在实行宏观经济调控时不得不更多地考虑国际市场因素,一些不符合 WTO 规则的行政行为被取消,从而使自身的计划与规则变得相对化。

其二,网络时代大众文化的兴起。大众文化的兴起是与信息化时代的

---

① 马洪、王梦奎主编:《2003—2004 年中国经济形势与展望》,中国发展出版社 2004 年版。转引自李友梅等:《中国社会生活的变迁》,中国大百科全书出版社 2008 年版,第 296 页。

到来、高等教育普及化这两方面的原因密切相关的。90年代后期开始的高校扩招,至2005年底,中国有各类高校达2 300所,在校学生超过2 300万,全国接受过高等教育的人数已达到5%。接受过高等教育的大学生具有较高的文化素质和参与社会事务的热情,成为联结学校内外的知识大众和大众文化中坚的言说力量,而他们获取资源信息和发表言说的途径则是网络。随着信息网络时代和新媒体的普及,2000年后,拥有个人电脑已不罕见,上网已经成为大学生日常生活和学习的重要途径,网络的使用者以这些人为主要群体。2007年1月CNNIC(中国互联网络信息中心)发表的《中国互联网络发展状况统计报告》显示,中国网民中18~35岁的未婚男性居多;从职业上来说,在校学生及企业单位工作人员占绝大多数;从学历上来说,高中至本科之间的人数最多。① 网络成为知识大众表达民意的重要途径,官方借助网络开辟新的民意渠道,如市长电子信箱、网上官民对话、政府网上论坛、网上听证会、博客等等,这些方式与传统的基层调研、市长热线电话、问卷调查相结合,构成了多元化的民意通道。中国社科院哲学研究所副研究员郭良主持的《2003年中国12城市互联网使用状况及影响调查报告》表明,71.8%的网民和69.1%的非网民都赞成或比较赞成"通过网络可以有更多的机会表达观点",60.8%的网民和61.5%的非网民都赞成或比较赞成"通过网络,可以有更多的机会评论政府的工作"。② 网络技术的开放空间、实时互动和同步传输打破了信息垄断,从根本上重塑了公共领域的组织界限,创造了一个全新的中心瓦解、人人平等的信息空间。

其三,"以人为本"理念的提出。改革开放二十年后,中国的经济腾飞了,然而,伴随着中国改革开放和经济改革的不断深入,产生了各种各样的矛盾。而进入新世纪以来,贫富差距、三农、生态、环保、心理、诚信、道德问题等一系列问题逐渐浮出水面,使我们的目光开始从"现代化""效率"转到"和谐""公平公正""经济健康持续发展"等问题上来。2003年党的十六届三中全会提出以人为本,全面、协调、可持续发展的科学发展观,"以人为本"是科学发展观的核心。2005年党的十六届五中全会、2007年党的十七大都重

---

① 转引自李友梅:《当前社团组织的作用及其管理体系》,载《探索与争鸣》2005年第12期。

② 杨桃园、韩冰洁、苗俊杰:《塑造大国网民》,载《瞭望周刊》2004年第8期。

申"坚持以人为本"。以人为本，是充分吸取和整合现实中国社会三种政治文化资源提出的政治理念，"既从作为当代中国意识形态指导思想的中国化的马克思主义传统中获得支持，同时也充分反映了西方思想文化中具有人类文明普遍价值的重要思想成果，还可视为中国传统政治思想精华的批判继承"。① 因此，这里的"人"是具有丰富内涵的，以人为本是以人的自由、自律、自我认识、自我解放为目的，以人（公民）代替阶级，反映了执政党不是替社会的某一个或几个阶级服务，而是为全体公民服务，让最广大的公民享受改革开放的成果。以人为本，建立在"人的解放"和"全面发展"的基础上，关注每一个公民"自主性"和"创造性"的发展。

以上这些原因都使后现代思潮在 2000 年后表现出一种强劲的发展态势。当然，对于后现代这个话题，研究者们存在着诸多争议，对后现代的批评大致集中于虚无主义、破多于立、相对主义。比如，徐友渔认为处在转型时期的中国的最大问题是"失去规范"，"在某种程度上我们可以说，我们在思想上、学术上、文化上失去规范；我们在道德上、价值上失去规范；我们在写作上、批评上失去规范；后现代主义反对建构，倡导的是解构，如果说在西方，它要消解规范，也许在西方起进步作用的话，拿到中国来会加强我们的失去规范。这是对它的一个最根本的批评"。② 但是，也有一些学者认为后现代在中国的提出十分必要，后现代的多元、宽容思想、解构宏大叙事和绝对真理的开放性，对于清理中国"文革"时期的极权式意识形态是相当锐利的武器，同时也是新意识形态狂热的有益预防机制。③ 后现代和全球化联结在一起，在中国不仅是个理论问题，也是一个现实问题。但是无论如何，在全球化的今天，后现代成为不可回避的理论思潮，如金惠敏所说，"我赞同一种说法，中国正在被全球化，那么后现代即使作为西方的东西也在化入中国，它不是寄居、客居，而是很快地改变了客居地的文化。"④

后现代思潮对我国的课程领域也产生了很大的冲击，尽管许多研究者

---

① 林尚立：《政治建设与国家成长》，中国大百科全书出版社 2008 年版，第 255 页。

② 徐友渔：《当代中国社会思想——徐友渔在云南民族大学的演讲》，"天涯社区" 2006 年 7 月 18 日。

③ 陶东风：《后现代主义在中国有何用？——阿伦特引发的思考》，http://www.tecn. cn，2006 年 12 月 6 日。

④ 许明等：《当代中国的文化发展》，中国大百科全书出版社 2008 年版，第 122 页。

有类似于"失去规范"的担忧,然而后现代思潮对于突破工具论的课程文化观,构建本体论的课程文化观具有转变思维方式的关键作用。这是因为"以非理性主义反对理性主义(包括诗性哲学取代理性哲学)、以非确定性(相对主义、无中心论、无整体性)否定确定性和整体性、以多元论和非决定论反对一元论和决定论"①为特征的后现代主义思想中最为核心的观点,恐怕是在"承认价值多元的基础上对人的主体性的弘扬"。价值多元是建立在对人的存在价值的最高肯定的基础上的,人不是手段,而是目的本身。价值判断的一个最终依据在于是否实现了人自身的存在价值,这就在根本上不同于现代逻辑的价值判断最终标准,即是否有利于社会发展,让人的个体性服从于社会的整体性,社会作为目的,人是可资利用的手段。

当我们把价值由社会向个人挪移,或者说,将人作为目的,而非手段时,文化的意义也发生了转变。如利奥塔(Lyotard,J. F.)所说,"价值产生的根据、标准和归宿,更多地在于主体,价值反映主体的特点,依主体而不同"。②这就消解了权威、单一的价值观、英雄,那种从客观世界去寻找统一规律、模式的"宏大叙事"被每个人追求自己生活目标的"微小叙事"所取代。价值是以作为主体的人为尺度的,意味着每个人都有专属于自己的价值观,而每个人又是不一样的,由每个人组成的不同层次、不同结构方式的团体,如家庭、社区、民族等自然也表现出不同一的价值观,不能用统一的价值追求去规约。因此文化便不再是既定的,而是在确定性与不确定性的并存中寻求平衡,每个人既完整地置身于这个文化背景之中,又以个人的方式参与文化的建构和创造,并始终对"文化的他者"保持开放性;拒绝任何恒定不变的标准,标准都是暂时的、相对的,否则就会由一种"非此即彼"的思维方式走向自我封闭。因此,文化不是在真空地带可以分解的养料,而是每个生活在"文化共同体"的人共同建构的过程,是一个复杂的"自组织"过程。课程作为一种文化,具有内发性、完整性,用文化来统合过去、现在和将来,用文化来统合个人和共同体。

163

---

① 刘放桐:《后现代主义与西方哲学的现当代走向》,载《国外社会科学》1996 年第 3、4 期。

② 李德顺:《新价值论》,云南人民出版社 2005 年版,第 71 页。

张文军所发表的一系列关于"自我负责的课程文化"的文章①就直接表达了这种观点,她指出,中国传统社会中的课程文化是一种等级制的、一层一层往下传递现有社会的知识、价值观与文化,进而维护现有社会秩序的课程文化。这种课程文化以维持和巩固现有社会文化和社会状态为目的,作为教育的核心构件,执行着生产关系和文化再生产的功能,其基本特征是控制的、社会本位的、他律的,这种文化对社会创新不利。而后现代倡导价值多元性,主张自我负责的课程文化,这种文化通过普遍信任的形成和社会资本总量的增长来促进社会进步和创新。

如前所述,后现代思潮对人的主体性的突显,使文化的概念产生了变异,文化不再是既定的、先于个人的,而是建构的、变动的,正是从这种意义上讲,后现代主义思潮有利于促进我们从一种工具论的课程文化观转向本体论的课程文化观。文化这个词是有具体性的,也就是说,文化总是属于一定时间、一定地域的群体的,因此,文化必然会反映一定的价值观和意识形态。由此,也有研究者从这个角度定义"课程文化",比如,"课程文化,就其本质上讲是一种精神财富,这种精神财富不只表现为课程意识、课程思想、课程价值等内隐的意识形态,而且表现为人类在漫长的进程中所创造的课程制度、课程政策等外显的制度化形态。这样才能构成课程文化的整体内容和结构。"②课程文化可视为课程形态和实践活动中体现的规范、价值、信仰和表意象征符号的复合体。它是一种具有自身质的规定性的文化形态。它包括课程和文化这两个概念内涵的共同本质,即主体发展的文化资源。课程文化大致包括三方面:课程物质文化、课程制度文化和课程精神文化。③

以上实际上是在讨论"如何将文化作为一种课程""课程与文化的关系如何,双方是线性单向的关系,还是多向的循环联系""课程本身是一种文化吗""课程是传承文化,还是对文化进行创新"等问题,也就是说,是从"文化作为课程的内容"这一角度来言说的。

---

① 张文军:《从控制的课程文化转向自我负责的课程文化》,载《全球教育展望》2005年第6期;张文军:《自我负责的课程文化与社会创新》,载《教育发展研究》2007年第1期。

② 黄忠敬:《课程文化释义:一种分析框架》,载《学术探讨》2002年第1期。

③ 刘启迪:《课程文化:涵义、价值取向与建设策略》,载《课程·教材·教法》2005年第10期。

第二节 课程文化的现实关怀和课程论争

2000年后,"课程文化"概念开始为人们所关注,除了上面所说的"将文化作为课程的内容"以讨论"工具论"的课程文化观和"本体论"的课程文化观外,还有一个视角就是"将课程作为一种文化",以相对于"课程作为一门学科"。"文化"和"学科"最大的不同在于,文化浸润于具体的社会历史情境之中,怀着对充满现实关怀的"问题"的兴趣,收拢与问题有关的一切方法、观点、学科,而无关学科的界限,"没有固定的边界,没有堡垒围墙,理论和主题从不同学科中吸收进来,然后也许在一种被转换状态中又流回去,影响那里的思想"。[①] 所以,"文化"既可以说是跨学科的,又可以说是反学科的,"文化研究的动力部分地来自于对学科的挑战,正因为如此,它总是不愿意成为学科之一"。[②] 这是因为文化研究的特性在于"以问题为中心",问题取向和问题意识成为文化研究最重要的方法论特征,这就决定了它的实践性和开放性。因为任何问题都必须放到具体的背景中加以考虑,方法不可能在事先就被确定,或者说根本就没有什么固定的、一试百爽的方法,"任何方法都没有什么特权,但同时,也不能排除任何方法"。[③]

2000年后,不论我国是不是与美国一样有"课程开发"到"课程理解"的范式转换,但是正如有的学者所指出的,一个不争的事实是课程与教学"返魅"了,开始走出学科的狭隘领域,开始运用多学科的话语来解读课程与教

---

① 〔英〕阿雷恩·鲍尔德温等:《文化研究导论》(修订本),陶东风等译,高等教育出版社2004年版,第43页。

② Greme Turner. *It Works for Me*:*British Cultural Studies*,*Australian Culture Studies*,*Australian Film*,*in Grossberg*,*Letal*,*eds*,*Cultual Studies*[M]. New York:Routledge,1992.640. 转引自陶东风、和磊:《文化研究》,广西师范大学出版社2006年版,第7页。

③ Grossberg,L.*Cultural Studies*,*eds*[M]. New York:Routledge,3. 转引自陶东风、和磊:《文化研究》,广西师范大学出版社2006年版,第12页。

学的无尽意义。① 2003 年,《理解课程》②中译本在我国课程研究领域引起了极大的反响,中国知网检索到 2000—2013 年教育类用《理解课程》作为参考文献的文章有 1 350 篇,《理解课程》展现了美国课程理论近 170 年 (1828—1994)的发展,恰似一曲融汇了各种不同流派声音的交响乐,书中完全抛弃了泰勒式的课程框架,将课程作为蕴涵着丰富的课程意义的文本,从不同的视角做出不同的理解与解释:历史文本、政治文本、种族文本、性别文本、现象学文本、后现代文本、自传/传记文本、美学文本、神学文本、制度文本、国际文本。尽管一些研究者对"中国是否有'课程开发'到'课程理解'的范式转换"以及"泰勒原理、泰勒模式是否可以加以否定"等问题表示怀疑和困惑,发表了一系列有关的文章。③ 但有一点是毫无疑义的,那就是"理解课程"打开了课程研究的学科视野,我们开始从多个维度、多个视角来审视课程。

如前所述,文化之所以可以统合各个学科,原因就在于文化从现实的问题出发。与 80 年代对政治的"现实关怀"不同,2000 年后,经过了 90 年代的学科知识化、专业化过程,人们开始用专业的态度和专业的素养对本学科领域遭遇的现实问题进行讨论,而课程领域最大的现实问题就是"课程改革"。对于中国课程领域而言,2001 年是不平凡的一年,2001 年 6 月教育部印发了《基础教育课程改革纲要(试行)》,标志着第八次基础教育课程改革正式启动。随后,义务教育课程设置实验方案和 18 个学科的课程标准(实验稿)正式发布。9 月开始在全国 38 个国家级实验区展开了实验。2002 年秋,实验区试点进一步扩大,2003 年在实验的基础上开始对课程标准和实验教材进行全面修订,并在 2004 年正式审定,2004 年秋在全国全面推广新课程。与此同时,普通高中阶段的课程方案和课程标准的研制工作也在进行。2003 年 3 月 31 日,教育部印发了《普通高中课程方案(实验)》和 15 个学科的课程

---

① 见《世界课程与教学新理论文库》,钟启泉、张华的主编寄语《在东西方对话中寻求教育意义》。

② 〔美〕威廉 F·派纳等:《理解课程》,张华等译,教育科学出版社 2003 年版。

③ 马开剑:《泰勒原理在后现代语境中的解构与重塑》,载《全球教育展望》2004 年第 4 期;邓友超:《看待"泰勒原理"的辩证法》,载《上海教育科研》2005 年第 2 期;胡文娟:《泰勒原理并未过时》,载《教书育人:高教论坛》2007 年第 3 期;喻春兰:《从泰勒原理到概念重构:课程范式已经转换?——论现代课程范式与后现代课程范式之关系》,载《教育学报》2007 年第 3 期;邵江波:《对"泰勒原理"的辩护、质疑及其启示》,载《教书育人:高教论坛》2007 年第 7 期。

标准(实验),并于 2004 年秋在广东、山东、宁夏、海南 4 个省、自治区开展实验,2005 年和 2006 年逐步扩大实验范围,2007 年原则上全国普通高中起始年级实施新课程。这次课程改革明确了六个方面的具体目标。第一,在课程功能上,改变单纯注重知识传授的倾向,强调形成积极的学习态度,使获得基础知识和基本技能的过程同时成为学会学习和形成正确价值观的过程。第二,在课程结构上,改变过去强调学科本位、科目过多、缺乏整合的现状,整体设置九年一贯的课程门类和课时比例,设置综合课程为必修课。第三,在课程内容上,改变"难、繁、偏、旧"和过于强调书本知识的现状,加强课程内容与学生生活和现代社会发展的联系,精选终身学习必备的基础知识和技能。第四,在课程实施上,改变过于强调接受学习、死记硬背、机械训练的现状,倡导主动参与、乐于探究、勤于动手,培养学生收集和处理信息的能力,分析、解决问题的能力以及交流合作的能力。第五,在课程评价上,改变过分强调甄别与选拔的功能,发挥评价促进学生发展、教师提高和教学改进的功能。第六,在课程管理上,改变管理过于集中的状况,实行三级课程管理,增强课程对地方、学校及学生的适应性。这次课程改革是全方位的,体现了国家改革教育的坚定决心,从经费、体制、法规上都保障了这次课程改革的顺利实施。但不可否认的是,课程改革在施行过程中也遇到了一些问题。受教育部基础教育司、基础教育课程教材发展中心委托,"新课程实施与实施过程评价"课题组先后于 2001 年 12 月、2003 年 3 月和 2004 年 12 月三次对新课程实验区进行了追踪评估,前两次以国家级实验区为主,第三次以省一级实验区,特别是农村地区实验区为主。调查结果显示,新课程在推进过程中暴露出如下问题:城乡差异明显,农村课改存在一定难度;课程资源匮乏,经费投入不足;校本教研不够深入,教师缺少专业支持;部分课堂教学存在单纯追求形式的现象;许多学校班额过大,教师工作量增加等。①

2000 年后,围绕着"课程改革",在中国课程领域和教育领域兴起了几场大的论争。新崛通也在《教育论争的分析框架》一文中提到,教育论争的兴起往往有以下几个原因或背景,即对教育的广泛关注、教育的现实重要性的增大、民主主义、教育观念的过剩性格和教育状况的变化。而 2000 年后的中国具备了这几个条件:首先,2000 年后,"教育问题""食品安全"和"环境污染"问题并称为中国人最关心的三大问题。其次,接受高等教育的人数激

---

① 马云鹏:《课程改革实验区追踪评估的最新报告》,载《教育发展研究》2005 年第 5 期。

增,意味着具有权力意识、批判意识的人数不断增多。"以人为本"观念的提出,以及网络的普及等原因,信息发布和传播的速度大大加快,人人都可以对教育发表评论。上至院士,下至老百姓,热议教育话题。虎妈狼爸成为应试教育的榜样,而易中天、郑渊洁等公众人物则发表言论支持素质教育,新时期的家长对于教育也呈现出多元的看法,一方面有"高考成绩不理想 县委书记出面道歉"①事件时有发生;另一方面,2012 年 9 月,社会科学文献出版社出版了《国际人才蓝皮书:中国留学发展报告》。报告显示,中国出国留学人数已占全球总数的 14%,位居世界第一。留学"低龄化"的趋势也日益显著,直接出国读中学的人数也大幅增长。② 2013 年的数据显示,中国在家上学孩子约 1.8 万。③ 导致"留学大幅增长和低龄化"以及"在家上学"的最直接原因是家长对"应试教育"的抵制和逃避。

整理 2000 年后以课程论争为主题文章的关键概念,我们得出图 6-4 的知识图谱,从中可以发现这些课程论争中心词是"课程改革"。高频词分两条线索展开:一条是"知识、概念重建、素质教育、应试教育和全面发展教育";另一条是"后现代主义、建构主义、马克思主义认识论"。这两条线索恰好和 2000 年后两场主要的课程论争相对应,为首的便是"钟王之争",另一场是以《中国教育报》为主阵地的讨论。2004 年第 3 期《北大教育评论》上刊登了王策三的一篇近五万字的文章《认真对待"轻视知识"的教育思潮——再评由"应试教育"向素质教育转轨提法的讨论》。同年,钟启泉等在《全球教育展望》第 10 期上发表《发霉的奶酪——认真对待"轻视知识"的教育思潮》作为回应。钟启泉又陆续发表《概念重建与我国课程创新——与〈认真对待"轻视知识"的教育思潮〉作者商榷》④和《知识隐喻与教学转型》⑤两篇文章,随后两派陆续有支持文章出现。关于这场论争,虽然最初是从"素质教育"和"应试教育"的概念论争开始重新反思课程改革的方向,但许多研究者都认为这场论争的核心在于对"知识"的看法不同。

---

① 参考 http://news.xinhuanet.com/video/2005—08/05/content_3314818.htm
② http://news.xinhuanet.com/edu/2012—09/18/c_123727564.htm,载新华网 2012 年 9 月 18 日。
③ http://learning.sohu.com/20130825/n384994040.shtml,载搜狐网 2013 年 8 月 25 日。
④ 钟启泉:《概念重建与我国课程创新——与〈认真对待"轻视知识"的教育思潮〉作者商榷》,载《北大教育评论》2005 年第 3 卷第 1 期。
⑤ 钟启泉:《知识隐喻与教学转型》,载《教育研究》2006 年第 5 期。

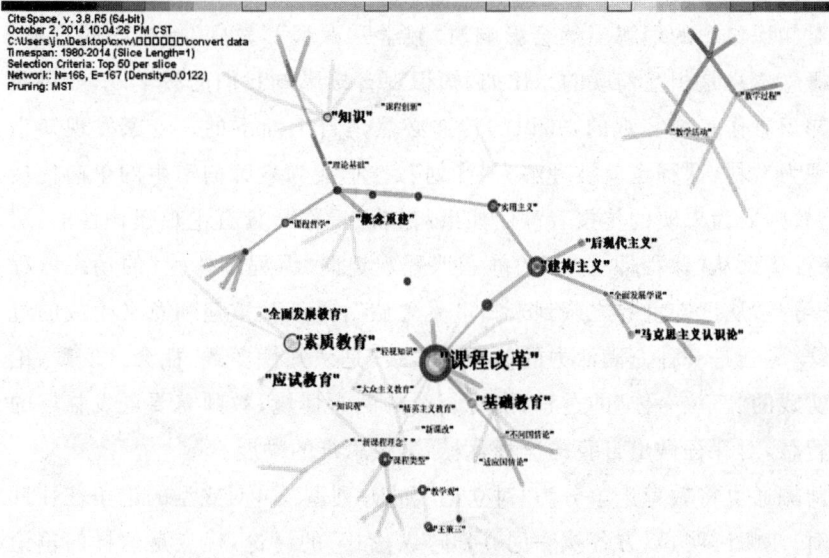

图 6-4 2000 年后课程论争文献的关键词共现知识图谱

钟王之争的焦点在于"知识"这个概念,我们不妨从两者所提出的关于知识的两个隐喻开始看。在《认真对待"轻视知识"的教育思潮——再评由"应试教育"向素质教育转轨提法的讨论》一文中,王策三将知识比作百宝箱,"知识好比一个百宝箱,里面藏了大量珍宝:不仅内含有关于客观事物的特性和规律,而且内含有人类主观能力、思想、情感、价值观等精神力量、品质和态度"。从知识的"百宝箱说"不难看出,在王策三看来,知识是客观的、经典的,人类积淀、传承下来的真理,经专家发现以后,就需要被保护起来,作为真理由教师向学生传递。

而在《知识隐喻与教学转型》一文中,钟启泉在批判性地回顾了知识的消化说、知识的实验说、知识的对话说、知识的人格说这四种关于知识的隐喻后,提出了知识的舞蹈说。"认知过程"可以说是一种"舞蹈",所谓"理解"可以视为"跳舞"本身。就是说,倘若"认知过程"是"认知主体"同物理的、社会的环境之间通过交互作用互惠地进行对话的关系,那么,所谓"知识",就是作为其结果而产生的思考与行为的范式。知识的"舞蹈说"突出了知识的关系性,知识实际上是在教与学的动态共生中得以生成的;知识是活动的,知识不是"被习得的",而是在参与实践中获得的;知识有社会建构性,也就是说,知识不仅是在人与世界的交往中生成的,而且是在人与人交互的社会

169

环境中获得意义的。

对知识概念的理解当然会影响对"教学""课程""教师"等概念的理解，这些概念本身是相互勾联的。比如，知识观直接影响我们的教学观，如果我们把知识看作是纯客观的，知识的传递必然是自上而下的。专家发现知识后整理为教材，课程也就被理解为"计划"，教学成为教师向学生的单向传授知识，教师成为忠实的传授者。而如果将知识看作是具有主观建构性的，那么，课程概念从"课程即计划"的静态课程观走向"课程即体验"的动态课程观；学习是"从已知世界之旅到未知世界之旅"，是经验重建和意义生成的过程；教学应当是一种充满活力的对话的实践，是认知性实践、社会性实践、伦理性实践的"三位一体"的过程；面对复杂的课堂情境，教师需要迸发临场的教育智慧，对课程做出自我的诠释，引导学生思维的发展。

新崛通也将教育论争分为"对立型"和"并列型"[①]，对立型的论争往往针锋相对、旗帜鲜明，双方各执一词，展开"纵论式"的讨论，优点是这样的争论发现对方未曾发现的理论或实践"死角"，缺点是容易导致非此即彼的思维，陷入"极端主义"，将论争上纲上线，变成口号式或标语式的。而"并列型"则态度更为缓和，尽量站在中立客观的态度之上，抱有学习、谦逊的态度，并力争以更高位的"元反思"来考虑和综合各方的观点，缺点是容易被诟病为和稀泥，观点不明确；优点是立场灵活，感情色彩弱，观点更为理性和中肯。在这场论争中，一些文章虽然不冠以"商榷"等典型课程论争的字样，但事实上是以"学术探讨"的并列型方式来介入这场论争，以"钟王之争"为例，许多学者以"知识"为论题以并列型的姿态介入了这场论争[②]。

比较这些文章，我们发现大部分文章将"钟王之争"分为理性主义知识论和经验主义知识论；客观主义知识观与主观主义知识观等两派来分析两者的差别，其中以江峰《客观与主观：当代课程哲学的两种知识观评析》为代

[①]〔日〕新崛通也：《教育论争的分析框架》，载《外国教育资料》1998年第1期。

[②]比较有代表性的文章是潘洪建：《课程改革的知识观透析》，载《教育科学》2004年第3期；周勇：《现代课程改革的知识重建思路与挑战——从白璧德式的知识批判说起》，载《全球教育展望》2004年第11期；肖川：《知识观与教学》，载《全球教育展望》2004年第11期；江峰：《客观与主观：当代课程哲学的两种知识观评析》，载《北大教育评论》2006年第4期。

表。① 文章在梳理传统派和改革派知识观分歧的基础上,深入地分析了客观主义与主观主义的基本主张及其认识论根据,指出知识的客观性与主观性问题背后的核心问题是真理问题,进而从剖析互动的知识观之由来及其与传统知识观的分歧入手,将分歧的关键定位于知识的独立自在性问题,最后以波普尔的"世界3"为根据,给出消解分歧的建议。

具体来说,他追溯了客观主义认识论和主观主义认识论的源头。客观主义认识论要从亚里士多德说起,亚里士多德相信一般蕴含于个别之中,因此他认为我们可以借助经验,通过对具体事物存在原因的探明,来抵达对终极存在之本原的认识,从而获得普遍的客观真理。亚里士多德的知识观,实际上蕴含了两个假设:其一,本体的存在是简单的、恒常的、不变的;其二,任何事物的存在都有其原因,因此有可能通过探明事物存在的原因获得对存在的终极原因——即本原的认识,这个观点蕴含了亚里士多德对客观知识求取途径的看法,它实则是亚里士多德为客观知识确立的认识论根据。可见,亚里士多德不仅对知识对象的看法是客观主义的,而且对知识求取途径的看法也是客观主义的。

而主观主义知识观最早可以追溯到普罗泰戈拉(Protagoras)"人是万物的尺度"这句名言。而18世纪著名的休谟(Hume, D.)问题"为什么一切开始存在的东西必然有一个存在的原因"噎住了客观主义知识观忠实的拥趸者们。在休谟看来,因果关系其实是经验事件的"恒常会合",是由习惯和联想所引起的,从"恒常会合"根本推论不出因果关系的必然性。休谟强调的"习惯"和"联想"就意味着一切知识实际上是源于"印象"和"观念"的,由此开了近代认识论从主观性出发解释知识的起源及其本质问题的先河。而受休谟的启发,康德(Kant, I.)意识到只能按照物所表现给我们的那样,而不是按照物本身那样来认识它,即让认识主体去构造对象而不是让主体的认识去符合对象,也就是说,知识是认知主体主动建构的。

所以,江峰认为知识的客观性与主观性问题,起因于客观主义与主观主义对知识对象和知识主体等问题的看法不同。客观主义认为知识的对象是客观事物本身,而主观主义认为知识的对象是作为意识构成物的现象,二者分别构成客观主义与主观主义的两种本体论根据,并由此产生对知识主体

---

① 江峰:《客观与主观:当代课程哲学的两种知识观评析》,载《北大教育评论》2006年第4期。

的两种不同看法：客观主义认为知识的对象是客观世界或客观事物本身的属性，主观主义认为知识的对象是意识据以建构客观世界的主观法则，前者视知识为客观映射于主观的结果，后者视知识为主观建构的结果。这是客观主义与主观主义两种不同的认识论立场。

借助知识的客观性和主观性的概念，江峰进一步分析了改革派和传统派交锋的焦点。改革派强调知识兼具主观性与客观性，也就是一种"互动的知识观"，这里涉及两种互动，即"直接经验与间接经验的互动"和"个体与世界和社会的互动"。直接经验与间接经验的互动知识观的理论渊源可以追溯到杜威，在其名作《经验与自然》中，杜威明确提出经验是主观和客观的"兼收并蓄的统一体"。杜威的哲学有两个特征，一方面，它是实用主义的，推崇"知识是工作的、实用的，是在互动中产生的动态知识"，以反对"知识是独立自足的静态知识观"，这点钟启泉和杜威是达成一致的，钟启泉对王策三的批评正是从这里入手的。江峰认为钟启泉恐怕误解了杜威哲学里的另一个特征，即进化论思想。杜威从知识进步的角度说过，书本知识或现成知识的形式保存下来的人类群体的过去经验，是为了未来的新知识、新真理的发现，从这个意义上来看，书本知识是次要的、派生的，这是就人类群体的知识而言的，而不是指个体知识的学习，然而在改革派这里被演化为知识和书本知识的学习对于个体来说是不重要的。这正是王策三批评轻视知识的思潮正在泛滥的一个重要原因。

另一种互动则是个体与社会文化价值的知识观。康德的"先验唯心主义"认为，我们只能在意识范围内谈论客观世界。其中蕴含的一个理论趋势是，把客观世界交给意义世界。而詹姆士（James，W.）则反对康德提出的"先天形式"和"纯粹理智"，他强调经验是可以自我组织的。詹姆士的这种看法导引了杜威的一个发现，经验要能自我组织，必须有其可组织的内容线索，而意义是经验自我组织的线索，因而也是互动得以实现的条件。意义根源于价值，但这个价值不是个人的，而是人类共同的、普遍的需要，它才是最重要的意义，也是意义客观性的根本。然而，这种意义客观性是价值论层面上谈论的，意味着知识从根本上讲是依赖于人的需要和价值观而存在的，即知识从根本上讲仍是主观的，这就和客观主义追求的普遍的、共性的知识不同，也就是传统观所不能接受的。尤其是当改革派把意义建构的内涵局限在个体学习的层面上，即把意义建构理解为个体在主观层面上与客观社会文化价值的互动，进而将个体知识凌驾于人类知识之上,那就让传统派更无法接受了。这就是王策三批评轻视知识的思潮正在泛滥的另一个重要原因。

江峰指出,在这场论争中,传统派要维护书本知识、现成知识,这在认识论上就是要承认客观知识、客观真理,也就是承认知识具有独立自主性。而改革派强调"知识的主体在于知识的意义,而不是无意义的符号之堆积",这在认识论上便是要求拒绝承认有独立自在的客观知识,拒绝承认有外在于人的客观真理。因此,横亘于两种知识观之间的一个根本分歧可以归结为一个问题,即知识是否具有独立自主性。江峰最后引入了波普尔(Popper,K.)的"世界3"来说明了这个问题,波普尔提出三个世界的理论:第一,物理客体或物理状态的世界;第二,意识状态或精神状态,或关于活动的行为意向的世界;第三,思想的客观内容的世界,尤其是科学世界、诗的思想以及艺术作品的世界。其中,思想的客观内容的世界,他称之为"世界3"。波普尔认为"世界3"尽管是人类创造出来的产物,但它一旦存在,就会反过来创造自己的自主性领域,对人类生活产生巨大的影响,也就是说,它已经构成一个独立自在的实体世界。波普尔似乎是维护客观真理的,然而,他却不同于传统的客观主义者,区别就在于,波普尔否定了客观知识的权威性、恒常性,他认为科学活动本质上是猜测性的,所以,需要我们放弃知识的终极来源的观念,承认所有人的知识都是人的知识,它混杂着我们的错误、我们的偏见、我们的梦想和我们的希望,因此一切科学理论都可能是错的。从波普尔三个世界的划分中我们可以看出他既不否定客观知识,也不否定主观知识,当然这不是一种简单的折衷主义,而是认为可以从客观知识的角度更好地理解主观知识的目的及其形成过程。按波普尔的这种理解,建构主义自身就是一种客观知识,为了阐明主观如何建构客观,建构主义的全部努力都必然是指向客观事实的。必须指出,建构是主观的,这不代表建构的内容和目的也是主观的。综上所述,这场论争带来了课程研究在知识论层面上的深刻反思,这无疑是具有重大意义的。

课程研究也好,教育研究也好,很大程度上受到哲学研究的影响。而在中国的哲学研究中,知识论研究向来是软肋,金岳霖曾说过"中国哲学的特点之一,是那种可以称为逻辑和认识论的意识不发达"。① 究其原因,学者张

---

① 刘培育选编:《金岳霖学术论文选》,中国社会科学出版社 1990 年版,第 352 页。

永超归纳道："'知识论'是西方'本体论'亦即'是论'的语境下产生的,这种本体论实质是一种方法论,在此本体论下产生的思维方式是'求是'的,西方有一种'为学问而学问'的对纯粹知识哲理探求的方法与兴趣;而中国哲学的本体论是追求精神超越的'境界论',与此相对应的思维方式是'实用'的,做学问的态度也是'为实用而学问',由此便不看重逻辑意识和方法论意识,不可能产生对纯粹知识探求的兴趣,从而必然导致知识论传统在中国的缺乏。"①2000年之前,对知识论的讨论在教育领域比较罕见,2000年之后对于"知识"问题的讨论开始兴起并逐渐升温,石中英的《知识转型与教育改革》②一书在学术界广为流传,书中提出"知识型是一个时期所有知识生产、辩护、传播和应用的标准,是那个时期所有知识分子都共同分享的知识问题、范畴、性质、结构、制度与信念的整体,是知识的政体和知识分子无法逃脱的思想结构"。书中详细分析了四种知识型,即"原始知识型(神话知识型)""古代知识型(形而上学知识型)""现代知识型(科学知识型)"和"后现代知识型(文化知识型)"。书中针对当前的教育改革,着重提出了"科学知识型"的缺陷,批判和解构了知识的"普遍性""客观性"和"价值无涉性",认为知识只是作为对事物及其联系的一种假设或策略,这种假设和策略都是情境性和时间性的。

同样地,在课程研究领域,课程知识及知识论的研究在80年代和90年代也很罕见。教育学界最早关于"课程知识"的探讨始于教育社会学领域,1992年,吴永军发表了《当代西方课程社会学概览》一文,介绍了西方结构功能主义在微观层次对课程知识的选择、分配、传递和评价进行的研究。③ 随后,1995年,吴永军又发表另外几篇文章,提到了"课程知识"这一概念。④真正对"课程知识"进行专题的研究是在2000年后,金生鈜发表了第一篇以"课程知识"为主题的文章《课程知识的合法性基础的解构》⑤,反对将知识看

---

① 张永超:《中国知识论传统缺乏之原因》,载《哲学研究》2012年第2期。

② 石中英:《知识转型与教育改革》,教育科学出版社2001年版。

③ 吴永军:《当代西方课程社会学概览》,载《国外社会科学》1992年第10期。

④ 吴永军:《新教育社会学的课程理论评析》,载《外国教育资料》1995年第6期;《试论课堂教学中知识的社会建构》,载《教育理论与实践》1995年第5期;《教学过程中潜在课程的若干分析》,载《上海教育科研》1995年第10期;《当代西方课程的社会学研究述评》,载《南京师大学报》(社科版)1995年第1期。

⑤ 金生鈜:《课程知识的合法性基础的解构》,载《现代教育论丛》2001年第3期。

作是中性的、客观的,学校仅是传输复制"知识"的场所,在他看来,一切知识都不可能与知识的认知者、拥有者、传授者和学习者分离开来,也不可能与知识产生和传播的社会生活结构分离开来。所以对于课程知识,我们需要问一系列的问题,如教育者为什么要掌握这些知识? 仅仅因为这些知识有某种用途吗? 是谁决定这些知识体系适合作为受教育者的孩子们? 是什么决定孩子们学习了如此选择的知识就能适应他们的社会? 为什么课程要选择这些知识而不选择另外的知识? 知识完全是客观与中立的吗? 有没有群体化的影响和解释的偏见影响教育中的知识? 知识有没有对受教育者的心智和文化理解形成某种的控制呢? 有没有意识形态的预设而规定某些知识的合法性? 教育中不合法的知识是怎样产生的? 知识与社会中的不平等结构的关系是怎样的? 知识预设了一个怎样的人的理念? 知识选择与传输的权力代表着什么样的教育理想? 他尖锐地指出,现今课程知识面临的更大危险是,消费主义与技术理性正悄无声息地与意识形态合谋,让课程知识的合理性探讨湮没在课程的有效性、教育的成本效益和标准化考试的话题讨论之中。可见,金生鈜在论述课程知识时延续了阿普尔(Apple,M.)式的"谁的知识最有价值"的思考,主张将知识以及知识传授需要放置在具体的文化政治背景中加以批判性思考。

"钟王之争"在很大程度上促进了教育领域尤其是课程领域的"知识论"和"知识观"的讨论热。从图 6-5 中可以发现,教育领域关于"知识论"和"知识观"为关键词的研究从 90 年代末开始,2000 年后激增。而同时以"课程研究"或"课程改革"中"知识论"或"知识观"为关键词的论文则在 2004 年出现跳跃性增长,几乎比 2003 年翻了一番,2006 年达到论文数的顶峰。

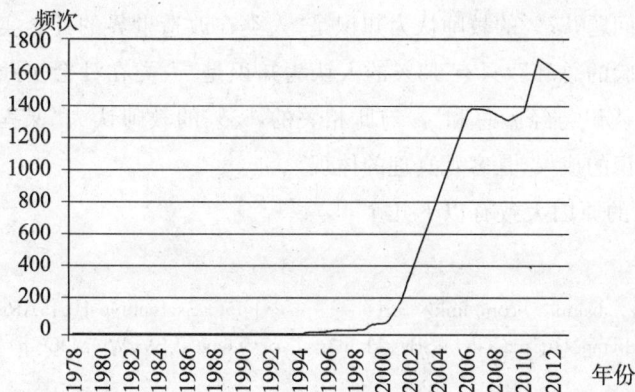

图 6-5 "知识论""知识观"为关键词的研究论文出现频次(1978—2013)

频次

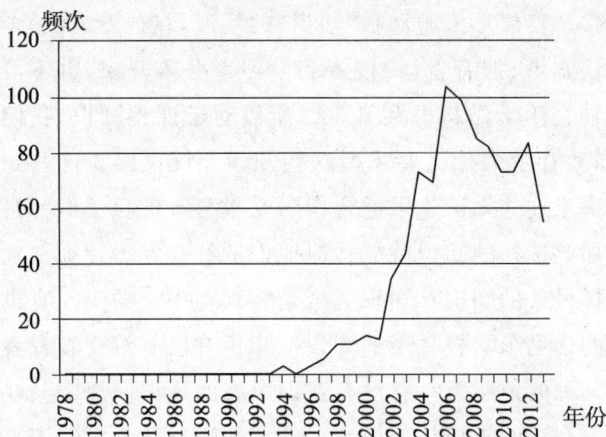

图 6-6 "课程研究"或"课程研究"中"知识论"或"知识观"的出现频次(1978—2013)

关于"知识"及"知识论"的探讨推进了理论界对"知识"的理解,然而与理论界热火朝天的讨论不相协调的是实践界对"知识"的看法。广大教师对知识的理解还是比较局限的,与学者形成了强烈的反差。比如,石中英的《知识转型与教育改革》一书在学术界广为流传,截至 2013 年 12 月 31 日,以这本书为参考文献的硕、博士论文和杂志论文达到 2 931 条,但通过检索"作者单位"我们发现,引用这本书的全是高校研究人员。另外,北京师范大学楚江亭在《知识的社会建构——对知识性质的教育社会学追问及启示》讲座中提到他于2001 年 9 月到 2003 年 3 月,对北京、武汉、洛阳、柳州、兰州、青岛等地 2 000 多名教育研究人员、教师和学生进行问卷调查,被调查者大部分为教师。调查显示,82.75％的人认为知识是客观的、价值中立的、普遍正确的和确定无疑的、纯粹的、无偏见的。① 而 2006 年华东师范大学夏永庚等人进行的小范围问卷调查也反映了同样的问题,87％的教师认为知识是"人类在改造世界的社会实践中获得的认识与经验的总和",只有 13％的人认为知识是"人类在社会实践中所协商建构起来的认识与经验总和"。与此相关的,55％的教师认为"课程内容是精选的人类认识的成果,是客观真理的体现"。②

造成这种现象的原因大致有以下几个:

---

① http://wenku. baidu. com/link? url ＝—phegGgf5OaSxzfvuuNpsf1g46ARignpPNxHl55DGwiDlT7IGdjvmgN3u5pxGGoy7JSBvafkk5n3yMXp7vX6aveqLSVgWwM9Oam6D6Fz5Le

② 夏永庚、童强:《教师知识观中的问题及其重建》,载《全球教育展望》2006 年第 4 期。

其一,中国传统对知识的理解有两层含义,有"内省"层面的,但更常见是"识记"层面的。知识在英文中是"knowledge",由动词"know"转化而来,源于希腊哲学概念"episteme",意思是不同意见的科学或知识。柏拉图把知识定义为证明(justified)的真信念,即满足三个条件,即 P 是真的、S 相信 P、S 相信 P 是经过证明的。因此,知识与日常使用的知识概念是有区别的,日常生活中有三种知识,即知什么(know what)、知怎样(know how)和知什么是真(know that),只有第三种是真正意义上的知识,原因恰在于"知什么是真"既可真也可假,需要论证和发展,这是知识的核心特征。就像维特根斯坦区分了轴心命题和知识这两个不同的概念。在他看来,知识是实践活动的产物,而轴心命题则不是,它具有不可论证性,因此有高度的确定性,比如"我和别人都有大脑""我一直生活在地球表面,没有去过月球""我有祖先,每个人都有""经常发生的事以后也会发生"。在维特根斯坦看来,知识是一个大家族,充满了知道、怀疑、证实、证伪、解释、出错、考察研究、真假判定等语言游戏。维特根斯坦对知识的重要标准是"知识是可能出错的"。因为从历史上看,知识是一个不断推陈出新的过程,所以知识只能是一定范围内、一定阶段的知识,否则就是"轴心命题"。① 从西方的知识定义来看,知识是主客观的合体,具有时间性和情境性,是可以证实也可以证伪的。而中国的知识概念则比较复杂。在中国古代,知识在儒释道三家均指向实践,不仅是认识外部世界,而且是通过反省、体察、修炼等方式达到内心之圆通。比如庄子说"知其愚者,非大愚也;知其惑者,非大惑也。大惑者,终身不解;大愚者,终身不灵。"②"识自本性,见自本性"③。《论语·子罕》说:"吾有知乎哉?无知也。"④

但是在《说文解字》中,"知,从口从矢。陟离切。识。常也。一曰知也。从言戠聲。"⑤知是指表达意思的措词,而识则是知识的意思。杨树达先生在《积微居小学述林》中说:"识字依事之先后分三义:最先为记识,一也;认识

---

① 楼巍:《轴心命题与知识——第三阶段的维特根斯坦与知识论重塑》,载《哲学研究》2012 年第 1 期。

②《天地》,转引自李耀南:《庄子"知"论析义》,载《哲学研究》2011 年第 3 期。

③ 宗宝本:《坛经 行由品》。

④ 朱熹撰:《四书章句集注》,《论语》卷五《子罕》,中华书局 1983 版,第 110 页。

⑤ 陈昌治:《说文解字》。

次之，二也；最后为知识，三也。记识、认识皆动作也，知识则名物矣。余谓识字当以记识为本义。"①因此，知识被解释为"识记"。因此，中国的知识既有"内省""修炼"的意思，同时也有"识记"的内涵，而从近现代的情况来看，后者更为流行。

其二，知识在"教学论"视角下易被看作是自上而下的、客观的和他定的。

尽管 2000 年后，随着课程改革的不断推进和课程研究的大量涌现，研究者开始习惯以"课程论"的视角来看待教学，但是大部分教师依然习惯于"教学论"视角。如果基于"教学论"的视角，"怎么教"是首要问题，而"教什么"也就是知识，被认为是先定的、客观的，不需要加以思考的。

"课程论"的视角会促使人们在思考"怎么教"的同时考虑"教什么"。如前所述，金生鈜在 2001 年发表了第一篇以"课程知识"为主题的文章，之后，"课程知识"的概念渐渐为人们所熟悉。表 6-2 整理了 2000 年后以"课程知识"为主题发表的重要论文中有关"课程知识"这一概念的意义和内涵，从这些文章中我们可以发现，关于"课程知识"有三个研究热点或视角，即"课程知识"的社会建构性、"课程知识"的多维性和"课程知识"的生存论意义。从"课程知识"问题的研究来看，中国课程学者对知识问题的研究已经具有比较宽广的视界。

表 6-2　课程知识的意义和内涵(2000—2013)

作者及出处	例句	意义简析
吴支奎、周兴国：《多样化：课程知识选择的理性路向》(《教育科学》2011 年第 2 期)	受知识现代性信仰的制约，课程知识囿于客观性、普遍性和价值中立性的认识论窠臼，知识的多样性被严重遮蔽。多元化的时代主题及后现代课程观的兴起，消解了科学知识的霸权地位，多样化逐步成为课程知识选择的主导取向	课程知识的多维性

---

① 杨树达：《积微居小学述林》，中国科学院出版 1954 年版，第 9—10 页。

作者及出处	例句	意义简析
蒋建华:《课程知识改革的一种思路——走向课程知识多样化的路径》(《教育科学研究》2004 年第 9 期)	课程知识从知识特性上看,应该走向客观性与主观性、确定性与不确定性、显性与隐性、普遍性与地域性的统一。从知识种类来看,可分为全球性知识、地域性知识和个人知识。从知识需求来看,纵向可分为全球需求知识、国家需求知识、地方需求知识和个人需求知识。横向可分为性别需求知识、民族需求知识、城乡需求知识和地区需求知识。从知识载体来看,可分为口头表达知识、书面表达知识和数字化知识	课程知识的多维性
苏鸿:《意义世界视野下的课程知识观》(《课程·教材·教法》2007 年第 5 期)	知识不仅是一个"如何认识"的问题,更重要的是一个引导我们"如何生存"的问题。课程知识作为生命个体成长的重要媒介,同样也蕴涵着人之精神栖居的意义世界	课程知识的生存论意义
李召存:《课程知识的教育学属性追问》(《全球教育展望》2007 年第 10 期)	基于教育学的立场,我们认为,意义性是课程知识教育学属性的一种应然定位。它主要是指课程知识所具有的能够对学习者个体精神世界和生存意义建构给予关照的一种价值性特征	课程知识的生存论意义
靳玉乐、董小平:《课程知识的客观表征与主观建构——兼论课程与教学的内在整合》(《教育研究》2009 年第 11 期)	课程知识的客观表征是课程知识在公共维度的实现机制,它通过文字表征形成了书写的课程知识,通过言语表征形成了言说的课程知识。课程知识的主观建构是课程知识在私人维度的实现机制,它包括解读客观的课程知识、创建主观的私人知识和回归公共的知识世界。课程知识的客观形式与主观内容的同一性可以在课程知识的客观表征与主观建构过程中得以实现	课程知识兼备客观与主观属性

作者及出处	例句	意义简析
郭晓明：《论中国课程知识供应制度的调整》（《华东师范大学学报》（教育科学版）2005 年第 2 期）	课程知识并不是一般的知识，而是一种"法定知识"，即"合法化"了的知识。经验告诉我们，并不是人类所有知识都能成为"课程知识"，而只有那些经过社会认定"适合"进入学校的知识才能成为"课程知识"。而"适合"与否的标准不只是个技术标准，而是个"价值标准"和"利益标准"	课程知识的社会性
金志远：《课程知识选择内涵分析》（《教育科学研究》2011 年第 1 期）	课程知识是一定社会或文化主体有目的地加以选择和设置的，以一定形式呈现的，基于一定的标准而互动、建构的知识体系	课程知识的社会性
李殿森、靳玉乐：《课程知识与社会意识形式》（《教育研究》2006 年第 6 期）	课程知识传承人类文明，并革新、继承、存续和发展着民族传统。作为"为往世继绝学，为万世开太平"的社会文化递质，它除了从公共知识那里汲取适应生活的知识外，还要从社会心理中汲取有益的精神养料。课程知识只有扎根于社会心理的沃土之中，才能实现课程乃至教育所具有的化民成俗的教育使命	课程知识的社会性
郝明君：《知识社会学视阈下的课程知识生成》（《教育探索》2009 年第 2 期）	课程知识不是价值中立的，而是价值负载的。受特定社会权力控制影响，课程知识的生成主要是两种类型，即课程知识的外控生成和内控生成。课程知识的外控生成主要指权力控制下的课程文本知识的生成，而课程知识的内控生成主要指权力控制下的课程的动态知识的生成	课程知识的社会性

关注课程知识社会性的研究者大都延续了阿普尔式的思路，从知识的本质主义设问转向知识的建构主义设问，即从"知识是什么"到"知识是如何存在的"，意识到课程知识不是中性的、客观的和价值无涉的，而是特定的时代和境域之下的知识；课程知识的生存论视角提醒人们知识除了有认知价

值外,更重要的为人的生存和幸福搭立框架;课程知识的多维性则研究课程的不同类型,为解决"钟王之争"式的难题提供了方案,不是非此即彼,而是既此又彼。换言之,知识是有不同层次和不同类型的,相应地我们对待各种知识就应该有不同的态度和方法。比如,潘洪建认为,与自然特征对应的科学知识具有客观性、确定性、普适性和单维性的特点;人文社会的特性决定了人文社会知识内容的境域性、非确定性、多维性、反思性和规范性;地方知识具有地域性、经验性、丰富性等特征;个人知识有主体性、独特性、情景性、内隐性和综合性特征。不同的知识相对应地,应该有不同的课程目标、课程实施和课程评价。①

"钟王之争"后续引发的几场讨论则开始突破知识论范畴,引入了价值论和意识形态的讨论,其呈现形态主要表现为新崛通也所说的"对立型"。最为典型的是 2005 年《中国教育报》组织的"新课程理论基础是什么"的讨论,这场讨论围绕的中心议题是"建构主义等现当代西方思潮引入新课程的适切性问题以及马克思主义能不能指导具体课程实践方面的问题"②。这场讨论开始就课程实践是否符合马克思主义等问题进行讨论,从而上升到意识形态的层面,进一步激发了对"钟王之争"的讨论。

基于对论争本身的反思,2000 年后的课程领域人们开始关注"课程批评"这一概念。2005 年胡新林在《教育科学研究》发表了《课程批评的隐忧》一文,将课程批评定义为"运用一些文学手法,如隐语、白描、押韵等方法来揭示课程的特点,以促进发展人们深刻的鉴赏力和个性的理解力,其功能有三:一是促进教师专业化的发展,二是促进课程实践的理性化与诗性化,三是教育理论的愉悦功能"。③胡新林所提到的"课程批评"概念基本上遵循"文学批评"的思路,突出"鉴赏"的美学功能。然而,这篇文章的发表并没有

① 参考潘洪建:《课程改革的知识观透析》,载《教育科学》2004 年第 6 期。
② 靳玉乐、艾兴:《新课程改革的理论基础是什么》,载《中国教育报》2005 年 5 月 28 日;高天明:《应从哲学层面探讨》,载《中国教育报》2005 年 8 月 13 日;马福迎:《对〈靳文〉有些观点,不敢苟同》,载《中国教育报》2005 年 8 月 13 日;罗槐:《坚持马克思主义,保证课改方向》,载《中国教育报》2005 年 9 月 17 日;王华生:《澄清几个概念,才能进行对话》,载《中国教育报》2005 年 9 月 17 日;刘培涛:《新课程改革需要扬弃哪些东西》,载《中国教育报》2005 年 9 月 17 日。
③ 胡新林:《课程批评的隐忧》,载《教育科学研究》2005 年第 2 期。

引起人们太多的重视，课程批评在课程研究中仍是缺席的。

随着课程论争的深入，人们开始逐渐关注起"课程批评"这一概念和领域。2008年《当代教育科学》发表了金志远的《课程批评：课程研究的一个盲点》①，针对课程领域的论争现象，他将课程批评明确界定为对课程现象及课程问题进行判断、分析、比较和评价。恢复了"批评"这个概念的"判断、辨析、论定、裁判"这些基本含义，并且比较课程批评和课程评价的意涵区别，两者在探究重点、处理结果、探讨任务、涉及范围、目的标准上都是不同的。金志远指出课程批评的理论基础是"批判范式"，这里的批判范式并不是一种科学主义的批判范式，即用理性的方法对课程、学科、知识、研究方法、权威等做出恒常的、价值无涉的判断，而是指一种"后现代主义的批判"，也就是说我们要承认研究者的立场、体验和情感，没有理性的、中立的选择和评判。因此从根本上说，确定这种"批判范式"为课程批判的理论基础，意味着课程批评是要追问深层的价值导向问题，它具体要回答的不是"做什么""怎么做"的问题，而是"应该做什么"的价值思考。不仅具体的课程批评内容对于课程的理论与实践问题是有益的，而且课程批评本身作为一种"对课程理论的反思和检省"都是有益的。课程批评是一个关系性范畴，作为课程和社会之间的一种饱含张力的互动，课程批评反映出课程和社会关系的两极——"课程"和"社会"都发生了深刻的变化。对于课程实践来说，课程批评集合了各方的智慧，甚至相反的意见，有助于立足于当前的历史情境权衡利弊，调整改革和实践，使其向更有益的方向发展，在实然角色和应然角色之间找到合适的位置。对于课程理论建设来说，课程批评是课程论建设的一支清醒剂，有助于课程学者打开各自的问题域，反思各自的学养欠缺和思维死角，推动课程认识的不断深入发展。

陶东风在《后现代主义在中国有何用？——阿伦特引发的思考》一文中谈及中国现代主义者和后现代主义者的论争时，认为双方只有对峙，缺乏交往，自说自话，只有简单地相互否定，从没有考虑过良性互补的可能。这种论争的结果是双方都缺少思想的内在复杂性和张力，很难适应我们这个后

---

① 金志远：《课程批评：课程研究的一个盲点》，载《当代教育科学》2008年第13期。

现代和现代交织的当代社会。① 姑且不说"钟王之争"与"现代与后现代"在中国的论争确实有着千丝万缕的关系,从这场论争的表现形态来看,似乎也有这种迹象,尤其是在"钟王之争"的后续争论中,改革派大多嘲笑客观主义知识观的陈旧。如果我们在谈论问题时,仅用新与旧、先进与落后来形容,就可能因为一种狂妄而失去了深入探究对方观点的可能,对于这场争论而言,新旧观会导致过于简单化地把认识论的遗留问题简单化为观念更新问题。而传统派的回应则似乎更脱离了学术论争的范畴,将这种论争上纲上线,概括为马克思主义认识论与非马克思主义认识论之间的冲突,上升到信仰和立场的高度,暗示改革派背离了马克思主义,这似乎又有恢复阶级斗争中政治话语之嫌,缺乏学术探讨的诚意。这就让我们想起伯姆(Bohm,D.)所说的"对话精神"。什么是对话?交谈有多种类型,比如聊,乃是闲谈,东拉西扯,海阔天空,大家只是为了说话而说话,不触及内心,为了发泄而说话,不过是徒增耳边的嗡嗡之声;又比如辩,辩的目的是为了证明你错我对,每个人都面红耳赤地要占上风,固执地认为真理在自己这一边;再比如商,为了达成一致的目的,大家都做点让步,至于最后妥协出来的结果是否是真理就显得无关紧要了。而对话则不同于以上三种,在对话中,每个人都认真倾听他人的意见和想法,每个人都能彻底表达出他内心深处最真实的想法,让不同的观点彼此碰撞、激荡,交融,真理从中脱颖而出。"在对话中时,一个人所说的意思,与别人理解的意思,通常并不一致。两者之间会相似而不会完全相同,既存在相似性,也存在差异性。因此,一个人可以从别人对他的反应中,发现自己所要表达的与别人理解的之间的不同之处。他进而就有可能在自己的观点和别人的基础上,产生新的想法。如此反复进行下去,就会不断地有新的认识与观点出现,并逐渐地得到两个人的公认。在对话当中,每个人都不试图把他所知道的观点或信息强加于人。相反,可以说是两个人共同去认识,并形成新的共识。"②因此我们应该意识到"钟王之争"说到底是一场认识论立场之争,我们今天更需要做的是抛弃一切主义、立场之争,深入课程哲学的层面展开一场讨论,暴露出那些我们习为以常的认识论

---

① 陶东风:《后现代主义在中国有何用? ——阿伦特引发的思考》,http://www.tecn.cn,2006 年 12 月 6 日。

② 〔英〕伯姆:《论对话》,王松涛译,教育科学出版社年 2004 版,第 3 页。

前提，进行深刻的反思，让课程研究朝着更健康更有益的方向发展，更好地推进我们的课程实践和课程改革。

第三节　课程文化自觉和课程基本学科框架的重建

一、课程文化自觉概念的提出及一种错误倾向：课程文化保守倾向

（一）文化自觉与课程文化自觉

文化自觉和课程文化自觉这些概念在近十几年来被研究者们所关注，与 2000 年后中国的全球化进程有关。2001 年 12 月 11 日是中国全球化进程中标志性的一天，这一天中国正式加入 WTO，意味着中国以崭新的姿态加入全球市场的竞争中，随后关税进一步下调，废除不合宜的行政指令，外企纷纷在中国建立生产基地……全球化对中国的影响是全方位的，不仅限于经济领域，还蔓延至社会领域、文化领域、政治领域……。全球化进程让各国文化碰撞、交流，同时也引起人们对全球化进程中本国文化的处境进行反思。

"课程文化自觉"概念是由"文化自觉"这一概念发展而来的。"文化自觉"的概念是费孝通在 1997 年北京大学举办的第二届社会学人类学高级研讨班上采用的，"文化自觉是指生活在一定文化中的人对其文化有'自知之明'，明白它的来历，形成过程，所具有的特色和它发展的趋向，不带任何'文化回归'的意思，不是要'复归'，同时也不主张'全盘西化'或'全盘他化'。自知之明是为了加强对文化转型的自主能力，取得决定适应新环境、新时代对文化选择的自主地位"。① 费孝通认为文化自觉的目的在于在全球化时代多元文化并存的世界里寻求中国文化的一席之地，取得自我的身份才能与他文化进行汇通和交流，但同时他也明确指出，文化自觉在反对"全盘西化"的同时也不主张"文化回归"。

课程学者们根据费孝通"文化自觉"的概念发展出了"课程文化自觉"这

---

① 费孝通：《论文化与文化自觉》，群言出版社 2005 年版，第 256 页。

一概念。国内比较早提出"课程文化自觉"概念的是王德如,他指出,课程文化自觉是文化自觉概念的延伸,"课程文化自觉是人类对课程发展方向的理性认识和把握,并形成主体的一种文化信念和准则,人们自觉意识到这种信念和准则,主动将之付诸实践,在文化上表现为一种自觉践行和主动追求的理性态度。其目的是为了加强对课程文化转型、取舍、选择和改造的自主能力,以适应新环境、新时代"。① 王德如指出,课程文化自觉的本质是课程理性,体现为主体性的课程文化意识、开放的课程文化胸襟、系统的课程文化结构、鲜活的课程文化生命、超越的课程文化品质等特点。

不可否认,"文化自觉"和"课程文化自觉"思考的最初引发点是人们感觉到全球化西方文化的强势入侵,学者们普遍感受到一种被文化殖民的威胁。因此,在我国,课程文化自觉很大程度上和"课程领域本土化""课程民族化"这些问题相关联。2001年,熊川武在第三次课程年会上提出"要创造出一套中国土生土长的课程理论,让外国的课程专家也来学习中国的课程理论",而不仅仅是单向的交流。

我国的课程学者发表了一系列对中国课程领域进行反思的文章。有学者指出,当前我国课程理论界明显缺乏本土意识,表现在以下几个方面:一是传统课程思想的断裂与流失;二是对外来课程理论的文化仆从心态;三是局部共同体组织松散;四是研究问题域不明确;五是命题与话语体系的依赖性等。②

有学者认为,我国此次基础教育课程改革从基本理念到主要举措的许多方面都深深打上了西方发达国家尤其是美、日两国的烙印,唯西方中心的印痕颇为明显,主要表现在以下三个方面:一是以国际化、全球化趋势及其观念来定位处于发展中的、正在开始现代化进程的中国的课程改革实践;二是以西方发达国家的实践和陈述方式来诠释有中国特色的课程改革举措与内容;三是以与西方发达国家差距较小的个别城市、都市的水平和需求,一统地域、人文差异较大的全国性教育需求。③

更有学者尖锐地指出,我国的课程研究,总存在挥之不去的"引进情结"

---

① 王德如:《课程文化自觉的价值取向》,载《教育研究》2006年第12期。
② 刘万海:《论我国课程研究的本土意识》,载《教育学报》2005年第4期。
③ 容中逵、刘要悟:《民族化、本土化还是国际化、全球化——论当前我国基础教育课程改革的参照系问题》,载《比较教育研究》2005年第7期,第17—22页。

和相应的"移植偏好"，习惯于简单地从国外引进或从相关学科中"移植"，包括引进和移植问题、研究方法、研究和理论逻辑，甚至习惯于站在别的学科立场上说话，缺少的恰恰是课程论自己的研究立场。而研究立场与原创意识是密切相关的，没有自己的立场，就只能以他人的问题为问题，以他人的视角为视角，甚至思维方式也带有明显的"殖民"印记。①

研究者们认为本土化意识的缺失在课程领域的表现是全方位的。从研究立场、研究视角、思维方式到研究方法、研究问题、话语方式，"课程领域本土化""课程民族化"这些问题的研究，对于确立课程研究的"自我身份"大有裨益。没有自我，就失去了吸纳他文化的主体。

（二）对课程文化自觉的可能曲解——恢复"传统元素"的课程文化保守

如前所述，当前我国的课程领域的确存在着一些问题，反省课程研究的"自我"十分必要，然而对"课程民族化"和"课程本土化"的强调也潜藏着一种危险，即"课程文化自觉"有可能演变为"课程文化保守"。"课程文化自觉"向"课程文化保守"的潜在演变也和"文化自觉"向"文化保守"的趋向有关。一方面，2000年后中国经济迅速发展，综合国力得以提升，民族自豪感加强；另一方面，2000年后发生的"抗日游行"等一系列事件激起国人的排外情绪，因此国人的文化自信提高的同时也涌动起了一股文化保守主义。2004年被称为"文化保守主义年"。一些人在不知不觉中潜生一种打着国情幌子、盲目排外的倾向。"文化自觉"被窄化为"传统元素"复苏的"本土化"情结，抵制和消除外来文化，这股"本土化"的浪潮体现在中国红、盘扣、中国结等的流行，传统节日的恢复和重视，"新读经运动"和"私塾"的兴起，百家讲坛的迅速走红……然而，仅机械追求形式上的"传统元素"，拒绝在汲取他人有益经验的基础上对本土文化进行提升，恐怕难以真正达到"文化自觉"。就如《卧虎藏龙》把李安送上了奥斯卡的领奖台，而后效者张艺谋、陈凯歌、冯小刚的《满城尽带黄金甲》《无极》《夜宴》不仅在国内差评如潮，奥斯卡亦再不买"中国元素"的账，从《英雄》《十面埋伏》到《满城尽带黄金甲》，每一次张艺谋都铩羽而归。这不禁让我们反思一个问题，本土化、中国特色和传统元素，不仅是一种外在的形式，更应该是一种内在的神韵。如张法所言，如

————

① 钟志华：《"盲人掌灯"还要走多远？——试论我国教育的本土化问题》，载《当代教育科学》2005年第24期。

果不在内在的神韵上下工夫,而仅浮于外表,表征的是一种追求本土化、民族化过程中急于求成的焦虑。① 这不仅让人联想起《傅雷家书》中傅雷也提及当时兴起的"提升土乐器,和洋乐器叫板"的做法,对此傅雷不以为然。他说:"工具与内容,乐器与民族特性,固然关系极大,但是进步的工具,科学性极高的现代乐器,决不怕表达不出我们的民族特性和我们特殊的审美感。……西方的最新乐派的理论,其实是尺最宽、最便于创造民族音乐的人利用的;无奈大家都害了形式主义的恐怖病,提都不敢提,更不用说研究了。"② 读过《傅雷家书》的人都能感受到他对祖国以及东方文化的热爱,但是这并不是一种文化保守,相反,是敞开胸襟,抛弃那些"表面"和"形式",与时俱进,从而真正提升中国文化。

2000 年后,国人也开始研究"儒家""道家"等和课程的关系,发表了一系列文章,应该说其中大部分文章深入地挖掘了中国传统智慧对课程研究的启示,比如儒家文化中对话、平衡、协调精神,道家体悟、无为、空的智慧,佛家通过领悟心性揭示内在自然等等,对建立一种学术自信和打通学脉是十分有益的。但也不排除一些文章盲目追求中国元素热,对"儒家、道家等中国传统学统和课程的关系"不作深刻理解,只作附会之用,并以此为借口拒绝外来的理论。此外,也有一些文章将"儒家""道家"与国外的课程思想相联系,但如果只是将"中国元素"与"国外元素"进行功用性的混搭,做表面性的互相解释,这对于课程文化自觉而言也是远远不够的,失却对他国课程文化和本国课程文化的探究兴趣,隔绝两种课程文化的深层碰撞,同样也是一种课程文化的保守倾向。

二、课程文化自觉的解释学路径——雷蒙·潘尼卡的分析框架

(一) 文化自觉的普适性价值追求

费孝通在提出文化自觉概念时曾反复强调,文化自觉或本土化并不等于排外。按学理上讲,它应该包含两层意思:一方面是本土文化的现代化,另一方面是外来文化的本土化。因此彰显本土文化不是"文化回归",一味

---

① 张法:《从三大文化现象看中国在媒介时代大众化与本土化的焦虑》,载《天津社会科学》2008 年第 1 期,第 94—97 页。

② 傅敏主编:《傅雷家书》,江苏文艺出版社 2010 年版,第 281 页。

地挖传统，而应该置身于多元文化的全球化环境中，完成自我的文化转型。90年代以来，中国的一些标志性建筑就很好地诠释了费孝通的这一观点，比如，提及上海，在我们脑海里立刻浮现屹立在黄浦江畔璀璨的东方明珠电视塔，而国家大剧院、中央电视台新楼、奥运会场馆鸟巢和水立方这四大建筑标志则勾画了一个崭新的首都北京形象。这些标志性现代建筑并没有传统的红瓦、飞檐、廊柱，却已经在内容上被本土化了。"真正的文化认同，应该是文化在至高的影响层面上所表现出的一种独特的感召力和影响力，它应该体现为一种普世性的价值观，一种能让人心悦诚服、欣然接受、乐于付诸实践的价值观。"① 所以，要强调的是，本土化一定要置于全球化时代背景之中，寻求文化在至高精神层面上一种普适性的价值，如果有意无意将民族价值置于普世价值之上，就会阻断文化交流和沟通。

（二）雷蒙·潘尼卡的跨文化解释性分析框架

1. 文化的"神话"和跨文化交流的意义

如何才能达到真正的"文化自觉"呢？潘尼卡（Panikkar，R.）提供给我们一个框架。与一般人将礼仪、习俗、观点、占统治地位的观念和生活方式视为文化的构成要素不同，跨文化研究的杰出倡导者雷蒙·潘尼卡用神话一词来形容文化，文化是无所不包的神话，"每一个文化，在某种意义上，都可以说成是一个集体在时间和空间中的特定阶段无所不包的神话；它是使我们所生活、所存在的世界看似有理和可信的东西"。② 也就是说，无论我们是否意识到，文化都预先赋予我们一个看世界的结构。当人们面对自己的传统和文化时，意识到和传统有一个时间的间隔时，开始用"现在"的眼光去审视过去，我们则称之为历时解释学。而要克服不同文化之间的空间距离，我们需要一种历地解释学，也就是说，我们要克服的不仅是时间的鸿沟，还有空间的鸿沟。

那么，我们是否在"神话"中只能卑躬屈膝，无所作为了呢？雷蒙·潘尼卡指出这正是跨文化交流的一个重要的意义所在，两种不同文化相遇，可以帮助彼此去"神话化"，因为双方可以将各自"习以为常"和"不言而喻"的潜在神话揭示出来。当神话被祛除后，又以某种方式愈合这个被打开的缺口，

---

① 盛宁：《全球化语境下的"文化自觉"三议》，载《当代外国文学》2008年第1期。
② 雷蒙·潘尼卡：《文化间哲学引论》，载《浙江大学学报》(社科版)2004年第6期。

从而"再神话化",这种去神话化和再神话化反复进行一段时间后,就有可能涌现出一个双方共同分享的神话,从而使跨文化的理解成为可能。

2."对话的对话"——"去神话化"和"再神话化"的路径

至于这个"去神话化"和"再神话化"的过程,潘尼卡用了"对话的对话"这个词来描述,相对于"辩证的对话","辩证的对话"强调的是"逻各斯"和"理性"。"逻各斯被赋予一个非凡的、独有的权利,就是借助思维在真理与谬误之间做出区分"。① 不难想象这样一幅画面,辩证的对话的双方都据理力争,互不相让,理性的法庭在面对双方的争论时左右为难,各有各的道理,结果可想而知,不论是判哪方赢亦或是折中,最后的裁决必然是不能让任何一方信服的。而"对话的对话"则要求"整全的人之相遇",带着自己的神话全身心地投入,抱着"甚至不惜失去自我的危险",这是一种布伯(Buber,M.)所说的"我与你"的关系。有别于"辩证的对话","对话的对话"是一种放弃对立立场的对话,沉浸在与对方的交流之中而忘我,从一定意义上来看,只有"失去"自我,才能最终赢得自我身份的脱胎换骨式的重新确立。

(三)课程文化自觉的去神话化——内比两种课程隐喻"跑道"和"透镜"

如前所述,课程文化自觉不是盲目地"文化回归",而是要着眼于人类幸福这些终极性问题,在现时的情境下考虑普世性的价值。对于课程研究和课程实践来说,就是让孩子们在课程中得以个性化地发展,获取终生的幸福基础。课程改革和课程研究"为了每一个学生的发展,为了学生的整体发展,为了学生的一生的发展",显然就是这个鹄的可以与全世界课程研究达成共识的普适性价值。

按照潘尼卡的跨文化解释学理论,我们应该将本土的课程文化和他国的课程文化视为两种文化的相遇,而不用一种"控制"的"辩证的对话"去理性诠释他国的课程文化,仅指向一种"他国的课程研究为我所用"的技术层面的旨趣。这种旨趣既可能表现在"全盘洋化"上,也可能表现在"盲目排外"上,共同的特征是将"他国的课程研究成果仅作为一种工具",是一种"我与它"的关系,两者的差别仅在于我出于功利目的选择使用"它",或放弃使用"它",都没有将他国的课程文化作为"你"来对话,这样会失去一种与他国课程文化深层际遇的可能性。"对话的对话"意味着充分开放彼此的"课程

189

① 〔印〕雷蒙·潘尼卡:《宗教内对话》,宗教文化出版社2001年版,第39—40页。

文化"，这样他国的"课程文化"才有可能开显，在相遇的过程中不断地涌现出更多的课程问题和课程智慧，使双方得以重新架构。

"对话的对话"需要一种共同的语言，"在任何对话中，都有某种东西在对话各方之外，并在某种程度上高于他们，这种东西有一个内在的结构，是参加者必须尊重和承认的。但这种东西只是一个中介，不仅向每个参加者传达'思想'，即可客观化的观念，而且按主题传达他们自身的一部分。换言之，这种东西没有变得独立自存、'客观'，而是见诸于其特有的对话的意向性。"①潘尼卡这段话有几层含义：其一，隐含的首要前提是他相信不同的文化传统之间具有一种深层的一致性，放眼人类的幸福和发展，我们有共同关心的话题和问题，鉴于此双方都承认共同话语相对于狭窄自身的某种优越性和超越性，也就是说，共同语言讨论的是双方都关心的问题；其二，这种因为"对话的对话"所产生的共同话语仅作为对话的中介之用，它的意义只在于保持双方的极性张力，而不是作为一种客观化、自存化的独立话语。

寻求"共同语言"可以采取概念寻绎的方法，比如，内比"课程"概念的东西方词源，我们会明确自己的问题，同时引入对方的问题域。在课程研究领域中最重要的概念就是课程，因此我们不妨以"课程"一词为例。如前所述，无论在我国还是西方的理解中，"课程"概念都存在着多义性，总体上来看，西方主导的课程理解是"课程是学习的进程"，而我国主导的课程理解是"课程是教材、计划和教学内容"。或者用两个隐喻我们可以更为清晰地呈现两种理解的差异，即"跑道"和"透镜"。

1859 年在那篇著名的《什么知识最有价值》文章里，斯宾塞（Spencer，H.）用了"curriculum"一词来描述"教学内容"，这是"curriculum"第一次在西方教育领域中正式运用，追溯词源，"curriculum"源于拉丁语"currere"，意为"跑"，curriculum 则是跑道，加尔文（Calvin，J.）在《基督教要义》（1559）一书中使用了"curriculum"一词，描述一种道路、生活方向和生活方式。以"跑道"为基本释义的西方课程概念偏向于一种学程，强调教师和学生动态的体验过程。在我国，前面已经提到，"课程"一词具有"课业的进程"的含义，因

①〔印〕雷蒙·潘尼卡：《宗教内对话》，宗教文化出版社 2001 年版，第 39—40 页。

此,80年代,有学者将课程比作透镜,透过浓缩的知识体系来看世界。① 尽管90年代及进入21世纪以来,"计划""教材""教学内容"等课程概念内涵被突破,但不可否认的是,将课程视为"课程表"的观点还是根深蒂固地存在。

潘尼卡认为,我们需要深层分析概念背后的假设。通过"透镜"的课程概念隐喻,我们可以剖析以下基本假设:个体是社会性的存在,课程是前人知识的整理,因此是确定的、不可改变的,需要有计划地予以忠实传递。西方"跑道"隐喻对"透镜"隐喻可能提出的几点批评是:首先,如果课程是集体性的,高于或超越个人,久而久之会衍生出一种个人在集体的"结"中异化的倾向,使个人在集体中迷失,而课程对于人的生存论意义也会沦丧。因此,课程要关注人的经验。其次,课程如果是先定的、不变的,就会失去课程对文化的反作用力,阻断文化创新之链,而且如果把课程编制的工作交给专家,排除了师生的主体地位,禁锢了教师、学生与课程的互动,忽视了教育的情境性特征,在一定程度上就有可能与"存在交往"为本真的教育真义擦身而过。

通过西方课程概念理解来进行自我反思是一种跨文化的丰富,打开我们对课程的想象力,并让我们重新考虑课程概念背后的基本假设。当然这种反思不是单向的,我们也可以通过"透镜"的课程隐喻来反思和丰富西方的课程概念。以"跑道"为隐喻的西方课程概念存在以下基本假设:个体生活是自成目的的,因此需要多元性的价值观去包容每个不同的个体,文化是不断在互动中产生的,因此,课程是经验建构的,具有动态和发展的特征。用"透镜"来反观"跑道"有以下启示:不存在完全"自治"的人,每个个体通过他人和关系来界定自己,集体通过历史、语言、社会等构建个体,因此知识是具有他性的,课程不可能是纯粹个体性的,它必然反映集体的特性,课程的动态是相对的。此外,即便是自我的建构也存在着"控制"和"矛盾",因此学习是一个对自我和他人不断解构和重构的过程。

通过对两个课程隐喻的分析,我们可以达成以下共识:课程是一种相互碰撞和相互作用的过程,不仅是历史与现实、集体与个人、他人与自我、自我与自我、自我与万物等关系实在,课程通过不断的融通达到更新和继承,它

---

① 张引:《课程论应当研究的课题》,载《教育理论与实践》1988年第5期,第15—17页。

们形成一种和谐的互通的整体实在，通过自我的内心世界的关照完成对世界万物和社会他人的关注和理解。课程是我们对世界已有的集体性的或正在形成的个性化的"阅读材料"，而这些"阅读材料"正如胡文松所言，"使我们有机会去'重新描述'而不是'解决'它们在形式上或主旨上的寓意"。① 课程的意义在于搅动和激疑，所以它应该有"置陌生于熟悉，还熟悉于陌生"②的特征。

这种对概念及概念隐喻的内比过程既是一个视域融合，也是一个不断发现的过程，通过持续的对话寻求不同文化的关联点和相遇点，明确和引入自己和对方的问题域。这既需要一种对自我文化的信心和底气，也需要对他文化的宽容和理解，只有这样对视彼此的神话，我们才能迎来激动人心的跨文化的交流。出于对人类幸福的终性目标，在现时情境中加以互相匡正，从而达到各自文化的丰富和更新，这才是对自己文化的最大忠诚以及对人之生存真理的最大开放。

三、课程基本学科框架的重建

（一）课程基本学科框架——超越"文化"和"学科"

按照雷蒙·潘尼卡的框架，我们需要在与他文化对话的过程中反省我们的"神话"。对我国"课程文化自觉"的启示是需要建立一个"基本的学科结构"。首先需要说明的是，"课程基本的学科结构"的内涵在 2000 年后已经有了新的解释。如前所述，文化之所以可以统合各个学科，原因就在于文化从现实的问题出发。与 80 年代对政治的"现实关怀"不同，2000 年后，经过了 90 年代的课程学科知识化、专业化过程，人们开始用专业的态度和专业的素养对本学科领域遭遇的现实问题进行讨论。而课程领域最大的现实问题就是"课程改革"，2001 年 6 月教育部印发了《基础教育课程改革纲要（试行）》，标志着第八次基础教育课程改革正式启动，这次课程改革是全方位的，体现了国家改革教育的坚定决心，从经费、体制、法规上都保障了这次课程改革的顺利实施。但不可否认的是，课程改革在施行过程中也遇到了一

---

① 胡文松：《课程、超越和禅宗/道教：自我的批判本体论》，载威廉·派纳主编《课程：走向新的身份》，教育科学出版社 2008 年版，第 25—29 页。
② 胡文松：《课程、超越和禅宗/道教：自我的批判本体论》，载威廉·派纳主编《课程：走向新的身份》，教育科学出版社 2008 年版，第 25—29 页。

些问题。围绕"课程改革"的理论与实践探索,学者们开始了对课程问题的研究和讨论,而这种研究和讨论的特点是"多学科"和"跨学科"的。2000年后,不论我国是不是和美国一样有"课程开发"到"课程理解"的范式转换,但是正如有的学者所指出的,一个不争的事实是课程与教学"返魅"了,开始走出学科的狭隘领域,开始运用多学科的话语来解读课程与教学的无尽意义。①

以上讨论了"课程作为文化"和"课程作为学科"的区别在于前者的"问题中心"和跨学科性,那么,我们这里所提的课程文化自觉的途径是需要建立一个课程论的"基本的学科结构"。从表面上看又类似于将"课程作为一门学科",然而,这个"基本的学科结构"和以往所理解的"课程作为一门学科"存在着本质性的差异,它带有一种文化的特性,即"跨学科"性。"基本的学科结构"不是规定学科研究的对象、范围、术语,即为了封闭学科,而恰恰相反,将"学科"作为一种具有开放性的"拥有自我"的生命体,历时、历地地去寻求生命的滋养,在与历史和他者的"我与你"的对话中,获得自我的生长和丰实。

(二)从两个维度重建课程基本学科框架

雷蒙·潘尼卡的解释学路径看似只有横向的国别之间的比较,但以整个文化相遇的过程看,实际上也是一种回溯历史的过程,也就是说,文化自觉实际上是有纵、横两个维度。对于课程研究来说,纵向维度是指课程研究的思想史,如果只关注"当下的",忽略了彼时的、过去的,智慧就会存在断痕和沟壑,难以激起持续性反思,智慧的累积也会遭到阻断。而横向维度则是指课程研究需要在更为广阔的背景上加以考虑,这里既指超越本土,构建一个国际性的公共课程研究的对话平台,构建一个世界范围内的课程领域,同时也包括多学科地进行课程研究。派纳用"自传研究"来统合课程研究的学科化运动,或者说,课程研究的学科化是自传研究的一种变体和重置。具体而言,纵向结构上,课程研究是一个不断回归的过程,对过去需要不断地回忆、反省;在横向结构上,通过"自我"将过去和当前"生活"的情境不断地整合和融合起来。可见,这种学科结构恰恰是打开了一个纵深而广阔的学科

---

① 钟启泉、张华:《在东西方对话中寻找教育意义》,载钟启泉、张华主编《世界课程与教学新理论文库》,教育科学出版社1999年版,主编寄语。

视野，学科边界不是被封闭，而是开放的，充满了各种可能性，所以，学科化并不是一种倒退，而是确立自己身份后更有底气、更加开放的一种发展。我们需要承认差异，在本土求得课程研究发展的具体视域，通过跨国界的交流来增强和推进对自身研究的批判，从而促进课程研究领域的复杂性发展。

事实上，近年来课程研究者也正是沿着这个方向对"课程基本学科框架"进行重建的，有趣的是，围绕这种路向，"课程文化自觉"和"课程论重建"这两类研究表现出一种研究框架的重合迹象，比如，有学者①就指出课程文化自觉有三条基本途径，即传统课程文化寻根、国际课程文化理解和本土课程文化生成。其中最后一条途径与其说是和前两者相并列的途径，不如说是前两者的结果更为恰当，本土化是在走向世界和相互交流、碰撞、整合、创新的过程中，保持自己的民族特色，显示出自己的价值和生命，也就是说一方面要回溯传统，另一方面要和外来文化进行交流，从纵、横两方面构建一个基本的学科框架，关注本土的问题才能做到真正的本土化。

而有学者②则在课程论研究的三十年回顾中提到要构建课程论的基本学科结构，文中既提到了纵向维度上系统地研究我国传统的课程思想并找出其"抽象意义"作为本土化理论的重要生长点，同时回顾我国人文社会科学的相关研究成果，其中合理的思维方式和价值取向可以作为本土化的重要根基。在横向维度上，他们一方面从学科维度提出课程理论要以一定的社会政治思想、文化思想、科学思想、艺术思想、经济思想、哲学思想相关联，倡导多元的课程研究范式。另一方面，他们认为本土化需要正确对待传统和世界课程理论，要批判地吸收，创造性地思考。

其实，在我国倡导"课程文化自觉"的同时，美国也在推进"课程文化自觉"，课程文化自觉是全球性的，全球化并不是遵循一个单向的运动轨迹，而是一个双向的相互影响的过程。一方面中心向边缘辐射，另一方面边缘也向中心推进。从派纳的话中不难看出美国课程界的自我反思，"在参与国际化的过程中，我觉得我得到的第一个和最为基本的'教训'是我们美国的课程研究的学者们是多么地沉浸在我们本土（本国）的研究之中。我们几乎对

---

① 王德如：《课程文化自觉的基本途径》，载《课程·教材·教法》2007 年第 10 期，第 8—13 页。

② 靳玉乐、罗生全：《课程论研究三十年：成就、问题与展望》，载《课程·教材·教法》2009 年第 1 期。

其他国家课程研究学者的所思所想以及所从事的研究一无所知,这是我做出判断的一个指标。这种无知并不仅仅是简单的未能获取相关的信息的无知(尽管部分的原因确实在于无法获得相关的信息,比如很多国家的学术研究,包括中国或其他国家的成果没有翻译成英文和其他文字,这成为国际化的一大障碍),这种无知同时也是主观不作为的结果,是从心理上完全沉浸在本土的问题之中,而不愿意超越,比如其他国家的研究学术成果过去没有,现在仍然没有被美国的课程研究领域看作是课程研究领域的不可分割的一个方面"。①

---

① 屠莉娅:《课程研究的学科化与国际化:一个领域的智力突破及其可能的未来——威廉·派纳教授访谈录》,载《全球教育展望》2008 年第 12 期。

第七章

校本课程与校本课程开发

如前所述，2000 年后，"校本课程开发"和"校本课程"成为课程研究领域的一个热点概念。同时"校本课程（开发）"还有非常强的中心性，意味着这一时期其他课程研究领域的概念与校本课程（开发）有着十分密切的关联。对"校本课程（开发）"的研究自 90 年代中后期开始起步，最早是在 1993 年第 4 期《外国教育资料》刘力发表了《走向以学校为本位的课程发展模式——香港的课程改革计划及其所带来的困扰》，标题中不是用"校本课程"而是用"以学校为本位课程"，正文中使用了其简称"校本课程"。文中分析了校本课程的含义以及在香港的推行情况和遇到的问题，采用了斯基尔贝克（Skilbeck，M.）的定义，将校本课程定义为"由学校负责策划、设计、实施和评估其学习者的课程"，并认为这是一个旧观念的新名称，也就是说设计课程最适宜的地方本来就是教育者和学习者进行教与学活动的地方，即学校。1996 年《课程·教材·教法》发表了姜来摘自香港《教育资讯》的一篇短文《香港积极推行〈校本课程剪裁计划〉》，这里的校本课程是针对一些薄弱学校，帮助他们进行课程的剪裁，助力学生学业进步。虽然这里的校本课程概念也是指针对特别、个别的学校，却以提高学业成绩为目的，并限制在学科课程范围之内的，所以其精神和实质与后来的校本课程概念有较大的差异。这两篇文章都介绍了香港校本课程（开发）的情况，可见，大陆地区对于校本课程（开发）的研究始于对香港的研究。80 年代到 90 年代，香港陆续颁布了一系列与校本课程（开发）相关的文件，"以学校为本位课程设计计划"（School－based curriculum Porject Scheme，1988）→学校管理新措施（School Management Initiative，1991）→目标为本课程（Target Oriented Curriculum，1993）→校本课程剪裁计划（School－based Curriculum Tailoring Scheme，1994），1994 年文件中正式出现了"校本课程"这一概念。

1999 年,《中共中央国务院关于深化教育改革全面推进素质教育的决定》提出,"试行国家课程、地方课程和学校课程"。这一文件的颁布引发了 1999 年的校本课程(开发)热,当年"校本课程(开发)"研究文章增至 11 篇,研究者有陈桂生、崔允漷、吴刚平、柳夕浪等,其中,有两篇标题是直击"校本课程"概念的①。2001 年,《国务院关于基础教育改革与发展的决定》提出,"在保证实施国家课程的基础上,鼓励地方开发适应本地区的地方课程,学校可开发或选用适合本校特点的课程"。同一年教育部发布的《基础教育课程改革纲要(试行)》明确提出,"学校在执行国家课程和地方课程的同时,应视当地社会、经济发展的具体情况,结合本校的传统和优势、学生的兴趣和需要,开发或选用适合本校的课程"。2000 年后,校本课程(开发)的研究开始兴起,逐年增长,见图 7-1。

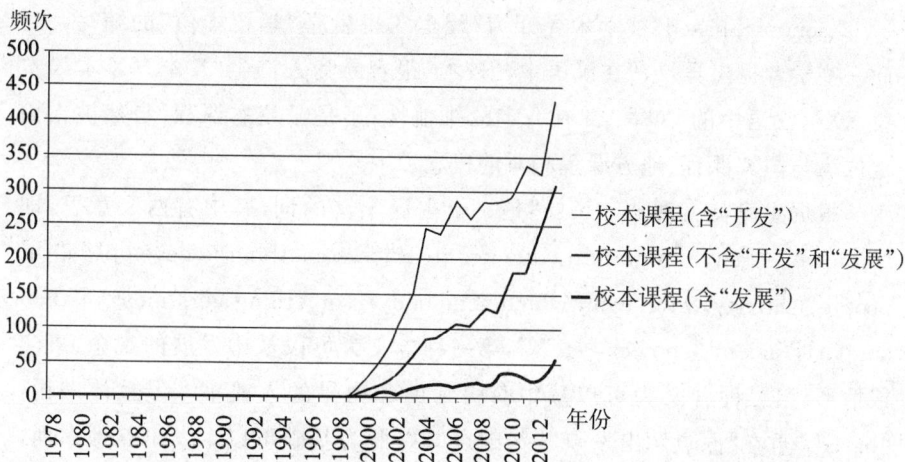

图 7-1 "校本课程""校本课程开发"和"校本课程发展"的出现频次(1978—2013)

校本课程(开发)的概念最初是从西方引进的,这一概念在中国经历了一个本土化的过程,在翻译中有几个重要的问题,即 school－based 是"基于学校"还是"校本(学校本位)",curriculum development 用"课程开发"还是用"课程发展",school－based curriculum development 的结构是"校本的课程开发"还是"校本课程的开发",学术界在这些问题上都有所争议,这对校本课程(开发)在中国的实践产生了影响。至今,校本课程(开发)在中国已

---

① 鲁艳:《校本课程:概念必须正确理解》,载《教育发展研究》1999 年第 12 期;陈桂生:《"学校课程"的建构》,载《杭州师范学院学报(社会科学版)》2003 年第 4 期。

经走过了十多年的研究和实践历程，随着"课程"概念的日益丰富，课程改革的层层推进以及对校本课程（开发）实践的反思，人们开始深度反思校本课程（开发）的内核和内涵。

第一节　School-based curriculum development 概念的本土化

一、"基于学校"还是"校本（学校本位）"

"school－based"被学术界译为"校本"，也就是"学校本位"的缩写。对此一些学者提出异议，"在汉语中，'校本'很容易让人产生'X 本''X 本''本位 XX'，汉语中的'X 本'带有一定的排他性；于是，'校本课程'自然被人们定位为与国家课程、地方课程相对的概念。"[①]

根据牛津英英词典，"base"是一个内涵丰富的词，其中有两层意思，即"an idea, a fact, a situation, etc. from which something is developed""the people, activity, etc. from which somebody/ something gets most of their support, income, power, etc"[②]，第一种含义为可以从中发展的观念、事实或情形，第二种含义为可以从中获得帮助和力量的人或事。但总体来说，"based"重在"原点""出发点""基础点"，以此为基础可以生发出其他东西，并为此源源不断地提供资源。汉语中的"本"在《说文解字》中被解释为"木下曰本"。"从木，一在其下"[③]。"一"表示位置在树的下部，因此也是"根基"的意思，与"末"相反。因此，"基本""根本""本质"到现在也是"本"字的重要内涵。从这层意思来说，"本"与英语中的"base"是非常接近的。然而，"本"字也有另一层意思，在中国传统中，"本"引申为原来的官位（《左传·昭公二十七年》："復位而待"，晋杜预注："復本位待光命"）、原来的座位（《宋书·礼

---

① 胡献忠：《我国校本课程开发的可能性与现实性》，南京师范大学 2002 年硕士论文。

② http://www.oxfordlearnersdictionaries.com/us/definition/english/base_1。

③ 陈昌治：《说文解字》

志一》:"四厢乐作,百官再拜。已饮,又再拜。谒者引诸王等还本位")、本人的府第(《续资治通鉴·宋英宗治平三年》"帝之为皇子,辞疾不肯入宫,詔本位长属敦促")等意思,这里的"本"则有"范围、界限"的意涵。到了近现代,"本"字则衍生出"主体"和"中心"的意涵。孙中山在《民族主义》第一讲中说,"英国发达,所用民族的本位是盎格鲁撒克逊人,所用地方的本位是英格兰和威尔斯"。鲁迅在《坟·我们现在怎样做父亲》提及:"本位应在幼者,却反在长者;置重应在将来,却反在过去。"这里的"本位"更加深了范围和界限的意思,指有别于他者的"我"。因此,"本位"这个词在后期演变为另一个含有贬义的词语,即"本位主义"。毛泽东在《关于纠正党内的错误思想》中提出了这个概念:"本位主义,一切只知道为四军打算,不知道武装地方群众是红军的重要任务之一。""本位主义"指为了"小我"的利益而牺牲"大我"的利益,就是将目光聚焦于"自我",这里既指个人也指小集体、小单位。正如周立波在《暴风骤雨》中所说,"本位主义,实际上是个人主义的扩大",也就是以一种斗争而非合作的态度来面对他人或外部世界,从而也造成了目光短浅、急功近利的问题。从"本"的这层意思出发,我们也有"本人""本册""本地""本国"等说法,这里的"本"的意思是区别于为他者的"我"。因此,将"school-based"翻译为"校本",延续了80年代以来"以教育为本""民本""人本""生本"等构词规律,反映了我们国家因为长期以来忽视学校的自主权,尤其是课程的选择权和管理权,因此将笔墨重在"学校为本""学校本位",强调的是以"学校为根本""学校为基础",即"本"字的第一层内涵。但由于"本"的另一层内涵,即"我""中心"也导致了对校本课程的一些误解:其一是导致了"国家课程""地方课程"和"校本课程"泾渭分明的三足鼎立,互不相关;其二是导致了"本校课程""我校课程"的观念,具体体现在"盲目寻求学校特色"和"独立封闭开发课程"两点上;其三是以"学校代替学生为本",即将"校本课程"看作是校长课程,为特色而出奇招、怪招;其四是停留在本校和本阶段,忽视学生的阶段性发展与长远性发展的协调。比如,目前许多学校为了寻求特色,积极挖掘地方特有资源。以某县为例,这个县的地方剧非常有特色,于是这个县的小学、初中和高中都以地方剧为资源开发校本课程,内容都是了解地方剧、欣赏地方剧和表演地方剧,因为学校间也缺乏沟通,因此基本上课程目标、内容都相似,并没有根据不同的年龄层次和

199

已有的课程知识来设计不同的校本课程。

2000 年校本课程研究刚刚兴起时，郑金洲界定"校本"有三层内涵：一是为了学校，意指要以改进学校实践、解决学校所面临的问题为指向；二是在学校中，即学校的问题要由学校中的人（校长、教师）来探讨解决；三是基于学校，要充分挖掘学校的各种资源和潜力，根据学校的实际来组织培训、开展研究和设计课程①。他同时指出，校本不是学校自身完全自决自主，这种误解可能是因为我们对校本这种现象认识尚不深刻，"校本"这个译名本身也存在着问题，容易导致误解。"从这个意义上，为了避免这样的一些谬见，倒是'以学校为基础'的译名会更好一些，引起的误解似乎更少一些"。②

二、"课程开发"还是"课程发展"

"school－based curriculum development"一般被我国学者翻译成"校本课程开发"，但也有一部分学者使用"校本课程发展"这一翻译。从图 7-1 可以看出，"校本课程开发"的使用频率显然远比"校本课程发展"要高得多。郑金洲提出，"'开发'在汉语中多用于土地开发、资源开发等静态情景，寓意一事物早已存在，至今才有人发觉，加以利用。相反，英文的'development'则常用于从无到有或从小到大的动态情境中，与汉语中的'发展'更接近。因此，如果不考虑概念的简洁问题，'school － based curriculum development'翻译成'以学校为基础的课程发展'更合乎英文强调'过程'的本意"。③ 在这一点上，许多学者有共鸣，比如"'发展'常用于生理发展、心理发展等从无到有或从小到大的动态情况。任何一个课程，基本上是原来不存在的，经人创设出来后，起初简单、粗糙、小规模，后来渐渐变得复杂、精细、规模扩大。'课程发展'正切合课程的这种动态、渐趋完善的状态"。④

根据牛津英英词典，"development"主要有两层含义，即"the gradual

---

① 郑金洲：《走向"校本"》，载《教育理论与实践》2000 年第 6 期。
② 郑金洲：《认识"校本"》，载《教育理论与实践》2001 年第 5 期。
③ 郑金洲：《走向"校本"》，载《教育理论与实践》2000 年第 6 期。
④ 余志文：《香港校本课程发展之研究》，华东师范大学 2001 年博士论文。

growth of something so that it becomes more advanced, stronger, etc.""the process of producing or creating something new or more advanced; a new or advanced product"①,可见这个词强调的是一个变强、变大、变先进的过程。在英语语境中,"curriculum development"也经历了一个概念化和再概念化的过程,博比特(Bobbit, F.)在《课程论》(1919)中使用的是"curriculum making",make 在英语中的意思是"to create or prepare something by combining materials or putting parts together",也就是强调"组装",后来他又用"curriculum discovery"来代替"curriculum making","discover"的含义是"to find out about something; to find some information about something",这里的"发现"指的是用科学的精神和方法发现和编制课程。后继学者查特斯(Charters, W. W.)在 1923 年使用了"curriculum construction","construct"的意思是"to form something by putting different things together",和"curriculum making"的意思接近。卡斯威尔(Caswell, H. L.)和坎贝尔(Camp-bell, D. S.)首次使用"curriculum development"一词,便得到了学者们的广泛认可。泰勒将"curriculum development"定义为"一种实践性的工作,而不是一种理论性的研究,它力图设计一种能够达到教育目的的系统;它主要不是试图解释一种现有的现象"。② 派纳曾经幽默地挪揄道,"curriculum development"生于 1918 年,卒于 1969 年。③ 在派纳看来,"curriculum development"这个概念在 1918 年到 1969 年这段时间都是在科学主义的大旗下寻求一种课程研究"技术—控制"取向的模式,即将斯宾塞提出的课程基本问题"什么知识最有价值"变为"用什么方法决定我们教什么"的设问④。而派纳提出了与"curriculum development"相对的一

---

① http://www.oxfordlearnersdictionaries.com/us/definition/english/development

② 〔美〕拉尔夫·泰勒:《课程与教学的基本原理》,施良方译,人民教育出版社 1994 版,第 127 页。

③ Pinar, W. F, Reynolds, W. M., Slattery, P, Taubman, P. M.. *Understanding curriculum: An introduction to historical and contemporary curriculum discourse*. [M]. New York: Peter Lang, 1995. 6.

④ 汪霞:《课程研究:从现代到后现代》,载《湖南师范大学教育科学学报》2003 年第 1 期。

个概念，即"curriculum understanding"，我们译为"课程理解"，标志着另一种课程研究范式的诞生，即把课程视为符号表征（symbolic representation），从多元的视角来理解课程所负载的价值观①。但有趣的是，派纳在批判旧有"curriculum development"的同时又让这个概念得以重生，派纳重新界定了"curriculum development"的内涵，从一开始强调技术、程序，偏向将人类知识组装、浓缩传递给个人到强调人的主动性，突出人与文化的互动、自省的同时创新改造世界，即将"curriculum understanding"融入"curriculum development"的理解之中。可见，"curriculum development"在英文语境中也经历了一个发展或重生的过程。泰勒时代的"curriculum development"用"课程开发"更合适些，而派纳重新诠释的"curriculum development"翻译成"课程发展"更能表达派纳的用意。

在现代汉语词典中，发展的主要内涵是"事物由小到大、由简单到复杂、由低级到高级的变化"，而开发的主要内涵是"通过研究或努力，开拓、发现、利用新的资源或新的领域"。对"开发"这一概念的批判主要在于"开发"这个概念偏静态，比如对矿山、森林、土地等物体的开掘，被开发的似乎是没有生命力的，被动等待他人来开发。"发展"这个词则内蕴生命力，自身具有可生长性，并强调了过程的重要性。但是"开发"这个词同时也具有"发现，利用和吸引新资源、新信息"的内涵，比起发展更强调创新性和革新性。由于学者对这两个概念的理解不同，在我国课程研究领域"课程开发"和"课程发展"这两个概念是并用的。② 但从图 7-2 来看，"课程开发"概念的使用远比"课程发展"要广泛，分析这些学者的研究领域可以发现，内地研究"校本课程"的学者大多使用"课程开发"一词，而与此相对应的是，香港无论是官方文件还是研究文献，普遍用"课程发展"一词。

---

① 张华：《走向课程理解：西方课程理论新进展》，载《全球教育展望》2001 年第 7 期。
② 查中国知网，使用"课程发展"一词的学者有肖川、靳玉乐、马云鹏、马庆发、陈时见、黄显华、钟启泉、石伟平、丁念金等，使用"课程开发"一词的有崔允漷、吴刚平、李臣之、傅建明、徐玉珍、熊梅、黄甫全、段兆兵、王斌华、刘电芝、张华等。

频次

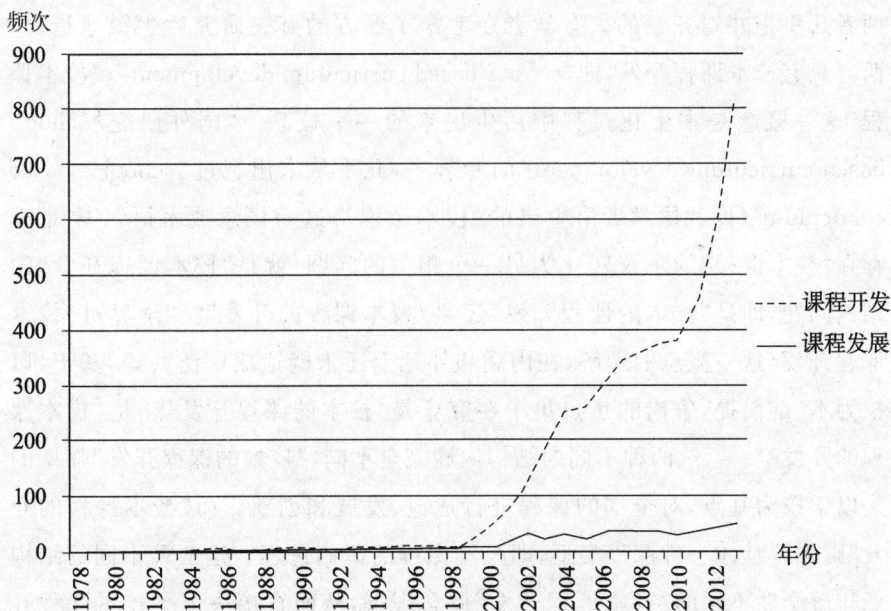

图 7-2 "课程开发""课程发展"的出现频次(1978—2013)

我们并不否认,习惯使用"课程开发"这一概念有偶然、巧合或约定俗成的原因,以下几条原因也可以为使用"课程开发"一词做出解释:其一,"课程开发"体现革新性。由于国家长期控制课程管理,因此,校本课程(开发)的提出具有一定的划时代性,人们将目光投注于学校,对学校丰富的课程资源和能量加以开发。其二,有别于英美、澳大利亚等国的"内源式"校本课程(开发),在我国,校本课程是自上而下地由国家推动施行的,被称为"外推型",因此,虽然校本课程(开发)的理念是"自发的""草根的""自下而上"的,但全国统一施行的"校本课程(开发)"有从外部获取力量来帮助学校发展的内涵。其三,因为"校本课程"在实践和研究中受传统"课程"观念的影响,因此有"某一门或几门具体学科"的概念理解,因此,类似于"开设课程",我们也习惯于用"开发"一词。

三、"校本的课程开发"还是"校本课程的开发"

在校本课程(开发)的研究中有两个概念一直为学者所热议,就是"校本课程"和"校本课程开发"。从 1999 年"校本课程(开发)"研究的第一个小高潮的 11 篇论文来看,其中有 7 篇是"校本课程开发"的研究,而另外 4 篇则是"校本课程"的研究。2000 年后校本课程(开发)的研究,从图 7-1 可以发现,两者几乎是并驾齐驱的。有学者在考察了西方的有关研究后尖锐地指出，西方只有校本课程开发，即"school-based curriculum development"，"校本课程"这一概念是本土化过程中衍生出来的一个概念。"国外研究'school-based curriculum development'的专著中，几乎从未出现过'school-based curriculum'（即我国学者衍生出的'校本课程'）这一概念或术语"。① 是否存在"校本课程"的争议转化为另一个相关的问题，就是"校本课程开发"的结构问题，即是"校本的课程开发"还是"校本课程的开发"？"学界对'校本课程开发'这一概念的理解，在内涵和外延上还未能达成广泛共识，基于'以校为本'的前提，争论的焦点集中在究竟是'校本的课程开发'还是'校本课程的开发'"。② 这两种不同的结构内涵完全不同，"校本的课程开发"强调的是以学校为基点，对全部的课程进行适应、发展和创新。而"校本课程的开发"则强调具体一种课程类型，即校本课程的研制过程。这两种不同的结构意味着全然不同的"校本课程开发"概念理解，从而直接决定了校本课程开发的理论架构和实践操作。"校本课程（开发）的概念内涵界定上，还处于'校本课程的开发'和'校本的课程开发'的博弈中，广泛认同的'学术共同语'还未形成，这直接影响着校本课程开发的起点，也间接地影响着开发的实效"。③ 有学者从英文中不存在"校本课程"这一概念出发，指出"校本课程的开发"是本土化过程中出现的一种结构，"英文表述的'school-based curriculum development（校本课程）'只有'校本课程开发'一意，不存在什么'校本课程的开发'"④。

　　一些学者试图用广义、狭义之说来调合两者之间的矛盾，将"校本课程的开发"看作是狭义的理解，而把"校本的课程开发"看作是广义的理解。比如许洁英指出："校本课程也有广义和狭义之分。广义的校本课程指的是学

---

　　① 胡献忠：《我国校本课程开发的可能性与现实性》，南京师范大学 2002 年硕士论文。

　　② 张铭凯：《校本课程开发研究：回视与审思——基于文献内容分析的视角》，载《基础教育》2012 年第 2 期。

　　③ 张铭凯：《十年来校本课程开发研究：阶段、要点与启示》，载《内蒙古师范大学学报》（教育科学版）2012 年第 4 期。

　　④ 徐玉珍：《是校本的课程开发，还是校本课程的开发——校本课程开发概念再解读》，载《课程·教材·教法》2005 年第 11 期。

校所实施的全部课程,既包括学校所实施的国家课程、地方课程,也包括学校自己开发的课程。狭义的校本课程专指校本课程,即学校在实施好国家课程和地方课程的前提下,自己开发的适合本校实际的、具有学校自身特点的课程。"①其实,在英文语境中,校本课程也有广义、狭义之分,比如库恩(Cohen, D.)认为,"校本课程开发有广义与狭义之分。狭义上,是指校长、部分教师等学校少数人员,开发课程文件或成品;广义上,是指包括校长、教师、学生、家长、社区人士等学校所有成员,参与课程规划、设计、实施与评价等课程开发的全部工作"。② 萨巴(Sabar, N.)则把狭义理解为学校在实施自上而下的课程时根据学生和学校实际所做出的课程改编和课程决策;而广义则是指学校全体成员,包括校长、教师、学生和家长共同参与课程开发、课程实施和课程评价的过程③。库恩区分广义、狭义的标准在于"开发的人是谁",而萨巴的标准是"参与程度的深浅",但英文语境中无论广义还是狭义,都认为校本课程开发应该是一个连接的、连续的过程,国家课程、地方课程和学校课程是融合的,或通过具体学校中特定人群(比如校长、教师、家长和学生)的理解来将国家和地方现有课程校本化,或理解国家和地方课程的精神,结合学生和学校实际来开发学校特有的课程。在马什(Marsh, C.)著名的校本课程开发的三维度(投入时间、活动类型和参与人员)中,也同样贯彻了这种融合的精神。无论库思、萨巴,还是马什,他们认同的是"校本的课程开发"。

不可否认,"校本课程的开发"这一理解在我国还是普遍存在的,也就是将校本课程看作是独立于国家课程、地方课程之外的一门课程,特别是在中小学的课程实践之中,许多教师将校本课程与选修课、活动课相混淆,认为没有什么区别。这一定程度上和颁布的有关"校本课程开发"的文件有关,教育部《义务教育课程设置实验方案》规定,设置"地方和学校课程",提出"地方与学校课程的课时和综合实践活动的课时共占总课时的 16％～20％"。教育部《普通高中课程方案(实验)》,则对直接由高中学校决定的课

---

① 许洁英:《国家课程、地方课程和校本课程的含义、目的及地位》,载《教育研究》2005 年第 8 期。

② 江山野编译:《简明国际教育百科全书》,教育科学出版社 1997 年版,第 147 页。

③ Sabar, N. *School － based Curriculum Development：Reflections from an international seminar*[J]. Journal of Curriculum Studies,1985.452—454。

程"选修学分"做出如下说明："学校根据当地社会、经济、科技、文化发展的需要以及可利用的资源，开设若干选修模块，供学生选择"。这样容易造成一个印象，即校本课程是学校总体课程中独立于国家课程和地方课程的一个板块，与选修课、综合实践活动、研究性学习等概念等同。究其原因，是"校本的课程开发"还是"校本课程的开发"与校本课程（开发）兴起的背景有关，特别是在分权制和集权制教育管理传统的国家显示出很大的区别。在集权制教育管理传统的国家里，"校本课程"和"校本课程的开发"这一观念普遍流行。而在地方分权的西方国家，例如英国和美国，学校教育具有自主的传统，"这些国家的课程学者倾向于把校本课程开发看作是'整体的'学校课程规划。学校的课程计划对学校的资源调配和决策的先后次序具有举足轻重的影响。而一些身处中央集权教育体制下的学者，通常将校本课程开发看作是在规划学校课程时所需要处理的'部分'问题，因而校本课程的设计与实施，多是在国家课程的架构内对学校的部分课程所进行的规划，通常是为了个别学校自身由学校单独进行的课程开发，例如某些特定学科的设计"。① 在我国，校本课程（开发）研究属于一个新生事物，与西方自下而上源于学校和教师的自发需求不同，我国校本课程开发属于自上而下推动学校和教师进行校本课程（开发）。因此，前期以小比例的"校本课程的开发"为实验，让学校、家长和社会了解校本课程的内涵，同时增强教师课程开发的能力，为后期"校本的课程开发"做好准备还是十分有必要的。

对比表 7-1 和表 7-2，国内外专家或机构对"校本课程开发"的定义来看，其结构都是"校本的课程开发"，一些学者也特别针对这一问题谈了自己的看法，"按照现代课程分类理论来考察，校本课程并不是一种课程类型，而是属于课程管理方面的一个范畴，是正在形成之中的同我国三级课程管理体制相适应的基础教育新课程体系中一个组成部分，即中小学新课程计划中不可缺少的一部分。我国的校本课程是在学校本土生成的，既能体现各校的办学宗旨、学生的特别需要和本校的资源优势，又与国家课程、地方课程紧密结合的一种具有多样性和可选择性的课程"。② 也就是说，即使顺着国

---

① 胡献忠：《我国校本课程开发的可能性与现实性》，南京师范大学 2002 年硕士论文。

② 廖哲勋：《关于校本课程开发的理论思考》，载《课程·教材·教法》2004 年第 8 期。

家关于"校本课程"的政策来看,"校本课程"也应该被理解为一种理念,而不是一种课程类型,作为理念,校本课程应该是与国家课程和地方课程融合的。另一些学者则更为激进,比如有学者尖锐地指出,根本不存在什么"校本课程","校本课程"的广义狭义之说是存在问题的。比如,"问题却出在对'狭义的校本课程'的实践上,如果学校开发出了一大批狭义的校本课程,它们与国家育人方面的关系又是如何呢? 校本课程开发的各个领域事实上已经包含在了国家课程的规划、目标体系之下,'校本课程'应该是一个'广义的校本课程'概念"①。"按照'校本课程'论者有关国家课程地方课程、校本课程的三分法,去掉综合实践活动和地方课程的课时,余下的所谓'校本课程'的课时比例就非常小了。据教师反映,有的地方和学校余下的空间不到5%。在这不到5%的空间里,教师能做些什么呢? 有另外的95%的空间他们要应付,他们何以能够在如此狭小的空间里,干出诸如专家们所要求的什么建立学校特色,实现学校文化重构,形成学校教育哲学,校长成为课程领导等等之类的大事业呢?"②

综上所述,狭义的"校本课程开发"指的是"校本课程的开发",其重心在"校本课程"上,也就是把"校本课程"看作一种具体的课程类型,区别于国家课程和地方课程,有相应的课时、内容和形式,在某种角度来看,是一种有形产品和结果。但正因为"校本课程的开发"是有形的,所以同时也受到了局限,即局限在整个课程体系的15%左右。而广义的"校本课程开发"指的是"校本的课程开发",即作为一种理念,包含了"校本课程的开发",是指"国家课程""地方课程"和"校本课程"的整体校本化。只有整体性的"校本的课程开发"才能带来根本性的转变,也使"校本课程"更符合课程改革的本意。若仅有"校本课程的开发",那么久而久之,"校本课程的开发"也会因为缺乏整体愿景和力量支持而越来越边缘化,甚至消失。

---

① 李秀伟:《中小学校本课程开发的异变问题与改进》,载《教育研究》2014 年第 5 期。

② 徐玉珍:《是校本的课程开发,还是校本课程的开发——校本课程开发概念再解读》,载《课程·教材·教法》2005 年第 11 期。

表 7-1　国外学者或机构对"校本课程开发"的定义

斯基尔贝克	由学校负责学生学习方案的规划、设计、实施和评价①
艾格莱斯顿	本质上是一种过程，指学校有计划地开发和利用各种资源，其中包括人文资源和物质资源，通过合作、探讨、策略、实验和评价等一系列过程来寻找和实施适合学校和学生发展的课程②
马什	校本课程(开发)作为中央集权教育对立面的一种象征，强调"草根式"的课程开发口号，既蕴含师生共同参与建构课程的教育哲学，同时也需要课程领导的变革③
OECD	由于自身的课程发展需求，学校自发进行以学校为基础的课程开发，在此过程中，对国家、地方和学校三者的课程权力加以重新分配，从而使学校获得法律上和行政上的自主权，能自我管理和发展④

表 7-2　国内学者对"校本课程开发"的定义

崔允漷	学校根据本校的教育哲学，通过跟外部力量的合作，采用选择、改编、新编教学材料或设计学习活动的方式，并在校内实施以建立内部评价机制的各种专业活动⑤
徐玉珍	在学校现场发生并展开的，以国家及地方制定的课程纲要的基本精神为指导，依据学校自身的性质、特点、条件以及可利用和开发的资源，由学校成员自愿、自主、独立或与校外团体或个人合作开展的，旨在满足本校所有学生学习需求的一切形式的课程开发活动，是一个持续和动态的课程改进的过程⑥

---

① M. Skilbeck, *School－based Curriculum Development in J. Walton ＆ J. Welton (Eds), Rational Curriculum Planning：Four Cases Studies*［M］, London：Ward Lock Education，1976.

② J. Eggleston. *School－based Curriculum Development in Britiain：a Collection of Case Studies*［M］, Routledge＆kegan Paul，1980，p7.

③ C. Marsh, Christopher D. , Lynne H. ＆Gail M. , *Reconceptualizing School－based Curriculum Development*［M］, London, The Falmer Pres,1990,preface.

④ OECD, *School－based Curriculum Development*［M］,1979, p13.

⑤ 崔允漷：《校本课程开发：理论与实践》，教育科学出版社 2000 年版。

⑥ 徐玉珍：《校本课程开发概念解读》，载《课程·教材·教法》2001 年第 4 期。

靳玉乐	学校为实现教育目标或解决自身的教育问题,根据国家或地方制定的课程纲要的基本精神,以学校为主体,结合学校的性质、特点、条件以及可以开发利用的资源,由学校成员如校长、行政人员、教师、学生以及家长和社区人员等合作进行的课程发展过程与结果①

应该说,校本课程(开发)这个概念的提出背景在中西方存在差异,校本课程(开发)之所以在 70 年代和 80 年代在西方得以重视,主要是因为 50 年代和 60 年代兴起的微电子技术在很大程度上颠覆了人类旧有的生活、生产和交流方式,让世界日益"扁平";60 年代西方追求公民权和民主社会组织的学生运动,70 年代争取妇女权益的女权运动,突现了人们重视自我价值和自我实现的愿望;移民热潮让西方国家承认"多元共存"的事实,比如 1971 和 1972 年,英国和澳大利亚政府先后公开承认社会的"文化多元";跨行业、跨专业、跨地区、跨国大型甚至巨型公司的产生使企业组织管理制度开始走向分权。因此,在这样的背景下,西方的"school-based curriculum"概念是"草根式"的,从民主、多元的诉求出发,通过管理权限的下放,激活校长、教师、学生、家长等多方面力量,自下而上地自发开发适合学生和学校具体情况的课程,包括收集资源、设计课程、实施课程、管理课程和评价课程的完整过程。我国的校本课程(开发)的实践和研究始于 90 年代中后期,尽管校本课程研究的专家对国外校本课程开发的概念做了正确的解释和引进,但是由于校本课程开发引进的背景和传统不同,我国是为了适应时代和社会的进步,培养有创新能力的人才。在素质教育和课程改革的背景下,一改统得过死的课程管理体系,进一步激活学校的活力,自上而下发起的。因此,"school－based curriculum"翻译成中文后,由于背景以及传统的不同,其内涵和外延均有所不同,具体体现在前面提到的三个问题上:①"基于学校"还是"校本(学校本位)";②"课程开发"还是"课程发展";③"校本的课程开发"还是"校本课程的开发"。由于是自上而下作为课程政策推进的,同时有"活动课程""选修课程"等的实践先导,校本课程开发在很大程度上被看作是一门具体的、局部的"校本课程"。此外,校本课程开发在我国具有课程管理革新的划时代意义,但"开发"一词也给人以需要外在推动的被动

209

① 靳玉乐编:《校本课程开发的理念与策略》,四川教育出版社 2006 年版。

内涵，比起"以学校为基础"，"校本"容易被理解为"本校"，暗含自我封闭拒绝合作、立足学校忽视学生的危险。

第二节　校本课程开发与课程校本化

一、2000 年后课程概念视界的拓宽与校本课程（开发）

对校本课程开发的理解在很大程度上与"课程"的概念相关。2000 年后课程概念的内涵和外延更加丰富多样，我们以 2000 后我国教育类的权威杂志《教育研究》为例，看课程概念视界向哪些维度和方向拓展。按照派纳在《理解课程》中划分的政治、种族、性别、现象学、后现代、自传或传记、美学、神学、生态学和全球化的不同理论视域，我们对相关文章做了整理，见表 7-3。（当然这些领域也是相互交叉的，这里主要取这些文章的主要思想进行归类）我们可以看到，2000 年后中国的课程研究涵盖了派纳提出的所有视域。这在一定程度上说明了为什么校本课程（开发）在 2000 年后的理解在各个方面和层面有了突破。校本课程（开发）的概念理解除了受到"课程"概念的影响外，也受到校本课程（开发）实践中问题反馈的影响。随着校本课程（开发）全面铺开，在实践中发现了一系列问题，人们开始意识到校本课程（开发）的问题在于我们研究校本课程（开发）时，只是关注其外延，比如，讲究校本课程体现学校特色或者开设越多越齐的校本课程等等，而忽视其内涵的澄清，比如崔允漷所批判校本课程开发缺乏灵魂，"校本课程以何为本？通过课程建设来满足学生的成长需要、促进教师的专业发展、打造学校的特色文化，这才是校本课程的价值追求。……如果把校本课程建设仅仅视为是一项应付检查的任务，匆匆敷衍了事，那么校本课程就成了拍脑袋的事情，即便开出了五花八门的课，看似五脏俱全，实则没有灵魂。"①实践中遇到的问题引发了理论层面的思考，2005 年以来，专家们纷纷发表批判性的文

---

① 崔允漷、洪志忠：《要避免校本课程开发在实践中走入误区》，载《中国教育报》2008年 5 月 30 日。

章,针对校本课程开发的误区进行澄清,纠正了错误的认识,同时重新界定了校本课程①。

表 7-3　《教育研究》中课程研究的分类统计(2000—2013)

政治课程理论	《课程改革预设目标对目标实现的限定》(2009);《区域内义务教育课程公平的学校文化视角》(2009);《课程知识与社会意识形式》(2006);《综合课程建设与伯恩斯坦的编码理论》(2003);《论"课程共有"——对中国特色课程政策模式的探索》(2002);《"学校知识"与课程标准》(2000)
种族课程理论	《我国农村基础教育课程改革:问题与对策》(2010);《我国民族地区地方课程开发研究》(2006);《地方课程资源开发与优化配置的探索》(2005);《地方课程管理和地方课程开发》(2004);《西部开发与农村基础教育课程改革》(2000)
性别课程理论	《成人女性性别课程开发初探——女性主义课程论的视角》(2012)
现象学课程理论	《论问题取向的课程论研究》(2011);《新课程教学中应处理好的几个关系》(2005);《课程与生活——来自思想考古学的启示》(2005);《"体验"理念在语文课程改革中的体现》(2002);《教师生活重塑与基础教育课程改革》(2002);《学生生活履行与基础教育课程改革》(2002)
后现代课程理论	《从"蓝本"到"文本":当代课程内容观的转变》(2011);《现代主义课程范式及其批判》(2010);《课程的本质主义症结与"合法性危机"》(2007);《从"实体"到"关系"——论我国当代课程与文化的定位》(2006);《论课程的文化逻辑》(2005);《课程发展的回归现象与非线性模式——检视课程思潮的一种视角》(2003)

---

① 吴刚平:《校本课程要走出"校本教材"的误区》,载《上海教育科研》2005 年第 8 期;王斌华:《厘清校本课程开发的六大误解》,载《中国教育报》2010 年 7 月 23 日;崔允漷、洪志忠:《要避免校本课程开发在实践中走入误区》,载《中国教育报》2008 年 5 月 30 日。

自传或传记课程理论	《自由与束缚：课程改革中教师的学科依附》(2012)；《基础教育课程改革与教师自身身份的构建》(2012)；《论个体知识的课程论意义》(2008)；《让教师走上充满意义的课程改革旅程》(2008)；《教师的课程意识及其生成》(2002)
美学课程理论	《审美游戏与中学课程教学》(2008)
神学课程理论	《课程理解的意义之维》(2012)；《生命教育理念观照下的课程实践》(2004)
生态学课程理论	《从两极到中介：课程改革的路径选择》(2010)；《课程知识的客观表征与主观建构——兼论课程与教学的内在整合》(2009)；《论理想的课程与教学的可能性》(2009)；《课程变革的一种推进策略：确立"可行变革区"》(2009)；《课程改革中的文化冲突与整合》(2008)；《知识的普适性与境域性：课程的视角》(2007)
全球化课程理论	《论"有根有翼"课程价值观的构建——基于过程哲学与中国文化融合的视角》(2013)；《论课程与教学论的本土化》(2012)；《课程理论的文化自觉》(2008)；《摆脱"边缘"：寻找高等学校课程的本土文化性》(2008)；《中国学前课程百年发展变革的特点与启示》(2008)；《试论20世纪西方课程论的心理学走向》(2008)；《守护家园：课程与教学变革的本土化》(2007)；《课程文化自觉：意义、本质与特点》(2007)；《课程文化自觉的价值取向》(2006)；《课程改革：道家哲学的视点》(2005)

一、打破"本校课程""校内课程""校定课程"的概念局限

如前所述，校本课程（开发）很容易被误解为"本校课程（开发）"，在实践上表现为学校盲目追求所谓的"校本特色"，这是一种为特色而特色的误区，具体表现在对地方资源的表层和肤浅的挪用、不顾学生不同的兴趣爱好整齐划一地强制特色、标新立异出奇招等等；同时在开发时，关起门来搞研究，不愿意与他校合作研究，或共同分享课程；喜欢编"校本教材"，以展示学校校本课程（开发）的成果；教师会什么就开什么课程等等。因此，校本课程（开发）就演变成了"校长课程"和"教师课程"。

因此,2000 年后半段学者们普遍达成共识,认为校本课程(开发)要打破"本校"的局限。具体表现在以下几个方面。

第一,校本课程(开发)不排斥合作。

"如果只局限在学校本身的活动,而不把眼光放远到学校与其他学校和机构的互动关系,实属短视"①。

校本课程(开发)在三个层面上提倡合作,首先,校本课程(开发)提倡学校与地方、国家的合作。有学者研究了西方的校本课程(开发)的轨迹,发现西方校本课程(开发)在 80 年代兴盛后,在 90 年代开始转型,各个国家转型的方式和途径各有不同,特别是集权国家和分权国家,但不管是哪一类,都加强了国家课程、地方课程和学校课程的合作。"校本课程开发策略在集权机制国家与分权机制国家的转型相比,在转型方向上似乎有所不同,分权机制国家的校本课程开发是在回落的基础上完成转型的,集权机制国家则是在校本课程开发的政策推动下进入一个新的转型时期。但是,在强调国家调控与学校自主有机融合的趋势上,分权机制国家与集权机制国家则是非常相似或一致的"②。 这里一方面是国家的调控、监督会让校本课程(开发)更有序,激发学校开发校本课程的动力,并在过程中保证校本课程开发的资源;另一方面,由于国家课程、地方课程、校本课程在一定程度上是优势互补的,国家课程因为拥有更多的资源和开发的传统会更加全面和规范,而地方课程和校本课程则因为更贴近学生和教师的实际而更具有活力。因此,鉴于两者的互补性,校本课程(开发)完全可以从国家课程和地方课程中汲取营养,比如美国国家层面曾经开发了《人类:一门研究课程》(Man:A Course of Study),这门课程启发了各所学校,纷纷以此为基础结合学校的实际开发人类学课程。国外一项对比研究表明,那些参与国家课程开发过程,比如提供资源、实验方案等的学校,比那些只实施国家已完成课程方案的学校,所具有的内在动力和活力更强。换言之,与中央距离的远近将决定课程改革

---

① 黄显华:《强迫普及学校教育:制度与课程》,香港中文大学出版社 1997 年版,第229 页。

② 徐佳:《西方校本课程开发的回落与转型》,载《当代教育科学》2007 年第 Z2 期。

的纵深度和持久性。① 在国外，与"school-based development"（校本课程开发）相接近的还有两个概念，是"school-focused planning"（学校中心课程策划）和"School-centered innovation"（学校中心课程创新），马什认为，如果说"school-based"是一个理想化的概念，即所有的课程决策都由学校完成，那么"school-focused"则更为现实，尤其在有集权制教育传统的国家更为适合。如下图所示，如果说以"集权"和"分权"为两极，那么校本课程开发会落在分权的极端，而学校中心课程策划或学校中心课程创新则在中点，见图7-3。

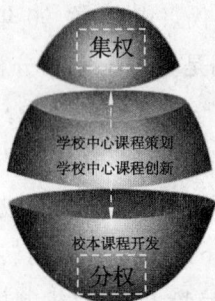

图 7-3 "学校中心课程策划""学校中心课程创新"和"校本课程开发"位置图

其次，学校与学校之间的合作，"校本课程"可变为"校际课程"。针对校本课程开发在管理体制上"各自为政"，制度供给不足，经费保障不力，成果利用率低；开发主体过于单一，缺乏整合优势；资源利用上的"孤芳自赏"等弊病，有学者提出了"校际课程开发"，即由多校共同挖掘课程资源、合作开发和成果共享的过程。②

第二，校本课程（开发）的核心是"生本课程"或"人本课程"。

校本课程（开发）作为一种课程管理权力的分配，的确应将权力下放至学校，但这不等于说校本课程（开发）的目的仅是"为了学校"。但不得不承认，由于对概念的误解，导致了实践操作中"以校为本"和"以师为本"的现象大有所在。随着课程改革的不断推进，无论是理论界还是实践界都意识到"校本课程开发"的出发点和立足点都不在"校"，而是在"人"。校本课程开

---

① Blenkin G. M, Edwards G. and Kelly A. V. *Change and the Curriculum* [M]. Paul Chapman Publishing Ltd, 1992. 105. 转引自吴刚平：《校本课程开发的定性思考》，载《课程·教材·教法》2000 年第 7 期。

② 邓达、于洪燕：《校际课程开发：优化区域教育资源的途径》，载《中国教育报》2006 年 4 月 28 日。

发最终的目的是促进学生的发展,它内蕴的课程哲学是"目的是在过程中产生的,是内在于师生的学习经验之中,课程是审议、协商的结果,以学生的发展为中心,教师要充分调动学生的生活经验,在课程中得以融合和提升",如马什所言校本课程开发是一种"师生在场共同生成学习经验的教育哲学"。①我国学者也意识到了这点,"考察'校本课程'价值宜从学生的视角来关注,课程应是学生'生命存在活动的一种预序'"。② "校本课程的提出是一种课程价值取向的改变,其实质是'对人及人性的一种终极关怀'"。③ "以校为本""以师为本"与"以生为本"既可以是相一致的,但也可以是相矛盾的,关键看学校秉承的是什么样的教育哲学。如果一味追求"校本特色",即为特色而特色,不考虑学生的兴趣、需求和实际情况,外在地强制性地挪用地方资源特色,或者标新立异,或者整齐划一地规定特色等等,就与"以生为本"相矛盾,因为这样的校本课程开发往往是外浮的、单一的,这与贴合学生的实际、符合学生多样化的兴趣和发展是背道而驰的。一些学校为了打造所谓的学校品牌,开设全体学生都参与的唯一"校本课程",如乒乓球课程、地方戏课程或者科学课程,就有悖于学生需求的多样化,"如果要使学生获得有意义的教育经验,课程的多样化是根本"。④

因此,如果说泰勒的课程开发有三个来源,即"社会""学科"和"学生"的话,校本课程开发显然更偏重于"学生"这边。校本课程开发是立足于学习者的兴趣需要、个性特征和已有经验。比如有学者提到校本课程应当"注重学校、教师及学生自己知识、意识和经验的开展与建构"⑤。校本课程的元认知在于不仅仅是让学生学好,更重要的是值不值得学生去学⑥。校本课程开发应以"学生为本"这一点,实践界也敏锐地觉察到了,上海市教委基教处副

---

① Marsh, C. Christopher, D. Lynne, H. & Gail M.. *Reconceptualizing School-based Curriculum Development*[M]. the Farlmer Press, 1990. ix.

② 李秀伟:《中小学校本课程开发的异变问题与改进》,载《教育研究》2014 年第 5 期。

③ 张万波:《校本课程:一种课程研究范式的解读》,载《教育探索》2004 第 1 期。

④ 罗厚辉:《2000 年上海首届国际课程研讨会校本课程开发专题讨论会笔录》,转引自胡献忠:《我国校本课程开发的可能性与现实性》,南京师范大学 2002 年硕士论文。

⑤ 余进利:《关于校本课程开发的新思考》,载《教育发展研究》2004 年第 1 期。

⑥ 李秀伟:《中小学校本课程开发的异变问题与改进》,载《教育研究》2014 年第 5 期。

处长颜慧芬在被问及今天的校本课程究竟为谁开发时说，"我想这个问题是我们当前对校本课程认识的最为重大的改变，就是为了学生而开发，为了满足学生多样化的需求和让他们学有所获而开发。就校本课程功能而言，校本课程可以促进学校发展、教师发展和学生发展，因此校本课程自然也为了学校、老师。然而，校本课程应该有其根本的追求，那就是'学生获得，其他目的都是建立在根本目的实现的基础上。'十多年的校本课程探索实践之路，让我们的认识从'学校的课程''教师的课程''考试的课程'逐步走向真正的'学生的课程'"。①

二、突破"学科""内容"的传统课程概念

校本课程（开发）的概念被许多人认为是研究"教什么"的问题，而且把"教什么"又仅仅局限于开发多少门课程，编多少本教材。实际上"校本课程（开发）"涉及到校本课程管理、教学方式变革和学习方式变革等诸多问题。

实际上，早在校本课程（开发）之初，陈桂生就谈到，校本课程（开发）在我国面临的可能不仅仅是"课程"的问题，结合我国的具体情况，他具体谈到了几个方面：在管理权限方面，中国的学校所具有的管理权局限在以教学为中心的日常行政事务的管理，缺乏自主择定课程与聘用教师的权力；在课程设置方面，学校仅在排"课程表"问题上具有自主权，而在"课程门类与教学时数分配规范""学科（学习领域）规范（教学大纲）""教材规范（教科书或教学用书）"上则没有；国本课程和地方本位课程未必束缚学校办学自主权，关键是课程标准的高低。"校本课程"的效果在很大程度上取决于学校课程监督机制是否健全，是否有效。② 因此，"校本课程（开发）"应该包含"校本课程管理""校本课程标准"和"校本课程评价"的意思。

有学者强调"教学过程也是校本课程开发的过程"，当前许多学校追求校本课程开发的"规范性"和"科学性"，以国家课程开发的标准和流程来进行校本课程开发，从而丧失了校本课程开发应有的意义。实际上，不同于国家课程关注如何适应并促进社会共同的教育需求的问题，校本课程应关心

---

① 《校本课程的未来之路 专访上海市教委基教处副处长颜慧芬》，载《上海教育》2013年第1期。
② 陈桂生：《何谓"校本课程"》，载《中学语文教学》2001年第3期。

的是如何适应并促进个体不同教育需求的问题。比起"课程"的计划性、严密性和规范性更为重要的是"教学过程",重点思考如何了解学生的个别化学习和教育需求? 如何开发和利用课程资源,开拓课程空间,提供多样化的学习机会以满足学生个别化的学习和教育需求? 如何检测和反思所开设的课程是否真正满足学生的个别化的学习和教育需求?[①] 这其实也是在谈"校本的课程开发"而非"校本课程的开发"一事,因为要使课程校本化,可以贯彻在日常学校生活中的就是教学,研究学生的学习,满足其多样化的需求才能实现课程的校本化。

　　通过教学方式的改变,最终改变的是学生的学习方式。"国家给予地方与学校的课程权力不是让你站在地方与学校的立场增加规定性的学习内容,而是让可能更了解学生的地方与学校,从学生的立场改善学生学习状态,让学生有可能超越限定性学习的束缚,呈现更有创造力的学习生态。"[②] 2013年,华东师范大学课程与教学研究所、上海真爱梦想公益基金会共同主办的首届"真爱梦想杯"全国校本课程设计大赛颁奖典礼暨学术研讨会在上海成功举行。在评选总结时,胡惠闵教授指出校本课程与学科课程的最大区别是:校本课程一开始就应该是学习活动,而不是教学活动,……作为一种学习活动,校本课程千万不能在"讲授"这条线上演绎,而要在"自主"这条线上演绎,一定要突出自主探究。[③]

　　有了这样的认识,也就不会出现"校本学科"这样的提法,"校本学科"将校本课程看作具体的一门课程来开发,即我们上面所说的"校本课程的开发",然后以学科课程设计方式来设计校本课程,更严重的是占用"校本课程"的时间补课。同样地,如果仅是看作"校本课程的开发",那么过程就不完整了,作为完整活动的校本课程开发包含了校本管理、校本培训、校本教研、校本研究、校本研修、校本实施等内涵。

---

　　① 徐玉珍:《教学过程也是校本课程开发的过程——兼谈校本课程开发与国家本位课程开发的区别》,载《中国教师》2010年第1期。

　　② 张丰:《促进学习方式转变:校本课程的真正价值》,载《上海教育科研》2013年第3期。

　　③ 王占伟、郭瑞:《校本课程开发急需思维升级》,载《中国教师报》2013年2月27日。

三、文化与人互文的"课程开发"概念

在《概念重建之后的课程开发：今日纲领性文本及其他》一书中，派纳给"curriculum development"下了新的定义，这是一个包含了"课程理解"的"curriculum development"概念，有别于泰勒时代程序性的、浓缩性的"课程开发"经典四问题，即"确定教育目标""选择教育经验""组织教育经验""评价教育计划"，派纳提出概念重建后的"课程开发"具有丰富的内涵：它的首要特征是"开放性"，课程开发不仅具有学科性，也具有跨学科性；课程开发不仅是公共的，也是私人的；课程开放不仅是本国的，也是国际的。如斯莱特利（Slattery，P.）所说，"后现代的背景下的课程开发，在万花筒喻镜下呈现出全新丰富的概念景象"①。因此，校本课程（开发）也应该突破"技术性"的路线，即把知识看作是中性的、客观的、价值无涉的，把课程开发当作是一个纯技术路线、传递文化的过程，忽视课程开发过程中各种文化的冲突和整合，忽视课程开发对于人和文化的意义，同时也忽视人和文化对课程开发的意义，忽视课程开发在更宽广的视角内的协商和整合。重新诠释后的课程开发具有多个层次、多个角度的内涵，其核心是人与文化的互动，而且不是人被动地接受文化，在全球化背景下，人通过主动积极的课程开发来介入社会、世界和历史。如派纳所言，"课程开发，如果我们能批判性地从各种学科和学术传统以及跨学科的视角来审视，那么它提供给教师的绝不仅仅是现成的教科书，而是个人空间和公共空间的重建，或者再具体点说，一个真正懂得课程开发深意的教师能在个人空间中开发公共空间，也就是奥凯（Aoki，T.）说的第三空间。课程开发意味着教师不仅在被动地消费知识，同时又在积极地生产知识，从而对学生、他人、社会和世界产生影响。教师和学生在教室里不仅是为他们自我，他们既在特定的时代和社会里构建自我，同时又在这个时代和社会中'发声'。同样地，他们面对的也不仅仅是本国的或本土的知识，而是国际性的、全球性的知识"。②

---

① Slattery，P. *Curriculum Development in the Postmodern Era*. Garland Reference Library of Social Science，Volume 929. Critical Education Practice，Volume 1. Garland Publishing，1995. 257.

② Pinar，W. *The synoptic text today and other essays：Curriculum development after the reconceptualization*[M]. Peter Lang，2006. preface.

四、由"校本课程"转向"课程校本化"

如前所述,2000 年后"校本课程(开发)"的概念在各个层面和各个部分都有所突破,打破了"本校课程""校内课程""校定课程"的概念局限,突破"学科""内容"的传统课程概念,冲破技术性的"课程开发"概念,强调具有"课程理解"内核的课程开发。有学者提出了以"课程校本"来代替"校本课程",比较好地概括了这一时期对于校本课程(开发)概念的一个总体性的理解。"'课程校本'是将课程根据学生和学校的实际层层落实的过程,这样就打通了国家课程、地方课程和学校课程的三级课程阻隔。'课程校本'概念有助于确立主体性地位,既有利于明确合理的边界同时又能保持对他者借鉴的灵活性。'课程校本'更有利于透过纷繁的课程外象把握课程的本质,即为了人的发展"。[①]

实际上,"课程校本"等同于前面提到的"校本的课程开发",如果说"校本课程"是一个名词,而"课程校本"可以被看作是"主谓结构"的短语,即"将课程校本化的动态过程"。这说明经过一段时间的实践探索和理论研究,越来越多的学者开始关注校本课程(开发)的内涵。各国校本课程开发的经验也告诉我们,仅是"校本课程的开发"最终会让校本课程流于形式并渐渐销声匿迹。比如法国在 70 年代曾和我国类似,向学校下放了 10% 的弹性课程,然而实施效果不尽如人意,官员、校长、教师、学生和家长都认为这 10% 只不过是细枝末节,在 90% 的国家课程稀释下显得可有可无。这也是为什么到了 20 世纪 70 年代末 80 年代初,法国中央教育当局不再为这 10% 的弹性课程提供经费和政策支持的原因,10% 的弹性课程很快在各个学校淡化。[②]

课程校本化是一个从"理想课程"到"现实课程",从"抽象课程"到"具体课程"的过程,古德莱德曾经提出课程的五个层次,即理想的课程、正式的课程、领悟的课程、实行的课程、经验的课程。这五种课程严格来说,并不是五种类型,而是五个层次,即从理想不断现实化,和从抽象不断具体化的过程。课程校本化就是这样一个过程,许多学者的论述都表明了这一点,"从课程

---

① 王祖亮:《从"校本课程"走向"课程校本"》,载《课程教学研究》2014 年第 1 期。
② 参见张嘉育:《学校本位课程发展》,台湾师大书苑有限公司 1999 年版,第 89 页。

的现实化角度而言，只存在具体化了的学校课程，而不存在什么抽象的国家课程、地方课程"；①"三级课程管理不同于三级课程。任何课程，不论是国家课程，还是地方课程，都必须回到学校这个具体的教育教学环境中才有意义。因此，任何脱离实际情境的抽象的结果都是没有意义的，真正有意义的结果是在适应实际的兴趣、需要和问题的过程中实现的，是内在于课程之中的；"②"课程的底部是一些假设和规则……课程的顶端是开放性……这样我们所面临的课程就能够兼有狭义的功能（学程）和广义的功能（学校的经验）"。③

通过以上论述，不难理解为什么"校本课程开发"和"校本课程"这组概念在2000年后的课程研究领域具有很强的中心性，因为课程的概念重心在不断下移，最终将重心落到某个具体的学校、某个具体的课堂上，即课程、学生和教师三者动态互动中才创生了真正的课程，从这个意义上说，一切课程都是校本课程。对于校本课程（开发）的理解突破了与"国家课程""地方课程"相区别的"一类课程"的狭隘认识，而是用"课程校本化"这一动态过程来理解，这实际上就是课程实施的过程，在这个过程中，学校、教师和学生要充分利用本地课程资源开发适合本校学生的课程。"校本课程（开发）"反映了三级课程管理的政策创新，同时也赋予了课程领导以新的内涵，尤其表现在对"教师领导"和"学生领导"的概念认识上。当然，"校本课程（开发）"不是一个盲目放任的过程，在挣脱了"教学大纲"过于严密、现成的指导下，怎样因循"课程标准"设计合理的课程并完善提高，成为各所学校面临的挑战。

---

① 张志勇：《课程改革的本质是课程民主》，载《中国教育报》2014年2月12日。
② 张华、石伟平、马庆发：《课程流派研究》，山东教育出版社2000年版，第238—239页。
③ 王占伟、郭瑞：《校本课程开发急需思维升级》，载《中国教师报》2013年2月27日。

第八章

从教学大纲到课程标准

第一节 "恢复了"的课程标准概念

1999 年,国务院批转了教育部《面向 21 世纪教育振兴行动计划》,提出"改革课程体系和评价制度,2000 年初步形成现代化基础教育课程框架和课程标准,改革教育内容和教学方法,推行新的评价制度,开展教师培训,启动新课程的实验。争取经过 10 年左右的实验,在全国推行 21 世纪基础教育课程教材体系"。该计划要求 2000 年初步形成现代化基础教育课程框架和课程标准,开始正式用"课程标准"代替"教学大纲"概念。

这里出现了一个非常关键的概念转换,即从"教学大纲"向"课程标准"的概念转换。从图 8-1 来看,"教学大纲"的概念自 80 年代起就一直使用,但是 2001 年开始呈下降趋势。"课程标准"概念在八九十年代鲜有人使用,而 2000 年开始普遍使用,特别是 2001—2003 经历了一个跳跃性的发展,远远超过了"教学大纲"概念的使用。

准确地讲,课程标准在我国是一个恢复了的概念,而不是新的概念。清末各级新学堂所订章程中的《功课教法》章,对课程门目及课时做出相关规定和说明,被视为近代意义上的课程标准的雏形。而在 1912 年,南京临时政府教育部颁布的《普通教育暂行课程标准》中,已经正式使用了课程标准一词。当时课程标准的内涵为:课程标准是确定一定时段的课程水平及课程结构的纲领性文件。早期的课程标准一般包括两个部分:一是对需要设置的课程及课时的规定或说明,相当于我们所说的课程标准总纲;二是对各有关科目内容的陈述和要求，即一般所说的"各科课程标准"。因为两者都比较简单，篇幅也较短，所以一般都合在同一文件之中，用条文或表格的形式来显现。

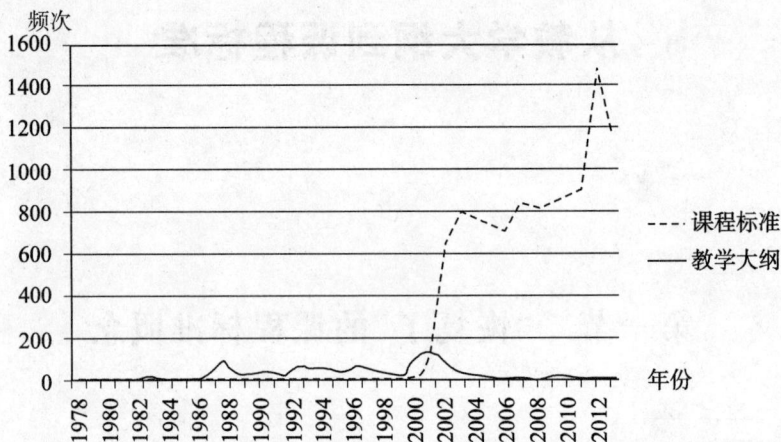

图 8-1 "课程标准"与"教学大纲"的出现频次对比（1978—2013）

"课程标准"这个概念一直沿用了将近 40 年，直到 1952 年我国教育参照苏联模式时，才用"教学大纲"代替了"课程标准"。1952 年我们使用的教学大纲，较民国时的课程标准，趋向于明细化和具体化。将总纲和各科目的纲要区分开来，出现了单一文本的教学计划和各科目的学科教学大纲，在总的教学计划中开始涉及对指导思想、培养规格、课程设置、课程结构、实施和评价进行规定和总要求，而各科的教学大纲也不仅仅限于对基本内容的陈述，而是细化为科目的总体目标与具体目标、教学的重点和难点、教学的时间分配、教学方法等。虽然后来的研究对教学大纲的批评多集中于教学大纲对教学内容的范围、要点、顺序、方法的规定过于详细，钳制了教师的创造性，缺乏课程意识。但是如果将民国时的"课程标准"和 1952 年使用的"教学大纲"进行比较，我们仍然可以看到一定的进步，至少人们开始对其内部结构进行更为细致的思考。

80 年代，我国已经开始使用"课程标准"这一概念，但还十分稀少。从表 8-1 可以看出，前两者将课程标准等同于教学大纲，而后两者则将课程标准视作一个比教学大纲范畴大的概念，将教学大纲等同于各科的课程标准，但在理念上并没有太大的变化。因此，在八九十年代，我们仍沿用"教学大纲"这一概念，"课程标准"这个概念作为课程设置与管理的文件在本质上和"教学大纲"并没有大的区别。

表 8-1　80 年代课程标准概念界定

《中国大百科全书·教育》	规定中小学的培养目标和教学内容的文件①
《教育辞典》	对各门学科教学作纲要性规定的指令性文件②
陈侠	课程标准包括课程编订后产生的四个文件。教学计划是文件之一，它是确定学校课程设置的标准；教学大纲是文件之二，它确定了学科课程设置的标准；教科书和教学指导书是文件之三，它规定了具体知识的内容；课程的实施方法和考核评价是文件之四③
《教育大辞典》	课程标准是确定一定学段的课程水平及课程结构的纲领性文件。课程标准（结构）一般包括课程标准总纲和各科课程标准两部分。前者是对一定学段的课程进行总纲设计和纲领性文件，规定各级学校的课程目标、学科设置、各年级各学科每周的教学时数、课外活动的要求和时数以及团体活动的时数等；后者根据前者具体规定各科教学目标、教材纲要、教学要点、教学时数和编订教材的基本要求等。1952年后，称前者为"教学计划"，后者为"教学大纲"④

第二节　课程标准的争议与诠释

　　进入 21 世纪，我国课程研究和实践领域受到西方世界以标准为基础和驱动力的"基于标准的课程运动"的影响，把课程标准研究、研制和应用推向了一个新的阶段，课程标准概念发生的质和量的变化与之有密切的关系。80 年代中期以来，在世界范围内发生着一场深入持久的课程改革和"基于标

① 董纯才主编：《中国大百科全书·教育》，中国大百科全书出版社 1986 年版。
② 朱作仁主编：《教育辞典》），江西教育出版社 1987 年版。
③ 陈侠：《课程论》，人民教育出版社 1989 年版，第 254—259 页。
④ 顾明远主编：《教育大辞典》（第 1 卷），上海教育出版社 1990 年版，第 280 页。

准的课程运动"，如詹宁斯（Jennings，J. F.）所说，"80 年代末兴起这场运动，目的是为了帮助教师明确要教什么，以及学生要学什么，这样的改革通常会被贴上'基于标准'的标签。因为这意味着对学生将来能做什么和现在学了什么之间保持一种统一性和一致性，以便为其升学和就业做好充分的预测和准备。"①其目的大多都是为了加大国家管理教育的力度，提高教育质量。比如，美国是因为认识到 80 年代大多数州所进行的教育改革成效不大，1989 年在弗吉尼亚大学召开了第一次全国教育峰会，会议提出了六项必须在 2000 年实现的美国教育改革的全国目标。在 1991 年布什签发的《美国 2000 年：教育战略》就是以这六项目标为主要内容的，在 1994 年通过的《2000 年目标：美国教育法》，以及随后在 1994 年国会通过的《2000 年目标：美国教育法》中又扩展为八项。其中，第三项是到 2000 年，美国学生在四、八和十二年级结束之时，在富有挑战性的学科（包括英语、数学、科学、历史和地理）内容上要求显示出相应的能力；第四项是到 2000 年，美国学生的科学和数学成绩在世界上要名列前茅。为了达到这个目标，美国政府意识到需要在国家层面做出相应的规定，于是，在 1991 年布什总统签署的《美国 2000 年：教育战略》中，明确提出要在核心科目领域开发新的"世界级标准"并筹划建立全国教育标准和考试委员会（即 NCEST），这标志着全国学术标准的论证和开发工作正式被提上了议事日程。从 1991 年开始，美国教育部陆续资助一些学科专业组织开发各学科领域的全国标准。1994 年通过的《2000 年目标：美国教育法》，把学术标准开发工作的重心由开发全国性的学术标准转向开发州一级的学术标准。2001 年，布什总统上任的第二个工作日就制定了《不让一个儿童落后》的教育改革蓝图，并于一年后正式签署了著名的《2001 年不让一个儿童落后法》（The No Child Left Behind Act of 2001，简称 NCLB 法案）。为了获得联邦政府的教育资助，各州必须设立学生表现标准，每年评价三至八年级的阅读、数学和科学成绩，每隔一年每一个州部分的四年级和八年级学生还需要参加由全国教育进步评价机构组织的全国性教育测试。2010 年美国"基于标准的教育"迈出了跨越性的一步，当年 6 月，全国州长协会（National Governors Association，简称 NGA）和各州首席教育官理事会

① Jennings, J. F.. *Why national standards and tests?: Politics and the quest for better schools*[M]. SAGE Publications, 1998. 6.

(Council of Chief State School,简称 CCSSO)共同发布了共同核心州立数学及英语标准(Common Core State Standards in Mathematics and English Language Arts and Literacy),简称"共同核心",目前已有 45 个州和哥伦比亚特区宣布采纳该标准。

　　英国课程标准的产生背景很大程度上和美国类似。1988 年前,英国并没有全国统一的课程,对英国影响至深的 1944 年《巴特勒教育法案》除了对中小学的宗教教育有明确的规定外,对其他课程的范围科目以及教学时数等没有任何规定。英国的中小学课程事务名义上由地方教育当局和学校董事会负责,实则均由各所中小学的校长和教师决定。这就造成了各所学校开设的课程各不相同,水平也参差不齐,造成学生水平的千差万别,又因为缺乏统一的课程标准和监督不力,造成教育水平下降。于是有了《1988 年教育改革法》的颁布,该法令规定在中小学实施国家课程,提出了国家课程应涵盖的科目、各科目应由成绩目标和学习计划构成以及评定安排等原则。国家课程出台后,由随即成立的各学科工作小组根据上述原则开发本学科的成绩目标、学习计划等。到 1991 年,各小组基本完成了各自的任务,并在 1993 年和 1999 年两次较大规模地修订了国家课程标准,主要方向是对课程内容进行统合和缩减,明确了各阶段的教学要达到的要求,扩大教师的专业自主权。可见,美国和英国颁布"课程标准"的目的都在于加强国家对课程的统一控制,提高教育质量。

　　而如图 8-1 所示,2000 年后,课程标准的概念在我国也开始频繁出现,这不仅体现在量上的增长,同时课程标准的概念也得以重新诠释。2001 年,教育部颁布的《基础教育课程改革纲要(试行)》第 7 条指出课程标准的内涵:国家课程标准是教材编写、教学、评估和考试命题的依据,是国家管理和评价课程的基础,应体现国家对不同阶段的学生在知识与技能、过程与方法、情感态度与价值观等方面的基本要求,规定各门课程的性质、目标、内容框架,提出教学建议和评价建议。

　　面对教学大纲向课程标准的概念转型,学者们发表了一系列课程标准与教学大纲的对比文章。崔允漷在比较了课程标准与教学大纲后,认为有关"课程标准"的界定,下列几点认识是关键的:① 课程标准主要是对学生在经过某一学段之后的学习结果的行为描述,而不是对教学内容的具体规定(如教学大纲或教科书);② 它是国家(有些国家是地方)制定的某一学段共同的、统一的基本要求，而不是最高要求；③ 学生学习结果行为的描述应该尽可能是可理解的、可达到的、可评估的，而不是模糊不清的、可望而不可及的；④ 它隐含着教师不是教科书的执行者，而是教学方案（课程）的开发者，即教师是"用教科书教，而不是教教科书"；⑤ 课程标准的范围应该涉及作为一个完整个体发展的三个领域：认识、情感与动作技能，而不仅仅是知识方面的要求。也就是说，课程标准在内容范围、表述方式和指导理念上都是完全不同于教学大纲的。①

刘兼认为，课程标准是教材编写、教学、评估和考试命题的依据，是国家管理和评价课程的基础。它是整个基础教育课程改革系统工程中的一个重要枢纽。② 他对比了国家课程标准的总体结构框架和现行的教学大纲，指出两者在具体体例和风格上存在差异。从表 8-2 可以看出：教学大纲重在对教学目标和教学内容做出明确的规定，大量的篇幅都聚焦于知识点；规定具体的教学顺序及各部分内容所占的课时数。教师关心的是知识点发生了哪些变化？有无增减？具体的要求和课时数是多少？在规定的时间内能否完成教学任务和达到教学目标？而课程标准则关心课程目标、课程改革的基本理念和课程设计思路，这就要求教师利用学科的特点和优势促进学生的知识、情感和能力的健康发展。

表 8-2　课程标准与教学大纲的对比 ③

课程标准		教学大纲
前言	课程性质	
	课程基本理念	
	标准设计思路	
课程目标	知识与技能	教学目的
	过程与方法	
	情感态度与价值观	

① 崔允漷：《国家课程标准与框架的解读》，载《全球教育展望》2001 年第 8 期。
② 刘兼：《国家课程标准的框架和特点分析》，载《人民教育》2001 年第 11 期。
③ 刘兼：《国家课程标准的框架和特点分析》，载《人民教育》2001 年第 11 期。

续表

课程标准		教学大纲
内容标准	内容领域及行为目标	教学内容及要求
实施建议	教学建议	教学建议:
	评价建议	教学中应注意的问题
	教材编写建议	课时安排
	课程资源开发与利用建议	考核与评价
附录	术语解释	
	案例	

在《从教学大纲走向课程标准——课程标准所体现的课程理念与实施要求的解读》一文中,彭钢比较了教学大纲和课程标准的几个不同点:其一,着眼于"学科"还是着眼于"课程"。这是教学大纲和课程标准在设计思想和处理方式上的根本性区别之一,体现了课程理念和实际操作的重大差异。其二,"以教为本"还是"以学为本",是教学大纲与课程标准在设计思想和处理方式上的根本性的区别之二,体现了课程理念与实施操作的重大差异。其三,是为课程实施提供一种"刚性约束",还是提供一种"弹性空间"。这是教学大纲与课程标准在设计思想和处理方式上的根本区别之三,体现了课程理念与实际操作的重大差异。[1]

当然,也有学者对"教学大纲"到"课程标准"的概念转换表示出异议。曹培英认为这两个概念的变换主要是因为学习的外国对象变换所致,民国时期的"课程标准"学日本、美国,1952年起的"教学大纲"学苏联,而今"课程标准"的重新起用又是学美国和日本。文章认为标准一词的特征是"统一规定",是工业化的产物。而相比较而言,倒是"大纲"一词因为有"纲举目张"之含义,比起"标准"来显得更为宽容、民主、开放。文章进而对"课程标准主要为谁服务""课程的'最低标准'与'最高标准'"等等问题对"课程标准"一词提出了质疑。[2]

---

[1] 彭钢:《从教学大纲走向课程标准——课程标准所体现的课程理念与实施要求的解读》,载《当代教育科学》2003年第21期。

[2] 曹培英:《关于课程标准的几点思考》,载《课程·教材·教法》2005年第5期。

那么，课程标准与教学大纲两个概念究竟有哪些区别？尽管背景不同，但中国的"课程标准概念热"与西方"基于标准的教育改革"密切相关，那么中西方的课程标准之间有什么异同呢？从词源来看，东西方的课程标准概念有何差异？课程标准被质疑与技术标准相混淆，那么课程标准与技术标准有什么区别？又有什么联系？课程标准在 2000 年后究竟有什么样的内涵？课程标准代替教学大纲的概念变换对课程研究的理论与实践产生什么样的影响呢？针对上述学者对于"课程标准"的争议，我们可以将上述问题整合成两类问题来探讨：课程标准是最低标准还是最高标准？课程标准是否有标准化、机械化之嫌？

问题一：课程标准是最低标准，还是最高标准？

如前所述，"课程标准"在东西方兴起的背景各有不同，可以将美国目前实行的课程标准"共同核心"和我国的"新课程标准"做一对比。美国"共同核心"制定的主要原因是全球竞争的压力，2003 年、2009 年和 2012 年的PISA[①]成绩，美国都处于世界的中下位置，尤其是数学。2013 年，OECD 秘书长古力亚（Gurria，A.）在华盛顿发表《从美国和国际双重视野来看 2012 PISA 结果》，尖锐地指出，"很不幸，我们的结果显示美国是落后的"。[②] 这引发了美国对未来一代在将来世界上的竞争力的担忧和恐慌，美国教育部长呼吁，"让我们的孩子有机会接受世界一流的教育这件事刻不容缓"。[③] 由于PISA 主要对接近完成基础教育的 15 岁学生能否掌握参与社会所需要的基本知识与技能进行评估和测试。因此，因 PISA 而起的共同核心在很大程度上也针对学生的"基本知识和技能"来设计，此外，美国研制共同核心的另一个原因是缩小学生之间的学业水平差异，包括州际的差异、经济条件良好家

---

① PISA（Programme for International Student Assessment）（国际学生评估项目）是一项由经济合作与发展组织（Organization for Economic Co-operation and Development，OECD）统筹的学生能力国际评估计划。

② Gurría, A. *A USA and International Perspective on 2012 PISA Results*. [EB/OL]. http://www. oecd. org/unitedsates/a-usa-and-international-perspective-on-2012-pisa-results. htm.

③ US Department of Education. *Secretary Arne Duncan's Remarks at OECD's Release of the Programe for International Student Assessment（PISA）2009 Results*[EB/OL]. http://www. ed. gov/news/speeches/secretary-arne-duncans-remarks-oecds-release-program-international-student-assessment-

庭与经济条件落后家庭之间的差异,这些都意味着美国的共同核心课程标准是关注下限的。而我国"课程标准"的研制和颁布反映了"应试教育"向"素质教育"的转型,突现了对价值多元性和人的主体性的尊重。课程标准体现了"素质教育"的几层内涵:课程标准关心全体学生的发展,响应第八次课程改革"为了每一位学生的发展,为了中华民族的复兴"的号召,反映了从"精英教育"向"大众教育"的转型,着眼于义务教育的基本宗旨,将绝大多数学生经过努力能达到的国民素质的基本要求作为目标,也就是规定课程目标的"下限",而不是课程目标的"上限"。这样在保证国家基本教育质量的同时,也为不同地区、不同学校、不同教师提供了一个较大的自由空间,让每一个孩子的个性都得到恰如其分的发展。因此,从"课程标准"的设计初衷来说,东西方都将"课程标准"设为下限。

但是对比中文和英文的"课程标准"概念,我们也发现了两者相异的方面。课程标准在英文中是"curriculum standard","standard"在牛津英英词典中的基本意思是"a level of quality, especially one that people think is acceptable"①,意为人们可接受的品质,"可接受"一般是指最低要求。然而,"标准"在汉语中有两层意思,第一种是"衡量事物的依据或准则"(《文选·袁宏〈三国名臣序赞〉》:"器范自然,标准无假")。标准的这层意思实际上更类似于英文中的另一个单词,即"criterion",这个词在牛津英英词典上的意思是"a standard or principle by which something is judged, or with the help of which a decision is made"②(根据某种原则或标准来做出判断)。而另一种是"榜样、规范",晋孙绰《丞相王导碑》:"玄性合乎道旨,冲一体之自然;柔畅协乎春风,温而侔于冬日。信人伦之水镜,道德之标準也"(唐杜甫《赠郑十八贲》诗:"示我百篇文,诗家一标準")。这层内涵是英文的"standard"所没有的,类似于标杆。因此,从中英文的"标准"概念对比可以发现,标准一词在英文中主要指最低限度,而在中文中是衡量尺度,甚至还有榜样示范的内涵。换言之,英文语境中倾向于以"下限"来统一,而中文语境则倾向于通过对"上限"的追求来统一。这一点在实践上我们可以得以验证,西方对"课程标准"批评常集中于"标准过低",比如,斯坦福大学的詹姆

① http://www.oxfordlearnersdictionaries.com/us/definition/english/standard_1
② http://www.oxfordlearnersdictionaries.com/us/definition/english/criterion

斯教授(James, M.)作为共同核心合法委员会唯一的数学家，拒绝在共同核心数学标准上签字，他说"共同核心数学标准反映对学生的期望很低，甚至用'无挑战性'来形容也不为过。""那些优秀的学生因为标准过低而失去对学校的兴趣，因此我们看到越来越多的优秀学生离开公立学校，选择私立学校，因为他们和他们的父母都相信只有私立学校才能更好地满足他们的需求。然而，我们的公立学校不应该因为'低水平'的课程标准而失去这些智慧的头脑。"①而我国的"课程标准"，既有学者批评"过低"，也有学者批评"过高"。以数学标准为例，2005 年中国科学院院士姜伯驹先生牵头起草"两会提案"，并联合了 90 多名专家签名，指出正在实行的《全日制义务教育数学课程标准(实验稿)》存在比较"严重的"问题。随后他接受了《光明日报》的采访，当记者提到他所指出的数学新课程标准存在的问题中最严重的是什么时，他指出"'新课标'与此前许多年实行的几个数学教学大纲相比，总的水准大为降低"。②

但同样是数学课程标准，曹培英就认为标准过高，他说尽管数学课程标准规定的是基本水平，但是从具体的目标来看，一些就相当有难度，比如第二学段要求学生"会求平均数、中位数、众数，并解释结果的实际意义"，这在过去初中教学时，一直是学生容易混淆的内容。③ 但我们注意到，无论是谈标准过低还是过高，姜伯驹和曹培英都提到了问题的根源在于中国的选拔性考试，因为无论课程标准怎么定，都有可能在考试中被扭曲，在目前中国还是考什么就教什么的现状下影响学校教育。"有命题经验的教师都知道，如果不转变评价理念，那么无论怎样限制，都有办法在允许的范围内，通过开拓性地'深挖洞'或创造性地设计'变式'，编出令师生意想不到的难题。""从数学课来看，现在的学生所学的知识并不比过去多。而且，不是学的多负担就重。相反，老师讲得越少、考得越刁，学生的负担越重。……因为考试往往有选拔的意义，如果你就学一个'九九表'，怎么考？只能千方百计出怪题、偏题，把考试搞成'脑筋急转弯'。"④

① Susan Rakow. *The Common Core：The Good，the Bad，the Possible*[J]. Middle Ground，2012.9—11.

② 姜伯驹：《新课标让数学课失去了什么》，载《光明日报》2005 年 3 月 16 日 5 版。

③ 曹培英：《关于课程标准的几点思考》，载《课程·教材·教法》2005 年第 5 期。

④ 姜伯驹：《新课标让数学课失去了什么》，载《光明日报》2005 年 3 月 16 日 5 版。

　　课程标准的原意是一方面保证所有人都可以达到最低的标准,具备基本的知识和技能,可以应对未来生活和工作的挑战;另一方面在最低标准的基础上,每个人可以有时间和精力去选择和学习自己所擅长的部分。但是从东西方"标准"的概念解释来看,中文的"标准"有"标杆"之嫌。而"标准"的高低则和考试有关,就我国的现实状况而言,往往是考试决定了富有弹性化的标准,而选拔性考试容易将课程标准无限拉高,成为上限,而不是下限。

　　问题二:课程标准是否有标准化、机械化之嫌?

　　曹培英批评标准的本质特征是统一规定,是工业化的产物。"我们看到这样的情况:一方面,新课改高举以学生发展为本的大旗,弘扬个性发展,力图改变无视人的灵性,像工业化流水线那样按照统一规格塑造人的教育活动;另一方面,课改的指导性文件,却变'大纲'为'标准'。"①

　　从标准这个词的起源来说,它最核心的是"统一"或"一致"的含义。在农业社会,因为等价交换的需要,出现了器具标准。工业社会为了提高生产效率,出现了技术标准。"标准"这个词在现代社会通常出现在"技术领域"。因此,技术领域对"标准"的定义也对教育领域的"标准"概念有很大的影响,比如"在一定范围内获得最佳秩序,对活动或其结果规定共同的和重复使用的规则、导则或特性的文件"②。根据国际标准化组织(ISO)的定义,技术标准是指"一种或一系列具有强制性要求或指导性功能,内容含有细节性技术要求和有关技术方案的文件,其目的是让相关的产品或服务达到一定的安全标准或者进入市场的要求"。这里有一些关键词值得注意,即"共同""重复""内容含有细节性""结果""一系列""达到"等等。

　　先来看第一组关键词,即"共同""重复""内容含有细节性"这组关键词往往是"标准"一词遭人诟病之所在。与"共同"和"重复"相应,最常见的是批判"标准"将人的培养统一化、模式化。从美国共同核心的政策制定背景来看,是联邦政府为了加强课程管理,才制定相应的"课程标准",因此,统一

231

---

　　① 曹培英:《关于课程标准的几点思考》,载《课程·教材·教法》2005年第5期。
　　② 质量标准化计量百科全书编委会:《质量、标准化、计量百科全书》,北京:中国大百科全书出版社2001年版,第20—37页。

的"课程标准"被认为有"中央集权"之嫌，有人戏称"共同核心"为"奥巴马核心"①。2012年美国最高法院首席法官罗伯特（Rober, J.）指出，"国会可能利用所持经费来制造诱惑，鼓励各州与联邦政府保持一致。但是一定程度上这也是一种带有强制性的压力，这已经违背了联邦制系统的初衷"。② 但在中国，从"教学大纲"到"课程标准"的概念转换恰恰反映了课程设置和管理上趋向于分级放权，明确国家层面的任务是制定大的目标和方向，与"教学大纲"的刚性规定相比，课程标准显得更具弹性，仅规定最后的学习结果，而不规定过程中的细则，课程权力下移，给地方和学校留出了较大的空间。

而"内容含有细节性"的确对应课程标准需要表述明确的要求，比如建议采用行为动词使之可操作外显化方便检验。但这会带来一系列的问题，因为要求可检测，就潜藏着一种危险，即肢解高级能力，或者有意忽视高级能力，因为低级的能力往往容易在纸笔测试中被检测，而创新能力、想象能力、推理能力、合作能力、批判思维能力、公民素质等则很难被准确地加以检测。"共同核心"被人集中炮轰之处也是这点，"我们的学生可能被迫专注于低层次的学习，原因很简单，因为它更容易评估。久而往之，我们会渐渐忽略那些21世纪真正需要的能力，比如创新、合作和批判性思维这些高阶能力的培养"。③而美国学者艾索仑则批判道，"最让我惊骇的是，共同核心竟对人类伟大的艺术和文学作品的漠视，这截断了对儿童想象生活的滋养。教育不是程序化的机器，我们要培养的不是听话的职场人员，而是伟大的心灵，不是从属于这巨大国家机器的一枚钉子，而是一个能独立思考，珍惜美好和负有责任心的人"。④

而另一组关键词是"结果""一系列""达到"。一方面，"课程标准"是基

---

① Newman, A. *Common Core*: *A Scheme to Rewrite Education* [N]. The New American, Aug 19. 2013. http://www. thenewamerican. com/culture/education/item/16192-common-core-a-scheme-to-rewrite-education.

② Scott, R.. *A Republic of Republics*: *How Common Core Undermines State and Local Autonomy over K-12 Education*[R]. Pioneer Institute White Paper, Sep. 2013. 102

③ Susan Rakow. *The Common Core*: *The Good*, *the Bad*, *the Possible*[J]. Middle Ground, 2012. 9—11.

④ Emmett McGroarty, Jane Robbins. *Controlling Education From the Top*: *Why Common Core is Bad for American* [R]. A Pioneer Institute and American Principle Project White Paper, May 2012. 87.

于"结果"的,这点与"教学大纲"不同,"教学大纲"是基于"日历"的,即根据时间进程来详细安排课程和教学,斯巴迪(Spady, W. G.)说:"日历是传统学校教育的中心,一切的学校决策、课程规划、课堂教学、机构安排、学校管理和毕业认证都依据日历,即按时间流程做事,不论学生掌握与否,学程都会随着规定时间的终结而终结"。① 而课程标准则是以学习结果为中心的一个整体性改革,即只规定结果而不规定过程与方法。例如,共同核心就明确写道,"只是规定学生应该学会什么,至于怎么教、教什么是学区和学校的事"。与此相印证的,是我国在民国时使用的"课程标准"概念,1932 年颁布的《中学课程标准》精读第一条规定,"教员对于选文应抽绎其作法要项给学生,使学生领悟文字之体式和作法。……重在引起自学之动机,不必逐字逐句讲解",这里强调教会学生学会自我学习,而没有详细规定老师的教法。② 除此以外,也没有对教学内容做出详细的规定,但这也导致了当时教育教学水平参差不齐的状况。候鸿鉴在《对于江苏教育现状之感论》一文中写道,"徐淮两属等县教育状况……教学程度之低浅,无论各科知识之缺乏,即国文之音义误别者,所见不鲜。……海灌赣沐等县之教育状况,则学校寥寥,教育幼稚"。③ 因此,从这个角度来看,在我国,课程标准是开放了空间。教学大纲将课程权力归到国家,削弱了地方和学校的课程权力,而课程标准则激活了各个层级的课程意识和课程权力,比如,激发了多样化的教材编写。但最为重要的和最为根本的改变在于加强了学校和教师的课程意识。以往的教学大纲细致地规定了每一时段的教学目标和内容,界定了学科知识的重点难点,制定了教学顺序和进度,确定了教学内容的课时分配。这种标准化、统一化的教学面临不同情况的地区、学校、教师、学生,产生了诸多的不协调。而且也钳制和规约了教师的能动性和创造性,更为严重的是教学大纲使教师产生依赖感,跟着教学大纲和教参走,向"技术熟练者"的教师形象归靠。

课程标准不像教学大纲一样明确地规定每一单元的教学内容、教学顺序和教学进度,而是以学习领域、学习主题、目标要素的方式,以学段为单位

---

① Spady, William G.. *Organizing for Results: The Basis of Authentic Restructuring and Reform*[J]. Educational Leadership, Oct 1988. 4—8.

② 李锋:《基于课程标准的教学设计研究》,华东师范大学 2010 年博士论文。

③ 李锋:《基于课程标准的教学设计研究》,华东师范大学 2010 年博士论文。

制定标准。如《语文课程标准》规定，第一学段（一、二年级）认识常用汉字1 600～1 800个，其中800～1 000个会写；背诵优秀诗文50篇（段）；课外阅读总量不少于5万字。而且，对"识哪些字，背哪几篇课文，读哪些书以及第一年学多少，第二年学多少"这些问题都没有详细地进行规定，只要求在规定的两年时间内达到标准就可以了。又如《数学课程标准》规定，第一学段（一—三年级）能熟练地口算20以内的加减法和表内乘除法，会口算100以内的加减法；能认识钟表，了解24小时记时法；结合自己的生活经验，体验时间的长短。这里的内容同样是宽泛的，也没有分年级规定明确的顺序和进度。另外，课程标准采取提供建议和提供典型案例的方式，赋予教师较大的空间，增强课程意义和课程决策的能力。如《品德与生活课程标准》在教学建议中提出了"讨论""资料调查""现场调查""情境模拟与角色扮演""操作性、实践性活动""教学游戏""参观访问""欣赏""练习""讲故事""讲授"11种常用的教学活动形式，教师可以根据学生的情况、教学的需要以及自身的特长选择一种合适的教学活动形式。课程标准的"评价建议"也保证了教师自主的课程权力，与重视筛选功能的教学大纲相比，课程标准更关注评价的诊断、形成和发展功能；与强调总结性评价的教学大纲相比，课程标准更主张过程性评价、自我评价和多元评价；与提倡以书面测验与笔头考试为主的教学大纲相比，课程标准提出了多元评价方式，如成长记录、学习档案、答辩、作业（长周期作业、短周期作业）、集体评议。

当然，在实践中课程标准的开放既是挑战也是机遇，由于我国教师长期以来依赖"教学大纲"进行教学，习惯于别人告诉自己教什么和怎么教，加上考试追迫下的高节奏教学，使得课程标准在实践中并不得力。如崔允漷所言，"新课程伊始，'课程标准'就已经替代了'教学大纲'，但这种'替代'似乎没有给教学实践带来多少实质性的影响"。[1] "从多次调研的情况来看，广大教师对《教学大纲》和《课程标准》的各种意见中，一直保持不变的一条意见是：希望教学要求和教学目标进一步具体化、明确化。……新一轮课改就是要解放教师，就是要留出空间，放手让教师创造性地工作。这一主观愿望当然是美好的。问题是教师的现有状态与改革的期望状态差距有多大？"[2]

① 崔允漷：《基于课程标准：让教学回家》，载《基础教育课程》2011年第12期。
② 曹培英：《关于课程标准的几点思考》，载《课程·教材·教法》2005年第5期。

另一方面,课程标准强调了系统性、整体性。课程标准与教材编写、课堂教学、考试评价和教育问责都有关系。从表 8-3 可以看出,2003 年以来,与"课程标准"研究相配套的研究有"基于课程标准的课程设计研究""基于课程标准的课堂教学研究""基于课程标准的学业成就评价研究""基于课程标准的教师教育研究""基于课程标准的教育问责研究""基于课程标准的国际比较研究""基于课程标准的概论研究"。从统计中我们发现,"基于标准"的系列研究最早是从"国际比较研究"和"概论研究"开始,近五年开始全面铺开,其中有两个方面的研究最为显眼,即"基于课程标准的课堂教学研究""基于课程标准的学业成就评价研究"。自 2009 年后半段以来,"基于课程标准的课堂教学研究"呈几何速率增长,研究者不仅有研究人员,还有教师参与研究,而"基于标准"的另一个研究热点是"基于课程标准的学业成就评价研究",近几年一直稳步增长。

表 8-3 "基于课程标准"研究的分类统计(2003—2013)

年份	基于课程标准的课程设计研究	基于课程标准的课堂教学研究	基于课程标准的学业成就评价研究	基于课程标准的教师教育研究	基于课程标准的教育问责研究	基于课程标准的国际比较研究	基于课程标准的概论研究
2003	0	0	0	0	0	1	0
2004	0	0	0	0	0	0	0
2005	0	0	0	0	0	2	1
2006	0	2	1	0	0	2	1
2007	3	2	0	0	0	0	0
2008	2	0	3	0	2	0	0
2009	0	2	6	0	0	0	0
2010	3	4	7	2	1	0	0
2011	0	4	7	1	1	1	0
2012	2	2	4	2	1	1	1
2013	1	12	9	2	0	2	0

另外,从每一方面的研究我们可以发现,基于课程标准的研究走向精致

化。以讨论的最多的"基于课程标准的教学"研究为例,研究提供的不是直接的教学方法,而是对教学目标、教学架构、教学方法和教学评价等上位的思考,比如有学者将基于课程标准的教学目标从不实施到促进影响分为几个层级,即不实施、错误实施、机械实施、精致层级、超越精致层级。① 以往教师在使用教学大纲的情况下,每一课时的教学目标看似十分清晰,不需要教师再拟定,但在课程标准的环境下,教师必须思考每节课的教学目标,要综合考虑内容标准和表现标准,将目标—教学—作业—评价统合,必将促进教师对课程与教学进行深度思考。因此,可以看出,标准趋向于在更上位层级上的精致化思考,对原来被"教学大纲"遮蔽的问题域进行了挖掘,使之呈现出来。

问题三:课程标准是否关注人?

与上面的问题相关联,课程标准因为"标准"一词沾染上工业和技术的色彩而有忽视"人"之嫌。而课程标准的概念提出恰在于关心学生整体和终身的发展,相对于教学大纲只关注"知识点",课程标准在课程目标的设计上,在"知识与技能"外还增添了两维,即"过程与方法""情感、态度、价值观",将"是否喜欢学习"的学习态度、"是否热爱"的学习情感、"是否能控制自己"的学习意志、"是否能够自主、探究与合作"的学习过程与方法,作为重要的学习目标和学习结果来考察,体现了素质教育关注孩子"整体的发展、孩子一生的发展"之理念。从这一点也可以看出东西方的差异,美国的"共同核心"比较少强调情感,这也说明我国以往忽视了这些维度的目标。

除了三维的目标外,课程标准还强调从"人的培养"区别于"学科传统"的角度,这就意味着学科的整合。教学大纲和课程标准的不同在于,教学大纲的着眼点是学科,而课程标准的着眼点是课程,这一方面意味着教学大纲没有把非学科类的课程包含进去,如综合性课程。但更为重要的一方面是,教学大纲容易导致教师只关注"教学",也就是说,只考虑"怎么教",无需考虑"教什么",课程意识淡泊,课程能力蜕化。而用课程标准取代教学大纲,可以突破"学科中心"的格局。课程标准的内容标准部分按"学习领域"或"学习主题"或"目标要素"来设计学习内容,这种按"问题"而非按"学科"的

① 夏雪梅:《基于标准设计教学目标:课程实施程度的视角》,载《全球教育展望》2010年第4期。

逻辑方式必然要求突破严格的学科界限,围绕学生的生活经验统合社会、经济、科技、文化领域。如《语文课程标准》加大语文阅读量和口语交际环节,重视培养语感,降低对语法、修辞、逻辑的要求;《数学课程标准》重视对日常生活和社会生活中实际问题的探究,如图形与空间、统计与概率,弱化对运算速度、证明技巧的训练;《地理课程标准》将地理基础知识与人口、资源和环境这些现实问题相结合;《生物课程标准》中体现出现代生物技术的发展,改变了传统生物学一味地按类群详细介绍生物体外部形态和内部结构的知识体系。这样也必然加强了学科之间的交流和整合,使课程标准比起教学大纲更富有整合性,从而更贴近学生的生活经验。

第九章

课程实施与课程资源

"实施"这个概念在东西方的内涵基本是一致的，"implement"在牛津英英词典中解释为"to make something that has been officially decided start to happen or be used"①，即将决定或理念变成行动或事实的过程。中文语境中的"实施"则解释成"实际的行为或实际的施行"（明李贽《〈初潭集〉序》："有德行而后有政事、文学，非德行则政事、文学亦不成矣。是德行者，虚位也；言语、政事、文学者，实施也"）。也就是说，东西方的课程实施概念关注的都是"理念"与"实践"之间转化的过程。

课程实施这个概念在国外的兴起和课程改革有着千丝万缕的关系。20世纪60年代以前，这个概念是不为人所重视的，泰勒在《课程与教学的基本原理》一书中也没有提到过这个概念。泰勒式的四个经典问题显然将重心放在课程设计和课程编制以及课程评价上，中间只需要有一个忠实的传递过程，并由课程评价加以监督，"课程实施"概念被理所当然地忽略了。

美国20世纪50年代末至60年代末那场学科结构课程改革运动失败后，人们对失败的原因进行了反思，发现主要原因不在于课程方案没有设计好，而在于具体推行的过程中出现的偏差。正如古德莱德所说："司空见惯的情况是，人们认为变革方案失败了，事实并非如此。它们从未被实施过。"②人们开始质疑"只要课程方案设计完善就可以自然而然地取得效果"的观念，继而思考"为什么课程变革在实际推行中很难取得预期的效果呢"？这引发了对"课程实施"问题的关注。所以，课程实施的概念是和课程改革

---

① http://www.oxfordlearners dictionaries. com/us/definition/english/implement

② Quoted in Snyder, J. Bolin, F. &Zumwalt, K. *Curriculum Implementation*［A］. Jackson,P. *Handbook of Research on Curriculum*［C］. New York：Macmillan Publishing company,1992. 403. 转引自张华：《论课程领导》，载《教育发展研究》2004年第2期。

密切相关的,涉及理想到现实之间的转化,决定课程改革成败的关键在于"课程实施"。也就是说改革不是一个不断推陈出新的过程,而是一场理想与现实之间的博弈、对话与协商。比如富兰(Fullan, M.)认为,课程实施是把某项改革付诸实践的过程。它不同于采取某项改革(决定使用某种新的东西),实施的焦点是实践中发生改革的程度和影响改革程度的那些因素。①课程实施在一定程度上扮演了理想与现实之间的中介,立足客观现实,实现改革的理念。伍德(Wood, L.)则认为,"课程实施涉及缩短现存实践与革新所建议的实践之间的差距"。②

　　20 世纪 80 年代,课程实施的概念已经为我国学者所引进和关注,如戴伯韬提出课程编制过程中要综合考虑实施时可能遇到的问题。陈侠在《课程论》一书中将课程编订与课程实施相并列,并提出编订出来的课程要能很好地落实,就必须考虑课程实施中各种人的因素和物的因素。但是如图 9-1 显示,这一阶段中国知网中以"课程实施"为篇名的文章还没有出现,一直到 1996 年才有"课程实施"的研究文章。不仅如此,80 年代尽管人们已经提及课程实施的概念,然而在 80 年代的工程思维模式下,课程实施概念附属于课程编订,为课程编订服务。在工程建设中,人们认为实施是一个技术问题,只要目标确定,并有相应的评价加以监督,就能保证实施顺利。因此关注点在于如何高效正确地达到课程目标这类的技术问题,对课程目标和课程实施的关系,以及课程改革与课程实施的关系等问题都缺乏深入的探讨。如果说在实践中偏重于课程编订而忽视课程实施情况和美国相类似,那么,在我国,课程实施概念被忽视还有一个特殊的原因在于课程实施概念与教学概念的混淆。

---

　　① 江山野编译:《简明国际教育百科全书·课程》,教育科学出版社 1991 年版,第 156 页。

　　② 转引自杨明全:《课程实施的学理分析:内涵、本质与取向》,载《全球教育展望》2004 年第 1 期。

频次

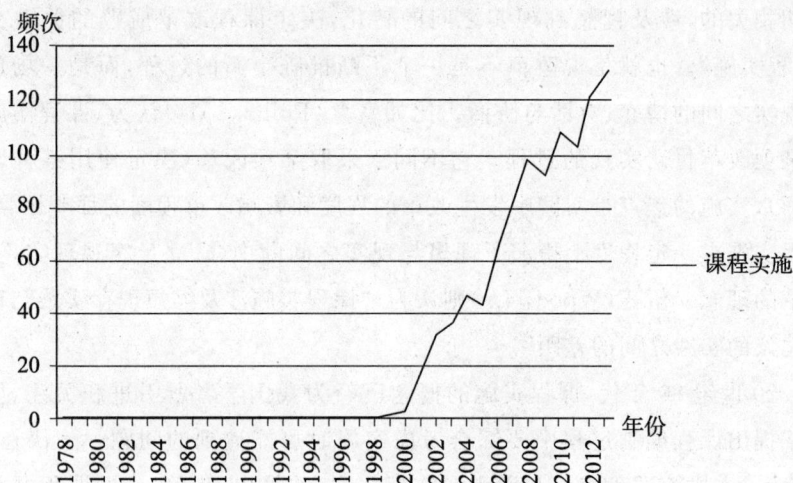

图 9-1 "课程实施"的出现频次(1978—2013)

第一节 突破教学概念的课程实施

因为长期以来受大教学论的影响，教学论在我国占主导地位，80 年代"课程实施"概念也随着"课程"概念进入"教学论的概念体系"进行理解，以至于许多研究者将"课程实施"的概念等同于"教学"的概念，因此，80 年代鲜有学者使用"课程实施"这一概念。尽管 90 年代在经历了课程论与教学论关系的梳理后，课程论的专业地位得以确立，但人们对课程论与教学论之间关系仍存在着分歧，这点也表现在对"课程实施"概念的理解上。如果我们从教学论的角度来看，将课程理解为教材和教学内容，那么课程实施就是教学内容展开的过程，其实质和教学相同。比如，"课程实施是把设计好的课程变成现实的过程，其实质就是教学，就是文化传递，通过传递将设计好的课程付诸施行。"①"课程实施就是教与学的过程，就是学习者参与有计划的学习机会的过程。因此课程实施包括确定教学方式。"②"课程实施的实质是把

① 于洪卿：《论课程的文化内涵》，载《教育评论》1997 年第 1 期。
② 王斌华：《课程规划导论》(下)，载《外国教育资料》1998 年第 1 期。

计划变为行动。课程实施是把课程设计按这种模式投入教学活动之中运行。具体说来,就是按选定的课程计划(教学计划)和课程标准(教学大纲),利用选定的教材、教具,将选定的知识、经验传递给学生,让学生在掌握知识、经验的过程中促进自身的发展,从而实现预期教育结果。课程实施把计划变为行动是在课堂上进行的,从而把课程领域转变为教学领域。"[1]"课程实施实际上也就是教学"。[2] 从教学论的角度来定义课程实施,将课程实施理解为特定内容的展开过程,重心放在考量课程实施的有效性和可能性,以求达到课程目标。

然而,90 年代随着课程改革的逐步推行,也有学者从课程论角度来理解课程实施,将课程看作是"学生学习经验"的展开,则突破课堂教学的范围,围绕学生的发展在整个课程规划视野下来界定课程实施,强调"课程变革中的课程实施"这一理念。从这一角度理解,关于课程实施主要有以下几种表述。

课程实施是把某项改革付诸实践的过程。它不同于采用某项改革(决定使用某种新东西),实施的焦点是实践中发生改革的程度和影响改革程度的那些因素。[3]

课程实施是将课程计划付诸行动的过程,其目的在于缩短理想与现实间的差距。课程计划与课程实施,都有价值取向,但两者不一定完全符合,结果也就无法单向地预测。课程实施不是课程计划的必然延伸,有许多课程计划,由于未被采用实施,只能停留于计划阶段。[4]

课程实施是通过编制过程创造的课程具体化并使之发生效用的过程。[5]

课程设计所产生的各种课程文件,只能被看作是预期的课程目的的手段。实施研究所关注的焦点是课程计划在实际上所发生的情况,以及影响课程实施的那些因素。[6]

课程实施是表示使编制过程和编订过程所创造出的课程方案发生实际

---

① 黄甫全:《课程研制过程刍论》,载《华南师范大学学报》(社科版)1998 年第 2 期。

② 黄甫全:《大课程论初探——兼论课程(论)与教学(论)的关系》,载《课程·教材·教法》2000 年第 5 期。

③ 江山野编译:《简明国际教育百科全书·课程》,教育科学出版社 1991 年版。

④ 黄政杰:《课程设计》,台北东华书局 1991 年版。

⑤ 张廷凯:《国外课程研究的现状及主要理论》,载《浙江教育科学》1991 年第 2 期。

⑥ 施良方:《课程理论——课程的基础、原理和问题》,教育科学出版社 1996 年版,第 128 页。

效果。课程实施不包括对课程实际效果的评价,但它却为评价做准备。①

　　课程实施是把某项课程变革付诸实践的具体过程。课程计划与课程实施是理想与现实、预期的结果与实现结果的过程之间的关系。对这种关系的不同认识形成了课程实施的不同价值取向。课程实施关注的焦点是实践中实际发生的变革的程度和影响变革的因素。课程实施是课程变革的第二阶段,在不断实施的过程中,课程变革被制度化和常规化。②

　　2000年后,我们对课程概念的理解更为自觉,研究者开始有意识地区分课程概念和教学概念。

　　李臣之将课程实施的宏观涵义和微观涵义区分开来,认为课程实施是课程论和教学论研究领域的重要课题。从课程论的角度,可以将课程实施视为课程开发过程中的一个重要环节,而在教学论意义上的课程实施,至少包括教学设计和教学过程。无论从何种角度理解,课程实施都是实施预期课程理想的手段。实际上,前面相当于课程实施的宏观层面,而后者则相当于课程实施的微观层面。③

　　杨明全认为④,课程实施与教学两者不能简单地划等号,因为"教学"关涉学校教育活动的过程和方式,强调特定目标的设立,以及教学过程和教学手段的有效性与可能性问题;而"课程实施"则从课程论的角度更多地考虑提供怎样的机会会使儿童增加经验、获得知识、发展情境、完善人格,也就是说,两者考虑问题的视角各不相同。除此之外,课程实施不同于教学的一个重要原因就在于,课程实施是在课程改革的背景下,视为课程发展的一个重要环节,因此,课程实施应该被理解成为一个贯穿整个课程改革周期的完整过程,涉及课程变革或创新,如果说"课程计划"是指制定课程变革的理想及实现这种理想的具体方案。课程实施是将某项课程计划付诸实践的具体过程。

　　2006年第五次课程学术研讨会在新疆乌鲁木齐举行,"课程实施"成为会议的一个热点,与会者对课程实施的概念也进行了讨论。有代表认为,课程实施最终要落实到教师和学生身上,而教师和学生属于教学范畴,因此,教学就是课程的实施,两者是合而为一的。但是,从课程实施到教学实践还有一系列

---

① 白月桥:《课程变革概论》,河北教育出版社1996年版。
② 张华:《论课程实施的涵义与基本取向》,载《外国教育资料》1999年第2期。
③ 李臣之:《课程实施:意义与本质》,载《课程·教材·教法》2001年第9期。
④ 杨明全:《课程实施的学理分析:内涵、本质与取向》,载《全球教育展望》2004年第1期。

的具体环节,所以课程实施在内涵和外延上都要比教学概念宽泛。课程实施就是把新的课程计划付诸实践的过程,或者说,是把书面的课程转化为教学实践的过程,也是一个包括课程应用、课程变革、教学实践的一体化过程。还有学者用系统论的方法对课程实施进行分析,认为课程实施包括三个子系统或环节,即课程理论到政策的制定、诠释和解读课程标准;课程与教学材料的组织编写、发行与选用;具体的学校课程开发和课堂教学等。

综上所述,80年代课程工程话语体系中,课程实施成为艰难生存于课程编制和课程评价夹缝中的一个概念,被理解成为达成某一个既定的课程目标,执行系统的教材体系的一个过程。课程实施在概念的内涵和外延方面与教学概念并没有多大区别,因此在当时的教学论话语体系占优势地位的情况下,课程实施概念基本上被教学概念所代替。这种情况在90年代稍有改观,在课程论日益专业化和知识化的情况下,研究者从课程论的视角提出课程实施,试图超越将"课程实施等同于教学"的狭隘理解。这种努力到2000年后变得更为自觉,2000年后,课程实施概念已经突破教学论的概念体系,不仅仅等同于教学概念,而且被划分为两个层面进行理解,即宏观层面和微观层面,宏观层面关注如何将课程改革的计划有效地实施下去的问题,微观层面则关注在课堂中如何实现课程目标。这里似乎微观层面的"在课堂中如何实现课程目标"的课程实施和"在课程中如何实现教学目标"的教学相类似,但却有实质性的差别,微观层面的课程实施依然作为课程改革周期中的一部分,因此要放置在整个课程改革的背景之中。

第二节　复杂性语境下的课程实施

应该说,实施这个词本身带有些"技术味",因为实施一般和"工程""工作"等相联系,实施总会让人想起"一成不变",因此有人曾提出用"课程颁布"或"课程调适"来代替课程实施,这些词更具有开放性,具有与环境、人的互动的可能。但奥恩斯坦则认为没有这种必要,与其改换一个名称,不如充实我们对实施的理解,"我们认为在课程术语词典中加入颁布这一术语是不必要的。人们可以把课程实施视为一个在性质上从非常的技术性到非常的不确定性到非常的审美性的连续过程,关键是不要忽视它是一个构成课程行动的循环过程。这涉及许多方面的广泛参与,而不仅仅是涉及教师。

作为课程活动内容的必要组成部分，因而不能被忽略。正如我们不能为全体人员只提供一个工作间那样，我们需要各方面人士广泛参与活动。课程实施试图改变个人的知识、行为和态度。它是课程计划编制者与课程实施者之间相互影响和作用的过程"。①

2000年后，我国课程实施的发展趋势，无论是在从宏观的角度，即将课程实施看作课程改革的整个施行过程，还是微观的层面，即课堂层面的课程实施，有一点认识是共同的，人们越来越意识到，课程实施不是一个简单的技术实施过程，也不是一个理论到实践的下移过程，而是一个在具体情境中的复杂性实践。这种反思很大程度上要归因于课程改革和课程实践中出现的种种复杂多变的情形，在宏观层面上，表现为改革规划在实际的实施过程中发生了变异的情况，比如，课程改革实验的准备与启动是在教育部直接部署进行的，当时采取自愿申请、统一布局的方式安排了第一批国家级实验区（开始是38个，后来增加到42个）。这样就采用了自上而下和自下而上相结合的方式。然而，随着课程改革的推进和实验区的扩大，特别是到第三年（2003年）大部分县及以下的农村进入实验区的时候，实验的推进策略也随之发生变化，许多地方教育行政部门的态度开始变得积极主动，学校这一层面则主要按照上面的安排进行实验，基本上演变成了自上而下的方式。② 在微观层面上，以课程标准代替教学大纲，课程结构、教材内容上也变得更富有弹性和灵活性，迫使教师不得不丢弃原来的可资利用的教参资料及可遵循的教学阶段等，解除了"控制"的课程，恢复了原有的复杂生境。

而这种反思所借助的理论则是复杂性理论，复杂性理论在2000年后对我国的影响是至深的。追溯复杂性理论的渊源，如混沌理论、耗散结构论、量子物理学等，在我国都有过介绍，但对教育领域影响不大。然而复杂性理论却在我国教育领域产生了很大的影响。复杂性理论代表人物法国当代著名哲学家、社会学家、人类学家和政治评论家莫兰（Morin，E）出版的一系列著作③，对我国整个学界，包括教育界都产生了很大的影响。2000年来，华

---

① 〔美〕阿伦·C·奥恩斯坦等：《当代课程问题》，余强主译，浙江教育出版社2004年版，第311页。

② 马云鹏：《课程改革实验区追踪评估的最新报告》，载《教育发展研究》2005年第5期。

③ 〔法〕埃德加·莫兰：《复杂思想：自觉的科学》，陈一壮译，北京大学出版社2001年版；〔法〕埃德加·莫兰：《方法：思想观念》，秦海鹰译，北京大学出版社2002年版；〔法〕埃德加·莫兰：《方法：天然之天性》，吴泓缈等译，北京大学出版社2002年版；〔法〕埃德加·莫兰：《迷失的范式：人性研究》，陈一壮译，北京大学出版社2000年版。

东师范大学召开了一系列以"复杂性"为主题的研讨会,其中大型的国际研讨会是 2011 年 11 月华东师范大学课程与教学所举办的"中国传统文化,复杂理论与课程改革"国际研讨会和 2013 年 10 月由华东师范大学基础教育改革与发展研究所与英国布里斯托大学等合作主办的"复杂性与教育学"国际研讨会。在莫兰的诸多专著中,《复杂性理论与教育问题》①专门谈论了复杂性理论和教育的关系,其中与课程领域的联系最为紧密。复杂性理论的基本观点有:相对于一种还原的思维方式,复杂的思维模式意味着整体、多维地去思考问题。还原的思维方式集中体现在人造机械的隐喻之中,即首先倾向于将整体割裂为部分,部分之和等于整体,如同机器是由齿轮、传输带等零件拼装组成的。其次,倾向于将复杂的东西还原成简单的东西,重视量化、形式化,成品是看得见的,效率是可以计算的,这些东西是重要的,而情感、智慧这些"虚无飘渺"的东西是可能被忽视的。最后,机械是精确制造的,可以按照流程高效率操作,意外是被排除的。莫兰基于对西方割裂、简约各门学科的传统思维模式的批判,通过阐述现实的复杂性,寻求建立一种能将各种知识融会贯通的"复杂性思维范式",引发了国内研究者对"复杂性理论"的研究兴趣,相继发表了一大批有关复杂性理论的文章。② 中国知网搜索 2000—2013 年与"教育理论与管理"相关用"复杂性理论"与"教育问题"作为参考文献的文章有 380 篇。

如果说,莫兰从思想家的角度对复杂性思维方式对课程领域的影响做

---

① 〔法〕埃德加·莫兰:《复杂性理论与教育问题》,陈一壮译,北京大学出版社 2004 年版。

② 其中有代表性的文章:文雪、扈中平《复杂性视域里的教育研究》,载《教育研究》2003 年第 11 期;陈学军《复杂性思维:一种新的课堂教学组织观》,载《当代教育科学》2004 年第 3 期;柳海民、朱成科《求证现代教育方程的约定解——试论复杂性理论的教育学应用》,载《教育理论与实践》2004 年第 7 期;熊和平《复杂性思维与我国教学理论的创新》,载《课程·教材·教法》2005 年第 2 期;郝志军《探究性教学的实质:一种复杂性思维视角》,载《教育研究》2005 年第 11 期;唐德海、李枭鹰《复杂性视域中的教育选择》,载《高等教育研究》2006 年第 10 期;赵蒙成《复杂性知识及其教育意蕴》,载《高等教育研究》2006 年第 11 期;王洪明《复杂性视野下的教育研究》,载《教育科学》2006 年第 4 期;蔡灿新《教育本体论研究的转向与教育本体的复杂性——复杂性思维方式视野中的教育本体论研究》,载《教育理论与实践》2006 年第 17 期;宋剑、温双艳《回到教育事件本身——复杂性理论视域中的教育规律研究》,载《教育理论与实践》2006 年第 5 期;司晓宏、吴东方《复杂性理论与教育的复杂性研究》,载《教育研究》2007 年第 11 期;龙跃君《复杂性方法对教育研究视角选择的启示》,载《江苏高教》2008 年第 3 期;张夏青《复杂性理论与教育研究范式的新取向》,载《教育学术月刊》2009 年第 2 期。

出了一个总括性的分析，那么，富兰的《变革的力量》和多尔（William，D.）的《后现代课程观》则更侧重于将复杂性理论用于"课程实施"的研究之中。二者相比较，又可以发现，富兰更倾向于将复杂性理论运用于宏观的课程实施层面，而多尔则更多着力于用复杂性理论、后现代理论重构微观层面的课堂。

富兰的《变革的力量》将复杂性思维和复杂性理论应用到课程改革和课程实施领域，富兰认为教育变革、课程改革的过程就如同一个生命系统，而生命系统不同于机器，我们能控制一台大型机器的运作，却不能精确预测一棵小草的生长态势。课程改革所涉及的组织都是由人这个最高级的生命体组成的，组织以及组织间的关系是一个复杂的生命系统，我们不可能完全认识组织系统及其变化这种有机、渐进的过程，每个情境都是复杂、独特的，并没有那种菜谱式的成功经验可以参照，即使我们有了丰富的经验，在新的情境中仍需要做出相应的改变。关键是要认识到，课程改革不是一个高度控制的过程，而是一个朝着最终目的渐近的过程，如同富兰所说，"变革是一项旅程，而不是一张蓝图"。造房子是需要规划蓝图的，所谓蓝图，就是指要事先精确到每一根枕木，甚至每一枚钉子的位置。而旅程则充满了不确定性，只有在不断的行进中明确方向，绘制路线是富有创造性的活动。

上述西方学者的论述，深深地影响着我国课程学者的研究路径。比如，孙阳春就将课程实施界定为一个"非线性发展的过程"，"课程改革自身的复杂性决定了其实施过程是非线性的。我们对于课程改革，就要把其过程看作是动态的复杂的过程，确立一种改革的非线性发展的理念，以这种理念去看待和处理改革过程中的事件，根据不断变化的问题，首先反思这种结果与我们所预期的结果之间的关系，然后思考我们继续行动的方法和模式，这才是对待课程改革的正确的态度"。[①]

刘丽群认为课程实施是一个复杂的非线性过程，它受到诸多因素的影响，这些因素的不可预期性和不确定性以及各因素之间的交错作用导致了课程改革极有可能在实施中发生变异，这些因素包括课程实施的主体、课程

---

① 孙阳春：《课程实施：非线性发展的过程》，载《教育评论》2002年第2期。

实施的具体流程、课程改革的信息流通和理念传播、课程实施的具体内容等等。①

　　复杂性理论对微观层面的课程实施影响则表现在将课程实施看作是课程创生的动态生成的过程，而不是一个计划执行的过程。多尔的"四 R"理论为我们提供了一个更富有内涵和想象力的课程框架。具体来说，还原性思维凸显知识的传递，认为知识乃至智慧都是一种叠加行为，固守教学的程序性，视其为外塑和他组织的过程，满足于封闭短浅的完满性。而复杂性思维则恢复了课堂内的复杂网络和时间之矢，重视课程实施中迸发的机智及自组织的力量，并用一种系统的观点看待课程实施。2000 年后用复杂性理论重构课堂教学的研究很多，直接使用微观层面"课程实施"的比较少。比较有代表性的是邓友超的《论课程实施的想象力》②，课程实施的想象力，是指通过师生（尤其是学生）的言说，打破课程的抽象、僵死的边界，打通科学世界和师生生活世界的通路，以避免课程理解的程式化。又如李传永的《新课程实施：摒弃一种唯计划性——呼唤教学实践智慧》③，他认为我国传统教学由于课程理论的偏失和经验的保守而走向了简单化、教条化，形成了刻板、僵化的，与基础教育课程改革价值理念和思维方式相违背的唯计划性教学，课程实施应该被理解为一种充满智慧的教学实践，恢复复杂、变化、动态的课堂生境。

　　复杂性理论影响了我们对"课程实施"的看法。综合起来看，这些研究对"工程"式的课程实施做出了批判，建立了新的课程实施观。在本体论层面上，将课程实施视为对话，恢复其开放性和复杂性，给教师和学生赋权，使其作为主体参与课程实施，尊重课程知识的建构性和境域性。

---

　　① 刘丽群：《课程改革：在实施中变异》，载《湖南师范大学教育科学学报》2002 年第 12 期。

　　② 邓友超：《论课程实施的想象力》，载《教育研究与实验》，2005 年第 3 期。

　　③ 李传永：《新课程实施：摒弃一种唯计划性——呼唤教学实践智慧》，载《教育理论与实践》2004 年第 3 期。

第三节　课程实施与师生课程意识的萌发

如上所述，"课程实施"概念新的重要趋向是关注课程实施中人的因素，研究者们越来越感受到要理解课程实施的概念，必须先理解"教师是谁"，将教师的主体性地位凸显出来。

在 2003 年出版的《现代课程论》中，钟启泉将课程实施与教师角色列为第二部"课程改革与学校文化"的一个章节，值得注意的是，"课程实施"与"教师"两个概念的连接，反映了课程实施研究的动向。书中指出，课程实施指的是教师将规划的课程方案付诸实际教学行动的实践历程，亦即将书面的课程转化为课堂情境中具体的教学实践的过程。

在《课程实施研究：理论转向与研究焦点》一文中，于泽元、靳玉乐也提出教育研究领域发生了由"结构—功能"观向"文化—个人观"进行转变的理论转向。与此转向相匹配，研究者开始关注教师认同感、效能感、情绪和学校文化的研究。而这些理论转向和研究焦点最终指向教师在课程实施中融入个人经验的建构。

从研究者的著述中可以发现，2000 年后我国的课程研究者普遍认同施瓦布所说的"课程即教师"。当然，与此同时，教师的概念也得到了重建，即经历"技术熟练者"向"反思性实践家"的转型。有人提出，"反思性实践家"是不是对教师要求过高了，钟启泉指出，这种说法就把教师专业化的核心要素——"反思"和"实践"抽掉了，反映了在某些人心目中教师仍然是作为技术熟练者的"教书匠"。"匠"最核心的涵义是指依靠经验，重复、简单、机械地劳作，就像欧阳修笔下的卖油翁"无他，惟手熟尔"。应该说，课程改革为教师文化重建创造了良好的环境，教师不再是一个被动的执行者，而是被赋予参与课程开发权力的能动者。面对复杂的课堂情境，教师需要迸发临场的教育智慧，对课程做出自我的诠释，引导学生思维的发展。

这就引发了另一个概念在课程研究领域的兴起，即"课程意识"，"课程意识"一般是指"教师的课程意识"，见图 9-2。对比图 9-1 和图 9-2，我们可以发现两组曲线的形状十分接近，这从一定程度上说明"课程实施"概念与"课程意识"概念的相关性。作为一种特定形态的社会意识,课程意识是教师对课程系统的基本认识,是对课程设计与实施的基本反映,它包括教师对课程本质、课程结构与功能、特定课程的性质与价值、课程目标、课程内容、课程的学习活动方式、课程评价,以及课程设计与课程实施中的指导思想①。课程意识是指在一定的课程观指导下,教师对课程与教学问题的系统认识,是教师在课程活动中对教学观、知识观、学生观及其课程意义的综合反映,包括作为课程主体的教师个体在课程理念、课程参与、课程实施与评价等方面所持的独特认识。② 课程意识是教师在履行专业职责、完成专业工作任务的过程中,基于一定的教育理论与职业理想,通过与周围环境,特别是在与职业工作环境相互作用过程中,所形成的能够指导自身课程实践的关于课程的本质、规律及特征的体认。课程意识的形成与完善伴随着教师的整个职业生涯,其程度与水平同教师的专业成长相伴而生、息息相关,是一种专业化的社会职业意识。③ 以上是研究者对课程意识的典型阐述,从这些阐述中我们归纳出,教师的课程意识体现了在课程实施过程中教师个人独特性和能动性的突显,将自我的经验以及学生的经验融合到具体的课程实施之中,以个体的方式诠释课程。

249

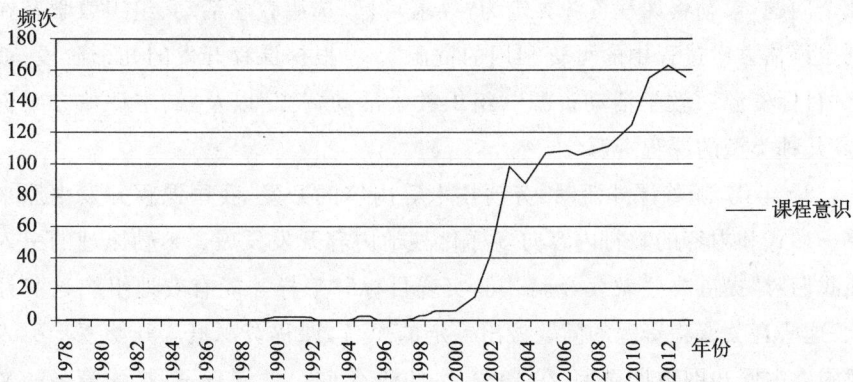

图 9-2 "课程意识"的出现频次(1978—2013)

① 郭元祥:《教师的课程意识及其生成》,载《教育研究》2003 年第 6 期。

② 王志林:《论课程意识与教师个人知识的创生》,载《全球教育展望》2008 年第 10期

③ 赵炳辉、熊梅:《教师课程意识与专业成长》,载《教师教育研究》2008 年第 1 期。

不仅教师与课程实施的关系广受关注，而且一些学者开始探讨学生与课程实施的问题，如尹弘飚、李子建的《论学生参与课程实施及其研究》[①]、刘启迪的《试论学生与课程实施的关系》[②]。研究者们认为我们不仅应该把学生视为变革的潜在受益者，而且应该把学生视为变革的参与者。如果说我们已经很熟悉课程实施中"防教师"的说法，那么是否意识到课程实施中还有"防学生"的状况呢？在课程实施中，学生至少应该受到与教师、校长等学校人员同等的关注，原因有四：其一，课程变革的成绩最终体现在学生的学习结果上；其二，学生具有参与课程实施的能力；其三，学生参与课程实施有利于促进课程变革走向成功；其四，学生参与课程实施具有方法论层面上的积极意义，能够丰富人们对课程实施的理解。

第四节　课程实施与学习化课程资源

"课程资源"一词早在泰勒时期就已经提及，它的提出基于编制课程的几个问题，泰勒将课程资源界定为"寻求目标、选用教学活动、组织教学及在制定评估方案过程中的可资利用的资源"。[③] 根据课程开发的几个阶段，就有"目标资源""教学活动资源""组织教学活动资源"以及"制定评估方案资源"几种类型的课程资源。

80 年代，随着课外活动、劳动技术等内容的开发，我国课程开发由原来单一形式和内容的教材内容向多样化教学内容开发发展。泰勒原理的引入使我们对"提供哪些教育经验才能实现目标""怎样才能有效地组织这些经验"这些有关课程资源的问题做出一定的思考，课程资源概念开始逐步引入我国。中国知网数据显示，在 1980 至 1989 年间，以"课程资源"为篇名的文章为 0 篇，以"课程资源"为主题的有 46 篇，以"课程资源"作为关键词的有10 篇，摘要中出现"课程资源"的文章有 23 篇。这些数据表明，尽管 80 年代

① 尹弘飚、李子建：《论学生参与课程实施及其研究》，载《课程·教材·教法》2005 年第 1 期。

② 刘启迪：《试论学生与课程实施的关系》，载《课程·教材·教法》2002 年第 2 期。

③〔美〕泰勒：《课程与教学的基本原理》，施良方译，人民教育出版社 1994 年版。

"课程资源"这个概念已经引进,但并没有引起课程领域的关注,没有学者对"课程资源"进行专门的研究。

90年代,随着课程权力的逐步下放,三级课程管理制度开始渐渐成形,"校本课程"概念的提出使地方和学校都开始关注课程资源的开发问题。新的教育形式和新技术在教育中的运用,如远程教育、信息网络课程都使课程资源的开发和利用成为人们关注的话题。伴随着活动课程成为热点,如何全方位开发活动课程的课程资源成为一个研究的方向。1990年至1999年,中国知网数据库显示,以"课程资源"作为篇名的有3篇,以"课程资源"作为主题的有267篇,以"课程资源"作为关键词的有127篇,摘要中出现"课程资源"的有77篇,另外有一篇博士论文也涉及课程资源。① 当时,课程资源的研究主题主要分布在信息资源以及网络信息资源的开发和利用;远程教育课程资源的开发和利用;活动课程资源的开发和利用;校本课程资源的开发和利用;教材课程资源的开发和利用等领域。

2001年第八次基础教育课程改革启动,《纲要》中明确指出:积极开发并合理利用校内外各种课程资源,学校应充分发挥图书馆、实验室、专用教室及各类教学设施和实践基地的作用;广泛利用校外的图书馆、博物馆、展览馆、科技馆、工厂、农村、部队和科研院校所等各种社会资源以及丰富的自然资源;积极利用并开发信息化课程资源。

随着课程改革的推进,政策层面上,三级课程管理制度确立,校本课程开发成为一个热点;技术层面上,信息技术和网络时代的到来,改变了课程资源的生成和获取方式,使课程资源更为丰富;实践层面上,不仅新的课程形态综合实践活动、综合课程使课程资源的开发成为一个急迫的问题,而且课程资源的引入有助于我们对学科课堂教学的动态生成形态有更进一步的认识。于是,课程资源成为2000年后课程领域研究的一个热点,从图9-3可以看出,课程资源的文章近年来增长很快,篇名为"课程资源"的文章在2013年达到402篇。

关于课程资源的定义大致有以下几种:课程资源是课程设计、实施、评

---

① 张铁道:《亚洲发展中国家普及教育中的课程问题研究》,西北师范大学1997年博士论文。

价等整个课程编制过程中可资利用的一切人力、物力以及自然资源的总和。①

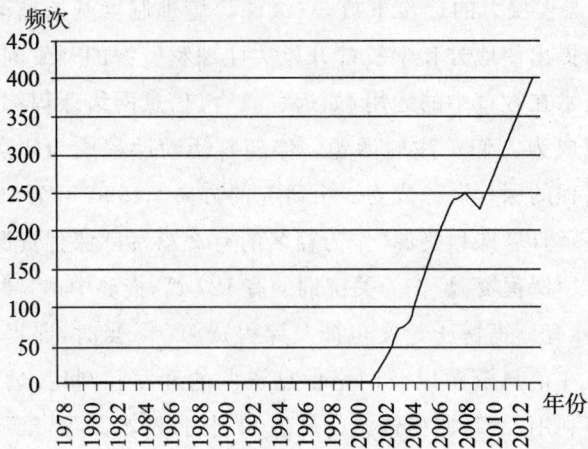

频次

图 9-3　"课程资源"的出现频次(1978—2013)

课程资源是形成课程的因素来源与必要而直接的实施条件。②

课程资源是指可以进入课程活动,直接成为课程活动内容或支持课程活动进行的物质和非物质的一切。③

课程资源是富有教育价值的、能够转化为学校课程或服务于学校课程的各种条件的总和。④

课程资源也称教学资源,是课程与教学信息的来源或一切对课程与教学有用的物质和人力。⑤

从以上课程资源的定义可以发现几个问题。首先,课程资源不再局限于 20 世纪八九十年代满足课外活动、活动课程的需要,课程资源迎来一场革命性的改变,包括师生关系、课堂教学、教师素质的巨大变化,涉及课程设

① 徐继存、段兆兵、陈琼:《论课程资源及其开发与利用》,载《学校教育》2002 年第 2 期。

② 吴刚平、樊莹:《课程资源建设中的几个认识问题》,载《教育理论与实践》2001 年第 7 期。

③ 范兆雄:《课程资源如何开发》,载《西北师范大学学报》(社会科学版)2002 年第 3 期。

④ 范蔚:《实施综合实践活动对课程资源的开发利用》,载《教育科学研究》2002 年第 3 期。

⑤ 张廷凯:《课程资源的性质和特点》,载《宁夏教育》2006 年第 Z1 期。

计、实施、评价整个过程。课程设计者要根据一定的课程价值取向、课程目标和课程标准来收集、筛选有用的课程材料,组织课程资源,而课程资源也为课程实施和评价提供了人力、物力和财力资源的基础和平台。

其次,课程资源体现了"学生的学习经验"的课程理解,因此不局限于课本、教具等教室里的课程资源,而是多种多样的。如佐藤学所言,不仅图书馆、教学设备是课程资源,而且扩展到了整个社会,公园里生存的蚁群、城镇一角生存的野猫、校园中的一棵树、长年流淌的小河都是丰富的课程资源。

再次,课程资源是在具体性的情境中生成的,课程资源要根据不同的地域,不同的文化背景,不同学校的性质、规模、位置、传统以及教师素质和办学水平,不同的学生个体的家庭背景、智力水平、生活经历来开发。

上述课程资源的多样性、潜在性、具体性,从课程资源的分类中也可以看出。综观学者对课程资源的研究,多半都是从课程资源的分类着手,究其原因,主要在于"课程资源"研究的重点在于扩展我们的视野,突破以往"教材"是唯一课程资源的狭隘看法,课程资源的分类让我们从多种角度拓宽了课程资源,从而对课程资源能更好地开发和利用,实现课程与教学的变革。学者们从不同的角度对课程资源做出了多种分类,比如,按照其功能,可以分为素材性课程资源和条件性课程资源①;根据性质,课程资源可以分为自然课程资源和社会课程资源②;根据来源,课程资源可以分为校内课程资源和校外课程资源;《纲要》中按照来源,将课程资源分为校内课程资源、校外课程资源、信息化课程资源。根据存在方式,课程资源可以分为显形课程资源和隐形课程资源。根据呈现方式,课程资源可以分为文字资源、实物资源、活动资源和信息化资源。③ 根据载体方式,课程资源可以分为生命载体资源和非生命载体资源。④ 另外,根据国家关于课程管理的权限,可以将课程资源划分为国家课程资源、地方课程资源和学校课程资源(亦称校本课程

---

① 吴刚平:《课程资源的理论构想》,载《教育研究》2001 年第 9 期。

② 徐继存、段兆兵、陈琼:《论课程资源及其开发与利用》,载《学科教育》2002 年第 2 期。

③ 徐继存、段兆兵、陈琼:《论课程资源及其开发与利用》,载《学科教育》2002 年第 2 期。

④ 余文森、吴刚平、刘良华主编:《关注资源、学科与课堂的统整》,华东师范大学出版社 2005 年版,第 15 页。

资源）。①

纵观改革开放三十多年课程资源概念的演变，课程资源经历了一个从"教授化课程资源"向"学习化课程资源"转变的过程。② 课堂内存在着两种基本活动，即教与学，所以课程资源也相应地存在着两种基本的价值体现，即教授价值和学习价值。在两种课程范式，即教授化课程和学习化课程中，课程资源价值所体现的侧重点是不一样的，在教授化课程中，教与学的基本模式是授受式教与学，知识被认为是客观的，可以传递的，课程即教材，教材即课程，教授化课程依赖于教授化课程资源，衡量教授化课程资源的标准在于是否足够清晰，有助于知识和观念的高效传递。因此它在两个基本点上着力：一是客观知识的来源、组织和载体；二是传输的通道及其相关因素的控制。而与教授化课程不同，学习化课程采用的是合作活动学习，知识是在学习共同体中建构的，而不是自上而下传递的。因此，学习化课程资源围绕"学生"的学，把重心放在为学生学习构筑一个意义建构的生态化学习环境，为学生"学"提供显性和隐性的资源支持，因此，学习化资源就突破了"教材中心性"，把学习活动融入外在广阔的文化世界和内在丰富的经验知识结构之中，自然、社会和精神世界通过"学习化"的形式进入课程，成为学习化课程资源不竭的源泉。

总之，教授化课程资源和学习化课程资源反映了两种不同的价值取向。从哲学基础上看，从一种近现代的客观主义知识观到后现代主义的知识建构观。从心理学基础上看，从一种"刺激—反应"联结的行为主义和认知主义到注重"主动性、建构性、情境性"的建构主义学习理论。从核心价值上看，从关注教师的教转向关注学生的学；从侧重点上看，从侧重知识的逻辑、关注知识的系统性和科学性到侧重学生学习心理发生的逻辑，更关注的是知识和学习环境对学生生活和学习进程本身的意义性；从开发主体上看，从学科专家为主体、教师和学生作为课程的忠实执行者到教师和学生成为资源开发的主体、学科专家只是站在自己的专业角度给予建议。

进入 20 世纪后课程研究呈现出蓬勃发展的态势，课程领域的概念无论

---

① 徐学俊、周冬祥：《地方课程资源开发与优化配置的探索》，载《教育研究》2005 年第 12 期。

② 申仁洪、黄甫全：《学习化课程资源：课程资源的价值重构》，载《课程·教材·教法》2004 年第 7 期。

在内涵上还是名称上都发生很大的改变。这一时期统领全局的概念是"课程文化"。一方面,课程文化内涵的变化反映了在承认价值多元基础上对人的主体性的弘扬,课程不再作为传承文化的工具,课程和文化之间是一种双向建构的关系。另一方面,相对于"课程作为一门学科","课程作为一种文化"具有以问题为中心的跨学科性质。课程文化的概念也附带出另外两个概念,即课程批评和课程文化自觉。课程批评体现了 2000 年后我们逐渐学会用专业的态度、对话的精神对现实问题进行探讨。"课程文化自觉"概念的提出促使我们从横纵两条线索考虑学科基本结构的重建问题。2000 年后课程领域的具体概念演变都响应了弘扬人的主体性这一主旨,从教学大纲到课程标准反映了素质教育的三层内涵,从课程管理到课程领导则反映了三级管理制度下课程权力的逐渐下放,与此相关的还有课程博弈和课程共有这两个概念。随着人们对课程实践复杂性的认识,课程实施这一概念逐渐得到重视,并回置于复杂生境中加以理解,这种在"情境中生发的智慧"课程实施观呼唤师生的课程意识。课程资源这一概念也是在课程改革的背景下开始被人们关注,课程概念的多元化使课程资源突破校内资源,向多类型多元化的学习化资源发展。

第十章

课程管理与课程领导

第一节　课程管理和课程领导的关系

　　关于"课程管理"和"课程领导"的关系，研究者有三种不同的看法，即包容说、取代说和并列说。第一种观点认为两者存在着包容关系。比如，郑先俐等人认为课程领导是一种新的课程管理观，具有领导主体多元化、决策过程民主化、沟通模式网络化、领导动力内在化等显著特征。① 余进利认为课程领导具有和课程管理不同的含义，课程管理和课程领导是相辅相成的，前者包括后者。② 廖哲勋等认为课程领导研究是随着课程理论、课程管理理论研究的深入才逐渐浮现出来，引起关注的。课程领导研究是从课程管理研究中分离出来的一个新兴领域。③ 李定仁等认为课程领导是为了实现课程目标，在一定条件下对课程领域的组织和人员施加影响的过程。课程领导属于课程管理的范畴，是课程管理的一个重要职能。课程管理中的领导职能是使整个管理过程中其他职能得以实现的、起主导作用的推动力量。④ 尽管上述包容观各有差异，有的认为课程领导作为课程管理的一种新的"观

---

　　① 郑先俐、靳玉乐：《论课程领导与学校角色转变》，载《河北师范大学学报》（教育科学版）2004 年第 3 期。

　　② 余进利：《对"课程领导"和"课程管理"的甄别》，载《当代教育科学》2000 年第 20 期。

　　③ 廖哲勋、田慧生：《课程新论》，教育科学出版社 2003 年版，第 454 页。

　　④ 李定仁、段兆兵：《试论课程领导与课程发展》，载《课程·教材·教法》2004 年第 2 期。

念"，有的认为课程领导作为课程管理的一种重要的"职能"，有些则认为课程领导是课程管理的"新兴领域"，但都认为"课程管理"概念包含"课程领导"概念。

第二种观点认为两者存在着取代关系。钟启泉在《从"课程管理"到"课程领导"》①一文中指出，课程领导相对于课程管理一词之所以新，在于其意在摆脱历来的"管理"思想：自上而下的官僚体制的"监控""管制"，亦即改变学校接受上级行政部门的指令之后才开始围绕学校的课程展开活动、运作的认识；改变行政和管理是从学校的上司和外部提供驱动力的观念。因此，要从根本上改变这种模式，就得从"经营"或是"领导"的功能出发，强调诉诸自身的创意与创造力，自律地、自主地驱动组织本身的涵义和韵味，亦即实现从"课程管理"到"课程领导"的根本转型：学校本身要把日常的课程实践活动作为自身的东西加以自主地、创造性地实施。

张华在《论课程领导》②一文中提出从"课程管理"转向"课程领导"，由"管理学"走向"领导学"，是时代精神超越科学主义和管理主义，迈向人文主义并深化民主主义的必然结果和具体体现。

徐君在《从课程管理到课程领导：课程发展的必由之路》③一文中也明确提出，"课程管理"到"课程领导"的概念转换反映了理念、观念上的变换。课程管理倡导的是统一化、层级化、秩序化的理念，在这种理念导引下，课程就是一个具有统一秩序的系统，最高管理阶层是这一系统的管理者，学校和教师只能作为忠实的执行者和实施者。而"课程领导"意在"引导"他者进行"自我管理"，而不在于"控制"他者，因此具有共同性、平行性、参与性、互动性、发展性，也就是说，课程领导重在形成愿景和合作，激发各个层次的积极性。

靳玉乐、赵永勤在《校本课程发展背景下的课程领导：理论与策略》④一文中从组织学与社会学的角度分析了课程领导和课程管理的区别。从组织

---

① 钟启泉：《从"课程管理"到"课程领导"》，载《全球教育展望》2002 年第 12 期。

② 张华：《论课程领导》，载《教育发展研究》2004 年第 2 期。

③ 徐君：《从课程管理到课程领导：课程发展的必由之路》，载《课程·教材·教法》2005 年第 6 期。

④ 靳玉乐、赵永勤：《校本课程发展背景下的课程领导：理论与策略》，载《课程·教材·教法》2004 年第 12 期。

学角度分析,课程管理依赖的是科层制组织观点,课程领导则依据人力资源的观点;从社会学视角看,课程管理具有规范性领导的特征,而课程领导则具有理想型领导和执行型领导的特征。因此,相对于传统的课程管理思想,课程领导体现了一种现代管理思想。传统的课程管理背后的理念是科学,强调自上而下的等级制管理模式、确定和保持适当的垂直交流、制定明确的书面规章和程序、专家对课程的权威控制模式、目标为导向的评价模式。而课程领导则以人本主义思想为基础,强调成功的领导不是命令、控制和监督,而是去倾听、合作和指引。形成组织的共同愿景,发挥学校领导在课程中的影响力与领导力,课程领导主张以民主、平等、合作的方式对课程的开发、实施加以影响,激发参与者的才能和潜力。因此,课程领导作为一种新的管理理念应该取代课程管理的概念。

第三种观点是并列说。如鲍东明在《校长课程领导意蕴与诉求》一文中提到领导与管理存在着功能方面的不同。领导是个体影响一群个体,实现共同目标的一个过程;领导重在推动变革,产生建设性的变化;领导是做正确的事情。管理重在维持秩序,保证组织的秩序和一致性;管理是把事情做对。虽然领导与管理存在功能上的明显差别,但两者绝不是不能通融的。因此,课程领导与课程管理是一对关系范畴,反映着校长的两种使命,而不是简单地说一种范式取代另一种范式,即"领导"取代"管理"。①

第二节　三级管理制度的推行与概念更换

课程管理与课程领导究竟是什么关系,是包容、取代还是并列? 有学者对此专门做了辨析,季诚钧从分析"管理"和"领导"两个概念入手来分析两者的关系,《汉语大词典》对管理和领导的解释,管理:料理,治理,过问,理会,管束;领导:为带领并引导朝一定方向前进,担任领导的人。管理学上,较为普遍的观点是将管理定义为人、财、物的计划、组织、执行等一系列活动的具体行为;而领导是对组织成员的影响过程,是一种使他人顺从并整合组

---

① 鲍东明:《校长课程领导意蕴与诉求》,载《中国教育学刊》2010 年第 4 期。

织行为的一种行为。因此季诚钧认为从本质上说,领导是一种管理活动,是管理活动的一个环节,管理则是经人推动的一项领导行为,管理与领导在行政程序上是相辅相成的行为。从两个概念的外延上分析,管理与领导则有范畴上的区别,管理包含领导,管理是上位概念,领导是下位概念。因此得出的结论是,课程管理包括了课程领导,课程领导是课程管理下的一个子概念或下位概念;而在具体的实施中,课程管理与课程领导各有侧重点。这两个概念不是一种截然对立的关系,将课程管理与"传统""科层制"相联系混淆了"是什么"与"如何做"的界限,即将事实判断和价值判断混为一谈。另外,课程管理是个不断发展的领域,我们不能将"课程管理"停留于"传统的理解"上。事实上,课程管理领域也在不断地汲取管理学最新的理论,如系统管理思想、学习型组织理论、权变管理思想等。①

应该说,管理这个概念可大可小,作为一个学科和研究领域,即管理学,课程领导的确可以包括在内,然而,"课程管理"并不等同于"课程管理学",而且,课程管理并不等于"课程+管理",课程领导也不等于"课程+领导",因此,不能仅仅凭比较"管理"和"领导"两个词就直接推导出"课程管理"和"课程领导"的关系。如何比较这两个概念本身呢? 其实人们对课程管理和课程领导的理解必然受当时具体的时代背景的影响,正如季诚钧指出的那样,虽然"课程领导与课程管理的价值取向没有本质差别,但由于两个概念产生的时代背景不同,难免烙有时代印迹"②。反之,从课程管理与课程领导概念的嬗变,我们也可以管窥 2000 年后课程实践和课程研究的发展变化。

如前所述,课程管理的研究和我国三级课程管理体制的确立有密切的关系,80 年代,课程管理的概念就随着分级课程管理的实践尝试和国外三级课程管理的经验介绍而被一些研究者所关注。1985 年,《中共中央关于教育体制改革的决定》提出,"实行基础教育由地方负责、分级管理的原则",说明我国长期以来高度集中统一的课程管理模式开始松动,开始逐步赋予地方和学校更多的自主权。吕达在对英国中小学课程改革进行专题研究后,认为在我国中小学实行三级课程、三级管理的做法将是可行的和符合我国实

259

① 季诚钧:《课程管理与课程领导辨析——兼与靳玉乐先生商榷》,载《教育研究》2009 年第 3 期。

② 季诚钧:《课程管理与课程领导辨析——兼与靳玉乐先生商榷》,载《教育研究》2009 年第 3 期。

际的。在 80 年代课程论的有关著作中，一些学者开始探讨学校在课程管理和开发中的作用，比如，王伟廉的《课程研究领域的探索》、钟启泉的《现代课程论》都提到过课程管理。

90 年代以来，尽管课程权力逐步下放，但由于传统原因，我国的课程管理呈现出一些问题，一些学者开始对这些问题进行反思，并对未来的课程管理模式做出了设想。比如，李慧君指出我国课程管理意识薄弱、行政手段多技术手段少、管理目标有偏差。① 郭继东认为我国中央集权的课程管理体制不易照顾地区差异，不利于调动地方和学校的积极性，削弱了教育为当地经济和社会发展服务的功能。同时提出应重新划分课程管理权力，建立集中分散的课程管理体制。② 贾非介绍世界课程管理的统一计划模式、分散管理模式、板块模式和蛋糕结构模式，指出其主流和趋势是走向统一管理和分散管理的结合。③ 崔允漷对国家、地方和学校各自在课程管理中的角色和职责进行论述，预测课程管理政策改革方向。④

2001 年颁布的《基础教育课程改革纲要》第 16 条明确规定了三级课程管理制度：为保障和促进课程对不同地区、学校、学生的要求，实行国家、地方和学校三级课程管理。这意味着我国课程行政的根本转型。《基础教育课程改革纲要》还规定了课程管理的各个层次及其功能，如表 10-1。

表 10-1　我国课程管理的层次及其功能摘要

层次	功　能
教育部层次	① 总体规划基础教育课程，制订基础教育课程管理政策，确定国家课程门类和课时。 ② 制订国家课程标准，积极试行新的课程评价制度

① 李慧君：《我国课程管理的主要问题及改革建议》，载《课程・教材・教法》1998 年第 7 期。

② 郭继东：《我国课程管理体制改革刍议》，载《教学与管理》1998 年第 7 期。

③ 贾非：《世界课程管理模式的主流与趋势——兼谈我国高中课程改革的困境与对策》，载《外国教育研究》1994 年第 6 期。

④ 崔允漷：《略论我国基础教育课程政策的改革方向》，载《教育发展研究》1999 年第 9 期。

层次	功能
省级教育 行政层次	① 依据国家课程管理政策和本地实践情况,制订本省(自治区、直辖市)实施国家课程的计划,规划地方课程,报教育部备案并组织实施。 ② 经教育部批准,单独制订本省(自治区、直辖市)范围内使用的课程计划和课程标准
学校层次	① 在执行国家课程和地方课程的同时,应视当地社会、经济发展的具体情况,结合本校的传统和优势、学生的兴趣和需要,开发或选用适合本校的课程。 ② 学校有权力和责任反映在实施国家课程和地方课程中所遇到的问题

随着三级课程管理制度的确立,2000 年后还出现了两个与三级课程管理制度相关的新概念,即"课程博弈"和"课程共有"。刘丽群将经济学中普遍使用的"博弈"一词引入课程研究领域。所谓博弈,是指一些个人、团队或其他组织,面对一定的环境条件,在一定的规则约束下,依靠所掌握的信息,同时或先后,一次或多次,从各自允许选择的行为或策略进行选择并加以实施,并从中各自取得相应结果或收益的过程。"课程博弈"指课程是不同的集团、群体进行博弈后的妥协,从这一视角看课程管理,实行国家、地方和学校的三级课程管理体制,实质就是不同利益群体课程博弈的结果和反映。因为课程权力系统是多主体、多层次、多元化的,既包括了中央集权、地方分权、学校自主机制的基本类型层次,也包括了文化传统、社会参与、个体介入等层次的机制类型。[①] 胡东芳提出了"课程共有"概念,这是一种作为课程政策理想模式的基本设想,旨在寻求一种反映社会变革和课程改革要求的课程政策及其制定的新的方式、观念和模式。它包含三个方面的含义:第一,指的是课程权力分配的一种理想状态,即国家、地方以及学校等课程权力主体都能够拥有明确的课程权力并保持一定的"张力";第二,指的是一种"超越论"的课程政策价值观,即超越"统一论""适应论"和"特色论"的课程政策价值观;第三,指的是课程政策制定的一种新模式——共有模式,其形态是

---

① 刘丽群:《论课程博弈》,载《福建师范大学学报》(哲学社会科学版)2008 年第 1 期。

使各方面人员都能得以充分的交流和参与的"水漏型"。① 课程博弈和课程共有这两个概念都反映了我国课程管理体制的改变，打破了中央集权的模式，成为课程权力的多主体，以及相互之间的制衡协作。

有关三级课程管理新体制的合理性论证、具体运行思路、存在问题和未来发展成为学术界讨论的热点话题。比如，我国三级课程管理体制应以社会需要与个体发展相协调，统一性与灵活性结合为取向，具体做好集权与分权的平衡、权力下放和课程权力分享。② 我国分级管理体制存在的问题和解决方式，如进一步健全中央课程管理机构、地方课程管理的限度，建立系统的课程管理规范和改革单一的课程管理手段等。③ 余进利对三级课程管理体制的实施进行了回顾和总结，指出我国在实行三级课程管理过程中还存在国家对教材编写审查把关不严、地方自编教材质量不高以及学校课程管理没有明显改观等问题。④

随着这些问题的出现，以及对课程管理的研究进一步深入，人们慢慢感觉到"课程管理"这个概念本身可能存在理解的误区。因为管理一词带有一定的封闭性，更适合于"课程即计划"这一静态的课程观念，对先定的内容进行颁布、管理、评价、监督；管理很大程度上建立在垂直的等级制度之上，重视上级对下级的监管；权力集中于上层，并逐级下放。

在这种情况下，人们需要运用概念的转换来更新理念，于是课程领导一词被适时引进了。不过，需要指出的是，我国对课程领导一词的引入伴随着西方对课程领导不断做出新的诠释的过程。起初，西方课程领导概念的兴起与加强国家管理有关，"课程领导"最早出现在 1952 年帕索（Passow, A. H.）的论文里，在 20 世纪六七十年代开始兴起，西方"校本课程开发"运动将课程开发的权力下移至学校。然而，这种"过度分散"的模式在 80 年代出现

---

① 胡东芳：《论"课程共有"——对中国特色课程政策模式的探索》，载《教育研究》2002 年第 8 期。

② 雷顺利：《我国三级课程管理体制的发展取向与运行思路》，载《教育发展研究》2002 年第 12 期。

③ 郭晓明：《分级课程管理体制改革的几个迫切问题》，载《教育理论与实践》2001 年第 1 期。

④ 余进利：《我国基础教育三级课程管理体制实施述评》，载《当代教育科学》2004 年第 4 期。

了问题,学校被赋予课程开发的权力,但大部分学校却对此项任务不加重视,或者是无力完成,导致课程质量参差不齐,于是英美国家又开始在放权的基础上采取了一定的集权措施,加强国家和中央对学校课程质量的监控。比如英国在 1988 年颁布《教育法案》,规定了 10 门国家统一课程,并规定小学期间进行一次全国性考试,中学期间进行两次全国性考试;美国在 1983 年颁布了《国家处于危险之中》,1991 年颁布了《美国教育目标》,也是为了加强中央的课程影响和监控力度。学者们因此开展了有关课程领导的研究,当时比较有名的课程领导著作,如《课程领导与发展手册》(curriculum leadership and development handbook)(Bradley,1985)和《课程领导》(curriculum leadership)(Glatthorn,1987)都是围绕如何有效地进行课程开发展开,包括制定课程目标、选择课程内容、组织课程评价等技术问题。

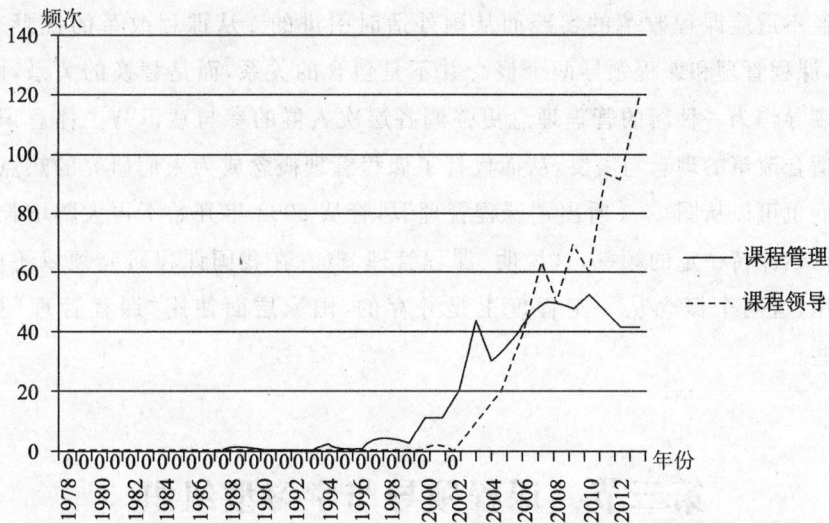

图 10-1 "课程管理""课程领导"出现频次对比(1978—2013)

如前所述,"课程领导"在西方的源起和"课程标准"的兴起相类似。西方课程领导源起于"对课程开发进行中央技术性指导"这个含义,是从集权的意义上生发的一个概念。而随着课程研究范式的转换,研究视域的开放使西方课程领导的概念慢慢发生了转变,大多数研究者都意识到将课程领导作为技术问题的局限性,开始赋予课程领导以组织文化变革的内涵,如诺思豪斯(Northouse,P.G.)所说,"管理强调计划、组织和控制,而领导则关

263

注建立愿景、人员交流和激励"。① 变化后的课程领导的概念正符合我国管理权限的下放和三级管理制度确立，课程领导概念开始逐渐为我国学者所接受。

2002 年，黄显华等人在《全球教育展望》杂志上发表了《校本课程发展下课程与教学领导的定义与角色》一文，同年钟启泉在《全球教育展望》上发表了《"课程管理"到"课程领导"》一文，引入了"课程领导"这一概念。2003 年，第五届两岸四地课程理论研讨会在兰州召开，课程领导的理论与实施成为会议讨论的主题之一。课程领导与学校管理创新国际学术研讨会于 2005 年 10 月 30 日在上海市嘉定区拉开帷幕，课程领导逐渐成为我国课程研究领域的热点。课程管理和课程领导概念在我国产生时间不同，课程管理在前，课程领导在后，作为一种理念，课程领导在很大程度上是发现了课程管理概念已经不适应课程改革的实践而从国外适时引进的。从课程改革的视野来看，课程管理和课程领导两个概念并不是包含的关系，而是替换的关系，课程领导作为一种新的管理理念更强调各层次人群的参与意识与主体意识，更适合改革的理念与需要，从而代替了课程管理概念成为人们研究的热点。我们也可以从图 10-1 看出，"课程管理"尽管从 2002 年开始不再大幅增长，但依然保持一定的频率，这说明"课程管理"概念在我国课程研究领域还在使用，这两个概念从一定程度上是并存的，国家层面使用"课程管理"更多些。

第三节　课程领导与学习型组织

为什么课程领导的概念较课程管理的概念更适合当前我们的课程实践和课程改革，我们可以从两个概念的具体分析来看，对于课程管理的概念大致有几个代表性的定义。

李慧君认为课程管理就是对课程运行过程的管理，包括组织力量在对

---

① 〔美〕彼得·诺思豪斯：《领导学：理论与实践》，吴荣先等译，江苏教育出版社 2002 年版，第 104 页。

课程环境(社会的经济、文化和科学技术发展水平,社会对课程的需要,国家的教育方针政策等)调查研究的基础上进行规划决策;确定课程目标,设计课程结构,选择教学内容等,在课程实施阶段,通过组织、协调、控制等一系列的手段,使课程资源(时间、空间、人力、财力等)得到充分有效的利用,以便取得最优的课程效果;通过对课程实施的评价,找出结果与目标之间的差距,对决策和实施过程进行修改、校正,使课程系统最大限度地接近课程目标。[1]

唐德海认为课程管理的具体环节包括确立课程目标、选择课程内容、组织课程内容,以及对课程总体方案的评价。[2]

张佳琳认为课程管理系指达成目标之需求,对于课程组织、课程实施、课程评价等过程建立管理机制并发挥影响力,以达成预期目标的过程。[3]

季诚钧概括了课程管理四个层面的涵义:一是课程管理的主体包括所有课程当事人。课程管理的主体既有国家、地方行政部门,又有学校领导者、普通教师,甚至包括家长、学生。二是课程管理的范围包括整个课程发展过程。课程管理的范围从课程目标、课程内容、课程实施,一直到课程评价、课程研究、课程改革等。三是课程管理的内容涉及对课程要素的处理与安排。课程管理是对与课程相关的要素进行处理与安排的活动,使这些课程要素适当地加以组织与处置,以助于课程的实施。四是课程管理的目标是为了更好地完成课程预设的目的。课程管理是为了更好地激发课程潜能,以管理的手段促使其高效地达成课程目的。[4]

我们再来看有关"课程领导"的几个具有代表性的定义:

课程领导系课程变革过程中不同课程利益相关者通过民主合作而进行的创新性课程工作,旨在促进教师的专业成长和学生的个性发展。它把民主合作与课程探究或问题解决化为一体,把课程变革实践与课程问题的反

265

---

① 李慧君:《我国课程管理的主要问题及改革建议》,载《课程·教材·教法》1998 年第 8 期。

② 唐德海:《大学课程管理引论》,载《现代大学教育》2001 年第 4 期。

③ 张佳琳:《课程管理——理论与实务》,台北五南图书出版社股份有限公司 2004 年版,第 28 页。

④ 季诚钧:《课程管理与课程领导辨析——兼与靳玉乐先生商榷》,载《教育研究》2009 年第 3 期。

思批判熔于一炉，并与教学领导形成有机整体。它是 20 世纪 70 年代以后伴随教育民主化运动的深入、课程领域的"范式转换和课程变革过程研究的深化而产生的新兴课程研究领域。"①

课程领导是为了实现课程目标，在一定条件下对课程领域的组织和人员施加影响的过程，具有决策、组织和引导三个基本职能，其中课程决策是课程领导的核心。②

课程领导由五个因素组成，即制订目标、管理课程与教学、监督教学、监控学生的学习进度和提高教学的气氛。③

课程领导是在课程开发研制、实施、评价以及改革活动中具有影响力的个人或集体，在一定的组织结构中，引发、指引、统领和带动一个课程共同体实现课程改革和发展目标的过程。④

钟启泉则结合我国基础教育课程改革实际和出现的一些问题，提醒人们要认识到课程领导既是政府的行为，又是专业行为和合作行为。⑤

综合上述课程管理和课程领导的概念，并联系《汉语大词典》有关"管理"和"领导"的定义，能看出一些端倪。如上所述，"管理"一般指向系统、工程、部门，是指较大规模的统筹安排，系统、部门等是由人所组成的，"管理"对其作用往往是间接的，而且管理的目的是系统的有效运转，而非人的发展。领导则直接指向人，传统的领导概念是指对人的颐指气使，而结合了新的管理理论的"领导"则指营造一种共同的愿景，是一种带领和引导，在关注人的发展的基础上达成共同愿景的实现。从这个意义上，管理和科学相关，领导和人文相关是有一定的道理的。从上述课程管理和课程领导的概念梳理不难发现，课程管理概念很少用到与"人"有关的字眼，而课程领导概念则基本上都涉及到"人"。

---

① 张华：《论课程领导》，载《教育发展研究》2004 年第 2 期。

② 李定仁、段兆兵：《试论课程领导与课程发展》，载《课程·教材·教法》2004 年第 2 期。

③ 汪菊：《课程领导研究：一种综合的观点》，华东师范大学 2004 年硕士论文。

④ 许占权、孙颖：《课程领导及其实践意义分析》，载《当代教育论坛》2006 年第 22 期。

⑤ 钟启泉：《从"行政权威"走向"专业权威"——"课程领导"的困惑与课题》，载《教育发展研究》2006 年第 7 期。

如前所述,2000 年后我们开始关注人的主体性,三级课程管理制度意味着课程权力的下放,重心从国家转向学校,以校为本,而学校的概念也发生了重建,新课程改革的"三级管理""一纲多本"的课程开发政策为学校的个性化、特色化提供了广阔的天地。80 年代社会本位的课程价值取向使我们倾向于把学校看成社会工程建设的一环,将学校比喻成"工场",其职责是输送大批量守职、勤奋、忠实的劳动者,学校也沉迷于这种热火朝天的生产热情之中,成为一个效率至上的大工场,传统的恪守规章、层级清晰、各司其职、严格守时是工场式管理文化的主调。而 2000 年后随着我们在承认价值多元性前提下"对人的主体性的弘扬",提出"让学校适应学生",而非"让学生适应学校",这就要求学校本身成为一个朝气蓬勃的学习型组织和学习共同体。"学习型组织"最早是圣吉(Peter, M. S.)在《第五项修炼》中提出的一个概念,它是指"建立在五项修炼的基础上,通过大量的个人学习特别是团队学习,形成的一种能够认识环境、适应环境、进而能够能动地作用于环境的有效组织。也可以说是通过培养弥漫于整个组织的学习气氛,充分发挥员工的创造性思维能力而建立起来的一种有机的、高度柔性的、扁平的、符合人性的、能持续发展的组织。"学习型组织的特点可以参照沃特金斯(Watkins, C.)和马席克(Marsick, V. J.)的 7 个 C,即持续不断(continuous)的学习,每个成员既懂得反躬自问,又明白向他人学习的重要性;亲密合作(collaborative)的关系,彼此之间相互支持、良性互动;彼此联系(connected)的网络,内部人员交流通畅,有常规性、经常性的交往渠道和方式,同时保持组织与外部的接触和沟通;集体共享(collective)的观念,学会分享经验、教训以及困苦、喜悦的情绪,增强团队的智识财富及凝聚力量;创新发展(creative)的精神,鼓励和保持个人及团队旺盛的创造能力;系统存取(captured and codified)的方法,用最新的科技力量支持团队建设和组织运转;建立能力(capacity building)的目标,组织旨在维系每个人持续的发展,努力发展每个人终身学习的能力。

如果说 80 年代我们可以将学校看作是一个有组织的系统,将每个人作为系统和机构中的一个部件,忽略和压制每个个体的独特性,依靠"权威、制度、规则"来进行科学的课程管理的话,2000 年后作为学习型组织的学校则是一个由内部成员对话互动形成的组织,因而突出的是每个成员鲜明的个性特征。学习型组织的构建关键在于营造一种对话的氛围,不仅是指管理者和教师之间，也指教师和学生之间，对话能焕发出每一个人的独特性和主动性。教师和学生丰富的、具有个性的生活体验是支撑和产生学校文化的源泉，因此，学习型组织中要实行课程领导，而不是传统的管束、指挥。校长不能依靠外在的权威来压制，而是靠他自身所体现出来的专业素养、人格魅力来调动和影响教师，或者说是一种"道德领导"，如萨乔万尼所说"学校由一个组织转化为契约共同体（acovenantal community），权威的基础亦发生改变，由强调科层权威和心理权威，转变为强调道德权威。"①而教师们则在校长营造的民主的环境和共同愿景中感受到一种内心升腾的力量，自觉地融入和参与学校的规范建设。这种组织特性同样适用于教师和学生的关系。

不仅"校长领导"的概念内涵需要更新，更关键的是"教师领导"概念和"学生领导"概念的提出。以往"教师"和"学生"既没有必要也没有可能进行"课程领导"，他们是被"管理"的对象，而"教师领导"和"学生领导"概念意味着课程开发和决策重心的下移。如古德莱德所言，课程最终是在课堂中实现的，即教师课程与学生课程，因此从这个角度来讲，教师和学生才是真正的课程领导者。"教师领导"（teacher leardership），有时也翻译成"教师领导力"，相关的论文80年代和90年代各有零星几篇，自2004年开始，呈上升趋势，见图10-2。约克巴（York-Barr, J.）把"教师领导"称为"伞形术语"，意指"教师领导"概念的多元性、多层次性。包括课程设置、学校管理、家校联系、社区互动、自我引导专业发展、协助同伴的专业发展、参与新教师的聘任和培训工作等等。② 虽然约克巴是横向地划分教师领导的各项内容，但其实也可以根据强调内容的不同化作纵向的阶段。美国学者西尔维亚（Silva, D. Y.）将教师领导的研究分为三个阶段，即第一阶段侧重于对教师正式领导权的行使，在我国是指教师担任一定的领导职务或是一定层次的教师，也指班主任层面的领导；第二阶段关注教师参与课程领导，相比第一阶段，教师领

---

① Sergiovanni, T. J. *Moral leadership*: *Getting to the Heart of School Improvement* [M]. San Francisco: Jossey-Bass, 1992. 102. 转引自张华：《论课程领导》，载《教育发展研究》2004年第2期。

② York—Barr, J. Duke K. *Waht Do We Know about Teahcer Leardership*, *Finding from two Decades of Scholarship* [J]. Review of Educational Research, 2004, 74（3）. 255—316.

导的范围扩大了一些,包括那些虽然没有担任正式职务,但是参与课程编制、团队管理和教师专业发展等方面的工作,发挥领导功能;第三阶段强调全体教师的自我主导和参与合作的能力,重塑学校的组织文化。① 学者庞德(Pounder,J.S.)又补充了第四阶段,即教师对课堂的自主领导,实际上是强调了第三阶段中的课堂层面的教师领导②。应该说这一理应是教师领导力发挥的主阵地,在以往却被忽视了。从我国的"教师领导"概念来看,在第一阶段和第二阶段的"教师领导"概念稍多些。我们可以对比一下台湾、香港和大陆学者对"教师领导"的理解,台湾学者蔡进雄认为教师领导是不论职位或任命,教师对领导的行使,本质特征是提升教师的专业性、重新分配权力和增加同僚互动。③ 香港学者卢乃桂等认为教师领导是对学生、学校行政人员、同侪、家长及社区等产生积极正面之影响力的历程。④ 大陆学者金建生认为教师领导是教师群体中具有某种能力的教师在特定情境中为实现共同目标对学校中的人和事施加的影响及其过程。⑤ 从对比来看,大陆学者强调的仍是教师群体中的部分人员,而不是全体老师。这与卢乃桂的一项研究相对应,他指出教师领导有两方面的意义:一是领袖教师对其专业群体的引领;二是教师自主的专业发展。但从中国大陆目前的情况来看,前者更为明显,即发挥骨干教师的示范、引领和辐射作用,但不强调教师的自主发展,因此教师领导呈现出精英化、等级制和工具制的特征,从而使教师专业发展充满功利色彩、被迫与被动。⑥

2010年,有关"教师领导"的研究论文达到了顶峰的29篇。这一年因为"教师教育标准"还引发了一场不小的风波,由华东师范大学编制完成的《教

① Sliva,D. Y. ,Gimbert, B. & Nolan. J. *Sliding the Doors:Locking and Unlocking Possibilities For Teahcer Leardership*[J]. Teachers College Record,2002,(4):729—804.

② Pounder, J. S. *Transformational Classroom Leardership:the Fourth Wave of Teacher Leadership*? [J]. Educational Management Adimination& Leadership,2006,(4):533—545.

③ 卢乃桂、陈峥:《作为教师领导的教改策略——从组织层面探讨欧美的做法与启示》,载《教育发展研究》2006年第9期。

④ 蔡进雄:《中小学教师领导理论之探讨》,载《教育研究月刊》2005年第11期。

⑤ 金建生:《中学教师领导研究》,西北大学2007年硕士论文。

⑥ 卢乃桂、陈峥:《赋权予教师:教师专业发展中的教师领导》,载《教师教育研究》2007年第7期。

师教育标准》提交到教育部，教育部部长袁贵仁在出席师范生免费教育与教师教育创新座谈会时证实了这一消息，他表示，国家要逐步建立教师教育标准体系、改革创新教师培养模式，教师教育标准将引导教师教育向良性方向发展。但是该年6月，《法制晚报》发表了一份对领衔起草《教师教育标准》的华东师范大学教授钟启泉的采访稿，文章中写道，"钟启泉教授认为，按照他领衔起草的标准，绝大多数老师不合格——我国的中小学老师存在三个主要问题：不读书、不研究、不合作。"① 这篇文章引起了轩然大波，既有人赞同，也有人反对，特别是教师群体对此反应激烈。随后，教育部在其官方网站发布信息辟谣，称该报道严重失实，造成了非常恶劣的影响，极大地伤害了广大教师的感情，造成了非常恶劣的影响。这里且不追究这篇报道是否属实的问题，但是"不读书、不研究、不合作"的确戳中了广大教师的痛处，一方面，考试的压力让教师们根本没有时间、精力来思考研究、合作；另一方面，教师长期习惯于"被领导"，课程是确定的，教学是确定的，自主发展的空间非常小。2009年，上海PISA测试在阅读、数学和科学方面都名列世界第一，但是附带的对教师的测试中发现，教师在"选择教材""决定课程内容"和"决定开设的课程"选项中，认为"教师有重要责任"的比例分别是23.7%、32.9%和48.0%，远远低于中国香港教师的98.7%、96.7%和90.1%。② 从这个角度来看，大陆学者的"教师领导"亟待上升到西尔维亚和庞德所说的第三和第四阶段，也就是说，不是部分教师为领导者，而是全体教师是领导者，不仅强调"他领导"，还关注"自我领导"。"领导"意味着不仅知道做什么、怎么做，还知道为什么。只有认识层面的改变才能带来主动性和创新性，激发专业发展的责任感和自主性，改善部分教师的消极和抗拒的态度。如张华所说，集权意识形态和"启蒙理性"的双重控制是教师课程创造权利丧失的根本原因，教师课程创造权利的丧失则必然带来学生课程创造权利的丧失，由此陷入"控制教师—训练学生"的应试教育恶性循环中，而打破这一恶性循环的必要条件是让每一个教师都成为课程领导者。

---

① 后来钟启泉教授补充说，"我提到的绝大多数老师都不合格并不是说这些不合格的老师要遭到淘汰，而是说大多数的老师需要进一步学习，事实上所有的老师都应该是终身学习者。"

② 参考 http://www.oecd.org/pisa/pisaproducts/48852721.pdf

频次

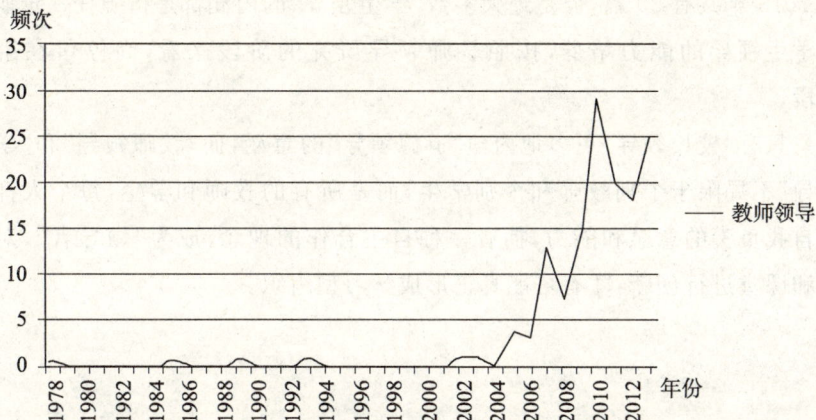

图 10-2 "教师领导"的出现频次(2000—2013)

从这个意义上讲,不仅教师是领导者,学生也应该是领导者。学习型组织或是学习共同体何以形成? 转换一个角度我们得到了另一个相关的问题——是什么阻碍了学习共同体的形成? 佐藤学教授认为,是因为"谁也没有担当起责任"。那么"谁应该担当起这种责任呢"? 政府有一部分责任,班主任有一部分责任,校长也有一部分责任,但都不是责任中心,构建起同僚性合作关系的教师群体或许能担起重任,但如果缺乏另一个主角,学习共同体依然是不可能形成的,这个主角是谁? 答案出乎许多人的意料之外,是"学生"。我们向来把学生作为教育改革的对象,而无视学生作为改革主角的作用与责任。佐藤学说,学生是最值得信赖的变革同盟军,他们往往能更敏锐地领悟到改革的愿景,因此领先于教师半步,在课堂中构建合作的关系,发挥着领头羊的作用,并始终是改革忠实的拥趸和支撑力量。在日本的中小学,校长大体是三年调动一次,而每年有五分之一的教师也要调动。在这种教师和校长不断变动的情况下,改革依然能持续下来的关键原因就在于改革的主力军"依然在这里",他们已经成长为"能够经受任何教师的学生"。① 与教师一样,学生不仅应该知道学什么? 怎样学? 还应该知道为什么学? 从而掌握学习的主动权,搭建"已知"与"未知"之间的桥梁,积极建构自我的课程。中国知网 1999 年发表了第一篇以"学生领导"为篇名的文章,

① 刘徽:《这里的课堂风景如画——〈学校的挑战——创建学习共同体精粹解读〉》,载《现代教学》2010 年第 9 期。

到 2013 年共有 30 篇，但是绝大多数"学生领导"的内涵都是指担任一定职务的学生领导的能力培养，按照教师领导研究的阶段来看，尚停留在第一阶段。

只有"校长领导"更多地内蕴"道德领导"的意涵，而"教师领导"和"学生领导"不局限于个别教师和个别学生，而是所有的教师和学生，每个人都具有自我负责的意愿和能力，拥有一种自主合作的理念，成为"领导者"，对课程和课堂进行创新，才有可能真正形成学习型组织。

结　语

——中国课程研究的现代化历程

现代化是一个独特而复杂的概念。我们一般将"现代化"和"城市化、社会结构的分化和集中化、世俗化、理性化、工业化"相联系,但实际上这只是关于"现代化"的一种狭义理解,这种理解的背景是把现代化和 19 世纪乃至 20 世纪早期的工业化相联系。对于"现代化"这个词,我们还可以从更广泛的意义上来理解,现代化的基本涵义是"现在",也就是和"过去"相对,"化"则意味着一种不断地变化,联合起来看,现代化是指对过去的超越。事实上,如果从词源学上追溯现代化这个词的渊源,我们发现现代化这个词并不是产生于 19 世纪,而是在公元 5 世纪就出现了,据姚斯(Jauss,H. R.)的考证,现代(moderus)一词用以描述确立基督教为宗教信仰的罗马社会与异教为宗教信仰的罗马社会之间的区别。① 因此,不同时代现代化的具体内涵各不相同,以至于这个概念在漫长的历史进程中负载了过多的涵义,人们可以从各个角度对它作出界定。之所以人们常将现代化和工业革命相联,是因为从 16 世纪开始,随着科学技术的发展和启蒙运动的兴起,欧洲经历了一个与中世纪的全盘性决裂,现代性的积累到 19 世纪到达巅峰,这是一个显著变化的过程。詹姆逊(Jameson,F. R.)认为与其对现代化定义,不如对其做出描述更为恰当。如果我们还复现代化最基本的词义,将其从具体的历史情境中抽象出来,那么它最重要的特征是哈贝马斯(Habermas,J.)所说的"新

---

① 〔德〕哈贝马斯:《后民族结构》,曹卫东译,上海人民出版社 2002 年版,第 178 页。

旧交替"①，鲍曼（Bauman，Z）称之为一种"液化状态"，"'现在'是现代性历史中的一个阶段，我们希望抓住它在许多方面体现出来的'新奇'这一实质。……现代性难道不是一个从起点就开始的'液化'进程吗？难道'溶解固定之物'不一直是它的主要逍遣方式和首要成就吗？换言之，从现代性的萌芽时期起，难道它不是一直是'流动性'的吗？"②这种将现代化的内涵视作变化的、发展的观点可以称为"进化论"的现代化观，它是自律的、纠错的，蕴含了"在自我反思基础上的一种自我超越"的潜能。如科勒曼（Heckman，J. J.）所说，"从进化论角度归纳出来的现代化概念不再惧怕现代性终结的观念，也就是说，不再惧怕现代性会有一种终极状态，而被'后现代'所取代。"③

1983年国庆前夕，邓小平同志为北京景山学校题词：教育要面向现代化，面向世界，面向未来。"三个面向"后来作为邓小平改革中国教育的总体设计于1985年被写入《中共中央关于教育体制改革的决定》之中，"三个面向"深入人心，尤其是"面向现代化"。综观这三十多年课程领域的概念演化，不难发现，"现代化"是一个贯穿其中的概念，这里既包括课程实践领域的现代化，也包括课程研究领域的现代化。我们常提的"课程现代化"，实际上指的是课程实践领域的现代化，课程研究的现代化历程则是指课程研究领域的"不断超越"，"课程现代化"与"课程研究现代化"分属实践和研究领域，两者既不相同，但又密切相关，本研究重点关注的是后者。

"文革"时期，政治挂帅，极"左"思潮泛滥，各项事业都遭到破坏，停滞不前甚至退后，落后陈腐的观念和当时世界蓬勃发展的局势毫不适应。十一届三中全会提出把全党的工作重心从"阶级斗争"转向"经济建设"，号召全国人民投入到社会主义现代化建设中来。但是80年代我国的现代化建设明显带有一种"百废待举"的内在焦虑。艾森斯塔德（Eisenstadt，S. N.）曾经指出："这些社会在现代化过程中不同的起点，极大地影响着这些社会发展

---

① 〔德〕哈贝马斯：《现代性：未完成的工程》，丁君君译，未刊稿。转引自汪民安：《现代性》，广西师范大学出版社2005年版，第28页。

② 〔英〕鲍曼：《流动的现代性》，欧阳景根译，上海三联书店2002年版，第3—4页。

③ 转引自〔德〕哈贝马斯：《现代性的哲学话语》，曹卫东译，译林出版社2004年版，第3页。

的具体面貌及其所遇问题。"①艾森斯塔德区分了六种不同现代化起点的国家类型，有的学者在此基础上将其归为两大类，即早发内生型国家和后发外生型国家，而中国明显属于后者。"当后发外生型国家在开始自己的现代化之时，这个世界上已经有了现代化的'现实'存在，而自己与这个现实的差距又是如此之大，这就使得后发外生型国家不可能像早发内生型现代化那样循序渐进地进行，在集中精力解决完一个问题之后再集中精力解决另一个问题。后发外生型现代化一启动后，就会显露出'急不可待'的特点。到处都是差距，到处都面临着现代化的任务。从这个意义上来说，这种现代化一开始往往就具有一种'全面性'，至少从主观动机上来说是如此。因此，在这种类型的现代化中，现代化的各个方面往往是交织在一起的"。② 面临着全面推进现代化建设的急切任务，使我们不可能有充裕的时间去进行一场像早发内生型国家那种相应的社会文化层面的深层变革，80年代更多的是追求一种看得见的"效率至上"的现代化工程建设，推动国家经济发展、社会进步成为每一个公民的责任。

这种对现代化建设的内在焦虑蔓延到了一切领域，当然也影响到教育领域和课程领域。80年代，"课程现代化"意涵是"课程教材要为社会主义现代化建设服务"。这里有两层意思：其一，课程现代化的目的是为了适应社会主义现代化的需要，培养一批有用的人才，也就是说在价值取向上是社会本位的，凸显课程的工具性作用；其二，课程本身也要现代化，要有现代化的内容、现代化的形式。那么，在社会本位的价值取向下，"课程现代化"就是要为教育现代化提供最先进的内容和形式。课程改革的现代化表现在多个层面和多个维度上，一方面，现代化要求学科门类、教材内容跟上时代发展的脚步，比如增加了计算机课程，变政治课为思想品德课等等；另一方面，现代化意味着既要培养能适应各行各业建设所需要的大量一般人才，又意味着培养顶尖人才以赶追世界的科学技术发展。1980年10月国务院转发了教育部和国家劳动总局《关于中等教育结构的意见》，意见指出要跟上国际科学技术的发展步伐，除了一般人才外，还要培养精英。邓小平同志曾在多

①〔以〕艾森斯塔德：《现代化：抗拒与变迁》，张旅平等译，中国人民大学出版社1988年版，第2页。
②孙立平：《现代化与社会转型》，北京大学出版社2005年版，第35页。

次谈话中提出"要办重点小学、重点中学、重点大学"，就是要集中当时有限的教育资源重点培养各行业的精英。但是重点校政策拉大了学校、学生之间的差距，加大了教育不公平，重点学校用升学率标榜自己，致使学校间的竞争愈演愈烈，这些都发展成后来越来越畸形的应试教育。

而与 80 年代"课程工程建设"的课程现代化内涵相配套的"课程研究现代化"则追求一套科学的"课程工程话语"。"课程工程话语"意味着用"科学"的态度来解决实际的问题，在一定程度上，比起信口开河、混沌主观的经验话语，这无疑是一种进步。但同时课程工程的社会本位价值取向也导致对人的主体性的忽视，将人作为社会主义现代化建设的手段而不是目的，在工程话语中，人的独特性和个别性被排除。除了将"人"纳入工程系统的内在逻辑外，"实践是检验真理的唯一标准"不仅成为"阶级斗争"转向"经济建设"的依据，而且成为与"文革"时期蒙昧的"经验主义""教条主义"相对立的一种"现代"精神。"实践是检验真理的唯一标准"和"从感性阶段上升为理性阶段"相结合成为"实事求是"的一种态度。而对"实事求是"态度的具体诠释是"理性、科学、实证"的科学态度，这种科学态度一方面表现为"实验热"，在实践的基础上发现真理，另一方面则表现为一种对方法论的内在焦虑和渴求。80 年代，系统三论即控制论、系统论和信息反馈论在课程领域和教育领域的广泛传播和应用正反映了人们对现代"科学的方法"的崇拜，热衷于建立各种模型、模式，在课程研究中使用"元素""组织""结构""环境""调节""反馈"等工程术语。在马克思主义占主流意识形态的情况下，一切新的理论和观点都要经过唯物辩证法的筛选和检验，系统三论也不例外。经过唯物辩证法改造后的系统三论强调整体性、反馈性和循环性，构建一个"目标—施行—评价—反馈"的首尾呼应的课程工程系统，课程研究关心的核心问题是如何才能科学合理地调整学制和变革教材，使课程研究更好地为社会主义建设服务。在这种氛围中，泰勒的课程原理无疑是符合课程研究的"现代化"旨趣的，因此，80 年代课程编制、课程评价成为热点词汇。现代化工程话语不仅表现在"课程编制""课程评价"这些概念的兴起上，也表现在课程领域的概念内涵的界定上，比如将课程比作"透镜"，将其理解为"学科""学科内容的总合""教材""计划"；将课程编制理解为"教材编制"，将课程评价理解为"教材评价"，等等。因此，80 年代，从总量上来说，真正的课程研究并不多，大部分都是教材研究，这说明 80 年代课程研究现代化就是将课程理解为一个工程系统,在社会本位的课程价值取向下通过科学的方法追求效率的最优化。

80年代这场"现代化"启蒙运动如许纪霖所说,"思想解放运动起初的理论预设具有明显的科学主义特征,即曾经被毛泽东时代政治/道德立场优先性所压抑的唯物论科学主义:生产力是衡量社会进步的唯一标准、科学技术是第一生产力等等。……然而,它在主流意识形态之中,却被凝固为一种世俗导向的实用主义"。[①] 综上所述,80年代,我们对"课程研究现代化"及与之相关的概念如"理性""科学""系统"等等出于现实政治和社会变革的迫切需要,只关注实际对社会发展起了什么作用,这种过于表面直接的目的使我们对"现代化""科学""理性""实验"的理解只停留于工具的层面上,把它们当作"摆脱蒙昧""富强"的工具,没有从"人性的普遍本质"这个更深的层次来思考这些概念。总的来说,当时课程研究现代化的含义比较单薄,将课程作为一种工程来研究,关注如何编制课程和评价课程,主要指向实用、效率。

90年代肇始,邓小平"南方讲话"使人们摆脱了"改革姓社还是姓资"的思想疑虑,大胆推进经济体制的改革,从计划经济向市场经济的转轨导引了中国社会的急剧转型。在经济飞速发展的同时,效率旨趣的现代化也造成了一系列的社会问题,这使我们对"现代化"进行了更为深入的反思和剖析。具体而言,90年代与"市场经济"伴随而来的是一个"市场社会",市场社会借助了"市场"这个概念,给人们造成一种印象,似乎市场的法则是透明的、公平的、自由的,就自然推演到一个公平、自由的"市场社会"。然而实际的情况是,单靠市场的法则是无法完全支配政治、文化、生活这些领域,市场法则是和权力结构相结合共同构成"市场社会"管理机制,"市场"掩盖了社会的不平等关系,造成社会资源向少数人积聚的状况,因此90年代以来中国在取得了举世瞩目成就的同时,也进入了利益分化和阶级分化的风险社会,面临着一系列的重要问题如自由、民主、公正、平等,这引发人们对"现代化"进行反思。如果说80年代国人对"现代化"的理解比较一致,即预设了传统/现代、中国/西方的比较,将现代化的内涵界定为向西方学习先进的技术和文化,提高效率,促进经济发展,摆脱"文革"时造成的落后局面,这里"现代化"

---

① 许纪霖、罗岗等:《启蒙的自我瓦解:1990年代以来中国思想文化界重大论争研究》,吉林出版集团有限公司2007年版,第15—16页。

隐含的寓意是将西方的现代化作为普适的目标，忽略中国的独特性，将中国和西方的空间并列关系置换为落后与先进的时间序列。90年代，这种对"现代化"概念的一致性理解被打破，人们对它的理解产生了分歧，以至于最终在90年代中后期引发了一场自由主义与新左派长达三年的大论战，其中对"现代化"和"现代性"的理解成为两派讨论的核心问题。① 这场讨论意味着中国学者开始正视中国社会主义现代化问题的独特性，并试图超越传统/现代、中国/西方的二分法，探讨如何将"普适性"的现代化和中国特有的传统和国情相结合，建构有中国特质的"现代化"概念。因此，90年代我们对"现代化"的理解已经超越了80年代将"现代化就是追求效率和速度，赶超西方国家"的简单化理解，一系列社会问题的出现促使我们基于本土对现代化进行深刻的反思，并开始意识到"社会现代化"的"前提"和"归宿"是"人的现代化"。

90年代教育现代化的一个表征在于从应试教育向素质教育的重大转变，这反映了对80年代"人是工具"的反思，突显人的主体性，将"人作为教育的最终目的"。素质教育的含义是"富有人性的个性教育"，关注每一个孩子的发展，关注孩子整体的发展，关心孩子一生的发展。这种教育现代化的诉求也体现在90年代的课程现代化的内涵拓展上。1997年11月13日至18日首届全国课程学术研讨会在广州举行。会议的核心主题是"课程教材现代化：背景、现实与展望"，人们在对"课程现代化"的实质进行讨论时，尽管有一部分研究者仍然沿袭80年代"课程现代化"的思路，将课程现代化看作是社会现代化和教育现代化的客观要求，但有许多研究者已经不满足于这种对"课程现代化"的界定，他们已经开始关注"人的现代化"问题。有研究者认为课程现代化的实质，是实现课程范式从"主客二分"向"整合"的转型，当代"课程改革"的理想就是要超越"主客二分"而走向"主客统一"。也就是说，课程现代化不是指构建高效的课程工程系统，而是指人的现代化，要构建有助于儿童整体人格发展的课程。

与这种"课程现代化"相适应的"课程研究现代化"，在90年代表现为，在多重反思基础上课程论学科地位的确立。这首先从课程概念的转变开始，

---

① 这场论战以汪晖在《天涯》1997年第5期上发表的《当代中国的思想状况与现代性问题》为导火线，在现代性、自主与民主等问题上展开了激烈的论争，参与者有汪丁丁、徐友渔、陈明、钱永祥、赵刚等多位中国当代的著名学者。

随着人在我国教育中的真正凸显,研究者开始突破"计划、教材、学科、教学内容"单维的课程理解,趋向多元的课程理解,其中最为重要的是"课程作为学生的学习经验"这一维度,比起"计划""教学内容""教材"来说,"学习经验"是一个包容性更强的概念,是多维的、复杂的。而这一认识也使课程概念最终脱离了"教学论"的概念体系,使"课程论"也趁着90年代学界普遍的"知识化、专业化"大潮确立了自己的"学科地位",建立了完整的"学科体系"。人们开始不满足于课程论"是一门研究课程现象及其规律的科学"这一笼统的说法,不满足于将课程实践描述为一个"永远循环"的闭合回环,从而用单一工程话语和定量的方法对其进行研究,或者将课程研究方法按照一般的方法逻辑来处理。90年代研究者还原了课程现象的多重性和复杂性,力图用辩证的态度来对待马克思主义辩证法,除去公式化的苍白外衣,使它丰满和流动起来,因此课程研究现代化要求建立多层次、多维度的课程研究方法论体系。

而这一时期,潜在课程、活动课程、综合课程等概念的兴起和"课程作为学生的学习经验"也是密切相关的。当我们将课程理解为"学生的经验""学习的进程"等等这些概念时,就必然会关注那些以隐蔽方式起作用的课程,而纵观"课外活动→活动课程→综合课程"的概念发展历程,正是体现了关注"学生经验""学生的完整人格",以"主题"方式来统合课程,课程不再是外在于具体课程情境的固定的、物化的文本,而是师生在具体课堂情境中创生的一系列"课程事件"和"课程体验"。

进入21世纪,现代化的意涵变得更为充盈了,原因在于现代化的内涵里包括了对现代化反思和超越的两种力量,即后现代和全球化。的确,后现代一般都被认为是对现代的批判,但这并不等于说,后现代要另起炉灶,走一条完全不同于现代的路,相反,后现代对现代的超越实际上并没有脱离现代社会的基本轮廓,后现代的意义正在于它在盲目现代化的进程中停下来,深刻反省现代性本身及其后果,并力图突破长期以来的"二元"思维的模式,其目的是为了更好地推进现代化的进程。从这个意义上来说,后现代与现代是共谋的,并没有脱离现代,是现代化进程中的一个重要阶段,"后现代不是现代性的终结,而是现代性的新生,而且这种新生是持续不断的"。① 全球化

①转引自包亚明主编:《后现代性与公正游戏——利奥塔访谈、书信录》,上海人民出版社1997年版,第154页。

则是现代化的一种延续，虽然从词源上来看，全球化和现代化两个词的维度各不相同，"现代化"是时间维度的一个词，是对"传统的""过去的"的一种革新和超越；"全球化"是空间维度上的一个词，旨在消解和超越地方性、民族性、他者性，加强作为人类共同体的团结性、完整性，是对"地球公民"这一统一称谓的召唤。无论是"后现代"也好，还是"全球化"也好，都是以"现代性、现代化"为参照的，只不过从表面来看，似乎后现代更倾向于对现代的批判，而全球化则更像是现代性的一种肯定和延伸。然而，全球化和后现代却有着密切的关系，后现代的最基本特征是价值多元化，消解二元对立。而全球化也正是在承认和尊重多元性和多样化的基础上关注和发展人类的共性、整体性。因此2000年后，现代化最重要的内涵在于承认价值多元基础上对人的主体性的弘扬，将促进人的全面发展作为现代化最重要的任务。

如前所述，伴随着中国改革开放和经济改革的不断深入，在90年代就已经产生了各种各样的矛盾，而进入新世纪以后这些问题向深层发展，贫困、三农、生态、环保、心理、诚信、道德等一系列问题逐渐浮出水面，迫使我们的目光开始从"现代化""效率"进一步转向"和谐""公平公正""经济健康持续发展"等问题。2003年党的十六届三中全会提出以人为本，全面、协调、可持续发展的科学发展观，"以人为本"是科学发展观的核心。2005年党的十六届五中全会、2007年党的十七大都重申"坚持以人为本"。以人为本，是充分吸取和整合了现实中国社会三种政治文化资源提出的政治理念。因此，这里的"人"是具有丰富内涵的，以人为本是以人的自由、自律、自我认识、自我解放为目的，以人（公民）代替阶级，反映了执政党不是替社会的某一个或几个阶级服务，而是为全体公民服务，让最广大的公民享受改革开放的成果。以人为本，建立在"人的解放"和"全面发展"的基础上，关注每一个公民"自主性"和"创造性"的发展。

2000年后的课程现代化和2001年启动的第八次课程改革是密切相关的，2001年6月教育部印发了《基础教育课程改革纲要（试行）》，标志着第八次基础教育课程改革正式启动。2006年《义务教育法》的修订则为2000年后的以人为本的课程现代化提供了制度保证和法律保障。2006年修订的《义务教育法》，比起1986年的《义务教育法》来，最大亮点在于以下三点：其一，明确了政府责任，保障经费投入，切实保障每一公民的受教育权利。新《义务教育法》明确规定实施义务教育不收学费、杂费。国家建立义务教育経费保障机制,保证义务教育制度实施。其二,关注了教育公平和教育均衡发展的问题。新《义务教育法》第六条规定,国务院和县级以上人民政府应当合理配置教育资源,促进义务教育均衡发展。其三,规定了教育教学工作应当符合教育规律和学生身心发展特点,促进学生全面发展。以法律的形式体现和保障了从应试教育向素质教育、从精英教育向大众教育的转型。

与2000年后的课程现代化相适应的"课程研究现代化"则表现为一种文化的视角。具体来言,这种课程研究现代化表现在两个方面。一方面,由一种实体思维转向关系思维。实体思维假定世界有终极性本原,可以通过抽象演绎的理性方法来探求,对于课程研究而言,就是认为"课程本质""课程规律"等都是客观存在的知识,课程研究者可以隔开一段距离对课程实践进行审视,构建一个自足封闭的理论体系,并有效地指导课程实践。80年代课程工程研究话语就是在实体思维下产生的,这种二元对立的思维方式是封闭的、断裂的、简单的、静止的。而关系思维,顾名思义,从事物与事物、事物与人之间的"关系"中去理解事物,这是一种生存论的视角,即关心人与世界之间的关系,立足于人的需要来多元地审视这个复杂的世界。对于课程研究来说,课程研究者从经验角度来多重地审视课程领域,研究者同时也是体验者和参与者,课程研究和课程实践融为一体。

另一方面,"课程研究现代化"在全球化背景下表现为"课程文化自觉",构建课程论的学科基本结构。"现代化"以承认人的多元性和国家、民族的多元价值为前提,这种多元性在"课程研究现代化"中表现为"课程文化自觉"。"课程文化自觉"必然是指在认识"我是谁"基础上的对话,既要学会与过去对话,还要学会与他者对话,提倡"课程批评",建立起中国课程理论的基本学科结构。这种学科结构与以往的学科结构不同,是"跨学科""多学科"的,其目的是为了更好地获得学术的批判性、历史连贯性,它有横、纵两个维度,通过自我加以统整。纵向是指对过去的不断反省,整理学术思想史,理顺理论脉络;横向则一方面指打开学科视野,将课程研究放在更广阔的背景中加以审视,另一方面则通过跨国界的交流来增强和推进对自身研究的批判,从而促进课程研究领域的复杂性发展。这种学科结构恰恰是打开了一个纵深而广阔的学科视野,学科边界不是封闭的,而是开放的,充满了各种可能性,所以,学科化并不是一种倒退,而是确立自己身份后更有底气、更加开放的一种发展。2000年后,从"教学大纲"到"课程标准"、从"课程管理"到"课程领导"的概念名称转变，以及"校本课程开发""课程领导""课程实施""课程资源"等一系列概念成为热点及其内涵演变都反映了"以人为本"的理念。

综上所述，课程领域概念的演变为我们提供了一个审视课程研究现代化历程的视角，课程、课程编制、课程评价等概念内涵的演变，活动课程、综合课程、课程文化、校本课程开发、课程管理、课程领导、课程标准、课程意识、课程资源等概念的淡化和兴起，勾勒出改革开放三十多年间课程研究现代化的演变历程，从 80 年代"构建课程工程话语"到 90 年代"反思基础上课程论学科的知识化和专业化"再到 2000 年后创建"跨学科的课程论学科框架"，课程研究现代化随着时代和课程现代化内涵的演变不断地发生变化，未来课程研究现代化的概念仍是开放的，等待一种全新的诠释。

主要参考文献

一、中文部分

（一）资料及工具书

1. 董纯才.中国大百科全书·教育.北京:中国大百科全书出版社,1986

2. 顾明远.教育大辞典第1卷.上海:上海教育出版社,1990

3. 何东昌.中华人民共和国重要教育文献(1979—1990).海口:海南出版社,1991

4. 何东昌.中华人民共和国重要教育文献(1979—1990).海口:海南出版社,2003

5. 江山野.简明国际教育百科全书·课程.北京:教育科学出版社,1991

6. 龙华军等.中国教育书录(1991—1996).北京:北京师范大学出版社,1999

7. 人民出版社编辑部.中国共产党十一届三中全会以来大事记.北京:人民出版社,1998.

8. 田东平等.中国教育书录(1949—1990).北京:北京师范大学出版社,1996

9. 中国人民大学书报资料中心.报刊资料索引,1978年至2003年

10. 中共中央党史研究室.中国共产党新时期历史大事记(增订本)(1978.12—2002.5).北京:中共党史出版社,2002

11. 朱作仁.教育辞典.南昌:江西教育出版社,1987

12. 质量标准化计量百科全书编委会.质量、标准化、计量百科全书.北京:中国大百科全书出版社,2001

（二）著作类

1. 〔以〕艾森斯塔德.现代化:抗拒与变迁.张旅平等译.北京:中国人民大学出版社,1988

2. 〔法〕埃德加·莫兰.迷失的范式:人性研究.陈一壮译.北京:北京大

学出版社,2000

3.〔法〕埃德加·莫兰.复杂思想:自觉的科学.陈一壮译.北京:北京大学出版社,2001

4.〔法〕埃德加·莫兰.方法:思想观念.秦海鹰译.北京:北京大学出版社,2002

5.〔法〕埃德加·莫兰.方法:天然之天性.吴泓缈等译.北京:北京大学出版社,2002

6.〔法〕埃德加·莫兰.复杂性理论与教育问题.陈一壮译.北京:北京大学出版社,2004

7.〔英〕阿雷恩·鲍尔德温等.文化研究导论(修订本).陶东风等译.北京:高等教育出版社,2004

8.〔美〕艾伦·C·奥恩斯坦、弗朗西斯·P·汉金斯.课程:基础、原理和问题.柯森主译.南京:江苏教育出版社,2002

9.〔美〕艾伦·C·奥恩斯坦等.当代课程问题.余强主译.杭州:浙江教育出版社,2004

10.〔苏〕巴班斯基.教学过程最优化——一般教学论方面.张定璋等译.北京:人民教育出版社,1984

11.〔美〕比彻姆.课程理论.黄明皖译.北京:人民教育出版社,1989

12.〔美〕彼得·诺思豪斯.领导学:理论与实践.吴荣先等译.南京:江苏教育出版社,2002

13.〔英〕鲍曼.流动的现代性.欧阳景根译.上海:上海三联书店,2002

14.〔英〕伯姆.论对话.王松涛译.北京:教育科学出版社,2004

15.〔法〕保罗·利科.活的隐喻.汪堂家译.上海:上海译文出版社,2004

16.白月桥.课程变革概论.石家庄:河北教育出版社,1996

17.包亚明.后现代性与公正游戏——利奥塔访谈、书信录.上海:上海人民出版社,1997

18.陈侠.课程论.北京:人民教育出版社,1989

19.陈嘉映.语言哲学.北京:北京大学出版社,2003

20.陈平原.大学何为.北京:北京大学出版社,2006

21.陈桂生.常用教育概念辨析.上海:华东师范大学出版社,2009

22.丛立新.课程论问题.北京:教育科学出版社,2000

284

23. 查建英.80年代访谈录.北京:生活·读书·新知三联书店,2006

24. 董远骞,张定璋,裴文敏.教学论.杭州:浙江教育出版社,1984

25. 〔英〕丹尼斯·劳顿.课程研究的理论与实践.张渭城等译.北京:人民教育出版社,1985

26. 〔美〕丹尼尔·坦纳,劳雷尔·坦纳.学校课程史.崔允漷等译.北京:教育科学出版社,2006

27. 丁念金.课程论.福州:福建教育出版社,2007

28. 费孝通.论文化与文化自觉.北京:群言出版社,2005

29. 傅敏.傅雷家书.南京:江苏文艺出版社,2010

30. 顾明远.教育大辞典第1卷.上海:上海教育出版社,1990

31. 高峡.活动课程的理论与实践.上海:上海科技教育出版社,1997

32. 耿占春.隐喻.北京:东方出版社,2003

33. 郝德永.课程与文化:一个后现代的检视.北京:教育科学出版社,2002

34. 〔德〕汉斯—格奥尔德·加达默尔.真理与方法——哲学诠释学的基本特征.洪汉鼎译.上海:上海译文出版社,1999

35. 〔德〕黑格尔.历史哲学.王造时译.上海:上海书店出版社,1999

36. 洪汉鼎.诠释学——它的历史和当代发展.北京:人民出版社,2001

37. 黄政杰.课程设计.台北:东华书局,1991

38. 黄显华.强迫普及学校教育:制度与课程.香港:香港中文大学出版社,1997

39. 黄书光,王伦信,袁文辉.中国基础教育改革的文化使命.北京:教育科学出版社,2001

40. 黄光国.社会科学的理路.北京:中国人民大学出版社,2006

41. 黄忠敬.移植与重建:中国中小学教学的话语转换.济南:山东教育出版社,2007

42. 〔德〕哈贝马斯.后民族结构.曹卫东译.上海:上海人民出版社,2002

43. 〔德〕哈贝马斯.现代性的哲学话语.曹卫东译.南京:译林出版社,2004

44. 〔美〕海登·怀特.元史学:十九世纪欧洲的历史想象.陈新译.南京:译林出版社,2004

45.〔美〕I·谢富勒.教育的语言.林逢祺译.台北:台北桂冠图书股份有限公司,1994

46. 靳玉乐.潜在课程论.南昌:江西教育出版社,1997

47. 靳玉乐.现代课程论.重庆:西南师范大学出版社,1995

48. 靳玉乐,黄清.课程研究方法论.重庆:西南师范大学出版社,2000

49. 金观涛,刘青峰.观念史研究.北京:法律出版社,2009

50. 江怡.西方哲学史·现代英美分析哲学.南京:江苏人民出版社,2005

51.〔俄〕卡特林娅·萨里莫娃、〔美〕欧文·V·约翰宁迈耶.当代教育史研究与教学的主要趋势.方晓东等译.北京:教育科学出版社,2001

52.〔芬兰〕凯瑞·帕罗内.昆廷·斯金纳思想研究.李宏图、胡传胜译.上海:华东师范大学出版社,2005

53.〔美〕卡尔.历史是什么.北京:商务印书馆,2007

54.〔英〕昆廷·斯金纳.霍布斯哲学思想中的理性和修辞.王加丰、郑崧译.上海:华东师范大学出版社,2005

55. 刘培育.金岳霖学术论文选.北京:中国社会科学出版社,1990

56. 廖哲勋.课程学.武汉:华中师范大学出版社,1991

57. 雷蒙·潘尼卡.宗教内对话.北京:宗教文化出版社,2001

58. 廖哲勋,田慧生.课程新论.北京:教育科学出版社,2003

59. 吕达.中国近代课程史论.北京:人民教育出版社,1994

60. 吕达.课程概论.北京:人民教育出版社,2004

61.〔英〕路德维希维·特根斯坦.哲学研究.陈嘉映译.上海:上海人民出版社,2001

62.〔英〕路德维希维·特根斯坦.论确实性.张金言译.桂林:广西师范大学出版社,2002

63. 李定仁,徐继存.课程论研究二十年.北京:人民教育出版社,2004

64. 李德顺.新价值论.昆明:云南人民出版社,2005

65. 李友梅.中国社会生活的变迁.北京:中国大百科全书出版社,2008

66. 林尚立.政治建设与国家成长.北京:中国大百科全书出版社,2008

67.〔美〕罗伯特·F·伯克霍福.超越伟大故事:作为文本和话语的历史.邢立军译.北京:北京师范大学出版社,2008

68. 苗东升. 系统科学辩证法. 济南:山东教育出版社,1998

69. 〔美〕麦克洛斯基等. 社会科学的措辞. 许宝强等编译. 北京:生活·读书·新知三联书店,2000

70. 〔英〕迈克尔·波兰尼. 个人知识——迈向后批判哲学. 许泽民译. 贵阳:贵州人民出版社,2000

71. 〔美〕迈克尔·W·阿普尔. 意识形态与课程. 黄忠敬译. 上海:华东师范大学出版社,2001

72. 〔英〕梅尔文里克特. 政治和社会概念史研究. 张智译. 上海:华东师范大学出版社,2010

73. 马洪,王梦奎. 2003—2004 年中国经济形势与展望. 北京:中国发展出版社,2004

74. 欧用生,陈伯璋. 课程与教学的餐宴. 高雄:复文出版社,2003

75. 〔美〕帕特里克·斯莱特里. 后现代时期的课程发展. 徐文彬等译. 桂林:广西师范大学出版社,2007

76. 全国课程专业委员会秘书处. 21 世纪中国课程研究与改革. 北京:人民教育出版社,2001

77. 瞿葆奎. 教育学文集·课程与教材上册. 北京:人民教育出版社,1988

78. 瞿葆奎. 教育学文集·课外校外活动. 北京:人民教育出版社,1991

79. 瞿葆奎. 教育学文集·教育与教育学卷. 北京:人民教育出版社,1993

80. 〔美〕乔治·J·波斯纳. 课程分析. 仇光鹏等译. 上海:华东师范大学出版社,2007

81. 施良方. 课程理论——课程的基础、原理和问题. 北京:教育科学出版社,1996

82. 石中英. 知识转型与教育改革. 北京:教育科学出版社,2001

83. 盛群力等编. 教学设计. 北京:高等教育出版社,2005

84. 孙立平. 现代化与社会转型. 北京:北京大学出版社,2005

85. 〔美〕泰勒. 课程与教学的基本原理. 施良方译. 北京:人民教育出版社,1994

86. 田正平. 中国教育思想通史(第六卷). 长沙:湖南教育出版社,1994

287

87. 田正平.中外教育交流史.广州：广东教育出版社,2004

88. 〔美〕托马斯·库恩.科学革命的结构.北京：北京大学出版社,2003

89. 陶东风,和磊.文化研究.桂林：广西师范大学出版社,2006.

90. 〔德〕沃尔夫冈·布列钦卡.教育科学的基本概念——分析、批判和建议.胡劲松译.上海：华东师范大学出版社,2001

91. 〔德〕沃尔夫冈·布列钦卡.教育知识的哲学.杨明全、宋时春译.上海：华东师范大学出版社,2006

92. 吴杰.教学论——教学理论的历史发展.长春：吉林教育出版社,1986

93. 吴永军.课程社会学.南京：南京师范大学出版社,1999

94. 王伟廉编.课程研究领域的探索.成都：四川教育出版社,1988

95. 王鉴.课程论热点问题研究.桂林：广西师范大学出版社,2008

96. 王策三.教学论稿.北京：人民教育出版社,1985

97. 〔美〕威廉 F·派纳等.理解课程.张华等译.北京：教育科学出版社,2003

98. 汪民安.现代性.桂林：广西师范大学出版社,2005

99. 〔美〕小威姆斯·多尔.后现代课程观.王红宇译.北京：教育科学出版社,2000

100. 〔美〕小威姆斯·多尔等.课程愿景.张文军等译.北京：教育科学出版社,2004

101. 许纪霖,罗岗等.启蒙的自我瓦解:1990年代以来中国思想文化界重大论争研究.长春：吉林出版集团有限公司,2007

102. 许明等.当代中国的文化发展.北京：中国大百科全书出版社,2008

103. 杨树达.积微居小学述林.中国科学院出版,1954

104. 〔日〕伊藤信隆.学校理科课程论.邢清泉等译.北京：人民教育出版社,1988

105. 余英时.中国思想传统的现代诠释.南京：江苏人民出版社,1989

106. 余文森,吴刚平,刘良华.关注资源、学科与课堂的统整.上海：华东师范大学出版社,2005

107. 燕国材.素质教育论.南京：江苏教育出版社,1997

108. 有宝华.综合课程论.上海：上海教育出版社,2002

109.〔美〕约翰·杜威.确定性的寻求——关于知行关系的研究.傅统先译.上海:上海教育出版社,2004

110.朱熹.四书章句集注.《论语》卷五《子罕》.北京:中华书局,1983

111.钟启泉编.现代课程论.上海:上海教育出版社,1989

112.钟启泉.现代课程论(新版).上海:上海教育出版社,2003

113.钟启泉编.对话教育——国际视野与本土行动.上海:华东师范大学出版社,2006

114.钟启泉等.解读中国教育.北京:教育科学出版社,2000

115.钟启泉,吴国平.反思中国教育.上海:华东师范大学出版社,2007

116.钟启泉,罗厚辉.课程范式的转换——上海与香港的课程改革.上海:上海教育科技出版社,2003

117.章小谦.教育是什么?——从概念史的角度看.浙江大学 2007 年博士后研究工作报告

118.〔日〕佐藤学.课程与教师.钟启泉译.北京:教育科学出版社,2003

119.〔日〕佐藤学.学习的快乐——走向对话.钟启泉译.北京:教育科学出版社,2004

120.〔日〕水原克敏.现代日本教育课程改革.方明生译.北京:教育科学出版社,2005

121.〔日〕筑波大学教育学研究会.现代教育学基础.钟启泉译.上海:上海教育出版社,1986

122.张华.课程与教学论.上海:上海教育出版社,2000

123.张华,石伟平,马庆发.课程流派研究.济南:山东教育出版社,2000

124.张沛.隐喻的生命.北京:北京大学出版社,2004

125.张楚廷.教学论纲.北京:高等教育出版社,1999

126.张嘉育.学校本位课程发展.台北:台湾师大书苑有限公司,1999

127.张佳琳.课程管理——理论与实务.台北:五南图书出版社股份有限公司,2004

128.赵一凡等.西方文论关键词.北京:外语教学与研究出版社,2006

(三)论文类

1.〔美〕埃利尔特·W·艾斯纳等.五种课程概念——它们的思想根源及其课程设计的思想.廖哲勋摘译.课程·教材·教法,1985(3、4)

2. 白月桥.我国三代课程历史演进初探.课程研究,1998(1)

3. 陈侠.课程编订:概念和原则.课程·教材·教法,1983(5)

4. 陈侠.制约学校课程的各种因素.课程·教材·教法,1985(3)

5. 陈侠.课程论的学科位置和它同教学论的关系.课程·教材·教法,1987(3)

6. 陈扬光.中国当前课程论研究热点述评.福建师范大学学报(哲社版),1996(3)

7. 陈桂生.“课程”辨.课程·教材·教法,1994(11)

8. 陈桂生.何谓“校本课程”.中学语文教学,2001(3)

9. 陈桂生.“学校课程”的建构.杭州师范学院学报(社会科学版),2003(4)

10. 陈佑清.论“素质教育”概念的规定及其特性.南京师范大学学报(社会科学版),1999(1)

11. 陈信泰,张武升.也谈马克思主义关于人的全面发展问题——兼与王逢贤同志商榷.教育研究,1983(7)

12. 陈学军.复杂性思维:一种新的课堂教学组织观.当代教育科学,2004(3)

13. 陈霞,赵中建.中英美三国的课程标准之比较.外国教育研究,2005(7)

14. 蔡克勇,冯向东.第二课堂的产生是教育思想上的一种革命.高等教育研究,1985(4)

15. 蔡进雄.中小学教师领导理论之探讨.教育研究月刊,2005(11)

16. 蔡灿新.教育本体论研究的转向与教育本体的复杂性——复杂性思维方式视野中的教育本体论研究.教育理论与实践,2006(17)

17. 查有梁.建立教育的“良性循环”.瞭望,1986(12、13、14、15)

18. 丛立新.综合活动课程刍议.中国教育学刊,1995(1)

19. 崔允漷.略论我国基础教育课程政策的改革方向.教育发展研究,1999(9)

20. 崔允漷.国家课程标准与框架的解读.全球教育展望,2001(8)

21. 崔允漷.基于课程标准:让教学回家.基础教育课程,2011(12)

22. 崔允漷,洪志忠.要避免校本课程开发在实践中走入误区.中国教育报,2008年5月30日

23. 崔允漷,洪志忠.要避免校本课程开发在实践中走入误区.中国教育

报,2008 年 5 月 30 日

24. 曹培英.关于课程标准的几点思考.课程·教材·教法,2005(5)

25. 程志华.中国哲学术语系统的形成与发展.中国哲学史,2007(2)

26. 成素梅,郭贵春.语境论的真理观.哲学研究,2007(5)

27. 戴伯韬.论研究学校课程的重要性.课程·教材·教法,1981(1)

28. 〔英〕丹尼斯·劳顿.课程设置的两大类理论.张渭城等译.外国教育资料,1982(4)

29. 丁学良.马克思的"人的全面发展观"概览.中国社会科学,1983(3)

30. 丁钢.教育与生产力的关系再认识.教育研究,1989(11)

31. 但武刚.课程论的研究现状与发展趋势.课程研究,1998(2)

32. 丁邦平,顾明远.学科课程与"活动课程":分离还是融合——兼论"学生本位课程"及其特征.教育研究,2002(10)

33. 董祥智.论课外活动——兼评"第二课堂".教育研究与实验,1985(3)

34. 邓友超.论课程实施的想象力.教育研究与实验,2005(3)

35. 邓友超.看待"泰勒原理"的辩证法.上海教育科研,2005(2)

36. 邓达,于洪燕.校际课程开发:优化区域教育资源的途径.中国教育报,2006 年 4 月 28 日

37. 范兆雄.课程资源如何开发.西北师范大学学报(社会科学版),2002(3)

38. 范蔚.实施综合实践活动对课程资源的开发利用.教育科学研究,2002(3)

39. 方维规.概念史研究方法要旨——兼谈中国研究中存在的问题.黄兴涛.新史学(第三卷)文化史研究的再出发,中华书局,2009

40. 高文.巴斯基教学论研究的时代背景和方法论基础——(巴班斯基教学论思想述评之一).全球教育展望,1983(1)

41. 高文.试论课程与教学的一体化研究.外国教育资料,1996(6)

42. 高天明.应从哲学层面探讨.中国教育报,2005 年 8 月 13 日

43. 谷贤林.课程论的发展与今后的课程发展趋势.教育科学论坛,1995(2)

44. 郭继东.我国课程管理体制改革刍议.教学与管理,1998(7)

45. 郭晓明.分级课程管理体制改革的几个迫切问题.教育理论与实践,2001(1)

46. 郭元祥.教师的课程意识及其生成.教育研究,2003(6)

47. 郭元祥. 课程理解的转向：从"作为事实"到"作为实践"——兼论课程研究中的思维方式. 课程·教材·教法,2008(1)

48. 郭贵春. 语义学研究的方法论意义. 中国社会科学,2007(3)

49. 郝德永. 关于课程本质内涵的探讨. 课程·教材·教法,1997(8)

50. 黄清. 课程研究的方法论原则. 教育评论,1999(3)

51. 黄甫全. 课程本质新探. 教育理论与实践,1996(1)

52. 黄甫全. 课程理想与课程评价——世纪之交对课程评价指标体系构建的文化思考. 华南师范大学学报(社科版),1996(6)

53. 黄甫全. 课程研制过程刍论. 华南师范大学学报(社科版),1998(2)

54. 黄甫全. 论课程范式的周期性突变律. 课程·教材·教法,1998(5)

55. 黄甫全. 新中国课程研究的回顾与展望. 教育研究,1999(12)

56. 黄甫全. 大课程论初探——兼论课程(论)与教学(论)的关系. 课程·教材·教法,2000(5)

57. 黄甫全. 当代课程与教学论：新内容体系与教材结构. 课程·教材·教法,2006(1)

58. 黄立志,路书红. 谈课程研究范式的中国化问题. 教育论坛,1997(2)

59. 黄忠敬. 课程文化释义：一种分析框架. 学术探讨,2002(1)

60. 黄兴涛. "话语"分析与中国近代思想文化史研究. 历史研究,2007(2)

61. 胡克英. 人在呼唤. 教育研究,1989(3)

62. 胡东芳. 论"课程共有"——对中国特色课程政策模式的探索. 教育研究,2002(8)

63. 胡献忠. 我国校本课程开发的可能性与现实性. 南京师范大学 2002 年硕士论文

64. 胡新林. 课程批评的隐忧. 教育科学研究,2005(2)

65. 胡文娟. 泰勒原理未过时. 教书育人：高教论坛,2007(3)

66. 胡文松. 课程、超越和禅宗/道教：自我的批判本体论. 威廉·派纳. 课程：走向新的身份. 北京：教育科学出版社,2008 年

67. 扈中平. 人是教育的出发点. 教育研究,1989(8)

68. 杭苇. 关于"两个渠道"论的若干认识问题. 教育研究,1985(5)

69. 郝志军. 探究性教学的实质：一种复杂性思维视角. 教育研究,2005(11)

70. 何卫平. 概念史的分析：伽达默尔解释学的方法与实践. 中州学刊,

2007(2)

71. 〔美〕I·谢弗勒.对教学和课程的思考.华东师范大学学报(教科版),1988(2)

72. 蒋晓.泰勒课程原理述评.教育评论,1988(5)

73. 蒋晓.当代课程论中的若干问题.教育论丛,1990(1)

74. 蒋仲仁.研究"人".教育研究,1989(3)

75. 蒋世民.课程本质及其方法论再思考——兼与徐继存先生商榷.当代教育科学,2005(24)

76. 江山野.课程理论中的一个基本问题.课程·教材·教法,1993(11)

77. 姜伯驹.新课标让数学课失去了什么.光明日报,2005年3月16日

78. 靳玉乐等.课程论学科发展的方向.课程·教材·教法,1998(1)

79. 靳玉乐,赵永勤.校本课程发展背景下的课程领导:理论与策略.课程·教材·教法,2004(12)

80. 靳玉乐,艾兴.新课程改革的理论基础是什么.中国教育报,2005年5月28日

81. 靳玉乐,罗生全.课程论研究三十年:成就、问题与展望.课程·教材·教法,2009(1)

82. 贾非.世界课程管理模式的主流与趋势——兼谈我国高中课程改革的困境与对策.外国教育研究,1994(6)

83. 江峰.客观与主观:当代课程哲学的两种知识观评析.北大教育评论,2006(10)

84. 金生鈜.课程知识的合法性基础的解构.现代教育论丛,2001(3)

85. 金建生.中学教师领导研究.西北大学2007年硕士论文

86. 金志远.课程批评:课程研究的一个盲点.当代教育科学,2008(13)

87. 季诚钧.课程管理与课程领导辨析——兼与靳玉乐先生商榷.教育研究,2009(3)

88. 李有发.课程评价与课程改革.外国教育动态,1988(6)

89. 李其龙.控制论意义上的教学论.外国教育资料,1989(1)

90. 李慧君.我国课程管理的主要问题及改革建议.课程·教材·教法,1998(7)

91. 李臣之.课程实施:意义与本质.课程·教材·教法,2001(9)

92. 李定仁,段兆兵.试论课程领导与课程发展.课程·教材·教法,2004(2)

93. 李传永.新课程实施：摒弃一种唯计划性——呼唤教学实践智慧.教育理论与实践,2004(3)

94. 李政涛.解读课程理论与教育学的关系——兼论当前课程研究方向的转型.湖南师范大学教育科学学报,2004(7)

95. 李子建,尹弘飚.后现代视野中的课程实施.华东师范大学学报(教育科学版),2003(1)

96. 李子建,尹弘飚.反思课程与教学的关系：从理论到实践.全球教育展望,2005(1)

97. 李友梅.当前社团组织的作用及其管理体系.探索与争鸣,2005(12)

98. 李锋.基于课程标准的教学设计研究.华东师范大学2010年博士论文

99. 李耀南.庄子"知"论析义.哲学研究,2011(3)

100. 李宏图.概念史与历史的选择.史学理论研究,2012(1)

100. 李秀伟.中小学校本课程开发的异变问题与改进.教育研究,2014(5)

101. 刘舒生.课内教学与课外活动我见——兼评"两个课堂"和"两个渠道"的提法.课程·教材·教法,1986(4)

102. 刘耀文.试论教学的反馈调节原则.教育研究,1987(8)

103. 刘义兵.当代国外课程评价的基本模式.外国教育研究,1992(1)

104. 刘要悟.试析课程论与教学论的关系.教育研究,1996(4)

105. 刘放桐.后现代主义与西方哲学的现当代走向.国外社会科学,1996(3、4)

106. 刘铁芳.必要与可能：教育学范式的打破与话语的更新.高等师范教育研究,1997(5)

107. 刘力.课程与教学辨.杭州教育学院学报,1999(5)

108. 刘兼.国家课程标准的框架和特点分析.人民教育,2001(11)

109. 刘启迪.试论学生与课程实施的关系.课程·教材·教法,2002(2)

110. 刘启迪.课程文化:涵义、价值取向与建设策略.课程·教材·教法,2005(10)

111. 刘启迪.课程理论发展与实践进展——第五次全国课程学术研讨

会综述.课程·教材·教法,2006(10)

112. 刘培涛.新课程改革需要扬弃哪些东西.中国教育报,2005 年 9 月 17 日

113. 刘家访.从课程的概念界定看我国课程研究的问题.天津教科院学报,2004(4)

114. 刘志军.发展性课程评价体系初探.课程·教材·教法,2004(8)

115. 刘万海.论我国课程研究的本土意识.教育学报,2005(4)

116. 刘丽群.课程改革:在实施中变异.湖南师范大学教育科学学报,2002(12)

117. 刘丽群.论课程博弈.福建师范大学学报(哲学社会科学版),2008(1)

118. 刘启迪.课程理论与实践创新——第六次全国课程学术研讨会综述.课程·教材·教法,2008(12)

119. 刘启迪.新世纪课程改革十年:趋向与愿景——第七次全国课程学术研讨会综述.课程·教材·教法,2011(1)

120. 刘冬岩,蔡旭群.新一轮课程改革的回顾与展望——第八次全国课程学术研讨会综述.课程·教材·教法,2013(1)

121. 吕型伟.创建两个渠道并重的教学体系,培养现代化建设人才.上海教育,1984(1)

122. 吕型伟.关于"第二渠道"的几个问题.上海教育,1984(7、8)

123. 雷顺利.我国三级课程管理体制的发展取向与运行思路.教育发展研究,2002(12)

124. 雷蒙·潘尼卡.文化间哲学引论.浙江大学学报(社科版),2004(6)

125. 劳凯声.对马克思创立人的全面发展学说的几点认识——兼与陈信泰、张武升等同志商榷.教育研究,1985(4)

126. 鲁艳.校本课程:概念必须正确理解.教育发展研究,1999(12)

127. 柳海民,朱成科.求证现代教育方程的约定解——试论复杂性理论的教育学应用.教育理论与实践,2004(7)

128. 罗槐.坚持马克思主义　保证课改方向.中国教育报,2005 年 9 月 17 日

129. 廖哲勋.关于校本课程开发的理论思考.课程·教材·教法,2004(8)

130. 廖哲勋. 我对当代课程本质的看法(上). 课程·教材·教法, 2006(7)

131. 林剑. 论马克思实践唯物主义人学理论的深刻革命. 哲学研究, 2006(9)

132. 卢乃桂, 陈峥. 作为教师领导的教改策略——从组织层面探讨欧美的做法与启示. 教育发展研究, 2006(9)

133. 卢乃桂, 陈峥. 赋权予教师: 教师专业发展中的教师领导. 教师教育研究, 2007(7)

134. 龙跃君. 复杂性方法对教育研究视角选择的启示. 江苏高教, 2008(3)

135. 楼巍. 轴心命题与知识——第三阶段的维特根斯坦与知识论重塑. 哲学研究, 2012(1)

136. 马云鹏. 国外关于课程取向的研究及对我们的启示. 外国教育研究, 1998(3)

137. 马云鹏. 课程改革实验区追踪评估的最新报告. 教育发展研究, 2005(5)

138. 马开剑. 泰勒原理在后现代语境中的解构与重塑. 全球教育展望, 2004(4)

139. 马福迎. 对《靳文》有些观点, 不敢苟同. 中国教育报, 2005 年 8 月 13 日

140. 母小勇. 论课程的文化逻辑. 教育研究, 2005(11)

141. 裴娣娜. 多元文化与基础教育课程文化建设的几点思考. 教育发展研究, 2002(4)

142. 彭钢. 从教学大纲走向课程标准——课程标准所体现的课程理念与实施要求的解读. 当代教育科学, 2003(21)

143. 潘洪建. 课程改革的知识观透析. 教育科学, 2004(3)

144. 潘黎, 王素. 近十年来教育研究的热点领域和前沿主题——基于八种教育学期刊 2000—2009 年刊载文献. 教育研究, 2011(2)

145. 全德. 课程论的发展与国外当前的课程改革趋势. 教育论丛, 1989(1)

146. 全国课程专业委员会秘书处. 21 世纪中国课程研究和改革发展——全国第二届课程学术研讨会暨全国课程专业委员会年会综述. 课程·教材·教法, 2000(6)

147. 全国课程专业委员会秘书处. 新时代新人才 新课程新征程——第

三次全国课程学术研讨会综述.课程·教材·教法,2001(12)

148. 全国课程专业委员会秘书处.基础教育课程改革的反思与评价——第四次全国课程学术研讨会综述.课程·教材·教法,2004(8)

149. 全国课程专业委员会秘书处.迈向课程理论与实践发展的新台阶——第五次全国课程学术研讨会综述.课程·教材·教法,2006(22)

150. 任长松.关于"课程"的概念.山东教育科研,1995(4、5)

151. 任长松.20年来课程观的三次变革.天津市教科院学报,1999(6)

152. 容中逵,刘要悟.民族化、本土化还是国际化、全球化——论当前我国基础教育课程改革的参照系问题.比较教育研究,2005(7)

153. 盛绍宽.也谈马克思主义关于人的全面发展问题——兼与王逢贤同志商榷.教育研究,1983(4)

154. 盛宁.全球化语境下的"文化自觉"三议.当代外国文学,2008(1)

155. 沈剑平.课程编制的目标模式和过程模式述评.课程·教材·教法,1988(6)

156. 施良方.课程定义辩析.教育评论,1994(3)

157. 施良方.论课程的基础.课程·教材·教法,1995(1)

158. 施良方.西方课程探究范式探析.华东师范大学学报(教科版),1994(3)

159. 孙阳春.课程实施:非线性发展的过程.教育评论,2002(2)

160. 孙云龙.德语地区社会史研究的语言学转向:概念史研究刍议.学海,2011(5)

161. 申仁洪,黄甫全.学习化课程资源:课程资源的价值重构.课程·教材·教法,2004(7)

162. 宋剑,温双艳.回到教育事件本身——复杂性理论视域中的教育规律研究.教育理论与实践,2006(5)

163. 司晓宏,吴东方.复杂性理论与教育的复杂性研究.教育研究,2007(11)

164. 田慧生.西方现代课程观评述.教育评论,1989(3)

165. 田正平,章小谦.中国教育概念史研究刍议.华中师范大学学报(人文社会科学版),2007(9)

166. 唐德海.大学课程管理引论.现代大学教育,2001(4)

167. 唐德海,李枭鹰.复杂性视域中的教育选择.高等教育研究,2006(10)

168. 屠莉娅.课程研究的学科化与国际化:一个领域的智力突破及其可能的未来——威廉·派纳教授访谈录.全球教育展望,2008(12)

169. 文雪,扈中平.复杂性视域里的教育研究.教育研究,2003(11)

170. 伍雪辉,郭元祥.我国课程话语的历史透析.全球教育展望,2006(11)

171. 王逢贤.马克思的异化理论与人的全面发展.教育研究,1981(7)

172. 王鉴.如何认识课程论在教育学学科体系中的地位.上海教育科研,1995(2)

173. 王永红,黄甫全.课程现代化:跨世纪的思考——首届全国课程学术研讨会述评.课程·教材·教法,1998(2)

174. 王斌华.课程规划导论(下).外国教育资料,1998(1)

175. 王斌华.厘清校本课程开发的六大误解.中国教育报,2010年7月23日

176. 王策三.认真对待"轻视知识"的教育思潮.北京大学教育评论,2004(3)

177. 王华生.澄清几个概念,才能进行对话.中国教育报,2005年9月17日

178. 王洪明.复杂性视野下的教育研究.教育科学,2006(4)

179. 王德如.课程文化自觉的基本途径.教育研究,2007(10)

180. 王志林.论课程意识与教师个人知识的创生.全球教育展望,2008(10)

181. 王占伟,郭瑞.校本课程开发急需思维升级.中国教师报,2013年2月27日

182. 王祖亮.从"校本课程"走向"课程校本".课程教学研究,2014(1)

183. 汪海波.教育部门是一个重要的生产部门.教育研究,1980(5)

184. 汪霞.课程研究若干理论问题的探讨.教育理论与实践,1999(8)

185. 汪霞.课程研究:从现代到后现代.湖南师范大学教育科学学报,2003(1)

186. 吴永军.当代西方课程社会学概览.国外社会科学,1992(10)

187. 吴永军.新教育社会学的课程理论评析.外国教育资料,1995(6)

188. 吴永军.试论课堂教学中知识的社会建构.教育理论与实践,1995(5)

189. 吴永军.教学过程中潜在课程的若干分析.上海教育科研,1995(10)

190. 吴永军.当代西方课程的社会学研究述评.南京师范大学学报(社

会科学版),1995(1)

191. 吴杰,乔晓东.课程论的历史发展所揭示的问题.课程·教材·教法,1985(2)

192. 吴钢.论教育学的终结.教育研究,1995(7)

193. 吴刚平.校本课程开发的定性思考.课程·教材·教法,2000(7)

194. 吴刚平,樊莹.课程资源建设中的几个认识问题.教育理论与实践,2001(7)

195. 吴刚平.课程资源的理论构想.教育研究,2001(9)

196. 吴刚平.校本课程要走出"校本教材"的误区.上海教育科研,2005(8)

197. 汪菊.课程领导研究:一种综合的观点.华东师范大学2004年硕士论文

198. 徐洪涛.努力开辟第二课堂.人民教育,1983(11)

199. 徐学福.库恩的课程思想.广西师范大学学报(哲社版),1997(3)

200. 徐继存,段兆兵,陈琼.论课程资源及其开发与利用.学校教育,2002(2)

201. 徐继存.课程本质研究及其方法论思考.当代教育科学,2003(14)

202. 徐玉珍.是校本的课程开发,还是校本课程的开发——校本课程开发概念再解读.课程·教材·教法,2005(11)

203. 徐学俊,周冬祥.地方课程资源开发与优化配置的探索.教育研究,2005(12)

204. 徐君.从课程管理到课程领导:课程发展的必由之路.课程·教材·教法,2005(6)

205. 徐佳.西方校本课程开发的回落与转型.当代教育科学,2007(Z2)

206. 新崛通也,钟启泉.教育论争的分析框架.外国教育资料,1998(1)

207. 肖川.知识观与教学.全球教育展望,2004(11)

208. 肖川.客观与主观:当代课程哲学的两种知识观评析.北大教育评论,2006(4)

209. 夏永庚,童强.教师知识观中的问题及其重建.全球教育展望,2006(4)

210. 夏雪梅.基于标准设计教学目标:课程实施程度的视角.全球教育展望,2010(4)

211. 熊和平.复杂性思维与我国教学理论的创新.课程·教材·教法,

2005(2)

212. 许洁英.国家课程、地方课程和校本课程的含义、目的及地位.教育研究,2005(8)

213. 许占权,孙颖.课程领导及其实践意义分析.当代教育论坛,2006(22)

214. 校本课程的未来之路 专访上海市教委基教处副处长颜慧芬.上海教育,2013(1)

215. 〔英〕英格拉姆.综合课程的作用.吕达译.课程·教材·教法,1985(2、3)

216. 于光远.重视培养人的研究.学术研究,1978(3)

217. 于洪卿.论课程的文化内涵.教育评论,1997(1)

218. 余盛泽.论"知识结构""教材结构""认识结构"的关系.课程·教材·教法,1986(2)

219. 叶澜.试论当代中国教育价值取向之偏差.教育研究,1989(8)

220. 严先元.商品经济·商品文化与人的发展.教育研究,1989(1)

221. 杨德.知识结构与能力结构间的正反馈机制.教育研究,1987(6)

222. 杨爱程.美国课程论中的课程定义举要.比较教育研究,1987(5)

223. 杨爱程.当代课程设计中的几个趋势.教育科学,1992(3)

224. 杨金玉.活动课程简论.课程·教材·教法,1994(8)

225. 杨银付.素质教育若干理论问题的探讨.教育研究,1995(12)

226. 杨莉娟.全国活动教学研讨会综述.教育研究,1996(9)

227. 杨柄.系统论取代不了马克思主义唯物辩证法世界观.岱宗学刊,1998(2)

228. 杨明全.课程实施的学理分析:内涵、本质与取向.全球教育展望,2004(1)

229. 杨桃园,韩冰洁,苗俊杰.塑造大国网民.瞭望周刊,2004(8)

230. 杨龙立,潘丽珠."教学"的语言分析——兼述教学论和课程论之争论.教育学报,2006(1)

231. 余进利.对"课程领导"和"课程管理"的甄别.当代教育科学,2000(20)

232. 余进利.关于校本课程开发的新思考.教育发展研究,2004(1)

233. 余进利.我国基础教育三级课程管理体制实施述评.当代教育科学,2004(4)

234. 余志文.香港校本课程发展之研究.华东师范大学 2001 年博士论文

235. 尹弘飚,李子建.论学生参与课程实施及其研究.课程·教材·教法,2005(1)

236. 喻春兰.从泰勒原理到概念重构:课程范式已经转换?——论现代课程范式与后现代课程范式之关系.教育学报,2007(3)

237. 邰江波.对"泰勒原理"的辩护、质疑及其启示.教书育人:高教论坛,2007(7)

238. 于述胜.改革开放三十年中国的教育学话语与教育变革.教育学报,2009(5)

239. 钟启泉.课程的概念.外国教育资料,1988(5)

240. 钟启泉.开发新时代的学校课程——关于我国课程改革政策与策略的若干思考.全球教育展望,2001(1)

241. 钟启泉.综合实践活动:含义、价值及误区.教育研究,2002(6)

242. 钟启泉.从"课程管理"到"课程领导".全球教育展望,2002(12)

243. 钟启泉.概念重建——与《认真对待"轻视知识"的教育思潮》作者商榷.北大教育评论,2005(1)

244. 钟启泉.知识隐喻与教学转型.教育研究,2006(5)

245. 钟启泉.从"行政权威"走向"专业权威"——"课程领导"的困惑与课题.教育发展研究,2006(7)

246. 钟启泉,张华.在东西方对话中寻找教育意义.钟启泉,张华.世界课程与教学新理论文库.教育科学出版社,主编寄语

247. 钟志华."盲人掌灯"还要走多远?——试论我国教育的本土化问题.当代教育科学,2005(24)

248. 钟鸿铭.H. M. Kliebard 的课程史研究及其启示.教育研究集刊,2006(1)

249. 赵蒙成.复杂性知识及其教育意蕴.高等教育研究,2006(11)

250. 张君.试论课程的时空取向.教育科学,1996(1)

251. 张铁道.亚洲发展中国家普及教育中的课程问题研究.西北师范大学 1997 年博士论文

252. 张廷凯.国外课程研究的现状及主要理论.浙江教育科学,1991(2)

253. 张廷凯. 我国课程论研究的历史回顾(1922—1997). 课程·教材·教法,1998(1、2)

254. 张廷凯. 课程资源的性质和特点. 宁夏教育,2006(Z1)

255. 张引. 课程论应当研究的课题. 教育理论与实践,1988(5)

256. 张华. 论课程实施的涵义与基本取向. 外国教育资料,1999(2)

257. 张华. 走向课程理解:西方课程理论新进展. 全球教育展望,2001(7)

258. 张华. 课程与教学整合论. 教育研究,2000(2)

259. 张华. 论课程领导. 教育发展研究,2004(2)

260. 张灵芝. 试析当代中国课程理论的失语现象. 教育理论与实践,2002(4)

261. 张家军. 后现代之于课程研究的意义与反思. 比较教育研究,2004(6)

262. 张万波. 校本课程:一种课程研究范式的解读. 教育探索,2004(1)

263. 张文军. 从控制的课程文化转向自我负责的课程文化. 全球教育展望,2005(6)

264. 张文军. 自我负责的课程文化与社会创新. 教育发展研究,2007(1)

265. 张奎良. 实践人学:马克思哲学的最终归结——纪念德意志意识形态诞生 160 周年. 哲学研究,2006(5)

266. 张法. 从三大文化现象看中国在媒介时代大众化与本土化的焦虑. 天津社会科学,2008(1)

267. 张夏青. 复杂性理论与教育研究范式的新取向. 教育学术月刊,2009(2)

268. 张永超. 中国知识论传统缺乏之原因. 哲学研究,2012

269. 张铭凯. 校本课程开发研究:回视与审思——基于文献内容分析的视角. 基础教育,2012(2)

270. 张铭凯. 十年来校本课程开发研究:阶段、要点与启示. 内蒙古师范大学学报(教育科学版),2012(4)

271. 张丰. 促进学习方式转变:校本课程的真正价值. 上海教育科研,2013(3)

272. 张志勇. 课程改革的本质是课程民主. 中国教育报,2014 年 2 月 12 日

273. 郑金洲. 教育学终结了吗?——与吴钢的对话. 教育研究,1997(3)

274. 郑金洲. 走向"校本". 教育理论与实践, 2000(6)

275. 郑金洲. 认识"校本". 教育理论与实践, 2001(5)

276. 郑先俐, 靳玉乐. 论课程领导与学校角色转变. 河北师范大学学报（教育科学版）, 2004(3)

277. 曾继耘. 试论现代课程论的基本问题. 山东师范大学学报（哲社版）, 1999(3)

278. 折延东, 龙宝新. 隐喻在教育理论研究体系重构中的作用. 教育评论, 2004(2)

279. 周勇. 现代课程改革的知识重建思路与挑战——从白璧德式的知识批判说起. 全球教育展望, 2004(11)

280. 章小谦, 杜成宪. 中国课程概念从传统到近代的演变. 华东师范大学学报（教育科学版）, 2005(12)

281. 赵炳辉、熊梅. 教师课程意识与专业成长. 教师教育研究, 2008(1)

282. 赵婧. "碎片化"思维与教育研究——托马斯·波克维茨教授访谈录. 全球教育展望, 2012(10)

二、英文部分

1. A. Bellack. A. *History of curriculum thought and practice*[J]. Review of Educationl Research, 1969(39): 283—292.

2. Blenkin G. M, Edwards G. and Kelly A. V. *Change and the Curriculum*[M]. Paul Chapman Publishing Ltd, 1992.

3. B. A. Franklin. *Historical Research on Curriculm*[M]. Oxford: Pergamon Press, 1991.

4. E. W. Eisner. *The educational imagination*[M]. New Jersey: Pearson Education. Inc, 2002.

5. E. W. Eisner., E. Vallance. *Five Conceptions of Curriculum. Conflicting Conceptions of Curriculum*[Z]. New York: New York Macmilan Press, 1974.

6. Greme Turner. *It Works for Me: British Cultural Studies, Australian Culture Studies, Australian Film, in Grossberg, Letal, eds, Cultural Studies*[M]. New York: Routledge, 1992.

7. Grossberg，L. *Cultural Studies*，*eds*[M]. New York：Routledge

8. H. A. Giroux.，A. N. Penna.，W. F. Pinar. (Eds). *Curriculum and Instruction*：*Alternative in Education* [M]. Calif：McCuchan Publishing Corporation，1981.

9. J. G. Saylor，Alexander，W. M. &·Lewis，A. J. *Curriculum planning for better teaching and learning*. Tokyo：Holt — Saunders International Editions，1981.

10. J. G. A. *Pocock*，*Politics*，*Language and Time*：*Essays on Political Thought and History*[M]. Chicago：The University of Chicago Press，1989.

11. Jennings，J. F. *Why national standards and tests*：*Politics and the quest for better schools*[M]. SAGE Publications，1998. 6.

12. Koselleck，R. *A Response to Comments on the Geschlchtlche Grundbegriffe*，*in The Meaning of Historical Terms and Concepts*：*New Studies on Begrlffsgeschlchte*，*ed* [M]. Hartmut Lehmann and Melvin Richter，German Historical Institure，1996.

13. Keith R. B. Morrison. *The Poverty of Curriculum Theory*：*a Critique of Wraga and Hlbowitsh*. *Journal of Curriculum Studies*，2004 (4).

14. M. Apple. *Ideology and curriculum*[M]. London：Routledge & Kegan Paul，1979.

15. Marsh，C. Christopher，D. Lynne，H. & Gail M. *Reconceptualizing School-based Curriculum Development* [M]. the Farlmer Press，1990. ix.

16. Melvin Richter. *The History of Political and Social Concepts*：*a Critical Introduction*[M]. Oxford University Press Inc，1995.

17. M. Morris. *Back Up Group*：*Here Comes the (post) Reconceptualization*. Journal of Curriculum Theorizing，2005. (Winter)

18. McGroarty，E. Robbins，J. *Controlling Education From the Top*：*Why Common Core is Bad for American*[R]. A Pioneer Institute and American Principle Project White Paper，May 2012

19. Newman, A. *Common Core: A Scheme to Rewrite Education*[N]. The New American, Aug. 2013.

20. Snyder, J. Bolin, F. &. Zumwalt, K. *Curriculum Implementation* [A]. Jackson, P. Handbook of Research on Curriculum[C]. New York: Macmillan Publishing company, 1992.

21. P. Slattery. *Curriculum Development in the Postmodern Era.* [M]. NewYork&.London: Garland Publishing.

22. P. Jackson. *Curriculum and its discontents* [M]. Curriculum inquiry, 1980.

23. Pinar, W. *The synoptic text today and other essays: Curriculum development after the reconceptualization*[M]. Peter Lang, 2006.

24. Pounder, J. S. *Transformational Classroom Leardership: the Fourth Wave of Teacher Leadership?* [J]. Educational Management Adiministration &. Leadership, 2006.

25. R. Koselleck. *Richtlinlen für das Lexlkon polilsch-sozlaler Begrlffe der Neuzelt*[M]. In Archlv für Bearlffsaeschlchte, 1967.

26. R. Koselleck. *A Response to Comments on the Geschlchtlche Grundbegriffe, in The Meaning of Historical Terms and Concepts: New Studies on Begrlffsgeschlchte*, ed[M]. Hartmut Lehmann and Melvin Richter, German Historical Institure, 1996.

27. Sabar, N. *School-based Curriculum Development: Reffections from an international seminar*[J]. Journal of Curriculum Studies, 1985.

28. Spady, William G. *Organizing for Results: The Basis of Authentic Restructuring and Reform* [J]. Educational Leadership, Oct 1988.

29. Sergiovanni, T. J. *Moral leadership: Getting to the Heart of School Improvement*[M]. San Francisco: Jossey-Bass, 1992.

30. Slattery, P. *Curriculum Development in the Postmodern Era.* Garland Reference Library of Social Science, Volume 929. Critical Education Practice, Volume 1. Garland Publishing, 1995.

31. S. Wineburg. , P. Grossman. *Interdisciplinarycurriculum:*

challenges to implementation. ［M］. N. Y. ：Teachers College, Columbia University, 2000.

32. Sliva, D. Y. , Gimbert, B. & Nolan. J. *Sliding the Doors：Locking and Unlocking Possibilities For Teahcer Leardership*［J］. Teachers College Record, 2002.

33. Susan Rakow. *The Common Core： The Good, the Bad, the Possible*［J］. Middle Ground, 2012(9)

34. Scott, R.. *A Republic of Republics： How Common Core Undermines State and Local Autonomy over K-12 Education*［R］. Pioneer Institute White Paper, Sep. 2013.

35. W. F. Pinar. *Curriculum theorizing：the reconceptualists* ［M］. Calif：McCuchan Publishing Corporation, 1975.

36. W. F. Pinar.. W. M. Reynolds. , P. Slattery. & P. M. Taubman (Eds). *Understanding curriculum.* ［M］. N. Y. ：Peter lang, 2004.

37. W. F. Pinar. (Ed). *Contemporary curriculum discourses. ：tewenty year of JCT*［M］. N. Y. ：Peter lang, 1999.

38. W. F. Pinar. *International Handbook of Curriculum Research* ［M］. Mahwah NJ：Lawrence Erlbaum Associates, 2003：642—645.

39. W. G. Wraga. , P. S. *HlebowitshToward a renaissance in curriculum theory and development in the U. S. A* ［J］. Journal of Curriculum tudies, 2003(4)：42.

40. W. H. Schubert. *Curriculum：perspective, paradigm, and possibility*［M］. N. Y. ： Macmillan Publishing Company, 1986.

41. York-Barr, J. Duke K. *Waht Do We Know about Teahcer Leardership, Finding fromtwo Decades of Scholarship* ［J］. Review of Educational Research, 2004.

后 记

终于到了写后记的时候，总觉得写后记是可以卸掉浑身盔甲的时刻，不需要再考虑逻辑、规范和构架，只需要把自己在写作过程中积聚的情感、思绪都释放出来。本研究是在我博士后报告的基础上修改的，历时已有四五年了，这四五年也是我走上工作岗位的四五年，人在开始一个新的人生阶段时往往有诸多感触，而本研究恰是夹杂在这四五年人生经历的褶皱里，记录下了这段成长的时间。那么它记录了什么？习惯于找线索来写东西，既然本研究写概念史，就想以概念研究的方法来作这篇后记。

何谓"老师"？本研究是在博士后报告的基础上修改的，自然少不了博士后导师田正平教授的指导。汉字中的师是由"帀"（众多）和"𠂤"（小山丘）两部分组成，萧承慎将其意会为"众多高出四周地面的山丘"，引申出"出类拔萃"的意思。因此师意为"以德行教人以道者"。田老师无论在人品和学问上都让人高山仰止，至今保留博士后报告的修改稿，上面老师密密麻麻的修改注释时刻提醒我应该怎样做学问，应该怎样为人师。尽管涉及学术研究，老师是出了名的"铁面无情"，但是在生活中老师和师母若"慈父慈母"般地让人感动。同时要感谢的还有刘正伟教授，尽管行政事务繁忙，刘老师对学术的敏感与执着在学院颇有口碑，与刘老师同为田门，应以师兄称之，刘老师确实也如师兄般时时给予指点和帮助，本研究得以成书也得益于刘老师的支持。感谢钟启泉教授和在美国访学时合作导师波克维茨教授对研究的指导，我不止一次地暗自庆幸，在我的求学途中碰到的每一个导师都成为我成长的推动力。感谢肖朗教授、刘力教授、盛群力教授、商丽浩教授、张文军博士对研究的指导，让我受益匪浅，在浙江大学教育学院这个学术共同体里我一直保持着一种治学的热情。

何谓朋友？孔颖达疏"同门曰朋，同志曰友。朋友聚居，讲习道义"。真正的朋友是可以交流的，而学术研究既为每个人打开了一个看待人生与世界的窗口，同时也为人与人的交往创造了契机。在研究中，少不了友人的思维激荡，无法一一列举。感谢世奎、文钦、刘婷、王强、克建、刘跃、美玲、莉娅、刚德师兄、胡伟、李玲、李婉对研究的帮助。

何谓学生？有趣的是，我有着双重的身份，既为学生也为老师。范梅南分析了"pedagogy"（教育学）的词源，其中 paides，代表孩子或年青人的意思，agogy，则是代表引导、陪伴、帮助和领导的意思。因此，将这两个词合起来，"教育学"的意思就是帮助年青人成长。如果没有我的老师扶佑，就不可能有现在的我。受惠的我也慢慢学习如何为人师。本研究在知识图谱的研究方面是与雪玮一起探究的，身为技术盲的我，常常惊讶于年青人的学习能力，同时也感受到年青人对我的召唤，如列维纳斯所言"我就是那个负有责任的人"。感谢雪玮、楚珊、李群、迪妮、悦悦对研究的贡献，在他们身上，我体验到了为人师的责任感，同时他们也给了我支持。

何谓亲人？很难定义亲人，大概就是当你无助的时候能感受到温暖的目光，顺着目光就能看到一直站在那边微笑的人。感谢父母、晓立、北辰和阿姨给我的这种感觉，没有你们，研究很难坚持。

何谓自我？这几年的研究也让我更好地认识了自我，尽管这过程中不乏有破茧成蝶的痛楚。这项研究对自己是一个很大的挑战，因为在博士后之前一直在微观研究领域驻足，一下子把整个课程领域的图景，且是拉了长长的一条三十多年的线放在眼前时，真有些手足无措的感觉。但我同时也明白"不熟悉"对于每个人来说都意味着成长，人生就是通过不断地接触和突破"不熟悉"来拓展自己的视界和生长的空间。这项研究不仅让我认识到了自己这个"小我"，同时也开始思考中国课程研究这个"大我"。修改这篇书稿有一段时间是在美国，在这座被称为"麦屯"的小城里，真实地面对了东西方的文化冲突，深度思考"文化自觉"的问题，"我是谁""中国是谁""中国的课程研究究竟何去何从"这些问题常常萦绕在我的耳边。许纪霖和汪晖不约而同地把这个问题向同一个方向引，许纪霖说，"以普世文明的胸怀，重建中国的价值。"而汪晖则有相近的论述"面向新世界图景的文化自觉"。真正的文化自觉既不是文化保守和文化排斥，同时也不是文化附庸。作为一个正在崛起的大国，中国理应有这样的责任和抱负，为这个世界更加平等和民主做出自己的贡献。如果说西方世界执着于一元性的话,中国传统文化的价值恰在于圆通性。中国的课程研究常被诟病照搬西方,丧失自我,那么我们可否也有一个更宽广的胸怀和更高远的视角负起对世界课程研究的责任呢? 这是研究留给我的一个问题。

最后要感谢山东教育出版社周红心编辑和于增强编辑的帮助和支持。

刘　徽
记于麦迪逊冬日